DAS ALTE ÄGYPTEN

DAS ALTE ÄGYPTEN

Herausgegeben von David P. Silverman

Aus dem Englischen von
Elisabeth Frank-Großebner

VILLA
ARCENO

Die Deutsche Bibliothek - CIP-Einheitsaufnahme
Ein Titeldatensatz für diese
Publikation ist bei
Der Deutschen Bibliothek erhältlich

2. Auflage 2001
Copyright © 1997 für die deutschsprachige Ausgabe
Frederking & Thaler Verlag, München
in der Verlagsgruppe Bertelsmann GmbH,
veröffentlicht in der Edition „Villa Arceno"
www.frederking-und-thaler.de

Aus dem Englischen von Elisabeth Frank-Großebner
Lektorat: Dr. Brigitte Werner, Wien
Produktionsbetreuung: Print Company
Verlagsgesellschaft m. b. H., Wien
Umschlaggestaltung: Agentur Brauer, München
Umschlagfoto vorn, groß: E. T. Archive, London
Umschlagfoto hinten:
Archiv für Kunst und Geschichte GmbH, Berlin
Satz: Kaltenbrunner+Dorfinger OEG, Wien
Druck: Mladinska Knjiga tiskarna, Ljubljana
Printed in Slovenia

ISBN 3-89405-513-8

INHALT

EINLEITUNG

Für unser Denken ist das „Alte Ägypten" ein Rätsel: Dieses Land aus der Vergangenheit entsteht durch Tausende vertraute Bilder vor unserem geistigen Auge, in sich geschlossen wie kaum eine andere Kultur des Altertums – seine volle Tiefe und Bedeutung gilt es jedoch noch immer zu entdecken. In den fast zwei Jahrtausenden vor Champollions Veröffentlichung der Entzifferung der Hieroglyphen 1822 konnten die von dieser lange versunkenen Kultur faszinierten Menschen deren Werke nur durch Raten und Hypothesen interpretieren. Sie konnten die Bilder, aus denen die Hieroglyphen bestehen, erkennen, sie konnten sie jedoch nicht lesen. Sie konnten die technischen Fähigkeiten, die zur Errichtung einer Pyramide erforderlich waren, bewundern, wußten aber nichts von ihren vielen Bedeutungsebenen. Sie konnten die Architektur der Tempel und Grabmäler untersuchen, ihre Bedeutung für Religion, Leben und Tod dieser alten Völker blieben Theorie. Sie konnten die Statuen hybrider Wesen betrachten, doch ihre Rolle enthüllte sich nicht. Zu Tausenden wurden Mumien ausgegraben; bei allem Interesse wurde ihre wahre Bedeutung durch die seltsame Vorstellung überschattet, daß Mumienpulver Kranke heilen konnte. Auch mit später verläßlicheren Informationen gab es Menschen, die die Fakten ignorierten und lieber weiterhin einer Mischung aus Legende, Gerücht und Halbwahrheit anhingen. Diese Spekulationen sind bis

Der Haupteingang (Pylon) zum Tempel von Luxor. Ein Obelisk verblieb hier, der andere wurde im 19. Jahrhundert nach Paris gebracht und auf der Place de la Concorde aufgestellt, wo er heute noch steht – als Zeugnis der Beliebtheit, derer sich die große Kultur am Nil weiterhin erfreut.

heute in beliebten Mythen erhalten geblieben, die jeder Grundlage entbehren. Der Fluch der Pharaonen, die schützende Macht der Pyramiden, der außerirdische Ursprung der ägyptischen Kultur – das sind nur einige wenige der Themen, die sich wie ein roter Faden durch die populäre Literatur ziehen.

Die „Ägyptomanie" ist keine neue Erscheinung. Kurz nach der Entdeckung des Steins von Rosette wurden altägyptische Motive zu beliebten Dekorationen in Architektur und Kunsthandwerk in Europa und später in den USA. Im 19. Jahrhundert wurden Banken, Hotels, Bibliotheken, öffentliche Gebäude und Bürohäuser im „ägyptischen Stil" errichtet, von Papyrus- und Lotossäulen geziert. Am stilgerechtesten war diese Ornamentik für Friedhöfe, wo Tore zu Pylonen wurden und Mausoleen zu Miniaturtempeln. Originaldenkmäler wurden nach New York und in die Hauptstädte Europas gebracht, wo sie Straßen, Plätze und Parks zieren. Nach der Entdeckung des Tutanchamun-Grabes 1922 überschwemmte eine neue Welle der Ägyptomanie beide Seiten des Atlantiks. Anhänger in der Form von Skarabäen und Horus-Auge wurden zu Accessoires der Haute Couture. Etwa 50 Jahre später wiederholte sich das Phänomen, diesmal als Folge der großen Wanderausstellung, in deren Rahmen die Schätze des Tutanchamun gezeigt wurden. Wieder fand sich die ägyptische Bildersprache in Kunsthandwerk, Make-up und Frisuren.

Die große Beliebtheit, der sich das Alte Ägypten überall erfreut, sollte uns jedoch nicht die weniger spektakuläre, aber umso fundiertere Arbeit der Wissenschafter vergessen lassen. In den letzten zwei Jahrhunderten kam es zu einer schrittweisen Entwicklung wissenschaftlicher Untersuchungen dieses Bereiches. Als dank Champollion der Schlüssel zu den Hieroglyphen vorlag, begannen Philologen, die Inschriften zu entziffern. Anthropologen, Kunst-, Kultur- und Religionshistoriker sowie andere Fachleute beteiligten sich schließlich an gemeinsamen Forschungsvorhaben und waren bald in der Lage, einen großen Teil des Puzzles zusammenzusetzen. In den letzten Jahrzehnten stießen Botaniker, Physikoanthropologen, Genetiker, Radartechniker, Computerexperten und andere Spezialisten dazu. Die Ägyptologie beschäftigt sich mit allen Schichten der ägyptischen Gesellschaft, nicht nur mit den Königsfamilien und der Oberschicht. Sie untersucht auch soziopolitische und sozioökonomische Fragen und wendet in ihren Studien moderne Hypothesen an (wie etwa anthropologische und wirtschaftswissenschaftliche Modelle oder Theorien aus Literatur- und Kunstgeschichte). Die folgenden Kapitel präsentieren die Arbeit prominenter Wissenschafter. Vielleicht werden wir nie alle Rätsel des Sphinx lösen, doch jeden Tag bringen uns Wissenschaft und Forschung einer großen Kultur des Altertums näher.

David P. Silverman, Leitender Kurator,
Ägypten-Abteilung, Museum der University of Pennsylvania

Teil I

DIE WELT DER ÄGYPTER

Der „Oberste Kornmesser", ein Steuereinschätzer, von dem uns nur der Titel im Fragment links oben überliefert ist, inspiziert die Ernte. Sein Schreiber steht vor der Gerste, zwei Wagenlenker warten auf ihre Herren, vermutlich den Steuereinschätzer und Nebamun, aus dessen Grabmal diese Wandmalerei stammt. Neues Reich, um 1400 v. Chr.

GEGENÜBER: *Das fruchtbare Nilschwemmland geht abrupt in Wüsten und zerklüftete Berge über, wie diese Ansicht von Deir el-Bahari (Theben-West) zeigt. Im Vordergrund die Totentempel von Hatschepsut und Mentuhotep II.*

„Ägypten", schreibt der griechische Historiker Herodot im 5. Jahrhundert v. Chr., „ist sozusagen das Geschenk des Nils." Die Priester sagten, so heißt es bei ihm, daß Ägypten nichts als Sumpf gewesen war, bevor der große Fluß das Land Schicht für Schicht aus fruchtbarem Schlamm aufbaute. Heutige Geographen mögen in ihrer Darstellung des Ursprungs Ägyptens nicht damit übereinstimmen, aber die zentrale Rolle des Flusses im Leben des Landes ist heute wie in alten Zeiten unumstritten.

▲

OBEN: *Das Schadúf,* eine Vorrichtung, mit *der Wasser aus dem Nil geschöpft und in die Bewässerungsgräben geleert werden kann, geht auf die Zeit der Pharaonen zurück und wird in manchen Teilen des ländlichen Ägypten noch heute verwendet.*

● KAPITEL 1

DAS GESCHENK DES NILS

DER FLUSSLAUF IM SAND

Ägypten liegt am nördlichen Ende des längsten Flusses der Welt: Der Nil entspringt in den Hochländern Ostafrikas und mündet nach einer Strecke von 6 500 Kilometern ins Mittelmeer. Der Rhythmus des Flusses war das wichtigste Merkmal des Lebens im Alten Ägypten. Bis in das 20. Jahrhundert, als der Nil durch Dämme reguliert wurde, ließen die Monsunregen in Äthiopien den Fluß im Unterlauf anschwellen und das Land von Juni bis Oktober überschwemmen. Der Großteil der Ägypter waren Bauern, die während des Hochwassers nichts zu tun hatten und daher zu Arbeiten an öffentlichen Bauten, etwa dem Grab des Königs, herangezogen wurden. Der Fluß hinterließ nährstoffreiche Schlammablagerungen, die den Bauern fruchtbaren Boden garantierten. Gab es nicht gerade ein Jahr mit katastrophal starken oder schwachen Überschwemmungen, so konnten die Ägypter sicher sein, daß der Fluß für genügend Nahrung sorgen würde (siehe S. 12–13).

In Ägypten besteht der Nil aus zwei Abschnitten, Tal und Delta, die der alten Teilung des Landes in Ober- und Unterägypten entsprechen. Das Niltal ist etwa 1 060 Kilometer lang, ein tiefer Einschnitt, der vom großen afrikanischen Senkungsgraben abzweigt. Das Schwemmland ist 11 000 km^2 groß und zwischen zwei Kilometer (bei Assuan) und 17 Kilometer (bei el-Amarna) breit.

Heute teilt sich der Nil bei Kairo in zwei Arme, die bei Rosette (Rashid) und Damiette (Dumyat) ins Meer münden. Sie sind die letzten von mehreren Armen, die es noch im Mittelalter gab (siehe Karte gegenüber). Der von den Flußarmen abgelagerte Schlamm bildete ein breites Dreieck aus fruchtbarem Boden mit einer Fläche von 22 000 km^2. Die Griechen nannten es „Delta", weil seine Form an den umgekehrten vierten Buchstaben ihres Alphabets erinnerte (Δ). Das Delta liegt bei Kairo 17 Meter über dem Meeresspiegel und ist an der Küste von Lagunen, Feuchtgebieten, Seen und Sanddünen eingesäumt. Im östlichen Delta gibt es auffallende niedrige Hügel, die „Schildkrötenpanzer". Diese Sandhöcker im Schwemmland wurden nur selten überflutet, und auf ihren Hängen errichtete man in

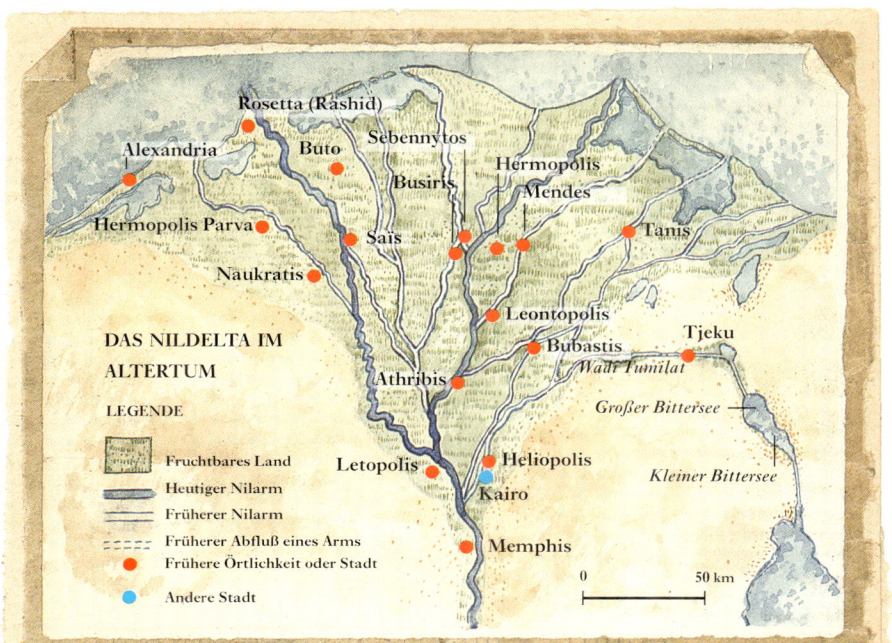

Eine Karte des Nildeltas im Altertum zeigt den möglichen Verlauf seiner zahlreichen Arme. Griechischen und römischen Historikern zufolge soll es einmal zumindest fünf, vielleicht sogar bis zu 16 Nilarme gegeben haben. Veränderungen des Wasserstandes zwischen 10. und 12. Jahrhundert n. Chr. führten dazu, daß es nur noch zwei Arme gibt, die bei Rosette und Damiette ins Meer münden (siehe Abb. unten).

prädynastischer Zeit (bis etwa 4000 v. Chr.) Dörfer und Begräbnisstätten. Vom Alten Reich (ca. 2625–2130 v. Chr.) an lag die Spitze des Deltas bei Memphis, der alten Hauptstadt. Heute befindet sie sich 25 Kilometer nördlich von Kairo.

Der Nil teilt den Ostrand der Sahara in die westliche Wüste (auch Ostsahara, Libysche Wüste) und die östliche Wüste. Die westliche Wüste bedeckt etwa zwei Drittel Ägyptens; sie ist durch felsige Wüstenplateaus und Sandsenken mit üppigen Oasen gekennzeichnet (siehe Karte S. 65). Die Halbinsel Sinai, ein Ausläufer der östlichen Wüste auf der anderen Seite des Golfs von Suez, war eine wichtige Mineralienlagerstätte, besonders für Kupfer. Weizen, Gerste, Schafe und Ziegen wurden im Nahen Osten bereits etwa 2 000 Jahre lang gezüchtet, bevor sie erstmals im Niltal erschienen. Die Hirten aus den Wüsten Palästinas und der Halbinsel Sinai mußten vermutlich wegen der Dürrezeiten vor 7 000 Jahren Zuflucht im Delta suchen.

Die westliche Wüste war nicht immer das heutige Trockengebiet; sie lieferte die ältesten Zeugnisse menschlichen Lebens in Ägypten. Werkzeuge, mindestens eine halbe Million Jahre alt, wurden bei längst verschwundenen Flüssen und Quellen gefunden, und die ersten domestizierten Rinder Afrikas dürften um 9000 v. Chr. an den Seen (*Playas*) im Südwesten, die bei sinkendem Wasserspiegel verschwinden, geweidet haben, an der Grenze zum heutigen Sudan. Dort liegen auch die Wurzeln der ägyptischen Kultur: Unter den Hirten gab es erste Ansätze zu komplexer sozialer Organisation, und Grundelemente der ägyptischen Gesellschaft und Religion entwickelten sich, bevor die Trockenheit die Bevölkerung zwang, ins Niltal zu ziehen (siehe S. 106–107).

Eine farbverstärkte Landsat-Aufnahme von Ägypten und dem Nil: Die roten Bereiche zeigen das fruchtbare Schwemmland. Die Mäander des Nils haben sich mit der Zeit verschoben. Während des Alten Reiches lag die Hauptrinne bei Memphis und den Kalksteinbrüchen von Tura. Im letzten Jahrtausend wanderte der Fluß nach Westen: So wurde das Kairoer Westufer zwischen 10. und 14. Jahrhundert abgelagert.

DIE NÄHRENDEN WASSER

MATERIELLE GÜTER
Zum Überfluß an Nahrung kamen andere wichtige Güter. Flachs wurde für feine Leinengewänder und Seile verwendet. Papyrus, heute rar, wuchs in den Sümpfen. Die Stiele wurden zu Streifen geschnitten und daraus Blätter geformt (ein Blatt bestand aus je einer Schicht waagrechter und senkrechter Streifen, die übereinander gelegt wurden). Die beiden Lagen wurden dann durch Schlagen verbunden und ergaben das beste Schreibmaterial, das es bis zum Aufkommen von Papier in der arabischen Zeit gab. Schilfhalme und Gräser wurden zu Matten und Körben verarbeitet. Nilschlamm wurde für Töpferei und luftgetrocknete Ziegel verwendet.

Sykomoren-, Feigenbaum- und Akazienholz fanden im Schiffsbau Verwendung, besseres Bauholz mußte importiert werden. Für Schiffe, Truhen und Särge verwendete man Libanonzeder.

Der Nil bei Beni Hasan in Oberägypten, 25 Kilometer nördlich von el-Minja. Das landwirtschaftlich genutzte Schwemmland bildet einen scharfen Kontrast zu der an beiden Seiten übergangslos anschließenden Wüste.

Die Kultur Ägyptens und ihre Leistungen beruhten über die Jahrtausende hinweg auf dem Wohlstand aus der Landwirtschaft. Das frische Grün der Felder und die reichen Nahrungsvorräte des Landes hingen vom fruchtbaren Boden im Schwemmland des Nils und vom alljährlichen Hochwasser ab, das Mitte Juni begann und bis Mitte Oktober dauerte (siehe S. 10). Sobald sich das Wasser zurückgezogen hatte, konnten die Bauern auf die Felder gehen und mit der Aussaat beginnen. Die Feldfrüchte reiften von Februar bis Anfang Juni, wenn das Nilwasser am niedrigsten stand.

Zur ägyptische Landwirtschaft gehörten viele Feldfrüchte, Emmerweizen und Gerste waren am weitesten verbreitet; die Ägypter verarbeiteten sie zu Brot, Kuchen und einer Art von Nährbier, das häufig mit Gewürzen, Honig oder Datteln versetzt wurde. Die Nahrung auf Getreidebasis wurde durch wichtige Eiweißlieferanten wie Favabohnen, Linsen und Erbsen ergänzt. Weitere Gemüsesorten, die angebaut wurden, waren Blattsalate, Gurken, Lauch, Zwiebel und Rettich. Zu den beliebtesten Obstsorten in den Obstgärten gehörten Melonen, Datteln, Maulbeerfeigen und Granatäpfel. Auch Weinstöcke wurden gepflanzt und Rot- und Weißweine gekeltert. Öle wurden aus Flachs und Rizinuspflanze (*Ricinus communis*) gepreßt, zur Zeit der Ptolemäer auch aus Sesamkörnern. Die Ägypter kannten viele Kräuter mit medizinischer Wirkung, die sie gezielt anbauten.

Die Geflügel- und Viehzucht spielte eine wichtige Rolle in der ägyptischen Landwirtschaft. Überall entlang des Nils, an den Kanälen und in den Dörfern, waren Gänseherden zu sehen. Zur Zeit der Überschwem-

mung kamen viele Zugvögel aus fernen Gegenden nach Ägypten. Vor allem Spießenten waren eine beliebte Jagdbeute und wurden mit Netzen oder Schlingen gefangen. Die Bauern hielten auch Schafe, Ziegen, Rinder und Schweine. Esel waren die wichtigsten Tragtiere Ägyptens und das Beförderungsmittel zu Land schlechthin. Pferde wurden erst im Neuen Reich (um 1539 v. Chr.) eingeführt; Kamele und Büffel wiederum kamen überhaupt erst 1000 Jahre später während der Perserherrschaft nach Ägypten.

Der Nil lieferte einen Überfluß an Fischen, wie Tilapia und Wels, die im ufernahen, schlammigen Wasser zwischen den Schilfrohren lebten. In den Bewässerungsgräben, in denen das Nilwasser auf die Felder geleitet wurde, lebte der Nilbarsch (*Lates nilotica*), ein beliebter Fang.

NÄCHSTE SEITE: Blick über den Nil Richtung Beni Hasan (siehe auch Abb. gegenüberliegende Seite). In den Felsen bei Beni Hasan befinden sich ca. 40 Felsengräber aus dem Mittleren Reich, darunter einige der lokalen Nomarchen (Provinzgouverneure) aus der Zeit der 11. und der 12. Dynastie.

DER UNBERECHENBARE NIL

Das Ausmaß der Nilüberschwemmung schwankte stark von Jahr zu Jahr. Bei geringen Wassermengen konnte es zu Nahrungsmittelknappheit kommen, übermäßig starke Überflutungen führten zu katastrophalen Schäden an Dörfern und Feldern. Außerdem kam das Wasser manchmal zu spät oder zu früh oder zog sich nicht rechtzeitig für die Aussaat zurück. Eine kurze Dauer des Hochwassers bedeutete rasches Sinken des Wasserspiegels, es war nicht genug Wasser da, das auf die Felder geleitet werden konnte.

Mehrere aufeinanderfolgende Jahre schwerer Überflutungen waren ebenso schwer zu verkraften wie Zeiten, in denen schwache und starke Überschwemmungen jährlich wechselten, was Saat- und Erntezeiten durcheinanderbrachte. Wiederholte schwache Hochwasser führten dazu, daß die großen Transportkanäle durch Schlamm unpassierbar wurden und viele Flußarme im Delta völlig verschwanden (siehe S. 11).

Es gibt kaum alte Aufzeichnungen, doch jene des Nilometers (Wasserstandsmesser) auf Roda bei Kairo aus den letzten 1300 Jahren zeigen, daß die Überschwemmungen von 930 n. Chr. bis 1470 n. Chr. noch immer stark schwankten, wobei es von 930 bis 1070 und 1180 bis 1350 schwere Dürrezeiten gab. Dabei kam es zum Ausbruch von Seuchen und Aufständen in der Bevölkerung, sogar Fälle von Kannibalismus sind bekannt. Wir wissen nicht, ob es solche Erscheinungen auch während der Pharaonenzeit gab, eine Theorie besagt jedoch, daß schwache Überschwemmungen zum Ende des Alten Reiches beitrugen.

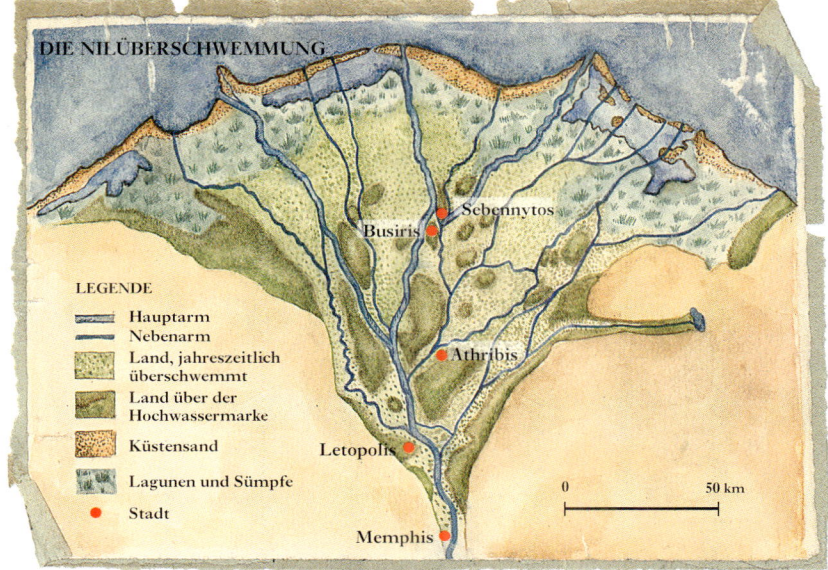

Das Nildelta in alten Zeiten mit dem Überschwemmungsgebiet. Die oft katastrophalen Schwankungen der Nilüberschwemmung waren der Hauptgrund für den Bau des Assuandamms im 20. Jahrhundert, und besonders für den 1971 fertiggestellten Assuan-Hochdamm.

Versiegte Nilarme im östlichen Delta spielten einst beim Import von Waren aus dem Nahen Osten, die stromauf-wärtsgehen sollten, eine große Rolle. Als sie zu verschlammen begannen, wurden sie als Kanäle wieder frei gegraben. Ein großer Kanal östlich des Deltas ist in Reliefs abgebildet, die König Sethos I. (ca. 1290–1279 v. Chr.) beim Übertritt nach Asien zeigen. Später ließ Necho II. (ca. 610–595 v. Chr.) einen Kanal bauen, der den Nil mit dem Roten Meer verband (siehe Karte gegenüber). Diese Wasserstraße wurde unter Persern und Ptolemäern noch tiefer gegraben. Herodot bemerkte, daß sie zwei große Schiffe nebeneinander befahren konnten. Bereits in der 6. Dynastie (ca. 2350–2170 v. Chr.) gruben die Ägypter auch am I. Katarakt einen Kanal, um das Passieren der Stromschnellen zu erleichtern. Bei Niedrigwasser mußten die Schiffe allerdings zu Lande weitergezogen werden. Noch ein Kanal am Katarakt wurde während der Zeit von Sesostris III. (ca. 1836–1818 v. Chr.) geschaffen.

Trauernde mit Mumie an Bord eines Boots-modells unbekannter Herkunft; es befand sich in einem Grab aus der Zeit um 1900 v. Chr. und symbolisierte die Reise zum Osiris-Heiligtum in Abydos.

DIE GROSSE WASSERSTRASSE

Der Nil war gleichzeitig wichtigste Versorgungsquelle und Hauptver-kehrsader Ägyptens. Er floß in der Zeit der Überschwemmung mit einer Durchschnittsgeschwindigkeit von vier Knoten (7,4 km/h) von Süden nach Norden, das heißt, die Reise von Theben nach Memphis (885 Kilo-meter) dauerte annähernd zwei Wochen. Während der Überflutung war sie kürzer, da das Wasser 7,5 bis 10 Meter tief war. Zum Vergleich dauerte dieselbe Fahrt in der Trockenzeit bei Niedrigwasserstand aufgrund der Strömungsgeschwindigkeit von nur einem Knoten (1,8 km/h) min-destens zwei Monate. Bei Tiefststand im Juni lag der Wasserpegel in Assuan bei nur zwei Metern, im Vergleich dazu bei Memphis etwas unter 5,5 Meter.

Die Reise vom Norden in den Süden dauerte vor der Erfindung des Segels (um 3350 v. Chr. oder etwas später) vermutlich sehr lange; mit Segeln konnte der vom Mittelmeer aus Nord oder Nordwest kommende Wind genutzt werden. Zu allen Jahreszeiten verlangsamt das Knie bei Qena, wo der Nil von Westen nach Osten und dann zurück von Osten nach Westen fließt, die Fahrt beträchtlich. Nachtfahrten wurden allgemein vermieden, da die Gefahr, auf einer Sandbank oder Insel aufzulaufen, zu groß war (siehe Abb. S. 12).

Am Ende der prädynastischen Zeit, in der Negade-II-Periode (ca. 3500–3100 v. Chr.), entwickelte sich der ägyptische Schiffsbau von Schilf-bündelbooten zu großen Schiffen aus Holzplanken. Frühe Felsenzeich-nungen deuten darauf hin, daß manche mehr als 15 Meter lang waren und bis zu 32 Mann Besatzung hatten. Boote mit mehreren Rudern existierten bereits davor, Anfang des 4. Jahrtausends v. Chr. Aus dem 5. Jahrtau-send v. Chr. stammen Bootsmodelle aus Ton, die bei Merimde Beni Salama im Nildelta gefunden wurden.

In der frühen dynastischen Zeit hatte der ägyptische Schiffsbau bereits ein hohes Niveau erreicht. In Aby-dos lassen Bootsgruben (siehe S. 172) bei einer Nekropole der 1. Dynastie aus der Zeit um 3000 v. Chr. auf eine Flotte von zwölf Schiffen von 15 bis 18 Metern Länge schließen. Die größte Ent-deckung aus dieser Zeit ist jedoch eine Barke des Pharao Chufu, des Erbauers der Cheopspyramide (siehe S. 158). In Einzelteilen neben der Pyramide vergraben, wurde sie vor kurzem zusammengebaut und mißt eindrucksvolle 43,8 Meter. Von frühester Zeit an wurden Schiffe zum Personentransport

Szene aus dem Totenbuch des Priesters Chensumose, der in einem Boot über die Wasser der Unterwelt segelt. Dieses ähnelt einem kleinen Nilskiff, dessen Takelage die auf dem Nil vorherrschenden Nordwinde nutzen soll. 21. Dynastie (ca. 1075–945 v. Chr.).

während der Hochwasserzeit, für die Flußüberquerung und die Beförderung von Rindern, Korn und anderen Gütern ebenso wie zu militärischen Zwecken benutzt. Von der 5. Dynastie an bauten die Ägypter seetaugliche Segelschiffe.

Gemeinsam mit dem Esel – dem wichtigsten Transportmittel zu Land – ermöglichten die Schiffe Ägypten, zu wirtschaftlicher und politischer Einheit zu gelangen. Die Hauptstädte der Nomoi oder Provinzen (siehe S. 27) standen durch Schiffe, die Abgaben in die Speicher brachten, in Verbindung mit der Hauptstadt. Das Entstehen der Monarchie mag in Ägypten mit der Koordinierung der Kornvorräte und Hilfsaktionen verbunden gewesen sein, die als Strategie gegen unerwartete Mißernten in den Bezirken bestanden. Zu Zeiten der Pharaonen wurde Korn aus mehreren Bezirken zentral gelagert und auf dem Fluß in Hungergebiete gesandt.

Künstliche und natürliche Häfen boten Anlegeplätze für Lastkähne und prägten das Landschaftsbild am Fluß. Manche Städte nutzten dabei den Vorteil, den das tiefere Flußbett auf einer Seite bot. Sie bauten Felsmolen, die in den Fluß ragten, vielleicht auch, um Veränderungen im Flußlauf zu verhindern. Der große Hafen bei Medinet Habu in Theben-West wurde während der Herrschaft von Amenhotep III. (ca. 1390–1353 v. Chr.) erbaut; längliche Hügel aus dem Aushub des Hafenbeckens kennzeichnen heute die Stelle.

Andere Häfen gab es in Memphis und Tanis im Nildelta. Der Hafen von Tanis wurde von Thutmosis III. (ca. 1479–1425 v. Chr.) als Verbindung zwischen Memphis und dem östlichen Delta benutzt.

EINE LANDSCHAFT DES GEISTES

Die Unberechenbarkeit des Nils (siehe S. 13) hatte großen Einfluß auf die Vorstellungskraft der Ägypter. In der Zeit kurz vor der Überschwemmung, wenn der Fluß so niedrig war, daß man ihn an manchen Stellen zu Fuß durchqueren konnte, herrschte Sorge – kam das Hochwasser, so war es häufig reißend und gefährlich. Die Ägypter konnten den Fluß nicht völlig zähmen, aber sie versuchten, das Schlimmste durch Gestaltung der Landschaft zu verhindern, indem sie etwa natürliche Deiche zu Dammanlagen verstärkten. Bei Niedrigwasser beförderten künstliche Kanäle Wasser in die höherliegenden Bereiche des Schwemmlands. Ein System von Becken ermöglichte die Weiterleitung des Wassers, so daß die Flächen im ganzen Tal zur Saatzeit ausreichend mit Wasser versorgt waren. Der Wunsch nach Ordnung, der das Weltbild der Ägypter prägte, war sicherlich durch das chaotische Element des Flusses bestimmt.

Für die Ägypter galt, daß sich alle Wesen, auch Pharao und Götter, an das grundlegende kosmische Prinzip der *ma'at* zu halten hatte, personifiziert in Ma'at, der Göttin der Ordnung, Gerechtigkeit und Güte. Die kosmische Ordnung wurde auch durch die Bewegungen des Gottes Re verkörpert, der Sonne und zweiten Naturgewalt, deren Rhythmus das Leben bestimmte. Der Sonnengott, so glaubte man, fuhr jeden Tag in einem Boot über den Himmel und kehrte durch die Unterwelt an einen Punkt im Osten unterhalb des Horizonts zurück (siehe S. 118–119). Solche mythologischen Schiffe erinnerten an die Fährboote zwischen den Nilufern.

Auf der Erde wurde die Ordnung vom Pharao erhalten, dem menschgewordenen Gott Horus, Sohn von Isis und Osiris (siehe S. 134–135). Aus frühen religiösen Texten und späteren Quellen in Literatur und bildender Kunst geht hervor, daß Osiris die Menschen die Nutzung des Nils lehrte,

Das Herz wird vor Osiris gewogen (siehe S. 137). Das Gesicht des Gottes wurde grün dargestellt (die Farbe verblaßte mit der Zeit), weil er mit dem Wachsen der Ernte und der alljährlichen Erneuerung des Landes durch den Nil in Verbindung gebracht wurde. In dieser Szene aus dem Totenbuch des Nefer-Is (um 350 v. Chr.) wird er mit Opfergaben gezeigt, die den Reichtum Äyptens darstellen.

indem er ihnen Ackerbau und Kultur schenkte. Er wurde von seinem Bruder Seth erschlagen, den man mit den Mächten des Bösen und des Chaos gleichsetzte. Nach seinem Tod kehrte Osiris als König der Unterwelt zurück, von wo aus er die lebensspendenden Hochwasser anordnete.

Der ägyptische Zeitbegriff beruhte auf Sonnenaufgang und -untergang sowie den drei Teilen des Nilzyklus: der Trockenzeit, der Zeit der Überschwemmung und der Zeit dazwischen. Der kosmische Raum wurde durch vier Ecken abgegrenzt: Nilquelle im Süden, Polarstern im Norden, Sonnenaufgang im Osten und Sonnenuntergang im Westen. Zeit und Raum waren so mit den beiden wichtigsten Elementen der ägyptischen Kosmologie verbunden, und diese standen wiederum in Verbindung mit der kosmischen Ordnung aus Leben, Sterben und Wiedergeburt.

GOTTHEITEN DES NILS

Obgleich Osiris das alljährliche Hochwasser verfügte, wurde Gott Hapi, eine Menschengestalt mit dickem Bauch und Hängebrüsten, am stärksten mit dem Fluß selbst gleichgesetzt. Die Korpulenz stellte die Gaben des Nils dar, dessen Wasser flossen, um Ägypten zu ernähren. Hymnen an den Nil lobten seine Freigebigkeit, spiegelten die Freude über sein Eintreffen und den Schmerz über das Elend Ägyptens beim Ausbleiben der Flut. Das Hochwasser wurde rituell mit Dankesbezeugungen und Freudenfesten zu Ehren Hapis begrüßt. Dargestellt ist der Gott mit einem Papyrusblatt, einem weiteren Symbol der Gaben des Nils, das aus seinem Kopf sprießt.

Der Nil war ein Fluß der schöpferischen Kräfte. Seine Quelle, hieß es, lag in der Unterwelt und war mit einem unterirdischen Wasserlauf verbunden. Aus der Unterwelt trat er zwischen Granitfelsen in der Nähe des I. Katarakts bei Elephantine weit im Süden ans Licht. Als

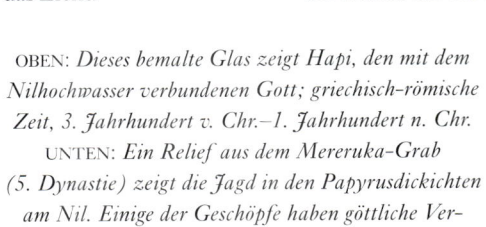

OBEN: *Dieses bemalte Glas zeigt Hapi, den mit dem Nilhochwasser verbundenen Gott; griechisch-römische Zeit, 3. Jahrhundert v. Chr.–1. Jahrhundert n. Chr.*
UNTEN: *Ein Relief aus dem Mereruka-Grab (5. Dynastie) zeigt die Jagd in den Papyrusdickichten am Nil. Einige der Geschöpfe haben göttliche Verbindungen (Krokodile, Flußpferde, Fische und Ibisse).*

Quell der Fruchtbarkeit Ägyptens hatte die (angenommene) Nilquelle eine enge Bindung an den widderköpfigen Schöpfergott Chnum, der die Menschheit aus Nilschlamm geschaffen haben soll. Satis, die Gattin des Chnum im Süden, wurde mit ihrer Gefährtin Anuket als Bringerin des kühlen Wassers verehrt. Darstellungen der Satis zeigen oft, wie sie Wasser auf die Erde gießt, um Leben zu wecken. Anders als Chnum hat sie Menschengestalt und trägt die Krone von Oberägypten mit zwei Gazellenhörnern.

Geschöpfe des Nils, wie Flußpferd, Krokodil und Fische, wurden als Fruchtbarkeitsgötter angebetet. Heket, ein Frosch, wurde als Göttin der Niederkunft verehrt, ebenso die Flußpferdgöttin Taweret. In der Geschichte von Isis und Osiris soll Heket der Isis geholfen haben, den ermordeten Osiris kurz wieder zum Leben zu erwecken, damit er den Gott Horus zeugen konnte (siehe Haupttext).

Die Ägypter waren nicht das erste Volk, bei dem sich die Voraussetzungen der Zivilisation – Ackerbau und Leben in Städten – herausbildeten, aber als diese entstanden waren, erwies sich das Land am Nil als Kultur von außerordentlicher Dauerhaftigkeit. Während des Großteils seiner alten Geschichte unterstand Ägypten den Pharaonen, allmächtigen Monarchen mit göttlichem Status. 3 000 Jahre lang wurde der Name des Pharao nicht nur von den Ägyptern, sondern auch in den zivilisierten Ländern Afrikas und des Nahen Ostens mit Ehrfurcht gehört.

▲

OBEN: *Teil einer Namensliste der königlichen Vorgänger von Ramses II. aus seinem Kulttempel in Abydos. Diese „Königslisten" sind wichtige Quellen für unser Wissen um altägyptische Chronologie, auch wenn manche Pharaonen, wie der ketzerische Echnaton (siehe S. 128–129) und seine direkten Nachfolger, üblicherweise ausgelassen werden.*

● KAPITEL 2

DREI REICHE UND VIERUNDDREISSIG DYNASTIEN

„DIE FRÜHZEIT ÄGYPTENS"

Der Weg in die Zivilisation begann in Ägypten im Vergleich zu anderen Regionen im Nahen Osten relativ spät. Als die große Kultur einmal Fuß gefaßt hatte, erwies sie sich als die dauerhafteste und umfaßte vom ersten geeinten Reich bis zu ihrem Untergang in frühchristlicher Zeit mehr als drei Jahrtausende.

Während des Großteils der Frühgeschichte wurde Ägypten von Pharaonen regiert, die einst zu 31 Dynastien zusammengefaßt wurden (siehe Randtext gegenüber). Heute tendieren Ägyptologen dazu, die Makedonen und Ptolemäer als 32. und 33. Dynastie zu zählen, und sie haben noch eine 34. Dynastie hinzugefügt, die sogenannte Dynastie „0". Die Dynastien sind zu Perioden zusammengefaßt, von denen drei Höhepunkte der ägyptischen Kultur sind: Altes Reich (die Frühzeit der Pyramiden), Mittleres Reich (eigentlich ident mit einer einzigen Dynastie, der 12. Dynastie) und Neues Reich (die Zeit der großen Krieger-Pharaonen Thutmosis III. und Ramses II.).

Zivilisiertes Leben, also Landwirtschaft und Städte, finden sich in Ägypten erst im 6. Jahrtausend v. Chr., ungefähr 2000 Jahre später als in Anatolien, Mesopotamien und Syrien/Palästina. Das ist vermutlich dem natürlichen Reichtum Ägyptens zuzuschreiben, nicht einer langsamen Entwicklung: In den Savannen gab es eine Fülle von Pflanzen und Tieren, bevor diese Gebiete um 2000 v. Chr. zu Wüsten wurden. Die ägyptische Kultur geht auf mehrere jungsteinzeitliche Kulturen zurück, die um 5000

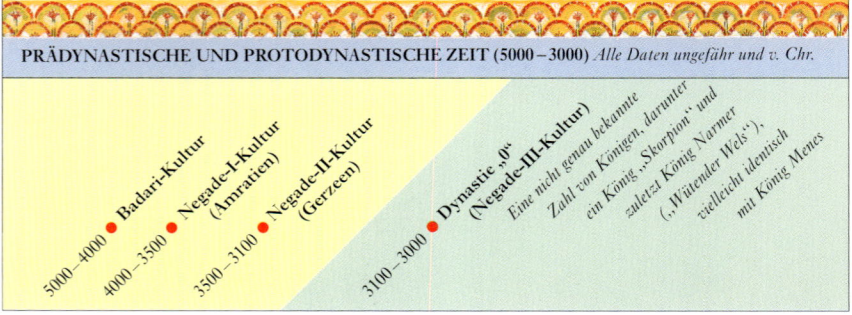

PRÄDYNASTISCHE UND PROTODYNASTISCHE ZEIT (5000–3000) *Alle Daten ungefähr und v. Chr.*

Badari-Kultur
5000–4000

Negade-I-Kultur (Amratien)
4000–3500

Negade-II-Kultur (Gerzeen)
3500–3100

Dynastie „0" (Negade-III-Kultur)
3100–3000

Eine nicht genau bekannte Zahl von Königen, darunter ein König „Skorpion" und zuletzt König Narmer („Wütender Wels"), vielleicht identisch mit König Menes

Eines von zwei Paaren monumentaler Statuen von Ramses II. (siehe S. 35), die den Eingang zum Tempel von Abu Simbel in Unternubien flankieren. Die Herrschaft des Ramses (ca. 1279–1213 v. Chr.) war die längste und eine der am besten dokumentierten Perioden der ägyptischen Geschichte. Wie bei vielen der noch bestehenden Monumente geht es auch hier um Ereignisse aus seiner Regierungszeit.

DIE ÄGYPTISCHE GESCHICHTSSCHREIBUNG

Der Rahmen zur Beschreibung der alten Geschichte Ägyptens ist kein Konstrukt der modernen Wissenschaft, sondern beruht auf Quellen aus der Antike. Die ursprüngliche Dynastieneinteilung stammt aus der Geschichte Ägyptens von Manetho. Dieser ägyptische Priester verfaßte sie im 3. Jahrhundert v. Chr. in Griechisch, vermutlich für Ptolemäus I. Der Großteil des Werkes, in dem von 31 Dynastien vor den Ptolemäern die Rede ist, ging verloren, aber andere antike Schriftsteller zitieren daraus, und von frühchristlichen Autoren ist eine Zusammenfassung erhalten.

Manethos Werk beruht zweifellos auf authentischem Material, wie Königslisten (siehe Abb. gegenüber), historischen Bauten und Sachliteratur. Es ist jedoch nicht nur wegen der gekürzten Form problematisch, sondern auch wegen der unkritischen Verwendung der Quellen und Fehlern, die sich bei der Weitergabe einschlichen. Manetho wird heute nur noch als Ergänzung der substantiellen und verläßlichen archäologischen Dokumente verwendet.

Die Gliederung der ägyptischen Geschichte in drei „Reiche" (siehe Haupttext) geht ebenfalls auf antike Quellen zurück. Sie stammt aus einer Königsliste in der Grabstätte von Ramses II. (ca. 1279–1231 v. Chr.) in Theben-West, an deren Spitze drei große Könige als Einiger Ägyptens stehen – Menes (Dynastie „0" oder 1. Dynastie, siehe S. 23), Mentuhotep II. (11. Dynastie) und Ahmose (Begründer der 18. Dynastie).

v. Chr. entstanden und sich in rund 1000 Jahren in Ober- und Unterägypten eigenständig entwickelten. Gegen Ende des 4. Jahrtausends v. Chr. wurde die Autonomie des Nordens durch einen aggressiven Rivalen in Oberägypten angegriffen. Die Entwicklung dieser Kultur im Süden läßt sich durch mehrere Perioden verfolgen, die nach Ausgrabungsorten benannt sind: Badari-Kultur, Negade I (Amratien), Negade II (Gerzeen) und Negade III (Dynastie „0"). Diese Perioden bilden gemeinsam die „prädynastische" und „protodynastische" Ära (siehe Zeittafel).

In der Negade-II-Periode entstand in Oberägypten eine wohlhabende Kultur, deren politische Macht sich in Hierakonpolis (siehe S. 69), Negade und This konsolidierte. Die klassische ägyptische Vorstellung von göttlicher Autorität entstand – dazu gehörte auch die Gleichsetzung des Herrschers mit dem Himmelsgott Horus. Gegen Ende der prädynastischen Zeit sollte dem kulturellen Vordringen des Südens nach Unterägypten unaufhaltsam die politische Machtübernahme im Norden folgen (siehe auch S. 106–107).

DER WIDERSTREIT VON HORUS UND SETH

DER WIDERSTREIT VON HORUS UND SETH
Die Bevorzugung des Gottes Seth gegenüber Horus durch König Peribsen (siehe Haupttext) wurde einst als historischer Prototyp des Antagonismus zwischen Horus und Seth im religiösen Gedankengut Ägyptens interpretiert. Die Theologen von Heliopolis entwickelten ein Pantheon, in dem der alte Himmelsgott Horus („Er, der hoch oben ist") mit dem jeder Pharao gleichgesetzt wurde, Sohn des Gottes Osiris und dessen Schwester-Gemahlin Isis war. Osiris war Herrscher Ägyptens während des „Zeitalters des Gottes", einer vorgeschichtlichen Zeit, von der man glaubte, daß Gottheiten die Erde regierten. Seth ermordete Osiris und übernahm den Thron, Horus wuchs heran und besiegte letztlich den Usurpator: ihr Kampf, bekannt als *Der Widerstreit von Horus und Seth*, erstmals beschrieben in den Pyramidentexten (siehe S. 188), wurde eines der Hauptthemen für die Epen der ägyptischen Literatur (siehe auch S. 134–135).

DER ERSTE NATIONALSTAAT

Der ägyptische Staat konsolidierte sich allmählich in der Zeit von der späten prädynastische Ära bis zum Anfang der 1. Dynastie. Aus jüngerer Überlieferung weiß man, daß die ersten beiden Dynastien in This oder Thinis in Oberägypten residierten. Tatsächlich wurden die oberägyptischen Könige, die den Norden eroberten, von der Dynastie „0" bis zum Ende der 2. Dynastie in Abydos bei This begraben. Diese frühen Herrscher sind auch als „Horus-Könige" bekannt, da ihre Namen in einen Rahmen (*Serech*) geschrieben wurden, der das Bild einer Palastfassade (▦) einschloß, gekrönt von einem Falken (🦅), welcher mit Horus identifiziert wurde. Der Name in einem *Serech* wird als „Horus-Name" bezeichnet. Die bemerkenswertesten Schritte in Richtung ägyptischer Einheit wurden um den Beginn der 1. Dynastie unter den Horus-Königen Narmer („Wütender Wels") und Aha („Kämpfer") unternommen. Aha verlegte den Regierungssitz in die Nähe von Memphis (siehe auch S. 106–107).

Vermutlich war es die größte Leistung der frühen ägyptischen Herrscher, nicht nur einen Staat, sondern auch ein Nationalbewußtsein in weit von einander entfernten Regionen mit starken lokalen Bräuchen zu schaffen. Das wesentlichste Instrument war dabei die Königswürde; der Königsfamilie waren die höchsten Ämter vorbehalten, es gab aber auch ein Beamtentum aus fähigen Bürgerlichen. Die Gräber der Beamten aus der frühen dynastischen Zeit sind der Lohn der Arbeit und stehen auch für kulturelle Einheit.

Viele klassische Institutionen von Staat und Gesellschaft entwickelten sich in dieser Zeit, wobei sich nur schwer ein vollständiges Bild gewinnen läßt. Die erhaltenen Annalen aus der Spätzeit des Alten Reiches sind bruchstückhaft und sagen nichts über die ideologische Anpassung der Herrscher, die sicher immer wieder notwendig war. So nahm etwa gegen Ende der 2. Dynastie König Peribsen (um 2700 v. Chr.) zur oder anstelle der Identität des Horus auch die des Seth an. Dieser Schritt war vermutlich ein Versuch, die Seth-Verehrer in Oberägypten für sich zu gewinnen, und machte nicht lange böses Blut, denn der Peribsen-Kult blieb bis zur

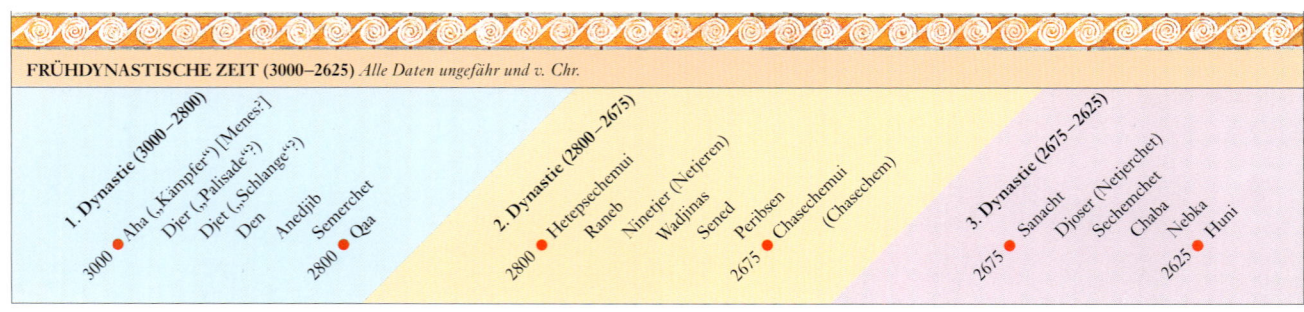

FRÜHDYNASTISCHE ZEIT (3000–2625) *Alle Daten ungefähr und v. Chr.*

1. Dynastie (3000–2800)
Aha („Kämpfer") [Menes?]
Djer („Palisade"?)
Djet („Schlange"?)
Den
Anedjib
Semerchet
Qaa
3000 — 2800

2. Dynastie (2800–2675)
Hetepsechemui
Raneb
Ninetjer (Netjeren)
Wadjinas
Sened
Peribsen
Chasechemui (Chasechem)
2800 — 2675

3. Dynastie (2675–2625)
Sanacht
Djoser (Netjerchet)
Sechemchet
Chaba
Nebka
Huni
2675 — 2625

4. Dynastie bestehen. Unter Chasechemui, dem letzten König dieser Dynastie, wurde ein Kompromiß gefunden, denn er verkündete, daß „die beiden Götter, die [im König] vereint sind, Frieden miteinander halten". Sein *Serech* mit dem Bild von Seth neben dem von Horus ist einzigartig. Seine Nachfolger kehrten zum Horusfalken allein zurück.

Zu Beginn der 3. Dynastie wurde die königliche Begräbnisstätte von Abydos nach Memphis verlegt, um die Stadt als Hauptstadt zu stärken. Gewiß ist die Stufenpyramide des Königs Djoser (um 2650 v. Chr.) bei Sakkara (siehe S. 178–179) nicht nur das damals großartigste Denkmal der göttlichen Königsherrschaft, sondern mit den steinernen Nachbildungen der ober- und der unterägyptischen Heiligtümer auch der stärkste Ausdruck für den Status des Königs als „Herr der beiden Länder".

MENES, DER LEGENDÄRE EINIGER ÄGYPTENS

Der Zusammenschluß der „beiden Länder" wird in der ägyptischen Überlieferung dem legendären Meni (in griechischen Quellen „Menes" oder „Min") zugeschrieben, Gründer von Memphis an der Grenze zwischen Ober- und Unterägypten. Im 5. vorchristlichen Jahrhundert hatten ägyptische Priester dem griechischen Historiker Herodot (*Historien*, 2. Buch) versichert, Min sei der erste König Ägyptens gewesen und habe das Land um die Stadt, die er gründete, Memphis, zurückerobert. Als Manetho 200 Jahre später sein Werk schrieb (siehe S. 21), bezeichnete er vertrauensvoll Menes als ersten menschlichen Herrscher Ägyptens. Er habe einen ruhmreichen Kriegszug unternommen, sei aber von einem Flußpferd getötet worden.

Die Überlieferung geht jedoch nur auf das 15. Jahrhundert v. Chr. zurück, wo der legendäre Einiger in Bauwerken der 18. Dynastie als „Meni" bezeichnet wird. Er gilt allgemein als der frühzeitliche König Narmer, den eine Schminkpalette als Triumphator über ein Volk des Deltas mit den Kronen der beiden Reiche darstellt (siehe Abb.). Aufzeichnungen über den Namen oder Titel „Meni" bestehen weder

Die „Narmer-Palette" aus der späten protodynastischen Zeit zeigt König Narmer, der oft mit Menes gleichgesetzt wird. Er trägt die Krone Oberägyptens und besiegt ein Volk aus dem Delta. Auf der anderen Seite der Platte trägt er die Krone Unterägyptens.

für Narmer noch einen anderen Horus-König des frühen Ägypten, wenn auch der Name Men nachweislich anderen Personen der Zeit zugeschrieben wird. Es könnte sich um den Eigennamen eines Königs – im Gegensatz zum „Horus-Namen" – wie Narmer oder Aha (siehe Haupttext) handeln. Ein anderer königlicher Titel war der „Zwei Damen"-Name. Ein Elfenbeinschild von König Aha stellt ihn vor der Inschrift „Zwei Damen *Men*" dar. Auch wenn Men nicht zu Aha als dem König gehört, der Memphis zur Hauptstadt machte, ist es doch ein Indiz dafür, daß er der Menes der Legende ist.

Man spekulierte auch, daß Menes eine Erfindung war: Das ägyptische *Men-i* kann auch „dieser oder jener, der einmal kam" bedeuten. Der Name könnte auch eine Umkehrung der Silben von Amun oder Amen sein, des göttlichen „Vaters" aller Pharaonen.

DIE HOCHBLÜTE DES EINHEITSSTAATES

In der 4. Dynastie erreichten die ägyptischen Bildhauer einen Grad der Meisterschaft in der Bearbeitung des Steins, den sie nicht mehr übertreffen konnten. Diese herrliche Dioritstatue des Chephren, der die zweite der Pyramiden von Gizeh bauen ließ (siehe S. 184–185), ist wahrscheinlich die schönste bisher entdeckte Plastik aus dem Alten Reich.

Die frühe ägyptische Kultur erreichte im Alten Reich (4. bis 8. Dynastie) einen Höhepunkt an Leistungsfähigkeit und Großartigkeit. Die königliche Macht, deren Zeugen die Pyramidenkomplexe sind (siehe S. 168–191), sollte nie mehr größer sein, als sie in dieser Zeit war. Das internationale Prestige Ägyptens, auf das in den offiziellen Aufzeichnungen stolz hingewiesen wurde, wird von den archäologischen Funden bestätigt, die man in Asien, Nubien und den Wüsten am Nil machte.

Unter Snofru (ca. 2625–2585 v. Chr.), dem Begründer der 4. Dynastie, wurde das Königsgrab zur Pyramide, vielleicht als Symbol einer Rampe aus Sonnenstrahlen, die den Pharao zu seinem letzten göttlichen Ziel im Himmel leiten würde. Der Souverän verkörperte nun nicht nur Horus, sondern auch den Sonnengott Re. Ab der Mitte der 4. Dynastie gab es den Titel „Sohn des Re" offiziell. Die Grabstätten der 5. Dynastie zeigen die Popularität von Sonnentempeln, und die „Pyramidentexte", Ritualtexte, die ab der späten 5. Dynastie in die Innenwände der Pyramiden gemeißelt wurden (siehe S. 188), besagen, daß „der König dem Himmel angehört".

Die königliche Macht, die ihr Zentrum in der Residenz nahe dem Pyramidenkomplex hatte, wurde durch eine Regierung aus vertrauenswürdigen Bürgerlichen ausgeübt. Die höchsten Ämter blieben ab der 4. Dynastie der Königsfamilie verschlossen und wurden von Personen niedrigen Standes übernommen, die manchmal den Titel „Sohn des Königs" trugen. An der Spitze der Verwaltung stand ein Minister (manchmal auch zwei), der Getreidespeicher, Schatzamt, öffentliche Arbeiten, Rechtsprechung und Beamte leitete. Beamte wurden im ganzen Land eingesetzt, wie es Notwendigkeit, Fähigkeit und königlicher Wille geboten. Anstelle eines stehenden Heeres gab es lokale Milizen. Tempel wurden vom König finanziert, in Notzeiten konnte es jedoch durchaus vorkommen, daß ihr Eigentum oder ihre Arbeitskräfte von anderen Regierungsstellen requiriert wurden, wenn sie nicht ausdrücklich von solchen Maßnahmen ausgenommen waren.

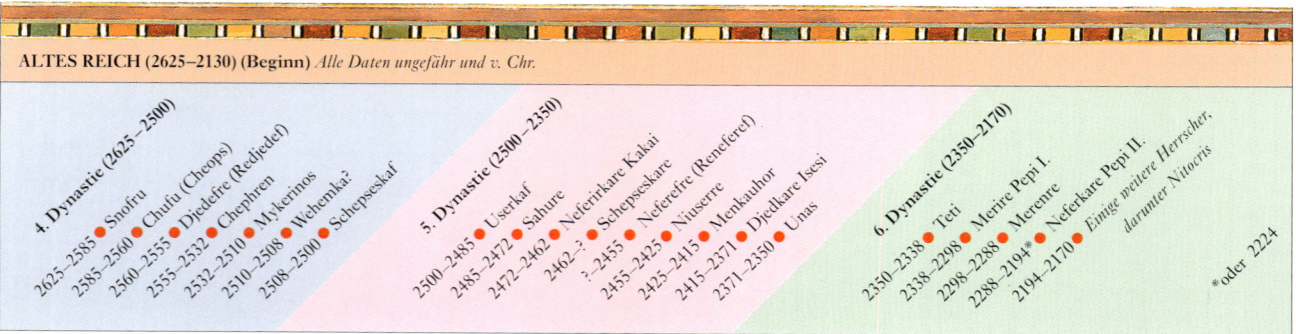

ALTES REICH (2625–2130) (Beginn) *Alle Daten ungefähr und v. Chr.*

4. Dynastie (2625–2500)
- 2625–2585 Snofru
- 2585–2560 Chufu (Cheops)
- 2560–2555 Djedefre (Redjedef)
- 2555–2532 Chephren
- 2532–2510 Mykerinos
- 2510–2508 Wehemka?
- 2508–2500 Schepseskaf

5. Dynastie (2500–2350)
- 2500–2485 Userkaf
- 2485–2472 Sahure
- 2472–2462 Neferirkare Kakai
- 2462–? Schepseskare
- ?–2455 Neferefre (Reneferef)
- 2455–2425 Niuserre
- 2425–2415 Menkauhor
- 2415–2371 Djedkare Isesi
- 2371–2350 Unas

6. Dynastie (2350–2170)
- 2350–2338 Teti
- 2338–2298 Merire Pepi I.
- 2298–2288 Merenre
- 2288–2194* Neferkare Pepi II.
- 2194–2170 *Einige weitere Herrscher, darunter Nitocris*

*oder 2224

Ein Beamter aus Memphis mit seiner Frau. Skulpturengruppe aus Holz, 6. Dynastie. Louvre, Paris.

Der Adelige Ka-Aper, genannt „Scheich el-Beled".
Holzstatue mit Augen aus Quarz. Sakkara, 4. Dynastie. Ägyptisches Museum, Kairo.

Chaemheset, Aufseher der Bauten.
Türe zu seiner Grabkammer in Sakkara, von Ithu, 5. Dynastie. Ägyptisches Museum, Kairo.

Kupferstatue des Pharao Pepi I. aus Hierakonpolis, 6. Dynastie. Ägyptisches Museum, Kairo.

CHUFU: DIE ENTSTEHUNG EINER LEGENDE

Die Person des Königs Chufu (Cheops bei den Griechen) steht im Schatten seines Monumentalgrabs, der Cheopspyramide oder Großen Pyramide in Gizeh. Er ist sogar in den spärlichen Aufzeichnungen seiner Zeit eine vage Figur; die meisten Informationen (aus Aufzeichnungen seiner Familie und Beamten) stammen aus den Gräbern nahe diesem Kolossalbau. Aus diesen Quellen läßt sich jedoch leider wenig historische Wahrheit beziehen. Man nahm einst fälschlich an, daß die zweite Bestattung von Chufus Mutter in Gizeh nach einem Grabraub eine Intrige von Höflingen war, die dem König die Wahrheit vorenthalten wollten. Eine Fehde, an der auch Chufus Söhne und Nachfolger Djedefre und Chephren beteiligt gewesen sein sollen, wird heute auch angezweifelt. Wir wüßten nicht einmal, wie der König ausgesehen hat, wäre nicht eine winzige Statuette in zwei Teilen im Osiris-Tempel von Abydos in Oberägypten entdeckt worden (siehe Abb.).

Chufus eindrucksvolles Bauwerk stellte ihn als König in den Schatten. Die spätere Literatur zeigt ihn als finstere, au-

Diese Elfenbeinstatuette – hier in Originalgröße – ist das einzige bisher entdeckte Bildnis des Cheops, des Erbauers der Großen Pyramide.

toritäre Gestalt, vor allem ein Volksmärchen im Papyrus Westcar. In dieser Geschichte wird dem König der Zauberer Djedi vorgeführt, der Tote zum Leben erwecken kann: „Seine Person [Chufu] sagte: ‚Bringt mir einen Gefangenen aus dem Kerker, so daß seine Strafe vollzogen werden kann [das heißt, er sollte hingerichtet und wieder zum Leben erweckt werden].‘ Djedi protestiert: „O mein oberster Herr – möge dir Gesundheit, Wohlergehen und ein langes Leben beschert sein! … es ist nicht bestimmt, daß solche Dinge [an Menschen] getan werden.‘“ Chufu läßt von seinem Vorhaben ab, und Djedi zeigt seinen Zauber schließlich an einer Gans und einem Ochsen.

Im 5. Jahrhundert v. Chr. hieß es in der Überlieferung, Chufu sei ein Tyrann geworden, weil er von der Fertigstellung der Pyramide besessen war. Priester erzählten dem griechischen Historiker Herodot, daß er Tempelvermögen in ganz Ägypten einziehen ließ und sogar seine eigene Tochter zur Prostitution zwang. Die Geschichte vom tyrannischen Chufu klingt noch heute nach, denn Touristen werden immer gerne mit solchen Erzählungen unterhalten.

Wie in der frühen dynastischen Periode sind aus den zeitgenössischen Aufzeichnungen nur wenige konkrete Ereignisse im Alten Reich bekannt. Man bezweifelt, daß es tatsächlich einen Streit unter den Söhnen Chufus gab (siehe Kasten). Auch die Überlieferung einer Rivalität zwischen den letzten Königen der 4. und ihren Nachfolgern in der 5. Dynastie gilt nun nicht mehr als glaubwürdig. Autobiographisches in Beamtengräbern der 6. Dynastie liefert zwar kaum Tatsachen, aber einen guten Überblick über die Entwicklungen und Zusammenhänge. In Oberägypten wurden bestimmte Familien als „Nomarchen", Provinzgouverneure (siehe S. 27), Träger eines Erbamtes. Zwei Frauen aus einer solchen Familie wurden Königinnen von Pepi I. (ca. 2338–2298 v. Chr.) und die Mütter seiner Nachfolger Merenre und Pepi II. Durch die Entstehung kleiner Staaten in Nubien herausgefordert, wuchsen während der langen Regierungszeit von Pepi II. die Spannungen zwischen Ägypten und seinem südlichen Nachbarn.

DER ERSTE ANGRIFF
AUF DIE EINHEIT

Eine aus Theben stammende Statue des Pharao Mentuhotep II., des größten Herrschers aus der 11. Dynastie, der Ägypten wiedervereinigte und ein halbes Jahrhundert lang regierte (ca. 2008–1957 v. Chr.). Er trägt die rote Krone Unterägyptens.

Gegen Ende des Alten Reiches brach in Ägypten eine Krise aus, die sich seit langer Zeit angekündigt hatte. Nach den verschwenderischen Pyramiden der 4. Dynastie wurden die Königsgräber nicht nur kleiner, sondern auch mit weniger Sorgfalt gebaut. Die Finanzierung der Grabmäler königlicher und privater Herren muß die zentralistische Wirtschaft belastet haben. Urkunden aus den Pyramidenstädten der 5. Dynastie zeigen, daß Finanzierungen reduziert und umverteilt wurden. Die wirtschaftlichen Probleme hingen wahrscheinlich mit der fortschreitenden Austrocknung zusammen, die am Ende des 3. Jahrtausends v. Chr. den ganzen Nahen Osten traf. Die Notwendigkeit, die Auswirkungen der niedrigen Überschwemmungen zu bewältigen, dürfte einer der Gründe für die Dezentralisierung der Macht in der 6. Dynastie gewesen sein, als sich die Position der Nomarchenfamilien in den Provinzen festigte (siehe Kasten gegenüber). Ihre Nachkommen, einige Generationen später, berichteten von Wassermangel und wie sie ihr Volk vor Hungersnöten schützen mußten.

Die Krise kam wahrscheinlich um 2200 v. Chr. in der langen Regierungszeit von Neferkare Pepi II. (siehe S. 24–25), dem letzten großen Herrscher des Alten Reiches, voll zum Tragen. Nach seinem Tod regierten die letzten Herrscher der 6., gefolgt von der 7. und 8. Dynastie noch in Memphis. Die meisten bleiben im Dunkel, und wenn sie erwähnt werden, stehen sie im Schatten der mächtigen Nomarchen im Süden, die Oberägypten de facto regieren. Mit dem Tod der letzten Könige in Memphis (um 2130 v. Chr.) beanspruchte der Nomarch von Herakleopolis im 20. oberägyptischen Nomos (siehe Karte gegenüber) als Achthoes I. die Macht. Seine Nachfahren der 9. und 10. Dynastie wurden von Unterägypten und den Nomarchen in Mittelägypten gestützt, aber innerhalb von nur einer oder zwei Generationen durch die 11. Dynastie (um 2081 v. Chr.) mit Sitz in Theben bedroht. Es folgte ein Machtkampf zwischen den beiden Regimen, in dem es den Herakleopolitanern nicht gelang, den Rivalen aus-

---

ALTES REICH (2625–2130) (Ende)   **ERSTE ZWISCHENZEIT (2130–1980) UND MITTLERES REICH (1980–1630) (Beginn)**

7. und 8. Dynastie (2170–2130)
Eine ungewisse Zahl von Herrschern, vermutlich Nachkommen der 6. Dynastie.

9. und 10. Dynastie (Herakleopolis, 2130–1980)
18 Könige, Datierung ungewiß, darunter:
~2130–2120 ● Achthoes I.
Neferkare
Achthoes II.
Achthoes III.
~2015–2000 ● Merikare

11. Dynastie (Theben, 2081–1938)
2081–2075 ● Mentuhotep I. ("Der Ahne")
2075–2065 ● Iniotef I.
2065–2016 ● Iniotef II.
2016–2008 ● Iniotef III.
2008–1957 ● Mentuhotep II.
1957–1945 ● Mentuhotep III.
1945–1938 ● Mentuhotep IV.

zuschalten, und die Thebaner es nicht schafften, weit über die Südgrenze des thinitischen Nomos (vermutlich der 8. ober-ägyptische Nomos, siehe Karte) vorzurücken. Unter Mentuhotep II. gelang es Theben, die Ressourcen Nubiens, die nun außerhalb des ägyptischen Einflußbereiches lagen, für sich zu nutzen und die Parteigänger von Herakleopolis in Mittelägypten zu vernichten. Mentuhotep konnte schließlich die Herakleopolitaner stürzen und um 1980 v. Chr. Ägypten wiedervereinigen.

Unter der 11. Dynastie erholte sich Ägypten rasch von den Bürgerkriegen. Trotz Bauprojekten und anderen Gesten konzentrierte sich die Dynastie jedoch zu sehr auf den Süden, als daß jeder in den wiedervereinigten „beiden Ländern" zufrieden sein konnte. Die königliche Residenz blieb im (eher provinziellen) Theben, und Beschwerden über die Vernachlässigung der Grenzregionen im nordöstlichen Delta klingen plausibel, auch wenn sie aus einem späteren, propagandistischen Werk stammen. Amenemhet, Minister von Mentuhotep IV. (ca. 1945–1938 v. Chr.) strebte nach der Macht und trat um 1938 v. Chr. als Gründer einer neuen Dynastie auf. Mit Amenemhet I. begann das Mittlere Reich, das für spätere Ägypter ein würdiger Nachfolger des glanzvollen Alten Reiches war.

NOMOI UND NOMARCHEN

Das Alte Ägypten war in Provinzen (oder Nomoi, wie sie von den Griechen bezeichnet wurden) geteilt, die Gouverneuren oder „Nomarchen" unterstanden. Das Nomoi-System ist erstmals zu Anfang des Alten Reiches in der 3. Dynastie belegt. Damals dürfte der typische Nomarch seine Laufbahn in verschiedenen Provinzen oder in der Staatsverwaltung begonnen haben. Als königlicher Diener wurde er in der Hauptstadt Memphis begraben.

Von der 5. Dynastie an begannen manche Nomarchen, nur noch in einem Nomos Dienst zu tun, wo sie lebten und begraben wurden. Diese Tendenz zur Dezentralisierung, und damit das Erbrecht regierender Familien auf das Gouverneursamt in ihren Provinzen, verbreitete sich in der Spätzeit der 6. Dynastie. Von da an nahmen mehr Gouverneure einen Titel an, der für das Amt charakteristisch werden sollte: „Großes Oberhaupt des Nomos X". Die eindrucksvollen Gräber in Ober- und Mittelägypten, nicht mehr um Memphis, spiegeln Macht und praktische Unabhängigkeit wider. Von ihren Zeitgenossen, den Königen der späten 6. bis 8. Dynastie, blieben nur spärliche Zeugnisse erhalten. Die großen Gräber zeigen eine Art Anomalie im frühen Ägypten: königliche Beamte, die – für eine Zeit – zum Erbadel wurden.

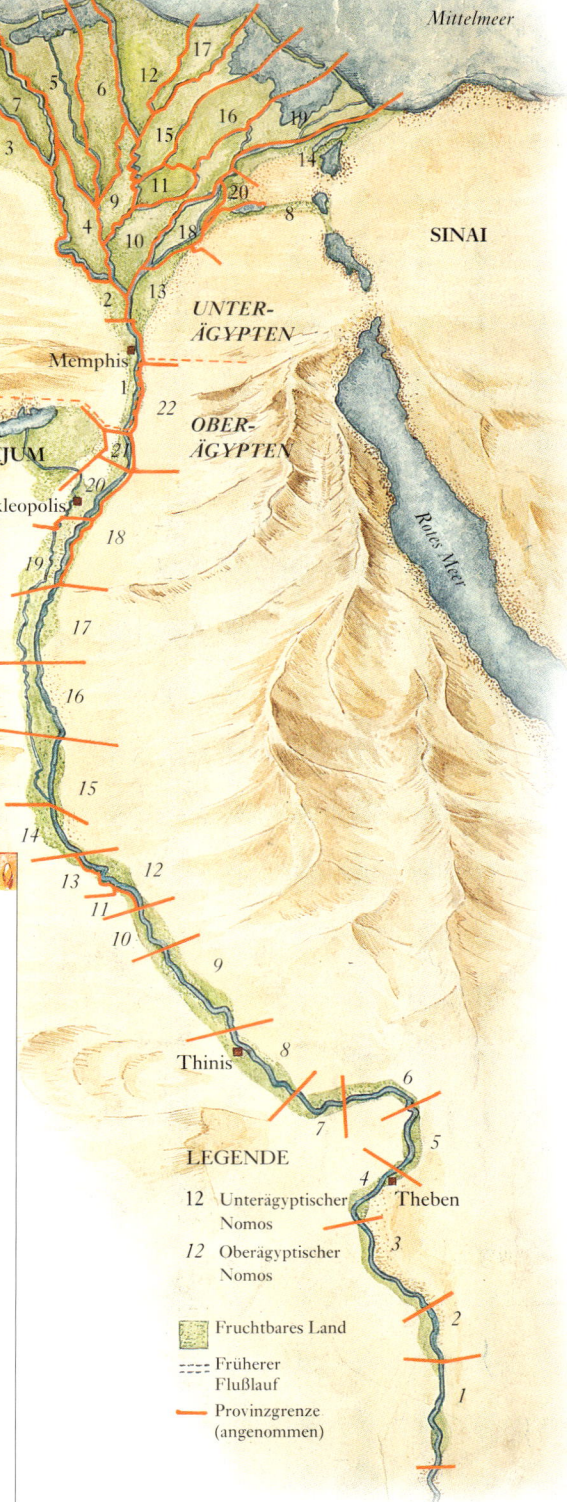

Das Alte Ägypten war in 42 Nomoi oder Provinzen geteilt. Es gab 22 Nomoi in Oberägypten und 20 in Unterägypten; die Oase Faijum und andere Oasengebiete wurden nicht nach diesem System verwaltet. Die Grenzen auf der Karte sind angenommen.

DIE GLORREICHE 12. DYNASTIE

Die Könige der 12. Dynastie waren für ihre großen öffentlichen Bauten berühmt. Amenemhet III. (ca. 1818–1772 v. Chr.), hier als Nilgottheit dargestellt, ist eines der größten Projekte zu verdanken. Er ließ durch die Trockenlegung des Moeris-Sees (des heutigen Qarun-Sees) die landwirtschaftlich nutzbare Fläche in der Oase Faijum, einem reichen Ausläufer des Niltals, auf ein Vielfaches vergrößern.

Unter Amenemhet I. begannen die 12. Dynastie und das Mittlere Reich mit bemerkenswerten Leistungen und den offenkundigen Problemen einer Nation im Aufbau. In der Innenpolitik gab es die von Amenemhet I. versprochene stärkere Bindung an den Norden: Eine neue Festung, die „Fürstenmauer", schützte die Ostgrenze des Deltas. Die Residenz wurde wieder nach Norden verlegt, an einen Ort südlich von Memphis. Bei Itj-Tawy, „[Amenemhet ist] Besitzergreifer der beiden Länder", handelte es sich wahrscheinlich um das heutige Lischt. Amenemhet bestätigte auch den Nomarchen, daß sie als Erbadel in Mittelägypten bleiben durften, nachdem sie gegen Ende des Bürgerkrieges (siehe S. 26–27) die Fronten gewechselt hatten. Der neue König agierte mit fester Hand, behandelte die Nomarchen aber diplomatisch.

Probleme gab es jedoch in der königlichen Familie. Literatur wie die *Geschichte des Sinuhe* (die „Autobiographie" eines Höflings, der nach Asien floh, um politischen Unruhen zu entkommen) und die *Lehre des Königs Amenemhet I.* (angeblich des Königs letztes Vermächtnis) porträtieren den Pharao und seinen Sohn, Sesostris I., die im Palast durch Loyalitätsmangel in Bedrängnis geraten. Das könnte einen Mordanschlag auf Amenemhet I. bedeuten; vielleicht machte er zur Herstellung des Gleichgewichts seinen Sohn zum Mitregenten (ca. 1919–1909 v. Chr.).

Welcher Art die Krise auch war, die Dynastie überstand sie und stellte einen bemerkenswerten Rekord an Dauer, Stabilität und Leistung auf. Die acht Könige regierten jeweils durchschnittlich mehr als 22 Jahre. Nach dem bewegten Übergang zu Sesostris I. stand einer geordneten Erbfolge bis zum Ende der Dynastie nichts mehr im Wege. Dann brachte der frühe Tod von Amenemhet IV. dessen Schwester Sebeknefru auf den Thron. Sie war eine der wenigen Frauen, die als König regierten.

In der Außenpolitik blieb die 12. Dynastie wie das Alte Reich auf Distanz zur Außenwelt. In Nubien baute Amenemhet I. die erste der Festungen, die später, unter seinen Nachfolgern, die Region um den II. Kata-

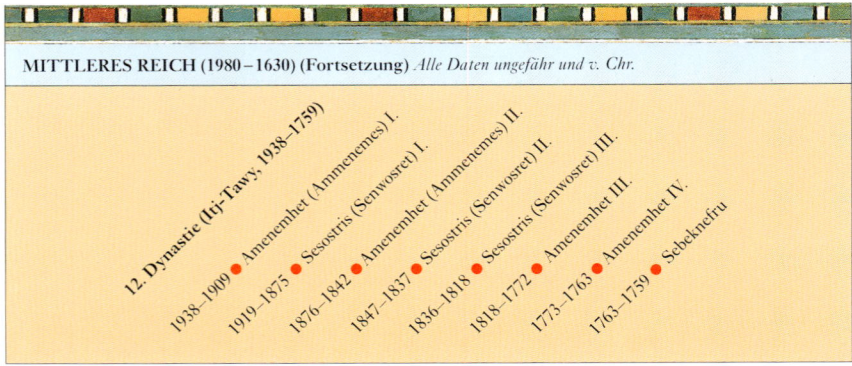

MITTLERES REICH (1980–1630) (Fortsetzung) *Alle Daten ungefähr und v. Chr.*

12. Dynastie (Itj-Tawy, 1938–1759)

- 1938–1909 ● Amenemhet (Ammenemes) I.
- 1919–1875 ● Sesostris (Senwosret) I.
- 1876–1842 ● Amenemhet (Ammenemes) II.
- 1847–1837 ● Sesostris (Senwosret) II.
- 1836–1818 ● Sesostris (Senwosret) III.
- 1818–1772 ● Amenemhet III.
- 1773–1763 ● Amenemhet IV.
- 1763–1759 ● Sebeknefru

DIE LEGENDE DES „SESOSTRIS"

In der Spätantike tischten ägyptische Priester Besuchern aus Athen und Rom gerne Geschichten über die unglaublichen Taten des Pharao „Sesostris" auf. Seine Eroberungszüge reichten vom tiefsten Afrika bis in den Nahen Osten, ja sogar nach Skythien (Südwestrußland). Kein späterer Eroberer, auch nicht Dareios I. von Persien oder Alexander der Große, konnte sich mit ihm messen.

Hier verschmelzen offensichtlich mehrere Kriegerpharaonen zu einer Gestalt. Sie läßt sich jedoch zu drei Königen der 12. Dynastie, die diesen Namen trugen, zurückverfolgen. Die Außenpolitik war ein wichtiges Element ihrer Regierung. Sesostris I. dehnte Ägyptens südliche Grenzen aus und zog gegen die Libyer, während Sesostris II. die Handelsbeziehungen mit Nubien und den Staaten Westasiens ausbaute. Sesostris III. (siehe Abb., S. 218) führte persönlich Feldzüge in Westasien. Er ließ die Festungen an der Südgrenze Ägyptens, die seine Vorgänger begonnen hatten, fertigstellen und führte von dort aus zahlreiche Ausfälle nach Nubien. Er hatte mit diesen Expeditionen offenbar so viel Erfolg, daß ihm in den südlichen Ländern gottgleicher Ruhm zuteil wurde.

Bereits gegen Ende des Mittleren Reiches vergöttert, wurde Sesostris III. von den Kriegerpharaonen der 18. und 19. Dynastie immer noch verehrt. Zu diesen gehörten Thutmosis III. und Ramses II., dessen eigene Leistungen zur Ergänzung der späteren Sesostris-Legende beitrugen. Die lebhafte Erzählung, in der Sesostris III. seine Taten schildert, ist auf einer vom König in Auftrag gegebenen Steintafel erhalten.

Diese Kobra aus Gold und Halbedelsteinen gehörte zu den Insignien von König Sesostris II., einem der drei Könige, deren Ruf der Sesostris-Legende zugrundeliegt. Das Bild des aufgerichteten Kobraweibchens (uraeus), *aufgerichtet wie zum Schutz von Souverän und Land, gehörte ab der Zeit des Alten Reiches zu den Insignien der Pharaonen (siehe S. 109).*

rakt dominieren sollten. Die „Fürstenmauer" diente einem ähnlichen Zweck im Nordosten. Zeitgenössische Aufzeichnungen zeigen, daß es regen Austausch (Handel und Diplomatie) zwischen Ägypten und Westasien gab; es ist jedoch nicht bekannt, ob Ägypten mit der nächsten Großmacht, Babylonien unter Hammurabi und danach, in Kontakt stand.

Innenpolitisch gewann die Zentralregierung gegenüber ihren Rivalen, den Nomarchen Mittelägyptens, an Boden. Dieser Prozeß war mit der Herrschaft von Amenemhet III. abgeschlossen und läßt sich am besten mit dem geduldigen Vorgehen der königlichen Familie erklären, diese Adelsfamilien zu ermuntern, in den Dienst des Königs zu treten. Es entstand ein neues zentralisiertes System, das das Land in zwei große Verwaltungseinheiten teilte; sie entsprachen in etwa Ober- und Unterägypten unter je einem Minister. Das System blieb bis etwa 1000 v. Chr. erhalten und gehörte zu den dauerhaften Errungenschaften einer Zeit von Frieden und Wohlstand, an die man sich später gerne erinnerte.

EIN ZWEITER ZERFALL

Ägypten blieb unter den Pharaonen der 13. Dynastie geeint; sie residierten wie ihre Vorgänger in Itj-Tawy. Die Macht wurde wohl nach dem Rotationsprinzip unter Beamtengruppierungen weitergegeben, es gab mehrere kurzlebige Königsfamilien – eine Dynastie mit mindestens 55 Königen. Das Beamtentum, das für die königliche Macht aufgebaut worden war, dürfte diese schließlich übernommen haben.

Diesen Herrschern gelang es aber nicht, es der 12. Dynastie in Innen- und Außenpolitik gleichzutun. Nachdem sie die Disziplin in den südlichen Festungen hatte verfallen lassen, zog die Regierung die Garnisonen zurück; die Übernahme der Bollwerke durch den nubischen Staat Kusch blieb nicht aus. Im Norden wurden Teile Unterägyptens durch Einwanderer aus Asien dicht besiedelt, und eine unabhängige Königslinie (die als die

DIE KRIEGE KÖNIG KAMOSES

Kamoses Heldentaten im Kampf gegen Hyksos und Kuschiten wurden auf ungewöhnlich lebendige Weise in zwei Stelen eingemeißelt, die im Amun-Tempel in Karnak stehen (siehe S. 208–209). Die Kriegserzählung beginnt mit einer Sitzung des Staatsrates, bei der Kamose das Drängen seiner Berater verächtlich zurückweist, wie seine Vorgänger mit den Hyksos zu kooperieren. Er segelt nach Norden und plündert die Städte von Hyksosvasallen, die „Ägypten, ihre Herrin, verraten hatten".

Dann wagt er sich in die Höhle des Löwen und trifft in Avaris auf seinen Gegner, „als würde ein Falke auf Beutefang gehen auf dem Gebiet von Avaris. Ich wurde seiner Frauen oben im Palast gewahr … wie sie aus kleinen Fenstern blickten wie junge Eidechsen". Die Schiffe im Hafen werden „all ihres kostbaren Holzes und der Spezereien Syriens" beraubt. Die größte Erniedrigung für König

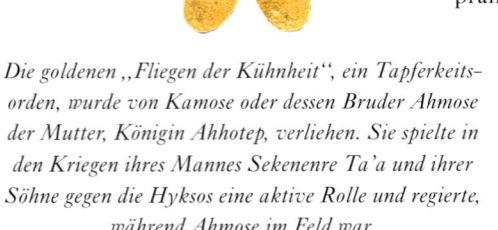

Die goldenen „Fliegen der Kühnheit", ein Tapferkeitsorden, wurde von Kamose oder dessen Bruder Ahmose der Mutter, Königin Ahhotep, verliehen. Sie spielte in den Kriegen ihres Mannes Sekenenre Ta'a und ihrer Söhne gegen die Hyksos eine aktive Rolle und regierte, während Ahmose im Feld war.

Apopi ist jedoch die Gefangennahme seines Boten auf dessen Weg in den Süden, der die Nubier gegen Kamose aufbringen sollte. Apopis Botschaft an seinen Verbündeten ist kurz: „Seht ihr, was Ägypten mir angetan hat? … Kommt nach Norden. Erbleicht nicht! Seht, er ist hier in meiner Gewalt", brüstet er sich etwas voreilig. Kamose wiederum prahlt: „Ich ließ [Apopis Brief] zu ihm zurückbringen … auf daß mein Sieg sein Herz durchdringe und seine Glieder gelähmt werden." Kamose ist klug genug, sich nicht zu übernehmen, und zieht sich zurück. Er kommt mit dem Nilhochwasser nach Theben und wird freundlich empfangen: „Alle kamen, um mich zu sehen, und die Frauen umarmten ihre Gefährten." Der König geht dann nach Karnak, um Amun zu danken. Solche Dankesopfer sind das übliche Ende einer Kriegserzählung im Alten Ägypten.

14. Dynastie gezählt wird) dürfte in der Spätzeit der 13. Dynastie im westlichen Delta ihren Aufstieg genommen haben. Ein Text, bekannt als *Die Mahnungen des Ipuwer*, der gegen Ende dieser Periode entstand, beschreibt ein demoralisiertes und rebellisches Land, dessen staatliche Einrichtungen in Unordnung geraten waren, während „überall Fremde zu Einheimischen geworden sind".

Laut Manetho (siehe S. 21) kamen zu dieser Völkermischung Invasoren aus dem Osten. Es waren semitische Völker, die als „Hyksos" bezeichnet werden, die griechische Form des ägyptischen *Heka Khaswt* („Beherrscher fremder Länder"). Ihre Herrschaft (die 15. Dynastie) löste die 13. und 14. Dynastie in einem Großteil des Landes ab. Nur im Süden verblieb ein Gebiet unter einheimischer Herrschaft: Ein Königtum in Theben formierte sich zur 17. Dynastie. Allerdings mußte auch dieser Rumpfstaat die Oberhoheit der Hyksos anerkennen, die von der Stadt Avaris im nordöstlichen Delta aus regierten. Die neue asiatische Regierung war auch die größte Macht im Nahen Osten und unterhielt mit den minoischen Königen auf Kreta Handel und diplomatische Beziehungen.

Die Hyksos versetzten ihren thebanischen Rivalen einen weiteren Schlag, als sie sich mit dem Kuschitenreich fest verbündeten. In der Folge waren die thebanischen Herrscher fast ein Jahrhundert lang rundum von Feinden umgeben. Vor 1540 stellte sich König Sekenenre Ta'a den Hyksos. Er fiel um 1543 v. Chr. in der Schlacht, sein Nachfolger Kamose war schließlich erfolgreich. Er eroberte die nubischen Festungen zurück und trug einen mutigen Angriff bis in die Vororte von Avaris (siehe Kasten). Dann starb er unvermutet und ohne Nachkommen, so daß die letzte Phase des Befreiungskriegs erst ausgekämpft werden konnte, als sein Bruder Ahmose volljährig war. Ahmose siegte, nahm Avaris ein und vertrieb die Hyksos nach Kanaan. Für die Wiedervereinigung Ägyptens wurde diesem Sohn der 17. Dynastie die Ehre erwiesen, als Gründer der 18. Dynastie und des Neuen Reiches in die Geschichte einzugehen.

Ein grauer Granitsphinx, ursprünglich als Bild von Amenemhet III. aus der 12. Dynastie (ca. 1818–1872 v. Chr.) gestaltet. Er wurde später von einem Hyksos-Herrscher für sich beansprucht und mit seinem Namen versehen.

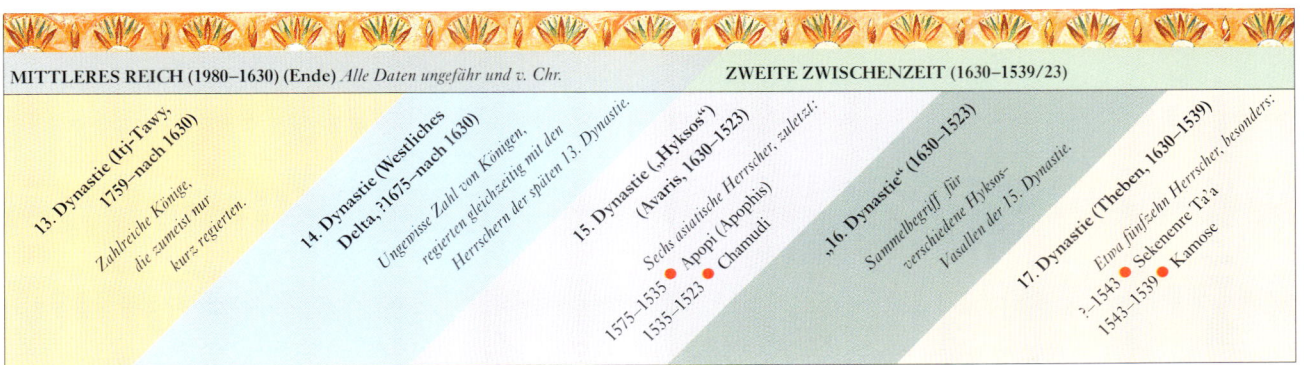

MITTLERES REICH (1980–1630) (Ende) *Alle Daten ungefähr und v. Chr.*　　ZWEITE ZWISCHENZEIT (1630–1539/23)

13. Dynastie (Itj-Tawy, 1759–nach 1630) *Zahlreiche Könige, die zumeist nur kurz regierten.*

14. Dynastie (Westliches Delta, ?1675–nach 1630) *Ungewisse Zahl von Königen, regierten gleichzeitig mit den Herrschern der späten 13. Dynastie.*

15. Dynastie („Hyksos") (Avaris, 1630–1523) *Sechs asiatische Herrscher, zuletzt:* Apopi (Apophis) 1575–1535 ● Chamudi 1535–1523 ●

„16. Dynastie" (1630–1523) *Sammelbegriff für verschiedene Hyksos-Vasallen der 15. Dynastie.*

17. Dynastie (Theben, 1630–1539) *Etwa fünfzehn Herrscher, besonders:* Sekenenre Ta'a ?–1543 ● Kamose 1543–1539 ●

WIEDERERSTARKEN UND NEUES REICH

Der gottgleiche König Amenhotep I. wurde als Wächter der Begräbnisstätten in Theben-West verehrt. Er ist hier auf der Innenseite des Sarges eines Priesters des Amun-Re, Djedhoriufanch, abgebildet, der zur Zeit der 21. Dynastie (um 1000 v. Chr.) lebte. Die Szene in der Mitte zeigt den Pharao als Mumie, umgeben von zwei Bildern des Sonnengottes Re-Harachte, dargestellt als Falke, überhöht von der Sonnenscheibe.

Die Herrscher der frühen 18. Dynastie brachten Ägypten Schritt für Schritt und eher ungeplant auf einen Kurs der Reichsexpansion. Sie drangen tiefer als je zuvor nach Nubien vor, vernichteten das Kuschitenreich und schufen damit eine riesige Provinz, die über den IV. Katarakt und das südliche Nilknie hinausreichte. Nach Norden, in Asien, einer Region, sprachlich und kulturell fremder als Nubien und politisch stärker gespalten, konnte Ägypten nur langsam Fuß fassen. Die frühen Könige, wie etwa Ahmose, der Dynastiegründer, und Thutmosis I., zogen es vor, Westasien auf Distanz zu halten, wie das ihre Vorgänger getan hatten.

Mit Thutmosis III. begann Ägypten, ein asiatisches Imperium aus Vasallenstaaten aufzubauen, es dauerte jedoch zwei Generationen, bis die Reichsgrenzen sicher wurden, als Thutmosis IV. sich mit dem syrischen Reich der Mitanni einigte. Dieses Bündnis wurde gebrochen, als die Hethiter aus Kleinasien (der heutigen Türkei) die Mitanni während der Herrschaft von Amenhotep IV. (oder Echnaton) vernichteten. Es folgte ein etwa drei Generationen dauernder Krieg zwischen Ägyptern und Hethitern, bis sich die beiden Großmächte unter Ramses II. (ca. 1279–1213 v. Chr.) einigten. Das ägyptische Reich schrumpfte, blieb aber eine Großmacht.

Im Inland verlief die Nachfolge nicht immer reibungslos. Nach dem Tod von Amenhotep I., der auf Ahmose folgte, ging der Thron aus unerfindlichen Gründen an einen Bürgerlichen, Thutmosis I. Dessen Sohn und Enkel hießen ebenfalls Thutmosis und heirateten Prinzessinnen, die vermutlich mit Ahmose verwandt waren; die Könige selbst entstammten jedoch Verbindungen mit Bürgerlichen. Als Thutmosis II. unerwartet starb (um 1479 v. Chr.), übernahm Hatschepsut, die Stiefmutter des minderjährigen Thutmosis III., die Regentschaft. Sie war die Hauptfrau des Vaters gewesen und stammte von Ahmose ab. Sie übernahm die Herrschaft und regierte fast 20 Jahre, vermutlich bis zu ihrem Tod (siehe S. 89), neben ihrem Stiefsohn. Später entweihte Thutmosis III. ihre Denkmäler und schmähte alles, was an sie erinnerte.

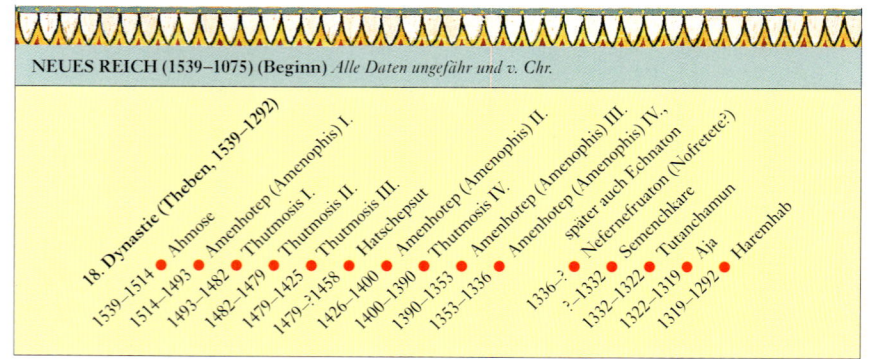

NEUES REICH (1539–1075) (Beginn) *Alle Daten ungefähr und v. Chr.*

18. Dynastie (Theben, 1539–1292)

Ahmose · 1539–1514
Amenhotep (Amenophis) I. · 1514–1493
Thutmosis I. · 1493–1482
Thutmosis II. · 1482–1479
Thutmosis III. · 1479–1425
Hatschepsut · 1479–?1458
Amenhotep (Amenophis) II. · 1426–1400
Thutmosis IV. · 1400–1390
Amenhotep (Amenophis) III. · 1390–1353
Amenhotep (Amenophis) IV., später auch Echnaton · 1353–1336
Nefernefruaton (Nofretete?) · 1336–?
Semenchkare · ?–1332
Tutanchamun · 1332–1322
Aja · 1322–1319
Haremhab · 1319–1292

Zwei Gefangene, einer von ihnen Syrer, einer Nubier.
Bemalte Sandalensohlen, 18. Dynastie. Ägyptisches Museum, Turin, Sammlung Drovetti.

Der König und die Königin von Punt.
Basrelief aus dem Totentempel der Hatschepsut
in Deir el-Bahari, 18. Dynastie. Ägyptisches Museum, Kairo.

DER LOHN DER LEISTUNG: AMENHOTEP, SOHN DES HAPU

Ein hohes Amt in der Verwaltung des Pharao zeigte üblicherweise, welche Beziehungen ein Mann hatte und welche Dienste seine Familie und er geleistet hatten. So entstanden „Beamtendynastien", innerhalb derer Posten über Generationen weitergegeben wurden, und Bündnisse mit anderen mächtigen Funktionärsfamilien.

Immer wieder gelang es aber auch begabten Außenstehenden, in die geschlossenen Regierungskreise vorzudringen und weit über den Tod hinaus einen Eindruck zu hinterlassen. Ein solcher Mann war Haremhab, General und letzter Herrscher der 18. Dynastie (siehe S. 35). Ein weiterer Aufsteiger, Amenhotep, Sohn des Hapu, kam zwar nicht ganz so hoch hinauf, erfreute sich aber eines postumen Ruhmes, den auch Pharaonen kaum erreichten.

Amenhotep (oder Huy, so sein Spitzname) kam aus Athribis im Delta. Der Sohn des kleinen Beamten Hapu wurde zum Schreiber ausgebildet und verbrachte den Großteil seiner Laufbahn in der Anonymität, bevor er seinem königlichen Namensvetter Amenhotep III. (ca. 1390–1353 v. Chr.) wegen organisatorischer Fähigkeiten und enormen Wissens auffiel. Er wurde rasch befördert und bald mit nichts Geringerem betraut als der Reorganisation der Finanzen und des Arbeitskräfteeinsatzes. Unter seiner Aufsicht wurden Steuern eingehoben sowie das Personal für Heer und öffentliche Arbeiten rekrutiert und versetzt. Offiziell hatte er nur eine Position mittleren Ranges, tatsächlich oblag ihm jedoch die Kontrolle über die Verteidigung und praktisch die gesamte Zivilverwaltung.

Der Höhepunkt seiner Karriere war das Jubiläums- oder *Sed*-Fest seines Herrschers, als er die Rolle des Kronprinzen in der Aufführung der Thronbesteigung spielte. Als einziger seiner Kollegen erhielt er einen großen Totentempel neben dem des Königs in Theben-West. Der Beamte niedriger Abkunft wurde zum Objekt eines Kultes, der bis in die spätere Antike blühte; er wurde gemeinsam mit dem königlichen Beamten Imhotep (siehe S. 179) als Gott der Heilkraft verehrt.

Amenhotep erhielt das Recht, im Tempel von Karnak Statuen von sich aufzustellen; dort wurde dieses Beispiel gefunden. Der große Verwalter ist als Schreiber dargestellt, mit Schriftrolle auf dem Schoß und Schreibpalette über der linken Schulter.

Eine Statue (halbe Lebensgröße) von Thutmosis III., dem Sohn von Thutmosis II. und einer seiner Nebenfrauen, Isis. Während der ersten 20 Jahre seiner 54 Jahre dauernden Herrschaft stand er im Schatten seiner Stiefmutter Hatschepsut. Als er die alleinige Macht übernahm, führte er Feldzüge nach Syrien und Palästina und festigte die ägyptische Machtposition in der Region (siehe auch Abb. S. 108).

Nach der Festigung des Reiches durch Thutmosis III. und seine Nachkommen erfreute sich Ägypten zur Regierungszeit von Amenhotep III. (ca. 1390–1353 v. Chr.) eines nie gekannten Wohlstands, großer Stabilität, künstlerischer Schöpferkraft und internationalen Prestiges. Während der Herrschaft von Amenhoteps III. Sohn, Echnaton, geriet alles in Gefahr, denn das Reich wurde von außen durch die Hethiter und im Inneren durch die religiöse Revolution des Echnaton bedroht (siehe S. 128–129). Tutanchamun (ca. 1332–1322 v. Chr.), der letzte der Thutmosiden, brach das religiöse Experiment ab.

Ein ehemaliger General namens Haremhab wurde um 1319 v. Chr. Pharao. Er hatte jedoch keine Nachkommen, es folgte ihm sein Minister Ramses I. nach, der die 19. Dynastie begründete. Sethos I. und vor allem Ramses II. (siehe Randtext rechts) gaben Ägypten die frühere Großmachtstellung zurück. In den 25 Jahren nach dem Tod von Ramses II. jedoch wurde das Land wieder von Invasionen und Bürgerkriegen geplagt. Unter Merenptah fiel eine Horde von Libyern und „Seevölkern" ins Delta ein (siehe S. 45), und Nubien erhob sich erstmals seit der frühen 18. Dynastie in einem allgemeinen Aufstand gegen die ägyptische Oberhoheit. In der Folge gab es auch Machtkämpfe zwischen Merenptahs Sohn Sethos II. und einem Usurpator namens Amenemesse. Nach der kurzen Regierungszeit von Siptah, dem Sohn von Sethos II., und seiner Königin Tausret ging die Dynastie in einem Bürgerkrieg zwischen dem Syrer Bay, der vom königlichen Mundschenk zum starken Mann hinter dem Pharao aufgestiegen war, und Sethnacht, den zahlreiche hohe Beamte unterstützten, unter.

Mit Sethnachts Sieg (um 1190 v. Chr.) wurde die 20. Dynastie begründet. Sein Sohn Ramses III., der letzte große Kriegerpharao des Neuen Reiches, warf zwei libysche Invasionen zurück und hielt einen neuerlichen Ansturm der „Seevölker" auf. Seine Nachfolger, von Ramses IV. bis Ramses XI., erbrachten keine besonderen Leistungen; sie regierten eine friedliche Nation, in der die Erbfolge reibungslos vollzogen wurde und in der es keine Bürgerkriege gab. Dennoch war die 20. Dynastie eine Zeit des Niedergangs für das Reich und die innere Einheit, die für das Land über fünf Jahrhunderte selbstverständlich gewesen war. Im folgenden Jahrtausend sollte die Welt der Ägypter ganz anders aussehen.

RAMSES DER GROSSE

Von den Pharaonen, die nach dem Tod als Legende weiterlebten, war keiner gefeierter als Ramses II. oder der Große. Er regierte fast 76 Jahre und damit länger als alle anderen, mit der einzigen Ausnahme von Pepi II. Später bat Ramses IV. Osiris, er möge „für ihn die Dauer der Herrschaft von Ramses II. verdoppeln".

Der allgemeine Wohlstand seiner Zeit, ihre diplomatischen und militärischen Triumphe und die vielen Monumentalbauten machten die Periode zu einem Maßstab, an dem alle folgenden Herrscher gemessen wurden. Viele Pharaonen nahmen entweder seinen persönlichen Namen, Ramses („Re hat ihn gemacht"), oder eine Variation seines Königsnamens Userma'atre oder Usermare („die Gerechtigkeit Res ist groß") an, welcher als Ozymandias in die klassische Literatur Eingang fand. Ramses III., der einzige, der ihm als Krieger und Bauherr das Wasser reichen konnte, imitierte ihn in persönlichem Stil und Bauwerken. Auch zahlreiche spätere literarische Werke beschäftigten sich mit der glorreichen Zeit von Ramses dem Großen.

GEGENÜBER: *Die prächtige lebensgroße Grabmaske des König Tutanchamun, die bei der Ausgrabung seines beinahe unversehrten Grabes 1922 gefunden wurde (siehe S. 196).*

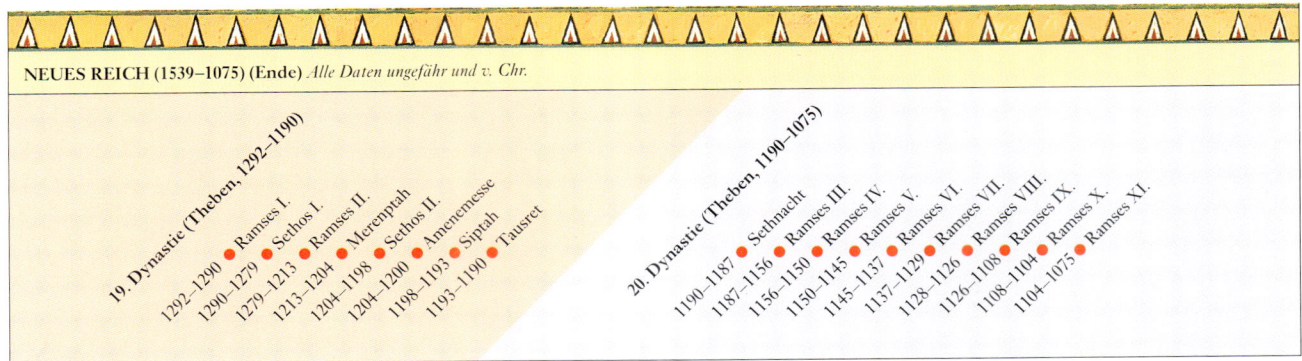

NEUES REICH (1539–1075) (Ende) *Alle Daten ungefähr und v. Chr.*

19. Dynastie (Theben, 1292–1190)
- 1292–1290 Ramses I.
- 1290–1279 Sethos I.
- 1279–1213 Ramses II.
- 1213–1204 Merenptah
- 1204–1198 Sethos II.
- 1204–1200 Amenemesse
- 1198–1193 Siptah
- 1193–1190 Tausret

20. Dynastie (Theben, 1190–1075)
- 1190–1187 Sethnacht
- 1187–1156 Ramses III.
- 1156–1150 Ramses IV.
- 1150–1145 Ramses V.
- 1145–1137 Ramses VI.
- 1137–1129 Ramses VII.
- 1128–1126 Ramses VIII.
- 1126–1108 Ramses IX.
- 1108–1104 Ramses X.
- 1104–1075 Ramses XI.

König Taharqa, der bekannteste nubische Pharao, der in der 25. Dynastie regierte. Seine Länder reichten von Nubien bis zum Mittelmeer, und er ließ Tempel, Pyramiden und andere Monumente in ganz Ägypten errichten, so auch die Kolonnade am Eingang zum Amun-Tempel in Karnak. Taharqa zog sich vor den Assyrern aus Ägypten zurück und überließ das Land seinem Nachfolger Tantamun. Diese Granitbüste zeigt ihn mit typisch nubischer Haube.

UNEINIGKEIT UND FREMDHERRSCHAFT

Vom 12. bis zum 8. Jahrhundert v. Chr. kehrte sich das Geschick Ägyptens völlig um, wie das noch nie in der langen Geschichte des Landes der Fall gewesen war. Die Gebiete Westasiens, die Ramses III. (ca. 1187–1156 v. Chr.) um 1180 v. Chr. gegen die „Seevölker" verteidigt hatte, fielen als erste. Anfang des 12. Jahrhunderts v. Chr. war das Hethiterreich zerfallen, und die Pharaonen dachten offenbar, daß die Pufferzone im Norden nicht mehr notwendig war. Jedenfalls ist um 1130 v. Chr. von der ägyptischen Herrschaft in Asien nichts mehr zu spüren; alles ging unmerklich vor sich, so daß es mangelndes Interesse Ägyptens ebenso gewesen sein konnte wie der Druck der Philister und anderer Völker, die das Vakuum füllten.

Im Inland war die scheinbar friedliche Regierungszeit der letzten Ramessiden durch Ausstände, Inflation und eine in allen Gesellschaftsschichten weit verbreitete Kriminalität gekennzeichnet. Es sollte noch schlimmer kommen, denn zur Zeit von Ramses XI. (ca. 1104–1075 v. Chr.) gab es in Oberägypten eine Absetzbewegung unter den Hohepriestern des Amun in Karnak und ironischerweise auch unter Personen, die die Autorität des Königs wiederherstellen sollten. Die Ordnung kehrte schließlich durch hohe Militärs ein, die eine neue Linie von Hohepriestern begründeten. Folge der Unruhen war der Verlust der ägyptischen Provinzen im Süden, die der letzte Vizekönig von Nubien der Kontrolle der Pharaonen entzog.

Die Stellung von Ramses XI. war alles andere als sicher, weil die Macht bereits lange vor dem Ende seiner Regierung den thebanischen Priestern gehörte. Sie beherrschten Oberägypten, während ein Angehöriger ihrer Familie, Smendes, nördlich von Memphis regierte. Smendes wurde nach dem Tod von Ramses XI. schließlich selbst König und begründete die 21. Dynastie, die parallel zu den Hohepriestern regierte. In beiden Herrscherfamilien gab es ein libysches Element durch Eheschließungen mit den Nachkommen von Gefangenen. Diese hatten sich unter Ramses III. im Delta niedergelassen und waren eine einflußreiche Militärkaste unter eigenen Anführern geworden. Als Psusennes II., der letzte der 21. Dynastie,

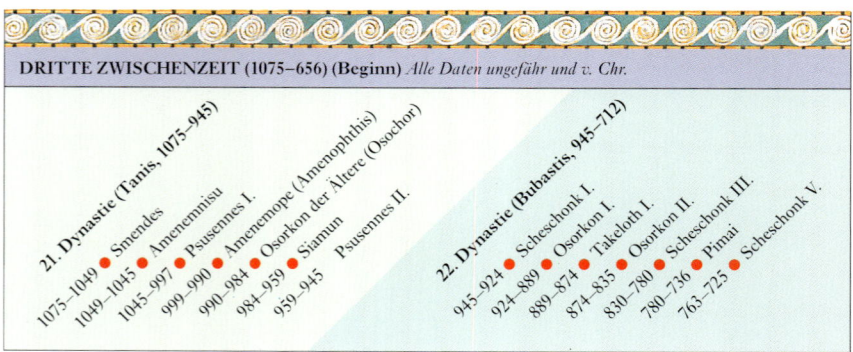

DRITTE ZWISCHENZEIT (1075–656) (Beginn) *Alle Daten ungefähr und v. Chr.*

21. Dynastie (Tanis, 1075–945)
1075–1049 Smendes
1049–1045 Amenemnisu
1045–997 Psusennes I.
999–990 Amenemope (Amenophthis)
990–984 Osorkon der Ältere (Osochor)
984–959 Siamun
959–945 Psusennes II.

22. Dynastie (Bubastis, 945–712)
945–924 Scheschonk I.
924–889 Osorkon I.
889–874 Takeloth I.
874–835 Osorkon II.
830–780 Scheschonk III.
780–736 Pimai
763–725 Scheschonk V.

starb, ging der Thron an einen libyschen Verwandten, der den Titel „Großer Anführer der Meschwesch-Libyer" führte. Dieser gründete als Scheschonk I. die 22. Dynastie.

Scheschonk ist für seinen Feldzug nach Palästina bekannt, der in der Bibel beschrieben wird (1 Kön 14,25–26); dort wird sein Name als „Schischak" wiedergegeben. Im Inland gelang es ihm, den Süden für fast ein Jahrhundert wieder in das Reich einzugliedern. Die Kräfte des Separatismus erwiesen sich jedoch auf lange Sicht als stärker. Zur Zeit von Scheschonk III. war das nicht nur in Theben der Fall, sondern auch im Delta, wo immer mehr autonome Fürsten auf den Plan traten. Mitte des 8. Jahrhunderts v. Chr., als die „libysche Anarchie" ihren Höhepunkt erreichte, bestanden in Ägypten gleichzeitig nicht weniger als neun größere Königreiche und Fürstentümer (die unter der Bezeichnung der 23. Dynastie zusammengefaßt werden).

In diesem Zustand der Aufsplitterung gelangte Ägypten in die Einflußsphäre einer einstigen Kolonie, des nubischen Kusch, das ein reicher und geeinter Staat geworden war, ein ägyptisiertes Land, dessen Herrscher bereit waren, nach dem geistigen Mutterland zu greifen. Unter Pianchi drangen die Kuschiten bis Memphis vor. Das Delta blieb unabhängig, die Könige und Fürsten dort unterwarfen sich allerdings nominell der nubischen Oberhoheit. Einige Jahre später jedoch unterstützten sie Tefnacht, der eine Koalition gegen die Nubier aufbaute. Seine Hauptstadt Saïs im westlichen Delta wurde zum Sitz der neuen 24. Dynastie, die sich nur 15 Jahre halten konnte. Tefnachts Nachfolger Bocchoris hatte gerade erst die Regierungsgeschäfte aufgenommen, als er von Pianchis Bruder und Nachfolger Schabaka abgesetzt und getötet wurde; Schabaka führte schließlich die nubische Eroberung von ganz Ägypten zu Ende.

Die Kuschitenkönige (25. Dynastie) stellten sich gerne als Pharaonen in der großen Tradition ihrer einheimischen Vorgänger dar, und Schabakas Nachfolger Taharqa (siehe Abb. gegenüber) konnte diesem Anspruch wirklich beinahe gerecht werden. Die Ambitionen der Kuschiten blieben aber letztendlich doch unerfüllt, denn bald nach Taharqas Tod unterlagen die nubischen Herrscher dem inneren Druck aus dem Niltal und dem Einfall einer neuen Großmacht, die im Nahen Osten entstanden war: Assyrien.

EIN STARKER MANN:
Im „Dritten Zwischenreich" (21. bis 25. Dynastie) war der oberägyptische Separatismus auch während der Zwangseinigung der „beiden Länder" kaum unterdrückbar. Die Macht des Pharao lag während der 25. Dynastie und danach nominell bei der „Gottesgemahlin des Amun", einer Frau aus der königlichen Familie, die symbolisch mit dem thebanischen Gott Amun vermählt wurde (siehe S. 87). Die wahren Machthaber waren jedoch Leute wie Montuemhat (um 655 v. Chr.).

Offiziell stand er unterhalb der Gottesgemahlin und des Amun-Hohepriesters. Aber als Bürgermeister von Theben und Gouverneur Oberägyptens herrschte er über das Gebiet von der nubischen Grenze bis Mittelägypten. Seine Laufbahn, in der er das Ende der nubischen Herrschaft erlebte, zeigt, daß Generationen von Pharaonen die Macht der thebanischen Aristokratie als Preis für den Frieden im Süden akzeptierten.

Eine schwarze Granitbüste des Montuemhat, eigentlicher Herrscher von Oberägypten unter den nubischen Pharaonen und danach. Die Büste wurde in Karnak gefunden, wo er auch die Position des Vierten Propheten des Amun innehatte.

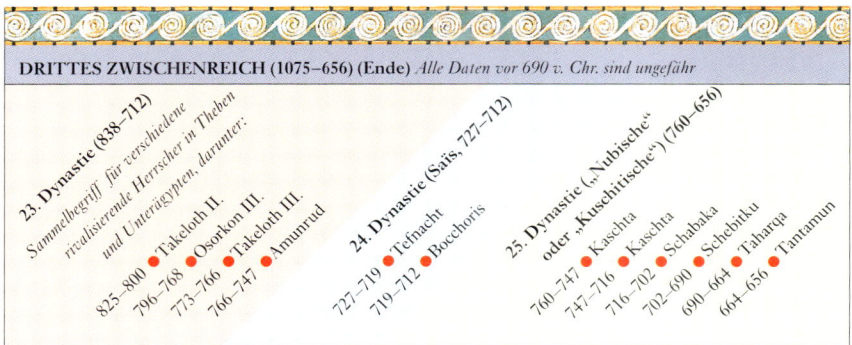

DRITTES ZWISCHENREICH (1075–656) (Ende) *Alle Daten vor 690 v. Chr. sind ungefähr*

23. Dynastie (838–712)
Sammelbegriff für verschiedene rivalisierende Herrscher in Theben und Unterägypten, darunter:
825–800 • Takeloth II.
796–768 • Osorkon III.
773–766 • Takeloth III.
766–747 • Amunrud

24. Dynastie (Saïs, 727–712)
727–719 • Tefnacht
719–712 • Bocchoris

25. Dynastie („Nubische" oder „Kuschitische") (760–656)
760–747 • Kaschta
747–716 • Kaschta
716–702 • Schabaka
702–690 • Schebitku
690–664 • Taharqa
664–656 • Tantamun

EIN EROBERTES KÖNIGREICH

Eine im Jahr 30 v. Chr. geprägte Münze zum Gedenken an die Eingliederung Ägyptens – symbolisiert durch das Krokodil – in das Römische Reich. Die Aufschrift bedeutet: „Gefangenes Ägypten".

Die nubischen Pharaonen des späten 8. und frühen 7. Jahrhunderts v. Chr., die ersten Fremdherrscher seit den Hyksos im 16. Jahrhundert v. Chr., waren so weit ägyptisiert, daß sie die klassische Kultur- und Religionspolitik Ägyptens beibehielten. Den folgenden Eroberern war alles eher fremd. Da waren zunächst die Assyrer, deren wachsende Macht in Westasien die Nubier überstürzt herausgefordert hatten. Das führte zu einem Kampf, der etwa 50 Jahre dauerte; Memphis wechselte mehrmals den Besitzer und sogar Theben wurde geplündert (656 v. Chr.).

Sieger blieb jedoch ein ägyptisierter libyscher Magnat im Delta (siehe S. 36–37), den die Nubier unterdrückt, aber nicht ausgeschaltet hatten. Es handelte sich um Psammetich, den Herrscher von Saïs im westlichen Delta, der seine ehemaligen Herren, Assyrer und Nubier, ebenso geschickt überlistete wie seine Rivalen in Nordägypten und der die 26. Dynastie gründete. Als Psammetich I. vereinigte er durch Gewalt und Diplomatie die „beiden Länder" wieder. Erstmals wurden griechische Söldner angeworben und Psammetich erreichte die Übergabe des nubischen Oberägypten, indem er seine Tochter in Theben zur „Gottesgemahlin des Amun" machen ließ (siehe S. 37).

Unter Psammetich und seinen Nachkommen spielte Ägypten zum letzten Mal unter einheimischer Herrschaft eine Großmachtrolle. Die 26. Dynastie hielt die Assyrer und die Chaldäer, die man auch „Neubabylonier" (612–539 v. Chr.) nannte, in Schach. Sie machte Ägypten zur Seemacht und verstärkte die diplomatischen Kontakte und den Handel mit den griechischen Stadtstaaten und anderen Mächten im Mittelmeerraum.

Trotz der geschickten Diplomatie des Amasis mußten die Ägypter zusehen, wie die meisten ihrer Verbündeten vom Perserreich Kyros' des Großen (550–529 v. Chr.) geschluckt wurden. Ägypten teilte dieses Schicksal, als

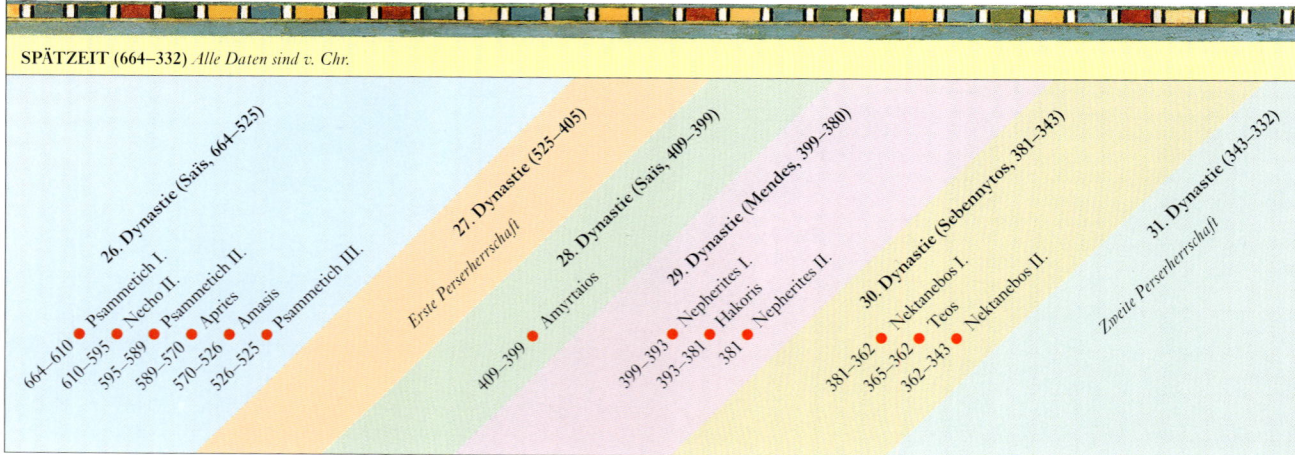

SPÄTZEIT (664–332) *Alle Daten sind v. Chr.*

26. Dynastie (Saïs, 664–525)
Psammetich I. 664–610
Necho II. 610–595
Psammetich II. 595–589
Apries 589–570
Amasis 570–526
Psammetich III. 526–525

27. Dynastie (525–405)
Erste Perserherrschaft

28. Dynastie (Saïs, 409–399)
Amyrtaios 409–399

29. Dynastie (Mendes, 399–380)
Nepherites I. 399–393
Hakoris 393–381
Nepherites II. 381

30. Dynastie (Sebennytos, 381–343)
Nektanebos I. 381–362
Teos 365–362
Nektanebos II. 362–343

31. Dynastie (343–332)
Zweite Perserherrschaft

Kyros' Sohn Kambyses II. (529–522 v. Chr.) kurzen Prozeß mit dem letzten saïtischen Herrscher Psammetich III. machte. Trotz der gemäßigten Einstellung der ersten persischen Besatzer (27. Dynastie) war Ägypten als Provinz eines anderen Reiches schlecht geeignet. Ein Aufstand (der um 463 v. Chr. im Nordwesten des Deltas begann) machte sich die Feindschaft von Griechen und Persern zunutze, um diesen Winkel Ägyptens vom Persischen Reich abzukoppeln. Das Gebiet wurde Basis einer großen Rebellion, die dem Land schließlich die Unabhängigkeit brachte (404 v. Chr.).

Fast 60 Jahre lang (von der 28. bis zur 30. Dynastie) blieb Ägypten frei, indem es Splittergruppen der Griechen untereinander und gegen die Perser ausspielte. Im Inneren war Ägypten jedoch geschwächt, was zu einer kurzen zweiten Besetzung durch die Perser (der 31. Dynastie) führte. Sie endete, als die makedonischen Streitkräfte Alexanders des Großen die Perser schlugen und Ägypten okkupierten.

Während des 2. Jahrhunderts v. Chr. blieb das Land in der Hand der neuen griechischen Herrscher, der Ptolemäer-Dynastie (33. Dynastie). Diese letzte als solche bezeichnete Dynastie ägyptischer Herrscher wurde von Ptolemäus I. begründet und endete mit der berühmten Kleopatra VII. Die Ptolemäer hatten eine neue Hauptstadt, das hellenistische Alexandria. Die angestammten ägyptischen Interessen wurden denen der griechischen Einwanderer untergeordnet, die die Verbindung zwischen Niltal und Mittelmeerraum gefördert sehen wollten. Diese Verbindung wurde noch stärker, als Ägypten 30 v. Chr. eine Provinz des Römischen Reiches wurde, bis der arabische General Amr ibn el-As das Land in die Welt des Islam holte (641–642 n. Chr.).

In konventionellem ägyptischem Stil und traditioneller Pharaonenkleidung abgebildet, opfert der griechische Herrscher Ptolemäus V. dem Buchis-Stier, einem heiligen Tier, der lebenden Inkarnation des Gottes Montu, welcher auch als Falke auftrat. Ptolemäus V. verdanken wir das zweisprachige Dekret in Ägyptisch und Griechisch auf dem berühmten Stein von Rosette (siehe S. 231).

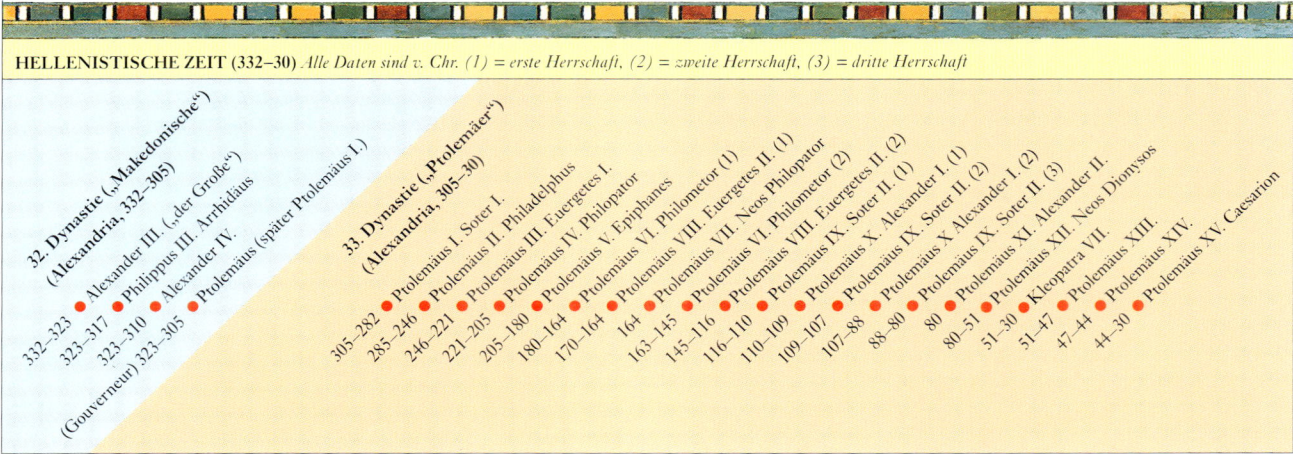

HELLENISTISCHE ZEIT (332–30) *Alle Daten sind v. Chr. (1) = erste Herrschaft, (2) = zweite Herrschaft, (3) = dritte Herrschaft*

32. Dynastie („Makedonische")
(Alexandria, 332–305)

Alexander III. („der Große") 332–323
Philippus III. Arrhidäus 323–317
Alexander IV. 323–310
(Gouverneur) 323–305 Ptolemäus (später Ptolemäus I.)

33. Dynastie („Ptolemäer")
(Alexandria, 305–30)

Ptolemäus I. Soter I. 305–282
Ptolemäus II. Philadelphus 285–246
Ptolemäus III. Euergetes I. 246–221
Ptolemäus IV. Philopator 221–205
Ptolemäus V. Epiphanes 205–180
Ptolemäus VI. Philometor (1) 180–164
Ptolemäus VIII. Euergetes II. (1) 170–164
Ptolemäus VI. Philometor (2) 164
Ptolemäus VIII. Euergetes II. (2) 163–145
Ptolemäus VII. Neos Philopator 145–116
Ptolemäus IX. Soter II. (1) 116–110
Ptolemäus X. Alexander I. (1) 110–109
Ptolemäus IX. Soter II. (2) 109–107
Ptolemäus X. Alexander I. (2) 107–88
Ptolemäus IX. Soter II. (3) 88–80
Ptolemäus XI. Alexander II. 80
Ptolemäus XII. Neos Dionysos 80–51
Kleopatra VII. 51–30
Ptolemäus XIII. 51–47
Ptolemäus XIV. 47–44
Ptolemäus XV. Caesarion 44–30

● KAPITEL 3

ÄGYPTEN UND DIE ÜBRIGE WELT

DIE FURCHT VOR HORUS IM SÜDEN

Mit seinen praktisch unpassierbaren Wüsten im Osten und Westen, den für die Seefahrt gefährlichen Küsten und den Nilkatarakten im Süden war Ägypten gut vor fremden Völkern geschützt. Es gab nur wenige Stellen, an denen Fremde ins Land kommen konnten, und es gelang der Regierung zumeist, die Ausländer unter Kontrolle zu halten. Gleichzeitig konnte Ägypten Zeit und Ort der Expansion in Nordostafrika und Westasien bestimmen. Erst die Großmächte des Nahen Ostens und des Mittelmeers schränkten diese Handlungsfreiheit in den letzten Jahrhunderten v. Chr. ein, Ägypten mußte die Isolationspolitik aufgeben, und letztlich seine Unabhängigkeit.

▲

OBEN: *Bunte Keramikfliesen aus einem Palast von Ramses III. (ca. 1187–1156 v. Chr.) mit der Darstellung von Fremden. Von links nach rechts: Libyer, Kanaaniter, Angehöriger der „Seevölker" (siehe S. 45–46).*

Für die Ägypter war der Süden „oben", das Wort für Westen war gleichbedeutend dem westsemitischen Ausdruck für „rechte Hand", und Orte im Süden lagen „vorne". Diese Orientierung nach Süden spiegelte eine kulturelle und politische Tatsache wider: Bis ins Neue Reich war Ägypten stärker an den Wurzeln in Afrika interessiert als an Beziehungen zu Asien.

Während des Alten und Mittleren Reiches sah Ägypten in Nubien, dem direkten Nachbarn im Süden, eine legitime Beute. Vom Ende des 4. Jahrtausends v. Chr. an konnten gewaltige Menschenmassen rekrutiert werden, und es war leicht, mit den Nachbarn kurzen Prozeß zu machen. Eine Streitmacht von 20 000 Mann, nach Nubien entsandt, überrannte die Dörfer und verhalf den Abgesandten der Pharaonen zu reicher Beute. Falls nötig, konnte der Anführer selbst Gewalt anwenden: „Ich erschlug mehrmals Nubier", sagte der Wesir Antefoker im 20. Jahrhundert v. Chr. „Auf dem Weg nach Norden zerstörte ich die Ernte, schnitt die letzten Bäume um und steckte ihre Häuser in Brand." Diese kriegerische Haltung nannte man „in den Ländern des Südens die Furcht vor Horus [dem König] verbreiten, um [sie] zu befrieden".

Nubien verfügte über reiche Ressourcen, ebenso die Region am Rande der Sahara, zu der es Zugang gab; das erklärt die Angriffe Ägyptens. Die Beutezüge in den Süden brachten Elfenbein, Ebenholz, Weihrauch, Myrrhe, Wurfhölzer, aromatische Hölzer, Leopardenfelle, Giraffenhäute, Korn und Rinder. Vom Mittleren Reich an versuchte man, die Bodenschätze Nubiens auszubeuten, besonders die Goldvorkommen östlich des Nils. Die Minen dürften sich auch in der Bezeichnung der Region niedergeschlagen haben: „Nubien" könnte sich vom ägyptischen Wort für Gold, *nbw*, ableiten. Seltsamerweise diente der Nil nicht oft als Transitkorridor: Die Anführer bevorzugten (auch wenn sie in Assuan ansässig waren) die „Oasenstraße", die im unteren Mittelägypten vom Nil abzweigte, durch die Oasen Farafra, Dachla und Dusch führte und bei Toschke in Nubien wieder das

Nubier bringen dem Pharao Tribut. Das Gold wurde in Reifenform gegossen, so daß es leichter transportierbar war. Fragment einer Wandmalerei aus der Grabkapelle des Sobekhotep, 18. Dynastie, um 1400 v. Chr.

Niltal erreichte. Anstatt zu marschieren, ritt man auf Eseln, und die Reise dauerte manchmal nur sieben Monate.

Die Ägypter hatten lange Kontakt zu den Stämmen im Süden, die sich gerade zu Staaten entwickelten. Die Bezeichnungen der Ägypter für die Eingeborenen waren leicht abschätzig: „Unterwürfige", „Rockträger", „Schwarze". Viele der frühen Raubzüge im Alten Reich dienten nur der Beschaffung von Sklaven: In Texten ist von 2 000, 7 000 und einmal (in einem Sgraffito aus der 4. Dynastie) gar von 17 000 Nubiern die Rede. In Ägypten wurden die Fremden zur Land- oder Bauarbeit gezwungen oder in den paramilitärischen oder polizeilichen Dienst gepreßt.

Die Nubier nahmen die Überfälle nicht unwidersprochen hin. Immer wieder widersetzten sich Stammesführer. In einem Text aus der Zeit von Thutmosis II. wird von Viehdiebstählen und Angriffen auf ägyptische Kolonisten berichtet. Zeitigten Strafexpeditionen kein Ergebnis, so konnten die Ägypter immer noch auf Verfluchungen zurückgreifen: Die Namen der nubischen Stammesführer wurden auf Schüsseln oder Figuren geschrieben, die man rituell zerschlug.

Ägypter greifen nubische Krieger an; Motiv auf einer bemalten Holztruhe aus dem Grab des Tutanchamun (ca. 1332–1322 v. Chr.)

Gegen Ende des Alten Reiches traten unter den nubischen Stämmen ernstzunehmende Unruhen auf – ein Verteidigungsreflex, der zur Entstehung des ersten Staates, Jam, führte, welcher sich um Kerma südlich des II. Kataraktes bildete. Die Pharaonen des Mittleren Reiches reagierten heftig. Das Tal wurde bis zum II. Katarakt besetzt, Festungen errichtet, Grenzstelen aufgestellt und die Einreise von Nubiern auf Kaufleute beschränkt, während Einwanderung in jeder Form verboten war. Sesostris III. verspottete die Fremden: „Sie sind kein Volk, das man respektieren muß – elende Kreaturen! Wir haben sie gesehen – es ist keine Lüge!"

ÄGYPTEN UND ASIEN

DAS ASIATISCHE KROKODIL
Die Asiaten unter der ägyptischen Bevölkerung galten als „abstoßend", „wild", „verdammt" und „das Greuel des Re". Der folgende Text aus dem 21. Jahrhundert v. Chr. zeichnet ein lebendiges Bild: „Sprich mir vom Unterwürfigen! Sieh den abscheulichen Asiaten! … Er kämpft seit der Zeit des Horus, siegt nicht und wird nicht besiegt. Nie kündigt er den Tag des Kampfes an, wie ein gesetzloser Dieb aus einer Verbrecherbande … Verschwende keinen Gedanken an ihn! Der Asiate ist ein Krokodil am Flußufer; er schnappt nach denen auf der einsamen Landstraße, [aber] niemals greift er den Hafen einer dicht bevölkerten Stadt an."

Tempeltexte aus der späten Ptolemäerzeit führten Asiaten zusammen mit Ungewaschenen, Geisteskranken und Bärtigen als jene an, denen der Zutritt zu den Tempelheiligtümern verwehrt war.

Geopolitisch nach Süden und Afrika ausgerichtet, kehrten die Ägypter dem Norden den Rücken. Auf der anderen Seite der Suez-Grenze lag Asien, auch „Setjet" („Osten") oder „nördliche Lande", weniger dicht bevölkert als das Niltal und durch 160 Kilometer Wüste davon getrennt. War die Grenze gut befestigt, so brauchte Ägypten kaum Angst vor Invasionen zu haben und konnte Kanaan durch Handel oder Militäraktionen ausbeuten. Palästina hatte nur wenig interessante Ressourcen, war aber wegen seiner Transitkorridore zu den Völkern im Norden, in Syrien und Mesopotamien, wichtig. Die ägyptischen Goldsucher, Händler und Kuriere mußten sich auf den verschiedenen Routen zahlreiche Rastplätze merken.

Die Ägypter zeigten wenig Interesse an Westasien, während der Reichtum von Niltal und Delta für die Asiaten immer anziehend war. Artefakte, die im Osten des Deltas bei Ma'adi gefunden wurden, beweisen, daß es gegen Ende der prädynastischen Zeit (ca. 3300–3000 v. Chr.) Handel mit der Wüste Negev und Palästina gegeben hatte. Im Delta gab es auch demographische Verschiebungen, Völker, die Westsemitisch sprachen, wanderten in den Nordosten Unterägyptens ein. Während des Alten Reiches gab es einen Zustrom von Einwanderern, die die Aussicht auf Arbeit anzog. „Heil dir, vollkommener Gott Sahure!" riefen die Kanaaniter von den Schiffen aus, als sie sich dem Hafen näherten. „Mögen wir deiner Schönheit ansichtig werden!" Auch Beduinen kamen in das fruchtbare Land am Nil, um ihre Herden weiden zu lassen. Eine Szene aus dem Grabmal von

Eine Familie asiatischer Beduinen handelt in Oberägypten mit Augenschminke. Kopie einer Wandmalerei aus dem Grab des Adeligen Chnumhotep II. in Beni Hasan; Mittleres Reich, 19. Jahrhundert v. Chr.

DIE „FREMDEN HERRSCHER"

Der Mythos von der Herrschaft über das Universum verhinderte, daß der Pharao Fremde auf gleicher Ebene akzeptieren konnte. Auch die einflußreichsten Potentaten wurden immer nur banal als „große Männer", nie als „Könige" bezeichnet. Alle Staatsoberhäupter, ob Könige oder Stammesführer, wurden unter „fremde Anführer" subsumiert, und man erwartete Treue und Tribut. Die Theorie verzerrte dabei jede Realität: Gesandte werden auf Bauwerken bei „Huldigungen vor der Macht Seiner Majestät" gezeigt, und Höflichkeitsgeschenke werden zu „Tribut", auch wenn der Pharao ein Gegengeschenk machte.

In Wirklichkeit waren die „fremden Herrscher" oft nicht willens, sich den Interessen Ägyptens zu beugen. Ihr Widerstand konnte mit militärischer Vergeltung oder Verfluchungsritualen bestraft werden, bei denen Töpfe oder Figuren mit den Namen der Rebellen zerschlagen wurden.

Der Begriff „fremde Herrscher" oder „Hyksos" wird auf asiatische Herrscher angewendet, die als 15. Dynastie in Nordägypten regierten (siehe S. 30–31). Die Wissenschaft ist sich nicht einig, ob die Hyksos durch Invasion oder friedlich an die Macht kamen. Sie beherrschten jedoch etwas

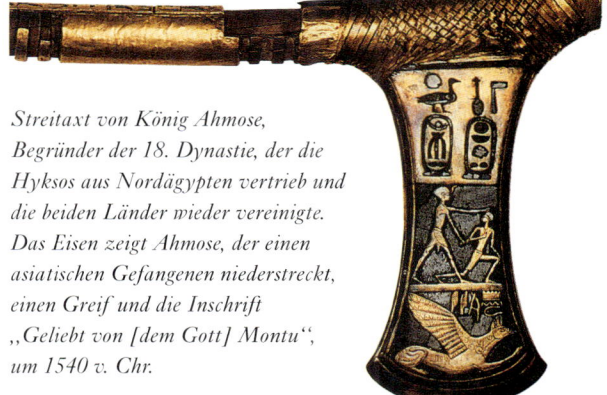

Streitaxt von König Ahmose, Begründer der 18. Dynastie, der die Hyksos aus Nordägypten vertrieb und die beiden Länder wieder vereinigte. Das Eisen zeigt Ahmose, der einen asiatischen Gefangenen niederstreckt, einen Greif und die Inschrift „Geliebt von [dem Gott] Montu", um 1540 v. Chr.

mehr als 100 Jahre, ab der Zeit kurz vor 1630 v. Chr., von Avaris aus Delta und Mittelägypten. Sprachwissenschaftlich gesehen gehörten sie zu den Völkern der Levante, die Westsemitisch sprachen. Sie wurden vom thebanischen König Ahmose (ca. 1539–1514 v. Chr.) vertrieben, blieben aber für die Sicherheit Ägyptens gefährlich. Die Könige von Thutmosis III. bis Ramses II. rechtfertigten so Präventivschläge auf asiatischem Gebiet, die sich zu Eroberungskriegen entwickelten.

Chnumhotep II., einem Nomarchen der 16. oberägyptischen Provinz (um 1870 v. Chr.), zeigt eine Gruppe von 37 asiatischen Beduinen, die mit Augenschminke handelten. Unter normalen Umständen waren sie nicht gerade willkommen, weil ihre Herden die Felder zertrampelten, und die Grenzfestungen sollten sie abschrecken.

Der Durchschnittsägypter begegnete asiatischen Einwanderern mit Verachtung. Hatten sie sich jedoch einmal niedergelassen, konnten sie Ägypterinnen heiraten, wichtige Posten übernehmen und gesellschaftlich aufsteigen. Jannamu wurde unter Echnaton hoher Staatsbeamter, 'Aper-el (um 1400 v. Chr.) Erster Minister unter Amenhotep III., und Bay unter Siptah Kanzler und „Königsmacher" (um 1210 v. Chr.). War man einmal mit einem Fremden aus dem Norden bekannt, schwanden die Vorurteile bald. Der Barbier von Thutmosis III., der mit dem König auf Kriegszug ging, erhielt einen asiatischen Gefangenen als Sklaven. In seinem Testament hielt er fest: „Er darf nicht geschlagen oder von jemandem im Palast abgewiesen werden. Ich habe ihm meine Nichte … zur Frau gegeben. Sie erhält einen Anteil an [meinem] Erbe, ebenso wie meine Frau und Schwester."

ÄGYPTEN UND DAS MITTELMEER

Niemand weiß, wann Ägypten und die Ägäis erstmals in Kontakt miteinander kamen. Frühe ägyptische Texte verweisen auf die „Hau-nebu", was so viel wie „Griechen" bedeuten dürfte, da es später als vage Umschreibung für Griechenland galt. Von der Frühzeit an sprachen die Ägypter auch von „Keftiu", was mit dem kanaanitischen Kaptara oder Kreta gleichbedeutend ist. Der berühmte Palast in Knossos war im 17. Jahrhundert v. Chr. in der gesamten Levante bekannt. In Palästen aus dem 16. Jahrhundert v. Chr. in der Hyksos-Hauptstadt Avaris im Nildelta findet man „Stierspringer"-Szenen nach kretischer Art. Der Name „Alaschija" (Zypern) taucht in einem Textfragment aus der Zeit des Amenemhet II. (ca. 1876–1842 v. Chr.) auf.

Von der 18. Dynastie an verdichten sich die Hinweise auf Kontakte zum ägäischen Raum. Als Großmacht der alten Welt zog Ägypten das diplomatische Interesse zahlreicher Botschafter aus Regionen auf sich, die zwar unabhängig waren, politisch und wirtschaftlich jedoch unter ägyptischem Einfluß standen. In Oberägypten zeigen thebanische Grabmäler des 15. Jahrhunderts v. Chr. die Übergabe von Geschenken durch Fremde, deren Kleidung aus Szenen in Knossos vertraut ist. Handelsschiffe aus der Ägäis

Gefangene um 1176 v. Chr. nach dem Triumph von Ramses III. (ca. 1187–1156 v. Chr.) über die „Seevölker", ein Bündnis von Völkern aus der Ägäis, das Ägypten angriff (siehe Karte gegenüber und auf S. 46). Unter den Gefangenen befinden sich Krieger der Peleset (Philister), die an ihren typischen Kopfbedeckungen mit Federn erkennbar sind. Aus dem Tempel von Ramses III. in Medinet Habu, Theben-West.

durchpflügten das Dreieck zwischen Kreta und Griechenland, Syrien und dem Nildelta, und eine Inschrift aus der Regierungszeit des Amenhotep III. (ca. 1390–1353 v. Chr.) bestätigt, daß ägyptische Kaufleute und Seefahrer die Ägäis kannten. Bis vor relativ kurzer Zeit galt Ägypten als nahezu unerschöpfliche Kornkammer des gesamten Mittelmeerraumes, und die Völker der Ägäis, die von ihrer Landwirtschaft ein mageres Dasein fristeten, bedurften des Emmerweizens und der Gerste aus Ägypten. Diese wurden gegen Gewürze, Salben, Öl, Opium und exotische Waren eingetauscht.

Während des Neuen Reiches erfreuten sich libysche Enklaven in Nordägypten der Handelsbeziehungen zu den Seefahrern aus der Ägäis, aus Anatolien und Zypern, vermutlich, weil es dort geeignete Anlegestellen gab. Bei diesem Austausch herrschte der Handel zwar vor, aber auch die Piraterie war weit verbreitet. Die Lukka, nach denen Lykien an der Südwestküste Kleinasiens benannt war, machten sich durch ihre Überfälle im gesamten östlichen Mittelmeer einen Namen, und die Schardana, die vermutlich aus der Ebene um den Berg Sardis südlich von Troja stammten, beeindruckten Ramses II. bei ihrem Angriff auf das Delta so sehr, daß er sie als Leibwache rekrutierte.

Von der Zeit Merenptahs bis zur Ära Ramses' III. (ca. 1213–1156 v. Chr.) wurden die Pirateneinfälle zu organisierten Wanderungen der „Seevölker" und anderer Gruppen. Ob diese durch Hungersnöte oder Seuchen aus-

Die Invasions- und Piraterierouten der Labu und der „Seevölker" während des Neuen Reiches.

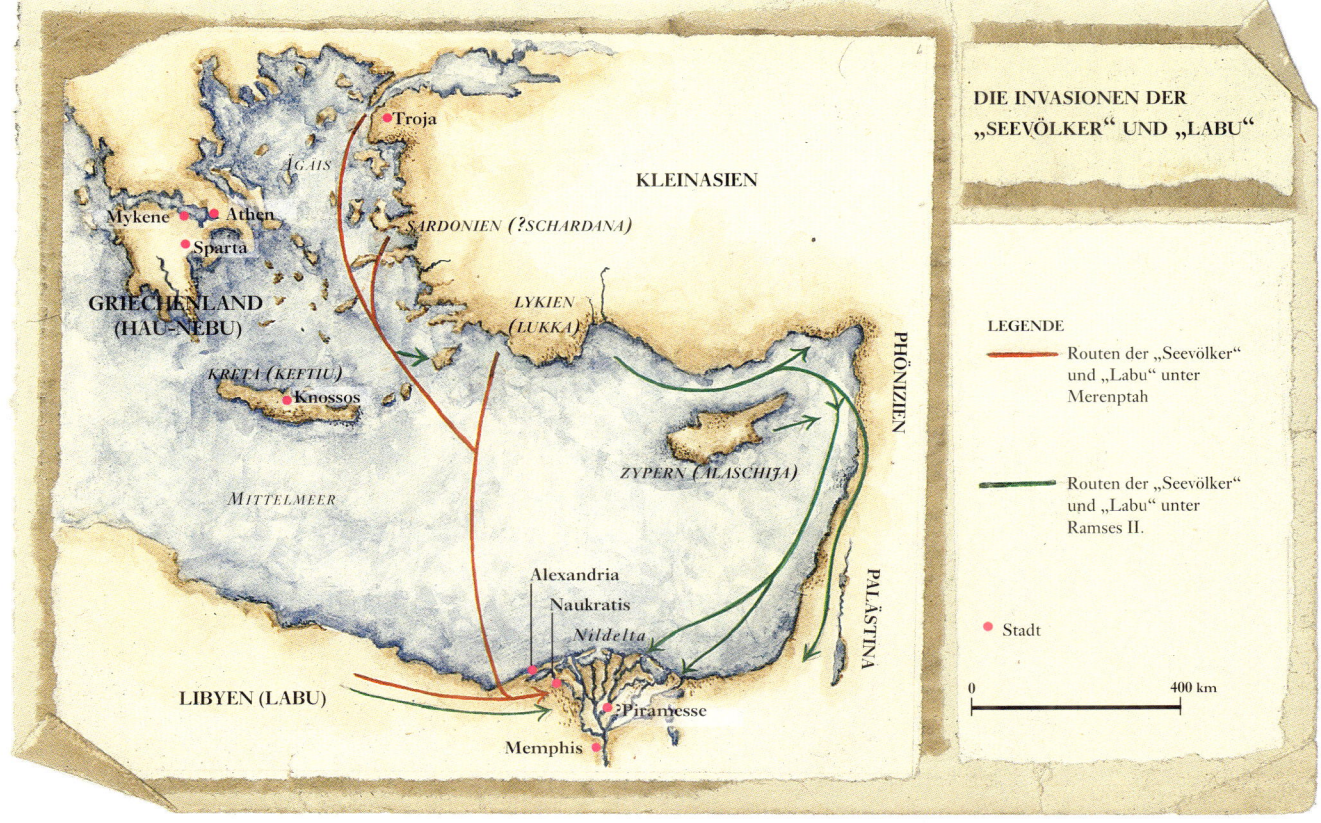

DIE INVASIONEN DER „SEEVÖLKER" UND „LABU"

TROJA · ÄGÄIS · KLEINASIEN · Mykene · Athen · Sparta · SARDONIEN (?SCHARDANA) · GRIECHENLAND (HAU-NEBU) · LYKIEN (LUKKA) · KRETA (KEFTIU) · Knossos · PHÖNIZIEN · ZYPERN (ALASCHIJA) · MITTELMEER · PALÄSTINA · Alexandria · Naukratis · Nildelta · Piramesse · LIBYEN (LABU) · Memphis

LEGENDE

— Routen der „Seevölker" und „Labu" unter Merenptah

— Routen der „Seevölker" und „Labu" unter Ramses II.

• Stadt

0   400 km

Das Ägypten der Ptolemäer im 3. und 2. Jahrhundert v. Chr.

gelöst wurden, ob die Menschen vertrieben wurden, sie waren nun in ihrem Streben jedenfalls mehr als zuvor zielgerichtet und geeint. Die Seeräuber operierten nicht mehr einzeln, sondern in Bündnissen, die auf Eroberung und Niederlassung in Ägypten ausgerichtet waren. Dreimal (im 5. Regierungsjahr des Merenptah sowie im 5. und 11. Jahr von Ramses III.) ist dokumentiert, daß die Meschwesch, die Labu und andere „Seevölker" in das westliche Delta und die nördlichen Oasen einfielen und von der ägyptischen Armee zurückgeworfen wurden. Im 8. Jahr der Herrschaft von Ramses III. setzte sich ein großes Bündnis von fünf Völkern der Ägäis (Peleset, Zeker, Schekelesch, Denen und Weschesch) in Schiffen und Karren entlang der Südküste Anatoliens in Bewegung. Auf ihrem zerstörerischen Feldzug löschten sie Stadt um Stadt in Nordsyrien und Zypern aus, die nicht mehr besiedelt wurden. (Die archäologischen Funde von heute haben ihr Gegenstück in den griechischen Überlieferungen, die 600 Jahre später die Zeit nach dem Trojanischen Krieg beschrieben: Helden wie Teuker, Bruder des Ajax, Agapenor, König der Arkadier, Mopsos der Seher, und Tlepolemos aus Epirus sollen in den Jahren danach Auswandererzüge ostwärts nach Syrien, Zypern und Palästina angeführt haben.)

Während sich Flotte und Landstreitkräfte der Seevölker, Frauen und Kinder im Schlepptau, die Levanteküste entlang Ägypten näherten, mobilisierte Ramses III. seine Armee und bezog an der Küste des Deltas Stellung. Die Ägypter hielten den Vormarsch vermutlich in Südpalästina auf, während ihre Kriegsschiffe die feindliche Flotte vernichteten. Die Koalition zerfiel. Die Peleset ließen sich an der Südküste Palästinas nieder, dessen Name sich von ihnen ableitet; in der Bibel heißen sie Philister. Auf ähnliche Weise dürften die Bezeichnungen Sizilien und Sardinien auf Schekelesch und Schardana zurückgehen, die in das westliche Mittelmeer weiterzogen.

Nach dem „finsteren Mittelalter" der Ägäis – zwischen dem Zusammenbruch des bronzezeitlichen Griechenland im 12. Jahrhundert v. Chr. und dem Beginn der klassischen griechischen Ära – entdeckten Griechen und Ägypter einander wieder. Wie im Neuen Reich war Ägypten für die Völker am Rande des Mittelmeers eine faszinierende Quelle materiellen und kulturellen Reichtums. Kein Wunder, daß archaische griechische Statuen und Bauten den Prototypen vom Nil ähneln und daß es für griechische Gelehrte und Neureiche zum guten Ton gehörte, nach Ägypten zu reisen. Lykurg, der Gesetzgeber Spartas, und die Philosophen Pythagoras und Thales sollen Ägypten im 7. Jahrhundert v. Chr. besucht haben, Solon, der Athener Politiker, war im 6. Jahrhundert definitiv dort. Wieder war Ägypten auch interessant für Kaufleute; um 630 v. Chr. gründeten griechische Händler mit Erlaubnis des ägyptischen Königs Psammetich I. (664–610 v. Chr.), Gründer der 26. Dynastie, die von Saïs im Delta herrschte, den dortigen Handelsposten Naukratis.

In Kämpfen gegen Invasoren wie Assyrer und Babylonier (671–600

v. Chr.) begann Ägypten militärische Unterstützung zu schätzen. Durch eine Rekrutierungsaktion, zunächst mittels Vertrag mit König Gyges von Lydien (einem weiteren Gegner der Assyrer), konnte Psammetich seine Streitkräfte um Tausende griechische Hilfssoldaten erweitern. Sie wurden an den Grenzen eingesetzt; das Leben dort war zwar hart, aber der Sold war gut, und ein erfolgreicher Kommandant konnte vom König eine Stadt zum Geschenk erhalten.

Während der letzten 60 Jahre der ägyptischen Unabhängigkeit unter einheimischer Herrschaft, in den Jahren 404–304 v. Chr., konnten die Perser – die Ägypten bereits zweimal besetzt hatten – durch die Hopliten, Fußsoldaten aus Athen und Sparta, im ägyptischen Heer in Schach gehalten werden; Zehntausende von ihnen waren gegen die zahlenmäßig überlegene persische Armee im Einsatz.

DER TRIUMPH DES HELLENISMUS

Asiaten und Griechen waren schon als Söldner und Kaufleute in Ägypten gewesen: Ab 525 v. Chr., der Perserinvasion, kamen sie als Beamte fremder Reiche und Siedler. Mit der Ankunft Alexanders des Großen 332 v. Chr. veränderten sich die griechisch-ägyptischen Beziehungen. Während der folgenden 300 Jahre herrschte eine griechische Königslinie – die Ptolemäer-Dynastie (siehe S. 39) –, und griechische Siedler begannen, Verwaltung und Handel des Landes zu dominieren. Alexander gründete eine hellenistische neue Hauptstadt, Alexandria.

In Alexandria konzentrierte sich unter den Ptolemäern das intellektuelle Leben Ägyptens. Ptolemäus I. und Ptolemäus II. gründeten im 3. Jahrhundert v. Chr. Bibliothek und Forschungsinstitut („Haus der Musen" oder „Museum"). Obgleich das Ägypten der Ptolemäer eine Großmacht war (siehe Karte), trat die indigene Gesellschaft immer mehr in den Hintergrund; sie war wie die Tempel der alten Götter eine unveränderte, aber immer schwächere Bastion gegen die klassische Moderne. Der neue Klassizismus faßte im östlichen Mittelmeer mit dem Römischen Reich, das 30 v. Chr. die Ptolemäer in Ägypten stürzte, noch stärker Fuß.

Auch wenn Ägypten den Isis-Kult in die beliebten „My-

sterien"-Religionen des Reiches einbrachte (siehe S. 57), war das Christentum als neue moralische Instanz hinter der griechisch-römischen Kultur das Ende der alten ägyptischen Zivilisation. Wie auch in anderen Teilen des Reiches gewann die neue Religion an Popularität, bis Kaiser Theodosius 392 n. Chr. durch Edikt die Schließung aller heidnischen Tempel verfügte. Die alte ägyptische Religion hielt sich nur noch eine Zeitlang an Orten wie Philae im Süden.

Grabkammer einer alexandrinischen Katakombe der Römerzeit (2. Jahrhundert n. Chr.) mit hellenistischer Architektur und ägyptischen Schmuckmotiven, z. B. der geflügelten Sonnenscheibe.

KÖNIGLICHE GESCHENKE
Fragmente der internationalen Korrespondenz der Pharaonen zeigen, welche politische Bedeutung Geschenke hatten. Der König von Zypern sandte dem König von Ägypten Kupfer, dieser sandte dem König von Babylon 3000 Talente Gold, und der König der Mitanni schickte riesige Mengen von Geschenken samt einer Tochter, die Gemahlin des Pharao werden sollte. Ägyptische Statuen, *alabastra* (Salbentiegel) und Möbel mit Goldeinlegearbeiten wurden in Ebla, Ugarit und Byblos ausgegraben (um nur einige fremde Staaten zu nennen). Es handelte sich dabei nicht um Handel, sondern um eine Art Handelsförderung, bei der man das Staatsoberhaupt günstig stimmte.

Höflinge des Königs von Punt (im Raum des heutigen Somaliland in Nordostafrika) bringen Geschenke zu Panehsy, Leiter einer ägyptischen Handelsdelegation im 9. Regierungsjahr der Hatschepsut (ca. 1479–?1458 v. Chr.). Die Expedition diente dem Austausch von ägyptischen Waren gegen afrikanische, wie etwa Gold, Ebenholz, Myrrhe, Malachit und Elfenbein. Aus dem Grabtempel der Hatschepsut in Deir el-Bahari, Theben-West.

INTERNATIONALER HANDEL UND VERKEHR

Die modernen Begriffe, die wir mit „Handel" verbinden (Import, Export, Vermittler, Märkte), lassen sich auf das Alte Ägypten nur beschränkt anwenden. Der Erwerb ausländischer Waren und Dienstleistungen war Monopol des Königs, und wenn er Einzelpersonen den Handel mit dem Ausland genehmigte, so konnte er dieses Recht beschränken und jederzeit wieder zurücknehmen. Die Kleinstaaten, die im Süden, Westen und Norden an Ägypten grenzten, hatten wenig andere Wahl, als in Beziehungen zum mächtigen Nachbarn zu treten. Nubier und Kanaaniter, die sich dem Druck widersetzten, mußten Strafexpeditionen hinnehmen.

Über die unmittelbare Machtsphäre hinaus nahm der Austausch von Waren jedoch kommerzielle Dimensionen an. Ägypten war reich an Rohstoffen und hatte genau definierte Bedürfnisse. Es besaß Nahrungsmittel, Gold, Kupfer, Malachit, Edelsteine, natürliches Soda und verschiedene Mineralien, aber es mangelte ihm an Bauholz, Eisen, Silber, Zinn und Blei. Bauholz konnte man aus dem Libanon holen (Ägypten pflegte von frühesten Zeiten an Beziehungen zum phönizischen Byblos). Das Fehlen von Metallvorkommen hatte erst wirtschaftliche Auswirkungen, als Bronze und später Eisen anderswo in der alten Welt aufkamen.

Die Händler in Ägypten waren Einheimische und Ausländer. Auf höchster Ebene hatte der Pharao seine Diplomaten, die ins Ausland entsandt wurden und dabei auch Handelsförderung betrieben. Viel zahlreicher waren aber die „Agenten" diverser Institutionen, meist Tempeln, die den Mittleren Osten, oft auf der Suche nach Sklaven, durchstreiften. Zur Blütezeit des Reiches hatte der Amun-Tempel unzählige Agenten und eine Handelsflotte von 83 Schiffen im Mittelmeer. Zeitweise ließen sich Ägypter auch im Ausland nieder, wo sie als Handelsvertreter arbeiteten.

In Texten aus Ugarit wird von Unternehmern an der phönizischen Küste berichtet, die gemeinsam eine Handelsreise nach Ägypten finanzierten. Die Gewinne waren enorm, trotz der Importzölle (die 10 Prozent auf phönizische Waren und 20 Prozent auf griechische betrugen). Aus dem östlichen Mittelmeerraum kamen Kupfer, Öl, aromatische Hölzer, Bauholz, Harze, Salben, Wein, Opium und Handwerkserzeugnisse. Waren, die Ägypten im Überfluß besaß, wurden exportiert: Korn, natürliches Soda und Edelmetalle (siehe Randtext links).

Boten zu Lande gingen zu Fuß, königliche Emissäre von hohem Rang durften im Neuen Reich oft mit

*Basrelief zur Erinnerung an eine Expedition nach Punt,
Totentempel der Hatschepsut in Deir el–Bahari, 18. Dynastie. Ägyptisches Museum, Kairo.*

Goldschmiede beim Zisellieren einer Vase.
Wandmalerei im Grab des Rechmare im Tal der Könige, Neues Reich.

Wagen und Gefolge reisen. Große Handelszüge waren zu Lande oft mit Eselskarawanen unterwegs (Kamele gab es erst ab dem 7. Jahrhundert v. Chr.). Es gab kaum „Straßenkarten": Reisende mußten Beschreibungen von Rastplätzen bei sich tragen oder auswendig wissen. Die Entfernungen variierten leicht, aber eine Tagesreise zu Fuß betrug meist zwischen 16 und 19 Kilometern. An die phönizische Küste, nach Zypern und in die Ägäis reiste man zu Wasser, auch die Küstengebiete des Roten Meeres konnte man nur so erreichen. In den Sudan fuhr man den Nil hinauf oder reiste auf dem „Vierzig Tage"-Weg durch die Oasen der Sahara. Das bekannteste seetaugliche Schiff war das „Byblos-Schiff", wie die englischen „Ostindien-Schiffe" nach dem Reiseziel benannt. Die Seeleute mußten die Route nach Berichten auswendiglernen. Eine rasche Fahrt aus der Ägäis nach Ägypten dauerte fünf Tage, und der Nil konnte zwischen Delta und nubischer Grenze in drei Wochen abgefahren werden. Karawanen zwischen Memphis und Nubien waren auf der Oasenstraße hin und zurück sieben Monate unterwegs. Schiffe und Händler pausierten auf ihren Reisen jedoch oft lange und brauchten mehr Zeit als nötig.

Ägypten und seine internationalen Handelsbeziehungen. Zu den wichtigsten Routen gehörte die Achse Ägypten–Phönizien (Libanon), über die ägyptische Waren das westliche Mittelmeer und Mesopotamien erreichten, die Route über das Rote Meer, auf der Waren aus Afrika und Arabien nach Ägypten kamen, und die Oasenroute, eine weitere Verbindung für den Afrikahandel.

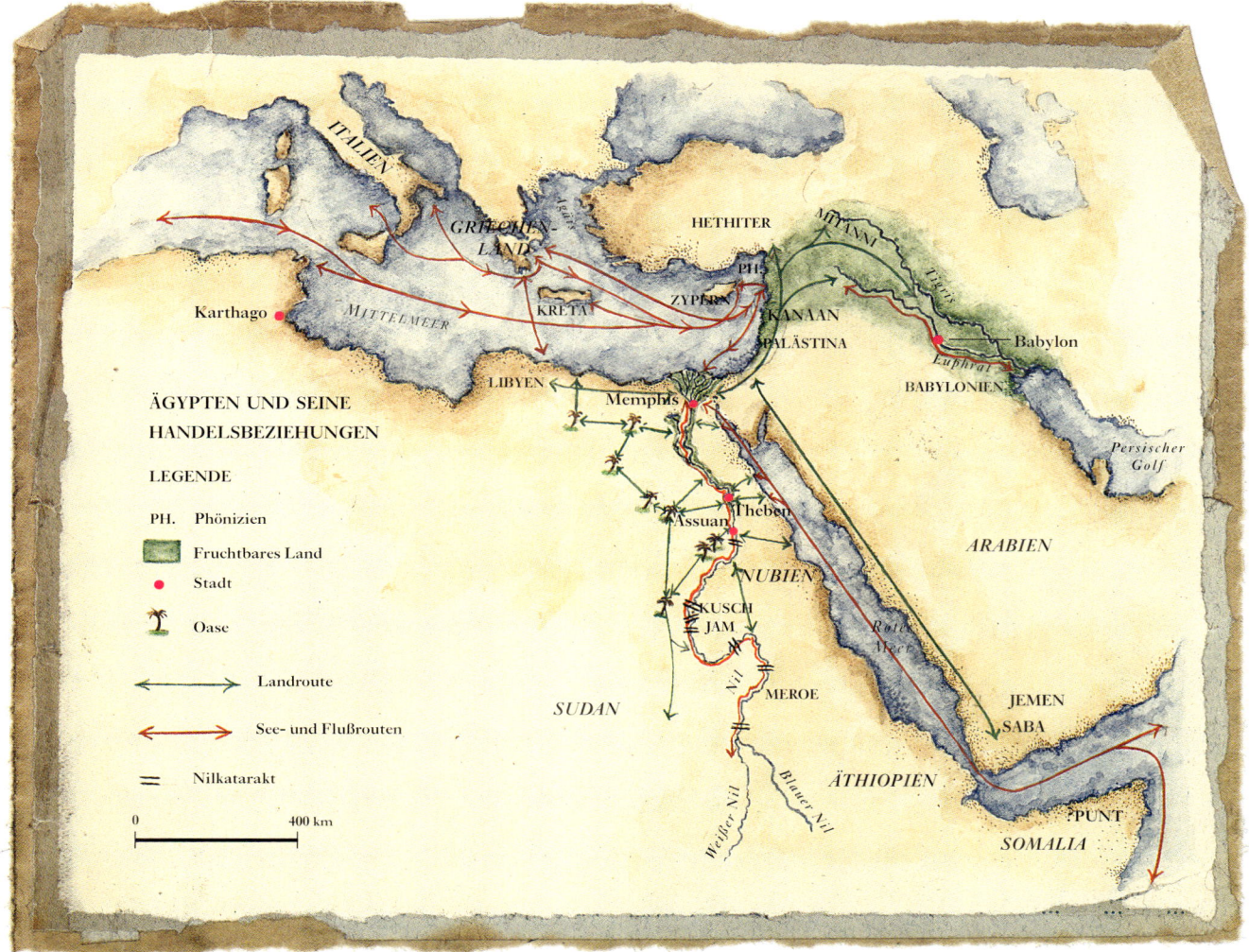

DIE MACHT DES REICHES

DIE TRIBUTPFLICHTIGEN

Ägypten legte seinem Reich seine eigene Steuerstruktur auf. Die Ernte aus Kanaan und Nubien wurde requiriert: Die Esdrelon-Ebene in Mittelpalästina lieferte hochwertigen Weizen, der Libanon und Syrien Obst und Gemüse, Emmerweizen und Gerste kamen aus dem Sudan. Eine bestimmte Quote an Buchsbaum aus Syrien, Zedern aus dem Libanon, Gold aus Nubien und Glasfluß aus der Wüste Negev wurde verlangt. Auf Befehl des Pharao schickten die Gouverneure auch Arbeitskräfte, die während der 19. Dynastie in großer Zahl nach Ägypten kamen.

In regelmäßigen Abständen erschienen Hauptleute der Armee, um Steuern einzutreiben und Streit zu schlichten. Die Steuern der Kanaaniter konnten auch auf deren Rechnung per Schiff versandt werden. In Asien und Afrika galt die Verweigerung der Steuern als Rebellion. Besonders aufrührerische Gebiete konnten durch Deportationen bestraft werden: So kamen Nubier nach Kanaan und Kanaaniter nach Nubien.

Als Thutmosis III. und Amenhotep II. in Westasien Kriege führten, wollten sie Invasionen zuvorkommen; es zeigte sich, daß diese Präventivschläge die wirtschaftlichen und sozialen Vorteile eines Großreichs mit sich brachten – Reichtümer und Zwangsarbeiter. Amun-Re, der König der Götter, gab dem Pharao als Teil des königlichen Erbes das Recht, über fremde Länder zu herrschen. Die Reichsgrenzen wurden vom Gott beschützt, sie waren seine Grenzen und die Ägyptens. In Gegenwart dieser obersten Gottheit wurden die Anführer der Feinde durch Stab und Schwert des Königs hingerichtet. Der Pharao regierte über „alles, was die Sonnenscheibe umgab", und „jedes fremde Land war unter den Füßen des vollkommenen Gottes".

Die Ausdehnung des ägyptischen Reiches zur Zeit des Neuen Reiches (14.–13. Jahrhundert v. Chr.). Der ägyptische Einflußbereich erstreckte sich vom tiefen Nubien (dem heutigen Sudan) bis ins Eleutheros-Tal im Libanon. Während der Herrschaft von Thutmosis III. lag die Nordgrenze kurz am Euphrat.

DIE ÄGYPTISCHE ARMEE

Die ägyptische Armee des Neuen Reiches bestand aus Berufssoldaten, die in Friedenszeiten auf die Garnisonen in Ober- und Unterägypten, Nubien und Asien (siehe S. 78–79) verteilt waren. Für große Feldzüge nach Asien, gegen Mitanni oder Hethiter bzw. zur Niederschlagung von Aufständen ergänzte der Pharao das Heer durch ein Zehntel der Wehrdienstfähigen aus den Tempeln.

Die Infanterie war in Kompanien zu 200 Soldaten geteilt (zu je 20 Zügen), und die Kompanien zu Divisionen (zu je 5000 Mann) unter dem Banner der lokalen Gottheit zusammengefaßt. Kompanien unterstanden Hauptleuten („Bannerträgern"), die einen Stab mit den Kompaniezeichen trugen. Divisionen wurden von einem General oder Generalleutnant befehligt. Die Infanterie benutzte Wurfspeere, Dolche und kurze Krummsäbel, ihre Rüstung beschränkte sich

40 ägyptische Soldaten mit Speeren und Schilden aus Häuten. Aus dem Grab des Nomarchen Mesehti in Assiut, 11. Dynastie, um 2000 v. Chr.

auf gepolsterte Kappen, ovale Schilde aus Häuten und dreieckige Felltaschen. Wagen aus leichtem Flechtwerk dienten der schnellen Fortbewegung, weniger dem Schutz. Der Lenker trug einen Helm aus Leder oder Bronze und einen Brustpanzer, sein Begleiter war mit Pfeil und Bogen und Wurfspeer bewaffnet. Je 50 Wagen waren eine Einheit unter einem Major, größere Gruppen unter einem Obersten oder Generalleutnant. Die gefürchtetste Einheit waren die Bogenschützen, die mächtige zusammengesetzte Bögen benutzten. Sie agierten in Bataillonen oder waren Infanterieeinheiten zugeordnet. Wir wissen wenig über die Taktik, nur, daß es eine Schlachtordnung mit „Zentrum" und „Flanken" sowie viele Angriffe gab. Die Ägypter waren erfolglose Belagerer und mußten meist warten, bis sich die Belagerten ausgehungert ergaben. Erst in der Spätzeit entlehnten sie Belagerungsturm und Rammbock aus Asien.

Die ägyptischen Erfahrungen mit der imperialistischen Politik waren im Norden (Westasien) anders als im Süden (Nubien). Im Norden gab es autonome Stadtstaaten. Sie waren nicht stark genug, um allein standzuhalten, aber gemeinsam oder unterstützt durch eine Großmacht konnten sie Paroli bieten. So benutzte das Reich der Mitanni die syrischen Stadtstaaten als Puffer gegen Ägypten. Im Süden gab es wenige Großmächte oder Städte. Als das Königreich Kerma niedergerungen war – kurz nach 1500 v. Chr. –, hatte Ägypten kaum Schwierigkeiten, die Grenzen nur 482 Kilometer vom heutigen Khartum entfernt neu zu ziehen. Die Verwaltung des Reiches entwickelte sich in den afrikanischen Gebieten schneller als in der Provinz Kanaan. Nubien und Kusch wurden von einem Vizekönig regiert, mit einer Provinzbeamtenschaft nach ägyptischem Vorbild, welche die Bodenschätze, vor allem das Gold, ausbeutete. In Asien begnügte sich der Pharao damit, die Ältesten und die gesellschaftlichen Strukturen zu belassen und die Kanaaniter durch Eid zu verpflichten, nicht zu rebellieren.

EIN KOSMOPOLITISCHES REICH

Die Außengrenze Ägyptens in Westasien blieb über 400 Jahre erhalten und zog das Land in levantinische Probleme. Gleichzeitig kam Asien an die Ufer des Nils und beeinflußte die Ägypter kulturell. Fremde Kaufleute gründeten im Norden von Memphis eine Siedlung, ihre Schiffe fuhren bis nach Theben im Süden. In Mittel- und Unterägypten konzentrierten sich an manchen Orten Beduinen und Söldner. In archäologischen Funden schlägt sich dieser internationale Warenaustausch besonders stark nieder. Man denke an die zahlreichen kanaanitischen Amphoren und Vorratskrüge, die in Ägypten gefunden wurden, während in den von Ägypten beherrschten Gebieten Kanaans ägyptische Artefakte ausgegraben wurden.

Im Neuen Reich war Ägypten auch an Arbeitskräften aus den nördlichen Teilen des Imperiums interessiert. In Ägypten lebten vor allem ab dem Ende der Herrschaft Thutmosis' III. viele Kanaaniter als Kriegsgefangene. Als sie nicht mehr genügten, griff der Pharao auf Zwangsdepor-

DER ASIATISCHE EINFLUSS

Das Reich öffnete die Tore Ägyptens nicht nur ausländischen Waren, sondern auch Gedankengut und Sprachen, derer sich Ägypten zuvor kaum bewußt gewesen war. Bald wurde der Ausdruck „Geschäfte in der Sprache der Syrer machen" praktisch gleichbedeutend mit „feilschen", das heißt, auf dem Marktplatz. Im 13. Jahrhundert v. Chr. war das Ägyptische mit kanaanitischen Ausdrücken und Wörtern durchsetzt, die ausländische Waren, Verfahren, Essen und Umgangsformen beschrieben, welche sich immer stärker bemerkbar machten.

Eine ähnliche Entwicklung nahmen die Bereiche Religion, Kult und Mythologie. Menschen aus dem Norden, die nach Ägypten kamen, sei es freiwillig oder unter Zwang, brachten ihre Götter und ihren Glauben mit. Bald

Eine Stele von ca. 1250 v. Chr. zeigt (von links nach rechts) den ägyptischen Gott Min und die asiatischen Gottheiten Qudschu und Reschef. Darunter verehren der Handwerker Qeh und seine Familie die asiatische Anath.

traten seltsam gekleidete westasiatische Götter in der ägyptischen Kunst auf, besonders der Gott des Sturms, Baal („Herr"), seine Gefährtinnen Astarte und Anath, der Kriegsgott Reschef und die sinnliche Göttin Qudschu („die Heilige"), meist unbekleidet dargestellt (siehe Abb. links). In manchen Fällen wurden Mythen um diese Gestalten ins Ägyptische übersetzt (wie etwa in der Geschichte *Astarte und das Meer* oder *Das Märchen von Wahrheit und Lüge*), oder Motive der Handlung wurden übernommen. Helden wie jener aus *Der todgeweihte Prinz* fliehen nach Syrien, und Anpu (auch Anubis), eine der Hauptfiguren aus dem sehr beliebten *Märchen von den zwei Brüdern*, lebt im Libanon. Diese Erzählung spiegelt sich auch in der biblischen Geschichte von Joseph in Ägypten wider.

tationen zurück – Amenhotep II. ließ mehr als 86 000 Mann aus Palästina und dem südlichen Syrien holen. Um einem Aufstand vorzubeugen, verlangte der Pharao von den Ältesten der Kanaaniter, daß sie ihre Kinder an den Königshof am Nil schickten, wo sie für das Wohlverhalten ihrer Eltern bürgten. Während ihres Aufenthalts wurden sie zu Pagen, Dienern oder Wachesoldaten erzogen und kehrten nach dem Tod der Väter in die Heimat zurück, wo sie deren Ämter übernahmen. Der Großteil der deportierten Kanaaniter wurde zu niedrigen Diensten angehalten, Geschicklichkeit und Intelligenz brachten aber Vorteile. Die meisten dienten als Landarbeiter auf königlichen oder privaten Gütern oder auf Land im Tempelbesitz oder waren Weber in Arbeitshäusern. Die 'Apiru, eine Gruppe von Banditen nach Mafia-Art wurden auf Baustellen und in Steinbrüchen eingesetzt. Die besser Ausgebildeten konnten auf einen höheren Rang hoffen: Bautechniker, Beamte der mittleren Verwaltung, Ärzte, Schreiber und Soldaten. Um das 12. Jahrhundert v. Chr. wurden die höheren Ränge in Küche und Keller am Hof des Pharao von Kanaanitern bekleidet – sie arbeiteten also direkt an der königlichen Tafel. Manchmal wurden ausländische Prinzessinnen zu politischen Heiraten nach Ägypten gebracht, was die Phantasie des Volkes beflügelte und zur Entstehung von volkstümlichen Geschichten über den Pharao, „der die schöne Prinzessin erringt", führte.

Die ägyptische Fremdenverachtung führte dazu, daß sich die asiatischen Einwanderer kulturell nicht assimilierten. Mischehen gab es dennoch, und ohne Zweifel veränderte der stärkere Kontakt zu Nicht-Ägyptern, als direkte Folge der imperialistischen Machtpolitik, auch die traditionelle Haltung gegenüber den „abscheulichen Asiaten".

DIE MINEN DES HERRSCHERS

DER TÜRKISPFAD

Der Weg zu den Minen auf der Halbinsel Sinai und in der Arabischen Wüste führte über Land und über Wasser. Eine Route zu den Türkisminen auf der Halbinsel Sinai verlief durch das breite Wadi (ausgetrocknetes Flußbett), das aus der Oase Faijum nach Osten bis zum Nordrand des Golfs von Suez verlief. Dort wurden Schiffe gebaut, die die Bergarbeiter an die Westküste der Halbinsel Sinai in die Nähe des heutigen Abu Rudeis brachten. Da sie auch Erz nach Ägypten transportieren mußten, waren es meist große Frachter, mit 150 Seeleuten bemannt. Von der Küste der Halbinsel Sinai ging es auf Eseln weiter ins Landesinnere, ins Saisonlager bei den Türkisvorkommen. Die Region wurde von der prädynastischen Zeit bis ins Mittlere Reich ausgebeutet und ist von Schächten so durchzogen, daß heutige Araber sie „Tal der Höhlen" nennen.

Asiatische Buckelrinder ziehen Steine aus einem Steinbruch in el-Ma'asara bei Tura in Unterägypten, der für seinen Kalkstein berühmt war. Die beiden Aufseher sind Ausländer: ein Asiate (links, mit Kinnbart) und ein Libyer (mit Seitenlocke). Frühes Neues Reich, um 1530 v. Chr.

Der Pharaonenstaat feierte sich selbst auf eine für jede komplexe Gesellschaft des Altertums typische Art – durch Monumentalarchitektur, Kunst, Kleidung und Schmuck. Dafür mußte man auch über die Grenzen des Staates hinausschauen. Für die Tempel und Statuen benötigte man Stein – wie etwa Diorit aus dem Süden, Grauwacke aus der östlichen Wüste und Granit von den Katarakten –, für Schmuck bedurfte es der Türkise von der Halbinsel Sinai und des Goldes aus Nubien, Werkzeuge und Geräte wiederum bestanden aus Kupfer aus der Arabischen Wüste.

Handwerker, Bergleute, Steinmetzen, Schürfer und Hilfsarbeiter wurden einem Bevollmächtigten beigegeben, Lebensmittel und Zugtiere zugeteilt, und die Bergbauexpedition setzte sich in Bewegung. Die Zahl der Arbeitskräfte variierte von wenigen hundert bis zu mehr als 10 000. Der Expeditionsleiter führte die offizielle „Arbeitsanweisung" auf Papyrus mit, die im Beisein des Königs gesiegelt worden war, und ließ diese neben der Mine oder dem Steinbruch in den Felsen meißeln. So wissen wir, daß im 38. Regierungsjahr von Sesostris I. (ca. 1919–1875 v. Chr.) ein Amenemhet 80 Block Steine aus Hatnub holte, die von 2000 Mann gezogen wurden, und daß alles zwei Wochen nach dem Abbau am Nil war.

Der Bergbau führte zu Konfrontationen zwischen Ägyptern und Ortsansässigen, oft zum Nachteil der Letzteren. Nubier arbeiteten in den Goldminen im Wadi Allaki östlich des Nils unter Bedingungen schlimmster Sklaverei. Erze wurden an den Nil transportiert und in Buhen und Kubban verhüttet; von dort gingen sie als Teil „der Abgaben von Wawat und Kusch" an den Pharaonenhof. Galena (Bleiglanz) für Schminken wurde in Gebel Zet am Roten Meer abgebaut. Es wurde nach Mittelägypten gebracht, wo Beduinen damit handelten. Dort, wo es wie im Sinai schwierig war, in den Zeiten zwischen zwei Expeditionen die Bevölkerung unter Kontrolle zu halten, wurden gut sichtbare Zeichnungen auf den Felswänden angebracht, die den Pharao beim Sieg über Nomaden zeigten (siehe auch S. 64–65).

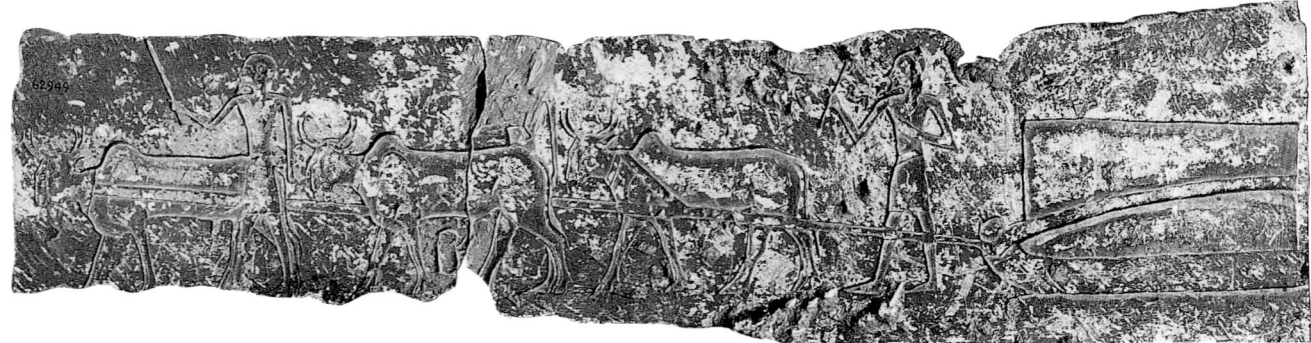

DAS VERMÄCHTNIS ÄGYPTENS

In diesem Wandbild aus dem Iseum (Heiligtum im Isis–Mysterienkult) aus dem 1. Jahrhundert n. Chr. in Pompeji (Italien) bringen in Leinen gekleidete Priester und Gläubige ein Morgenopfer dar. Zu den ägyptischen Elementen gehören die zwei heiligen Ibisse und der Hornaltar (Mitte), die Flöte (rechts), die ein Anbeter bläst, und die Sistren oder heiligen Rasseln, die die meisten anderen Gestalten halten (vgl. Abb. S. 148).

Die römischen Kaiser nahmen zahlreiche Obelisken, Statuen und Artefakte aus Ägypten nach Rom mit. Dieser Obelisk von Sethos I. (ca. 1290–1279 v. Chr.) steht heute auf der Piazza del Popolo. Er kam 10 v. Chr. zur Gestaltung des Circus Maximus in die Stadt.

Die ägyptische Kultur ließ sich nicht leicht verpflanzen, und die Ägypter waren nicht geneigt, ihre Werte missionarisch weiterzugeben. Nubische Gemeinwesen am mittleren und oberen Nil nahmen ägyptische Sitten und Gebräuche an. Das zeigt sich in den Spuren des „Pharaonentums" im Königreich Meroe im Sudan (3. Jahrhundert v. Chr. bis Anfang des 4. Jahrhunderts n. Chr.), mit seinen Pyramiden, Tempeln und der ägyptisch beeinflußten Kunst. An der phönizischen Küste entlehnten Byblos und andere Städte, was ihnen gefiel (Kunstmotive, Schöpfungsmythos, sogar Hieroglyphen), allerdings in geringerem Ausmaß. Im großen und ganzen behielt man die eigene Sprache und Kultur.

Der kulturelle Einfluß Ägyptens läßt sich in zwei Regionen – Israel und der Ägäis – beobachten, über die Gedankengut Eingang ins nachklassische Europa fand. In Israel zeigen archäologische Funde, was durch den Handel mit dem Nachbarstaat fast zwangsläufig entlehnt wurde. Die Gewichte, Maße und Zahlenbezeichnungen Israels vom 10. bis zum 6. Jahrhundert v. Chr. stammten zum Teil aus Ägypten. Handelsartikel, für die es im Hebräischen keine Bezeichnung gab, wurden aus Ägypten

Ein Mosaik aus Praeneste (Palestrina) in Italien aus dem 1. Jahrhundert n. Chr. zeigt eine ägyptische Landschaft, griechisch-römische und ägyptische Tempel sowie Barken und Niltiere, wie etwa Flußpferd und Krokodil. Das Ägyptische war im Römischen Reich sehr beliebt.

samt ihren originalen Namen importiert. Diese Namen wurden zu Lehnwörtern im hebräischen Wortschatz, zum Beispiel die Wörter für Schilfrohr, Lotos, Ebenholz, Affen, Leinen und Alabaster. Im Reich der Literatur findet man ägyptischen Einfluß in den hebräischen Schriften: Die Sprüche 22,17–24,22 sind aus der *Lehre des Amenemope* abgeleitet, ebenso der Erste Psalm. Manche bildhaften hebräischen Ausdrücke, besonders in der Dichtung, scheinen an ägyptische Formulierungen angelehnt. Es wäre allerdings übertrieben, mehr dahinter zu vermuten: Die hebräische Kultur im Altertum blieb unbestritten westasiatisch.

Vom 7. bis ins 4. Jahrhundert v. Chr. kam Ägypten zunehmend mit Griechen aus der Ägäis in Berührung. Kaufleute, Abenteurer und Söldner suchten in Ägypten Handelsmöglichkeiten und Arbeit. Bald wurde es für die griechischen Intellektuellen zur Mode, die fünftägige Reise zu Vergnügungs- oder Studienzwecken zu unternehmen. Solon (Anfang des 6. Jahrhunderts v. Chr.), Hekatäus und Herodot (beide im 5. Jahrhundert v. Chr.) verbrachten mit Sicherheit einige Zeit am Nil. Als Alexander der Große 332 v. Chr. nach Ägypten kam, begann die Zeit, in der Griechen und später Römer neben Ägyptern lebten und das Land über tausend Jahre lang dominieren sollten.

Die Haßliebe zwischen Griechen und Ägyptern war dem Gedankenaustausch nicht gerade förderlich. Die Griechen waren zwar vom ägyptischen Altertum und der „Weisheit Ägyptens" (bald ein Klischee) beeindruckt, verachteten aber den Tierkult. Am Anfang der archaischen Zeit Griechenlands (7. bis 6. Jahrhundert v. Chr.) übten ägyptische Architektur und Bildhauerei begrenzt Einfluß auf die Entwicklung der dorischen Säule und der frei stehenden Plastik aus. Grundsätzlich entwickelte sich das griechische Handwerk aber nach völlig anderen Prinzipien als das ägyptische. In ägyptischen Kosmogonien wird die elementare Bedeutung von Wasser, Luft, Erde und Licht (oder Feuer) betont, und die handelnden Fähigkeiten „Geist" und „Wort" werden in den Schöpfungsakt eingeführt (siehe S. 124–125); das spiegelt sich in vergleichbaren Mythen im östlichen Mittelmeer wider, die Abhängigkeit oder der Einfluß sind umstritten. In der Mathematik trug Ägypten wenig bei (siehe S. 94–95), in der Medizin jedoch hatten die Ägypter einen äußerst guten Ruf (siehe S. 96–97). Ihre Diagnose- und Behandlungsmethoden sind in Papyrusform erhalten und fanden Aufnahme in die Schriften römischer Ärzte. Den ägyptischen Astronomen verdanken wir die Tierkreiszeichen (siehe Abb. S. 115) und den Kalender mit 365 Tagen und 12 Monaten (siehe S. 92–93).

DER RELIGIÖSE EINFLUSS ÄGYPTENS

Obwohl Ägypten kulturellen Einfluß über seine Grenzen hinaus ausübte, blieb nach dem koptischen Ägypten der Spätantike keine „Nachfolge"-Gemeinschaft unter den Nationen der Welt bestehen. Gewisse Aspekte der ägyptischen Religion haben jedoch überlebt, was unserem Verständnis der europäischen jüdisch-christlichen Kultur eine neue Dimension verleiht.

Der Kult der Isis (und des Osiris), der persönliches Seelenheil verspricht, war im Römischen Reich weit verbreitet. Die wichtigsten Motive dieser „Mysterienreligion" fanden in der Folge Eingang in die christliche Literatur und Ikonographie: die Heilige Mutter mit dem

Ein Terracotta-Krug aus dem römischen Isis-Tempel in London. Die lateinische Inschrift lautet: „Londini Ad Fanum Isidis" (London, im Isis-Tempel).

göttlichen Kind, das Gericht über die Seelen nach dem Tod, die Aufnahme der Geretteten in den Himmel und die Unterwelt „Hölle" für die Verdammten (siehe S. 135).

Darüber hinaus war die „Weisheit Ägyptens" ein (falsch interpretierter) Bezug für hellenisierte ägyptische Texte in Griechisch, als Corpus Hermeticus bekannt, für den Neoplatonismus des Plotin (3. Jahrhundert n. Chr.). Diese und andere Glaubenssysteme, wie etwa die Gnostik, die auf Esoterik und Meditation als Voraussetzung für das Seelenheil basieren, verwiesen auf ägyptische Hieroglypheninschriften (die Griechen und Römer nicht lesen konnten) als angeblichen Hort aller Weisheit.

Im Altertum war der Reichtum Ägyptens legendär. Auf dem fruchtbaren Boden des Schwemmlandes wuchsen die Feldfrüchte im Übermaß. Der Nil (siehe S. 10–16) war der Ursprung des Reichtums des Landes, aber er kam auch vom geschickten Umgang der Ägypter mit dem Boden. Die Pharaonen konnten durch ähnlich effiziente Systeme auch viele andere Quellen des Wohlstandes nutzen – wie die schier unerschöpflichen Mineralienlager, die in Ägypten ebenso geschätzt wurden wie anderswo.

▲

OBEN: *Eine Fayencekachel aus der Zeit um 1350 v. Chr. zeigt eine Kuh im Papyrusdickicht am Nil. Rinderhirten traten erstmals Ende des 6. Jahrtausend v. Chr. in Erscheinung.*

● KAPITEL 4

DER REICHTUM DES LANDES

DIE ERSTEN BAUERN

Bevor sich die Landwirtschaft entwickelte, lebten die Bewohner des Niltales von Fischfang, Jagd, Sammeln und Vogelfang. Gegen Ende der letzten großen Eiszeit (um 11000–8000 v. Chr.) war Fisch vermutlich das Hauptnahrungsmittel, da mehr Regen durch postglaziale Erwärmung zu Wasserhochstand und der Entstehung von Seen (*Playas*) in der Sahara führte. Die Feuchtperioden wurden oft durch kühle und trockene Zeiten unterbrochen, in denen das Jagdwild immer wieder ausblieb. In der ägyptischen Sahara wurden die Knochen afrikanischer Rinder aus der Zeit von ca. 8000–6000 v. Chr. gefunden. Sie wurden damals vermutlich domestiziert, damit sie die Dürrezeiten leichter überstehen konnten.

Um 5000 v. Chr. ernährten sich die Menschen in der Region von wilder Hirse, was durch Funde am Nabtasee und in der Oase Farafra dokumentiert ist. Wer im Tal lebte, hielt sich an die Gaben, die der Nil zu bieten hatte, und zog zur Jagd in die an das Schwemmland anschließenden Wüsten. Die klimatischen Schwankungen und Wasserhochstände der postglazialen Zeit machten den Fischfang besonders wichtig.

Es gibt keine Hinweise, daß Ackerbau im Schwemmland des Nils vor dem 5. Jahrtausend v. Chr. betrieben wurde. Spuren der ersten bäuerlichen Gemeinschaft wurden in Merimde Beni Salama, am Westrand des Deltas, entdeckt und gehen auf die Zeit um 4750 v. Chr. (siehe S. 68) zurück. Die Existenz früherer Bauernsiedlungen am Nil wurde mit der Auffindung von Keramiken in Verbindung gebracht, da man annahm, daß Töpferei und andere „städtische" Fertigkeiten nicht ohne Siedlungen entstanden sein können. Funde aus der Zeit um 5500 v. Chr. gab es in der Oase Faijum; Keramik und Steinwerkzeuge ähneln stilistisch jenen aus Merimde, so daß eine kulturelle Beziehung zwischen den Bewohnern dieser Gegenden angenommen werden kann. Keramik aus der Zeit um 5200 v. Chr. wurde auch in el-Tarif bei Luxor in Oberägypten entdeckt. Es gibt jedoch keine Hinweise auf Nahrungsmittelanbau. Mittlerweile ist jedenfalls bekannt, daß sich keramische Techniken schon vor der Landwirtschaft entwickelt haben könnten.

Erntearbeit, Teil eines Reliefs aus der Mastaba des Ipi in Sakkara. Rechts schneidet ein Arbeiter mit der Sichel eine Getreidegarbe (Emmerweizen oder Gerste), während ein zweiter mit dem Ernteaufseher spricht, der einen langen Stab trägt. Altes Reich, 6. Dynastie, Regierungszeit des Merire Pepi I. (ca. 2338–2298 v. Chr.).

Das Auftreten von Keramik aus der Sahara, von Rindern, Schafen und Ziegen sowie von Weizen und Gerste aus Südwestasien im Schwemmland des Nils in der Zeit zwischen 5300 und 4000 v. Chr. fällt mit trockeneren klimatischen Bedingungen in der gesamten Region zusammen, besonders mit der zweiten von zwei extremen Dürrezeiten um 6000 v. Chr. und um 5000 v. Chr. Es gibt Funde aus der Oase Farafra in der westlichen Wüste, die auf starke klimatische Schwankungen zwischen diesen beiden Daten hindeuten, bevor um 5000 v. Chr. kalte und trockene Wetterbedingungen auftraten. Während dieses Jahrtausends trockneten die *Playas* in der Sahara aus, und die Menschen verließen langsam die Wüste. Es ist sehr wahrscheinlich, daß die Bewohner der westlichen Wüste, der Halbinsel Sinai und der Wüste Negev in dieser Zeit der Klimaschwankungen den Weg ins Niltal fanden. Manche siedelten sich nicht im Nilschwemmland an, sie wurden nomadische Viehzüchter, die von Wasserstelle zu Wasserstelle zogen, oder sie ließen sich in Quelloasen wie Charga oder Dachla nieder.

Andere Wanderer wiederum zogen Richtung Süden das Nildelta aufwärts oder ließen sich nahe der Mittelmeerküste nieder. Sie siedelten den Rand des Schwemmlandes entlang, wo sie begannen, Tiere zu züchten und Getreide anzubauen. Diese „Kolonisten" lebten neben den Jägern, Fischern und Sammlern des Niltales, und die kulturellen Traditionen der Neuankömmlinge – Rindersymbolik, Keramik und Feldbau – mischten sich mit den Jagd- und Fischfangtraditionen der Ortsansässigen; das läßt sich in der Entwicklung von Orten wie Hierakonpolis (siehe S. 69) nachvollziehen. Um 4000 v. Chr. hatten sich entlang des Flusses viele bäuerliche Siedlungen gebildet. Fisch- und Vogelfang blieben bestehen, die Jagd zur Beschaffung von Fleisch wurde jedoch durch die Zucht von Schafen, Ziegen, Rindern und Schweinen verdrängt.

Wandmalerei aus dem Grab des Menna in Theben-West aus der Zeit der 18. Dynastie mit Landarbeitern auf dem Gut des Verstorbenen. In der untersten Reihe wird im Beisein des Aufsehers Getreide auf dem Dreschboden ausgebreitet. In der mittleren Reihe wird gedroschen, Ochsen stampfen über das Getreide, und Männer mit Körben trennen die Spreu vom Korn (siehe auch Abb. S. 61).

LEBEN VON DEN GABEN DES LANDES

Nilometer aus der Römerzeit in Elephantine. Nilometer waren Stufen am Flußufer, um das Ansteigen des Wasserspiegels zu messen. Das Ausmaß des Ansteigens ermöglichte Schätzungen der Überschwemmung innerhalb einer bestimmten Zeit. Messungen wurden über viele Jahrhunderte aufgezeichnet (siehe S. 13) und halfen den Bauern bis zu einem gewissen Maß, Zeiten des Mangels oder Überflusses vorauszusagen.

Das Alte Ägypten war als Land des Überflusses bekannt, und die Könige brüsteten sich oft der guten Ernten während ihrer Regierung. So heißt es etwa von Amenemhet III. (ca. 1818–1722 v. Chr.), daß „er die beiden Länder strahlender grün macht als der große Nil … Er ist das Leben … Der König ist Nahrung, und sein Mund ist Überfluß." In einer Inschrift am Tempel von Abu Simbel legt Ramses II. dem Gott Ptah folgende Worte in den Mund: „Ich gebe dir [Ramses II.] gleichbleibend gute Ernten … die Garben sind wie die Sanddünen, die Getreidespeicher wachsen in den Himmel, und die Kornhaufen sind wie die Berge."

Dieser Wohlstand kam vom Nil, von der guten Bewirtschaftung des Landes und vor allem der harten Arbeit. Der Schlamm, der vom Hochwasser zurückblieb, erhielt das Ackerland fruchtbar (siehe S. 10–11). Die Nilüberschwemmung bewässerte die Felder, und das Ausmaß des Hochwassers bestimmte, wieviel Land bebaut werden konnte. Um das Ansteigen des Wassers zu messen, bauten die Ägypter an mehreren Stellen des Nils die als „Nilometer" bekannten Wasserstandsmesser (siehe Abb. links).

Sie errichteten Uferbefestigungen und Deiche, um bestimmte Bereiche vor den Überschwemmungen zu schützen und die Bewässerung der Felder zu steuern. Sie nutzten dabei die natürlichen Senken im Schwemmland. Das Wasser konnte so dem Verlauf des Bodens nach von einem Becken ins nächste fließen; bei Niedrigwasser verteilten künstliche Kanäle das Wasser bis auf die entferntesten Felder. Bis zum Neuen Reich wurde ohne besondere Geräte bewässert, dann entstand das Schadúf, eine Einrichtung zum Wasserschöpfen (siehe Abb. S. 10). Ein Querbalken dreht sich in alle Richtungen um einen kleinen Pfosten, auf einer Seite ist ein Behälter, auf der anderen ein Gegengewicht angebracht. Der Behälter wird im Kanal gefüllt, das Gegengewicht hebt ihn hoch, und man kann ihn entleeren. Nach der Pharaonenzeit wurde das Schadúf – zum Teil noch heute verwendet – durch das Wasserrad und die archimedische Wasserschraube ergänzt.

Nach dem Rückgang des Hochwassers gab es viel zu tun: Deiche und Kanäle mußten repariert, Grenzmarkierungen neu gesetzt, der Boden mußte für die Aussaat bearbeitet werden. Oft genügten schon leichte Holzpflüge, um die Erde zu wenden, bei schwerem Boden mußten jedoch zunächst Hauen eingesetzt werden. Die Pflüge wurden von Rindern oder Menschen gezogen; die Saat wurde oft vor dem Pflug ausgeworfen. Die Feldfrüchte reiften und wurden vor der nächsten Überschwemmung geerntet. Durch Bewässerung konnte das nutzbare Land vergrößert werden, es waren sogar zwei Ernten pro Jahr möglich.

Auch zur Erntezeit gab es keine Rast und Ruhe. Gerste und Weizen wurden mit Holzsicheln mit Feuersteinzähnen geschnitten, und das Korn wurde in Körben in die Dörfer getragen. Die Männer brachen mit Gabeln die Rispen auf dem Dreschboden auf, dann wurden Esel oder Ochsen dar- übergetrieben (siehe Abb. S. 59). Nach dem Werfen (siehe Abb. unten) wurde die Ernte in den Kornspeicher gebracht und gelagert. Ein Schreiber zeichnete die geerntete Menge auf.

Die Ägypter bauten auf bewässertem Land Gemüse an (siehe S. 12), aber die Grundnahrungsmittel, Brot und Bier, wurden aus Getreide her- gestellt. Das Getreide wurde zunächst in Mörsern zerstoßen, dann mit Mahlsteinen und Handmühlen feiner gemahlen. Brotlaibe wurden in ver- schiedenen Formen auf offenem Feuer gebacken, oft in Kegelform. Man bereitete auch mit dem Honig wilder oder domestizierter Bienen gewürzte Kuchen zu. Bier war eher ein nährstoffreiches Nahrungsmittel als ein Getränk; es wurde aus fermentiertem Gerstenbrot gebraut und oft mit Honig, Datteln oder Gewürzen gesüßt. Es war das Hauptgetränk der Ägypter, aber Wein wurde auch gekeltert. Man pflückte die Trauben von Hand, dann wurden sie von bis zu sechs Männern in Fässern mit den Füßen gestampft. Die erste Gärung erfolgte in offenen Keramiktöpfen, die zweite in verschlossenen Gefäßen auf Lattenrosten. Darauf wurden Jahrgang, Ursprungsgebiet und Winzer vermerkt.

Man betrieb auch Viehzucht, vor allem Rinder. Auf den saftigen Weiden des Deltas grasten große Herden. Die Ägypter aßen Rindfleisch nur zu besonderen Anlässen, außer sie gehörten zur Oberschicht. Rinder waren auch Lieferanten von Milchprodukten sowie Tragtiere. Der Wert einer Länderei wurde alle zwei Jahre anhand der Größe der Herde neu berech- net. Man züchtete auch Schafe, Ziegen und Schweine wegen ihres Flei- sches, Gänse und Enten wurden nicht zuletzt wegen ihrer Eier gehalten.

DIE NUTZUNG DES LANDES

Die Fruchtbarkeit des Schwemm- landes hing von der Nähe zum Wasser ab. Nahe am Nil gelegener Boden war meist zu feucht für den Getreideanbau. Die an die Wüsten angrenzenden, höher gelegenen Bereiche waren oft sehr trocken, sie konnten nur bei starkem Hochwasser oder mit Bewässerung bebaut werden. Der beste Boden lag im Zentrum des Schwemmlandes. Nach langer Anbauzeit ließ man die Felder dieses fruchtbaren Mittelstreifens gelegentlich brachliegen. Nach der Ernte grasten Tiere auf den Feldern.

Nach dem Dreschen wird das Getreide von der Spreu getrennt – es wird mit Holz- schalen in die Luft geworfen, so daß die Spreu davongetragen wird, während das Korn zu Boden fällt. Szene aus dem Grab des Nacht in Theben-West, Neues Reich, 18. Dynastie, um 1400 v. Chr.

JAGD, FISCHEREI, VOGELFANG UND FUTTERVERSORGUNG

Jagd zur Fleischbeschaffung war im prädynastischen Ägypten weit verbreitet. Wildrind (*Bos primigenius*) und Kuhantilope wurden im Niltal gejagt, Rotwild, Wildesel und Hasen am Wüstenrand. Wildrinder waren gut an die Sümpfe im Norden des Deltas angepaßt und konnten auch in anderen Feuchtgebieten leben. Kuhantilopen zogen trockenere Regionen vor. Dennoch findet man bei Ausgrabungen immer wieder Knochen beider Arten. Hauptbeute der Jäger aus der Wüste waren Dorkasgazellen in den Wadis am Rand des Schwemmlandes. Mendesantilope, Spießbock, Schakale und Wüstenkatzen wurden ebenfalls gejagt.

Wildrinder waren einfach zu jagen, vor allem in der Trockenzeit an Wasserlöchern und Weidestellen. Ebenso war es nicht schwer, Gazellen im Schatten von Bäumen und Sträuchern aufzuspüren. Die Ägypter jagten zu Fuß mit Pfeil und Bogen, Speeren und Wurfseilen sowie Hunden; für kleine Tiere gab es Netze und Fallen. Die Pfeilspitzen waren aus zugespitztem Feuerstein, manchmal mit Unterkiefer und Zähnen eines Wels verbunden. Die Tiere wurden mit Feuersteinmessern getötet und gehäutet, die Häute dann mit Schabern aus Feuerstein bearbeitet.

Die Landwirtschaft brachte den Rückgang der Jagd, Fisch- und Vogelfang wurden jedoch in der dynastischen Zeit weiterbetrieben. Der Nil und die umliegenden Sümpfe lieferten eine reiche Auswahl, man sammelte Schildkröten und Muscheln und jagte gelegentlich auch Flußpferde und Krokodile, deren Fleisch gegessen wurde. Flußpferde galten auch als

Darstellungen des Verstorbenen bei der Jagd nach Vögeln in den Nilsümpfen finden sich häufig unter den Szenen in ägyptischen Gräbern, wie die Beispiele auf dieser und der gegenüberliegenden Seite zeigen. In dieser detailreichen Wandmalerei aus dem Grab des Nebamun in Theben-West (rechts), jagt er von einem Papyrusboot aus. Seine Waffe ist ein Wurfholz in Form einer Schlange, statt eines Jagdhundes hat er eine Katze. Neues Reich, 18. Dynastie, Regierungszeit des Amenhotep III. (ca. 1390–1353 v. Chr.).

Schädlinge, weil sie die Felder zertrampelten, man erlegte sie als Sport oder in Form von rituellen Jagdzügen mit Speeren. Fische aus dem Fluß und den Bewässerungskanälen waren wichtige Eiweißlieferanten. Besonders nach dem Hochwasser gab es sie im Überfluß, sie konnten in seichten Lachen leicht mit Netzen oder Haken gefangen werden. Wels und Nilbarsch waren dabei die häufigsten Arten. Die Welse wurden nach der Paarung in ihren Laichgründen, den flachen Teichen im Schwemmland, einfach mit der Hand gefangen. Konserviert wurden die Fische entweder durch Räuchern oder durch Häuten und Trocknen auf Herden oder in der Sonne. Man fing auch wilde Vögel, wie etwa Wasserhuhn, Wildgänse und Wildenten, in Netzen und Fallen nahe den Flußufern.

Zahlreiche Samen sowie Obst- und Gemüsesorten wuchsen wild und wurden gesammelt. Mit Stöcken gruben die Ägypter die Knollen des wilden Cypergrases aus; dieses Riedgras gibt es heute noch. Die Knollen bildeten ein kohlehydratreiches Hauptnahrungsmittel, aber sie waren in reifem Zustand auch stark giftig, so daß sie vor dem Verzehr gemahlen und ausgelaugt werden mußten. Knollen und Samen der Simse wurden ebenfalls gesammelt, auch andere Samen wurden wahrscheinlich zu Mehl gemahlen und verbacken. An den Nilufern wuchsen Rohrkolben, Binsen, Papyrus und gemeines Schilfrohr, deren stärkehaltige Wurzelstöcke man backen, dämpfen oder braten konnte. Die Menschen nährten sich auch von den Blättern und Sprossen anderer Pflanzen, wie auch von Palmnüssen, Melonen und Feigen.

In dieser Vogeljagdszene aus dem Grab des Nacht in Theben-West wird der Verstorbene zweimal gezeigt, einmal schleudert er das Wurfholz, einmal setzt er an. Die Vogeljagd mit diesen Waffen war ein beliebter Sport der Wohlhabenden. Wer den Vogelfang als Lebensunterhalt betrieb, verwendete Netze und Fallen. Wie auf der gegenüberliegenden Seite ist der Verstorbene mit seiner Familie dargestellt, auch zwei Diener sind dabei. Neues Reich, 18. Dynastie, um 1400 v. Chr.

DIE GÖTTLICHEN METALLE

Die Ägypter betrachteten Gold als göttliche Substanz. Das Fleisch der Götter dachten sie sich aus Gold, ihre Knochen aus Silber, einem seltenen Metall, das meist importiert wurde. Der Sonnengott Re wurde manchmal als „Berg aus Gold" bezeichnet, seine Tochter, die Göttin Hathor, hieß oft auch „die Goldene". Die Verwendung von Gold in den Totenmasken der Pharaonen, wie in dem spekta-kulären Beispiel des Tutanchamun (ca. 1332–1322 v. Chr., siehe S. 34), geht auf den Glauben zurück, daß sie nach dem Tod zu Göttern werden. So waren auch die Spitzen von Obelisken und Pyramiden (siehe S. 170–171) vergoldet, eine Verbindung zum Sonnenkult. Die Pharaonen bauten große Goldreserven auf, in der Spät-zeit wurde Gold zum Tauschhandel und zur Bezahlung von Söldnern verwendet.

ÄGYPTENS REICHTUM AN BODENSCHÄTZEN

Ägypten hatte das Glück, über große Stein- und Metallvorkommen zu verfügen, die umfassend ausgebeutet wurden. Bestimmte Mineralien, wie etwa Gold, Kupfer, Malachit und Alabaster, wurden besonders hoch geschätzt, ebenso Kalkstein, Granit und andere Gesteine, die man für den Bau der Tempel und für andere Monumentalbauten brauchte. Manche Mineralien hatten nicht nur praktischen Wert, sondern auch religiöse und symbolische Bedeutung (siehe Randtext links).

Die Ägypter bauten von der Frühzeit an Gold und Kupfer ab. Der Name eines Kleinstaates im prädynastischen Ägypten, Nubt („Gold-stadt"), deutet auf Wohlstand hin, der zumindest teilweise aus dem Abbau dieses Metalls stammte. Der Bergbau war in hohem Maß organisiert: Die Minen hatten eigene Brunnen, und die dort eingesetzten Arbeitskräfte standen unter der Aufsicht des Militärs. Besonders während des Neuen Reiches wurde Gold in der östlichen Wüste und in Nubien (siehe Kasten unten) gewonnen. Kupfer, das aus der östlichen Wüste, vom Sinai und aus Nubien kam, wurde erstmals in der frühen Badari-Zeit (ca. 5000–4000 v. Chr.) für Nadeln und Angelhaken verwendet, ab der späten prädynasti-

WADI HAMMAMAT

Die früheste geologische Karte der Welt ist der „Tu-riner Bergbaupapyrus" (Mitte des 12. Jahrhunderts v. Chr.), der die Fawachir-Goldminen im Wadi Hammamat in der östlichen Wü-ste zeigt. Er könnte für eine Ex-pedition in der Zeit von Ram-ses IV. (ca. 1156–1150 v. Chr.) entstanden sein.

Im Wadi Hammamat wurde vom Alten Reich bis in die Rö-merzeit Grauwacke abgebaut. Die Steinbrüche lieferten diesen Stein vor allem für Statuen und Sarkophage. Der Fels wurde mit Meißeln aus Bronze, später aus Eisen, oder mit härteren Stei-nen, wie Diorit, herausgebrochen. Transportiert wurde auf

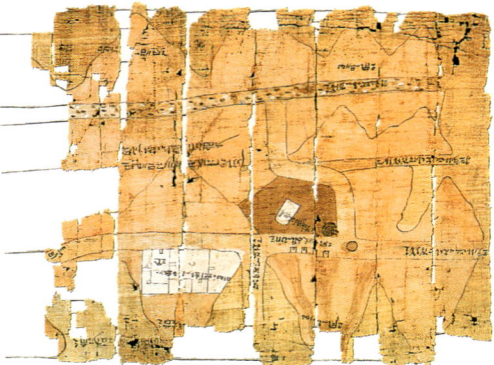

Karte der Fawachir-Minen im Wadi Hammamat, 20. Dynastie (heute in Turin, Italien).

Schlitten, gezogen von Ochsenge-spannen oder geschleppt von Ko-lonnen von Männern.

Im Steinbruch arbeiteten we-niger als 100 bis zu mehr als 10 000 Menschen. Neben dem Kommandanten samt Stellvertre-tern gehörten Steinschneider, Steinmetzen, Schreiber, Zugtier-treiber, Arbeiter, Goldsucher, Führer und Köche zur Expediti-on. Die Männer schliefen in ein-fachen Steinhütten und beteten in einer nahegelegenen Grotte den Gott Min an. Expeditionen wurden üblicherweise durch eine offizielle Hieroglypheninschrift im Süden des Wadi ver-ewigt.

Goldene Totenmaske des Prinzen Chaemwese aus dem Serapeum in Sakkara.
Regierungszeit Ramses' II., 19. Dynastie. Louvre, Paris.

Amulette und Anhänger aus ägyptischer Fayence und Stein: Papyrus, Horus-Auge (Oudjat),
Osiris-Symbol (Djed), Winkelmaß, Krokodil, die Gottheit Bes, Herz, Falke. Ägyptisches Museum, Berlin.

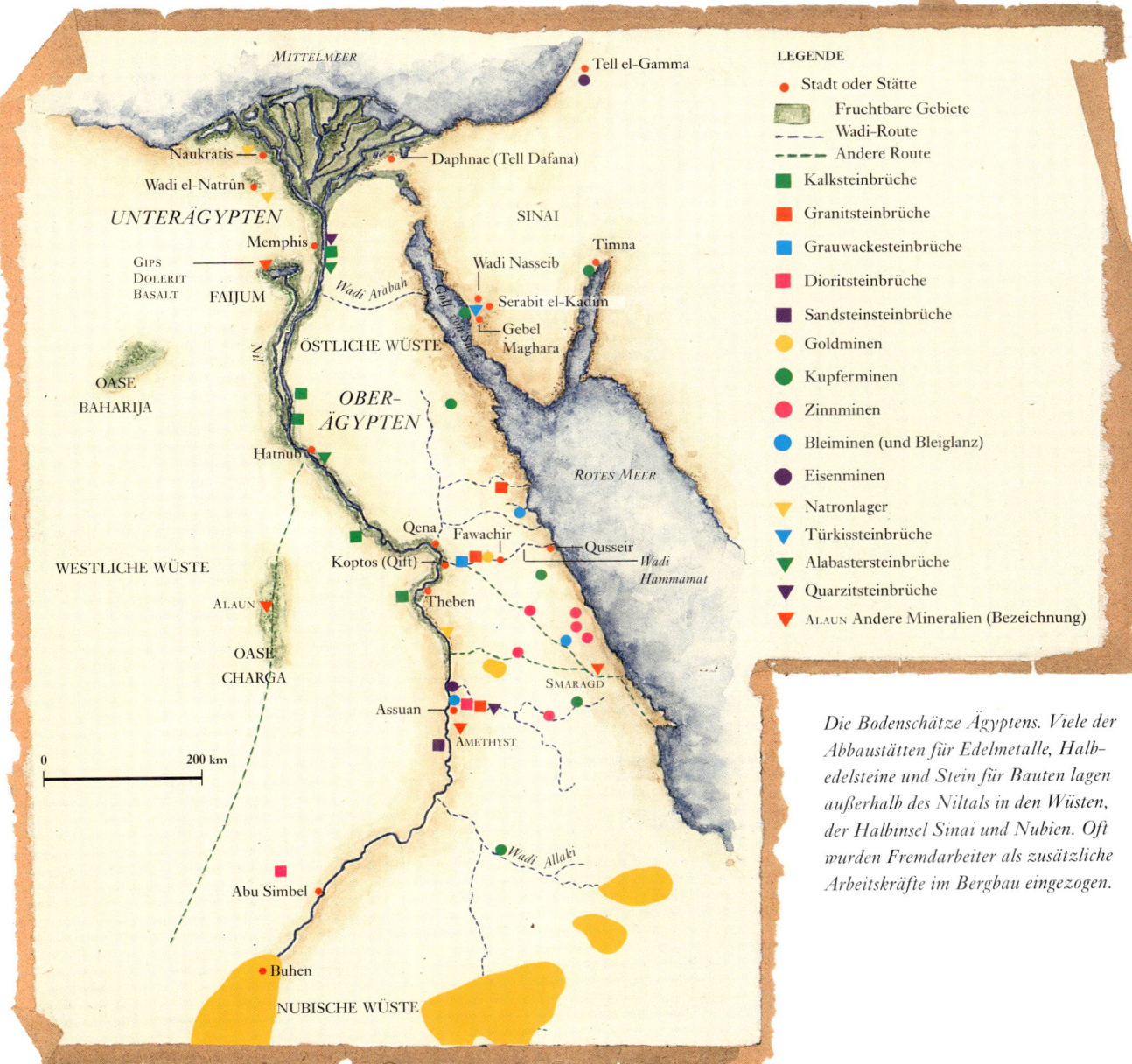

Die Bodenschätze Ägyptens. Viele der Abbaustätten für Edelmetalle, Halbedelsteine und Stein für Bauten lagen außerhalb des Niltals in den Wüsten, der Halbinsel Sinai und Nubien. Oft wurden Fremdarbeiter als zusätzliche Arbeitskräfte im Bergbau eingezogen.

schen Zeit stellte man daraus größere Gegenstände wie Harpunen und Dolche her, und auch Schmuck wie Ringe und Perlen.

Andere Lagerstätten, etwa die Eisenerzvorkommen in Assuan und der Oase Baharija, dürften erst in der 26. Dynastie (ca. 644–525 v. Chr.) ausgebeutet worden sein. Das grüne Mineral Malachit wurde in prädynastischer Zeit als Schminkpigment verwendet, als Symbol für Vegetation und Leben. Die Ägypter trugen gerne Perlen, Amulette und anderen Schmuck aus den Halbedelsteinen, gefunden in den Kiesgruben Oberägyptens; dazu gehörten Amethyst, Granat, Jaspis, Bleiglanz, roter Feldspat und Karneol. Bleiglanz wurde auch für Augenschminke verwendet. Natron wurde im Wadi el-Natrûn gewonnen, es wurde für die Mumifizierung gebraucht.

VERWALTUNG DER WIRTSCHAFT

Die Kontinuität und Spannkraft der ägyptischen Kultur war vor allem der Landwirtschaft zu verdanken. Der Großteil der Bevölkerung versorgte sich auf diese Weise selbst, und in den Dörfern florierte eine selbstständige Wirtschaft in Form des Tauschhandels.

Das Wirtschaftsleben des Landes wurde jedoch durch die Regierung und auf regionaler Ebene durch die Verwaltungsbeamten in den 42 Nomoi (Provinzen) bestimmt. Die Provinzhauptstädte waren Zentren der Landwirtschaftsverwaltung und vor allem für die Einhebung der Steuern – in Form von Getreide, Fleisch, Leder, Textilien und Mineralien – im Auftrag der Zentralregierung zuständig.

Die Steuerbehörde unterstand der Aufsicht eines königlichen Wesirs. Jedes Jahr hing der Ertrag vom Ausmaß des Nilhochwassers ab, das bestimmte, wieviel Land für den Anbau zur Verfügung stand. Es lag im Interesse der Regierung, die Bewässerungssysteme in gutem Zustand zu erhalten; diese Aufgabe wurde an die Behörden der Nomoi delegiert, die ein Register der Landbesitzer und Pächter führten.

In den Städten gehörten die Wirtschaftstreibenden vor allem der Oberschicht an, die die Ideologie der göttlichen Königswürde stützte und davon profitierte (siehe S. 112–113). Diese Ideologie manifestierte sich im Bau der großen Grabdenkmäler der Könige, Pyramiden oder Tempel. Diese waren wirtschaftliche Großvorhaben, für die ein Teil der königlichen Einnahmen zweckgebunden wurde, damit die erforderlichen Handwerker und Hilfskräfte bezahlt werden konnten. Die Hilfsarbeiter waren meist Männer

Untergeordnete Beamte, wie Schreiber, Soldaten und Steuereintreiber, waren für die laufende Einhebung, Aufzeichnung, Lagerung und Weiterleitung der jährlichen Abgaben verantwortlich. In diesem Holzmodell eines Kornspeichers aus einem Grab in Beni Hasan zeichnet ein Schreiber die Getreidemengen auf, die die vier Speicherarbeiter einlagern. Mittleres Reich, 12. Dynastie, um 1850 v. Chr.

In diesem Fragment einer Wandmalerei aus dem Grab des Nebamun in Theben-West übergibt ein Schreiber dem Verstorbenen (links, jedoch nicht erhalten) die Aufzeichnungen über seine Gänseherde, die von Gänsehirten betreut wird. 18. Dynastie, Regierungszeit von Amenhotep III. (ca. 1390–1353 v. Chr.).

vom Land, wenn man sie nicht in der Landwirtschaft brauchte, etwa während des Hochwassers. Sie wurden in Getreide und anderen Grundnahrungsmitteln bezahlt. In einem Fall ist verzeichnet, daß der Lohn eines Aufsehers das 28fache des niedrigsten Lohns seiner Untergebenen betrug.

Die Bevölkerung Ägyptens war klein, vermutlich nicht mehr als zwei Millionen Menschen im Alten Reich und drei Millionen im Neuen Reich. Nur ein Bruchteil davon, vielleicht nicht mehr als 5 Prozent, waren Städter. Eine Zunahme der Stadtbevölkerung, höhere Forderungen der Oberschicht oder mehr Bedarf für die Verteidigung des Landes setzte die Bauern Ägyptens unter größeren Druck. So mußten sie im Neuen Reich, als Ägypten ein Großreich war, als Nahrungsmittellieferanten mithelfen, ein stehendes Heer von bis zu 40 000 Mann zu erhalten, wovon viele auf dem Land rekrutiert worden waren. Das Problem wurde zum Teil durch die Neugewinnung von Land im Delta und den Einsatz von Sklaven gelöst. In der Spätzeit trugen aufwendige Kriege und der Einsatz griechischer Söldner – in Gold bezahlt, als die Goldminen fast erschöpft waren – zum wirtschaftlichen Niedergang Ägyptens bei.

DIE WIRTSCHAFT DER ÄGYPTISCHEN TEMPEL

Die etwa 2000 Tempel Ägyptens besaßen große Landgüter und waren ein wichtiger Wirtschaftssektor. Am reichsten und mächtigsten waren jene in den königlichen Hauptstädten, wie Memphis oder Theben (siehe S. 208–209). Die Tempel erhielten Zuschüsse vom König und erwirtschafteten aus Land- und Viehbesitz ein eigenes Einkommen, außerdem erhielten sie Schenkungen von privaten Gönnern. In der Spätzeit übergab König Apries (589–570 v. Chr.) dem Ptah-Tempel in Memphis einen ganzen Bezirk mit Ackerland, Einwohnern und Rindern als steuerfreie Stiftung. Nach dem Großen Papyrus Harris (siehe Abb. rechts), der die Schenkungen Ramses' III. an die Tempel aufzählt, gehörte etwa ein Drittel der gesamten landwirtschaftlichen Nutzfläche den Tempeln.

Die Tempel profitierten von der königlichen Patronanz und brachten dem König im Gegenzug die Legitimation seiner göttlichen Autorität im Leben und sorgten für die Fortdauer seines Kultes nach seinem Tod. Gelegentlich stockten sie auch den königlichen Staatsschatz auf. Ihre wirtschaftliche und politische Unabhängigkeit hing von jener der Zentralregierung ab. War der König schwach, wie gegen Ende

Teil des Großen Papyrus Harris mit Aufzeichnungen in hieratischer Schrift über die Tempelspenden von Ramses III. (ca. 1187–1156 v. Chr.) .

des Neuen Reiches, so wuchs die Macht der Hohepriester proportional. Manchmal griffen sie sogar die königliche Autorität an, wie am Ende der 20. Dynastie die Hohepriester des Amun in Theben (siehe S. 36–37).

Die großen Tempel und Gräber Ägyptens, Häuser der Götter und der Toten, überstanden die Wirren der Zeit besser als die Behausungen der Lebenden. Wenig ist von den Dörfern aus Lehmziegeln geblieben, in denen die Bauern wohnten. In den Städten waren Taglöhner und Hilfsarbeiter neben Künstlern, Schreibern, Priestern und Beamten beheimatet, nicht zu vergessen die Paläste des Königs und des Hofstaates sowie die Festungen und Garnisonsstädte, die die Grenzen Ägyptens bewachten.

▲

OBEN: *Tonmodell eines eingeschossigen Hauses in einem ägyptischen Dorf mit einem Fenster, Stufen zur Dachterrasse und „Klimaanlage" – einer Öffnung im Dach, durch die Luft ins Haus kommt und zirkuliert. Diese „Seelenhäuser" wurden weniger wohlhabenden Ägyptern für das Jenseits ins Grab mitgegeben; im Hof, von einer Mauer umgeben, liegt Nahrung für den Verstorbenen. Mittleres Reich, um 1900 v. Chr.*

● KAPITEL 5

DIE SIEDLUNGEN ÄGYPTENS

ENTSTEHUNG DER STADT

Ägypten hatte lange Zeit fälschlicherweise den Ruf einer „Kultur ohne Städte". Zunächst waren nur wenige städtische Siedlungen der Pharaonenzeit genauer erforscht worden. In den letzten Jahren begann man jedoch, an Fundstätten wie Abydos, Elephantine und Buto auf große und komplexe Gemeinden aus einer Zeit zu stoßen, als sich die typisch ägyptische Kultur im nördlichen Niltal entwickelte.

Die erste bekannte Siedlung in Ägypten stammt aus der Zeit um 4750 v. Chr. und befand sich in Merimde Beni Salama am Westrand des Deltas, etwa 25 Kilometer nordwestlich von Kairo. Sie hatte eine Fläche von 181 000 m², ihre Bevölkerung wurde auf 16 000 geschätzt, wobei jedoch vermutlich nicht immer die gesamte Fläche bewohnt war. Die frühesten Behausungen waren Windbrecher und Pfahlhütten, später wurde mit Lehmziegeln gebaut. Diese Häuser hatten einen Durchmesser von etwa 3 Metern und möglicherweise geneigte Dächer. Der Organisationsgrad des Dorfes zeigte sich im geordneten Straßenverlauf und in den öffentlichen Kornspeichern.

Merimde Beni Salama scheint eine einfache ländliche Gemeinde gewesen zu sein. Die Fundstätte Ma'adi, etwa 5 Kilometer südlich von Kairo, weist auf eine Handelsstadt aus der späten prädynastischen Zeit hin. Angesichts importierter Tongefäße und Produkte aus Palästina (Kupfernadeln, Meißel, Angelhaken, Basaltgefäße, Bitumen und Karneolperlen) kann man sagen, daß die Stadt sichtlich gut vom Handel mit dem Nahen Osten lebte. Zwischen Hütten aus lehmbeworfenem Flechtwerk und großen, halb unterirdischen Häusern, die etwa 18 Hektar einnehmen, finden sich auch Reste von Landwirtschaft und Handwerk. Zum Beispiel wurde Kupfer verarbeitet, das mit großer Sicherheit von der Halbinsel Sinai kam (siehe S. 64–65). Auch viele Reste oberägyptischer Ton- und Steinartefakte wurden gefunden, und die Stadt dürfte im 4. Jahrtausend v. Chr. Handel mit Oberägypten und Palästina betrieben haben.

Die ältesten Dörfer wurden bisher im und um das Delta gefunden, die ersten echten Städte – also größere umwallte Siedlungen – in Oberägyp-

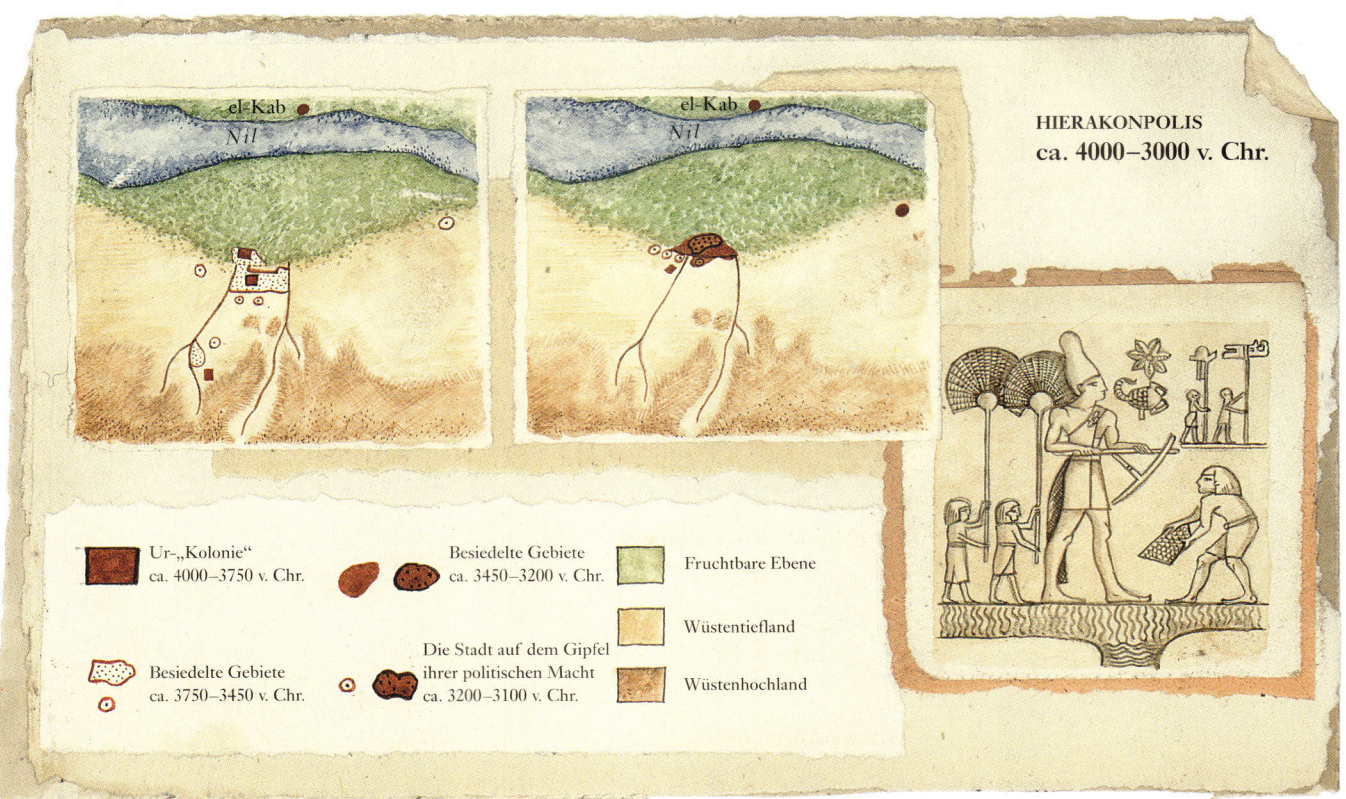

el-Kab
Nil

el-Kab
Nil

HIERAKONPOLIS
ca. 4000–3000 v. Chr.

Ur-„Kolonie"
ca. 4000–3750 v. Chr.

Besiedelte Gebiete
ca. 3450–3200 v. Chr.

Fruchtbare Ebene

Besiedelte Gebiete
ca. 3750–3450 v. Chr.

Die Stadt auf dem Gipfel
ihrer politischen Macht
ca. 3200–3100 v. Chr.

Wüstentiefland

Wüstenhochland

ten. Nechen (besser bekannt unter dem griechischen Namen Hierakonpolis) und die südliche Stadt Negade entstanden in der späten prädynastischen Zeit als Zentren von Protostaaten, die zwischen 3200 und 3000
v. Chr. zu einem oberägyptischen Staat verschmolzen (siehe S. 22–23,
106–107). Hierakonpolis ist ein gutes Beispiel für die Entwicklung der
Siedlungen im Niltal. Die Geschichte der Stadt beginnt um 4000 v. Chr.,
als zu den Jägern und Sammlern „Kolonisten" stießen, die Ackerbau und
Viehzucht betrieben. Um 3500 v. Chr. lebten dort wahrscheinlich schon
7 500 Menschen, darunter Handwerker wie Töpfer, Steinmetzen und
Weber. Gegen Ende des 4. Jahrtausends zogen die meisten in das
Schwemmland – vermutlich wegen des niedrigen Wasserstands des Nils,
der die Bewässerung schwierig machte, und wegen der fortschreitenden
Abholzung, da das Holz für die Brennöfen der Töpfer gebraucht wurde.
Damals begann man mit Großbauten in und nahe der Stadt, einschließlich
Tempelbezirk und Ziegelgräbern. Eines dieser Gräber ist das früheste
bekannte verzierte Grabmal Ägyptens; es dürfte die letzte Ruhestätte eines
Königs gewesen sein. Um 3200 v. Chr. gab es eine Mauer um die Siedlung.

Negade und Hierakonpolis (vermutlich auch This bei Abydos) entstanden in ihrer Frühzeit aus der Verbindung von Landwirtschaft und Handel.
Mit der Entwicklung staatlicher Urformen wurden die Städte zu Provinz-
hauptstädten. Siedlungen entwickelten sich tendenziell bei alten Religions-
zentren, so daß die Kulte von Horus und Seth in Hierakonpolis bzw.
Negade vermutlich eine Schlüsselrolle für die Städte spielten.

*Die Entwicklung von Hierakonpolis in
Oberägypten. Die Zeichnung daneben beruht
auf einer Szene vom Knauf eines Amts-
stabes aus der frühen dynastischen Zeit, der
dort gefunden wurde. Sie zeigt einen oberägyptischen König beim Bau eines Bewässe-
rungskanals. Hierakonpolis wuchs während
der 1. Dynastie weiter (ca. 3000–2800
v. Chr.), verlor jedoch dann an Bedeutung.*

*Die sogenannte „Libysche Palette", ein
Votivgegenstand aus Schlammstein aus
prädynastischer Zeit, wurde in Hierakonpolis gefunden. Sie zeigt befestigte Städte,
die gerade von einem oberägyptischen Herrscher eingenommen werden.*

STÄDTE UND HÄUSER

Es gab verschiedene ägyptische Ausdrücke für verschiedene Arten von Siedlungen. *Dmi* wird mit „Stadt" übersetzt, die Begriffe *whyt* und *niwt* werden auf „Dorf" bzw. „Großstadt" angewendet. In späteren ägyptischen Texten beschreiben diese Wörter offenbar verschiedene Siedlungsgrößen. Der Sprachgebrauch in vielen Inschriften des Alten und Mittleren Reiches dürfte aber von dieser Regel abweichen: Als Kriterien gelten Status und wirtschaftliche Umstände. So beschrieb man mit *niwt* im Alten Reich vermutlich „gewöhnliche Städte", während *hwt* ein „Zentrum königlicher Macht" war, das von den *niwt* Steuern einhob. Hingegen hat *dmi* offensichtlich mit einem Schrein oder einer Kultstätte zu tun.

Aus den Erkenntnissen der Archäologie und der Anthropologie lassen sich mehr Informationen über ägyptische Städte gewinnen als aus der Sprachwissenschaft. Es ist allerdings auch ein wichtiger Faktor für die Rekonstruktion einer frühen Hochkultur, sich bewußt zu machen, daß vielleicht nicht alles die Jahrtausende überlebt hat; auf Ägypten trifft dies in besonderem Maß zu. Die meisten Städte befanden sich auf Nilschwemmland, und ihr Erhaltungszustand ist daher im Vergleich zu den Grabstätten in den angrenzenden Wüsten eher schlecht. Auch verlagerte sich der Nil nahe dem heutigen Kairo in und nach der Pharaonenzeit langsam nach Osten und vernichtete dabei viele städtische Fundstätten in Mittelägypten. Außerdem wurden alte Siedlungen jahrhundertelang von den Bauern geplündert, die die Lehmziegelreste, Sebbach genannt, als Dünger verwendeten. Siedlungen der Pharaonenzeit überstanden die Zeit oft nur, weil sie aus bestimmten Gründen in der Wüste und nicht im Niltal lagen.

Unser heutiges Bild von ägyptischen Städten basiert daher wahrscheinlich auf ungewöhnlichen, nicht repräsentativen Fundstätten. Zum Beispiel

Gemalte Vignetten aus Totenbüchern geben manchmal Einblick in das ägyptische Alltagsleben. Hier stehen der Schreiber Nacht und seine Frau in ihrem Garten und erheben in Anbetung des Gottes Osiris (links) die Hände. Im Garten ein von Bäumen umgebenes Becken, das Haus (rechts) hat zwei Lüftungsöffnungen auf dem Dach. Neues Reich, 19. Dynastie, um 1300 v. Chr.

ist Tell el-Amarna (das alte Achet-Aton) die am besten erhaltene Stadt der Pharaonenzeit, die Pharao Echnaton (siehe S. 128–129) um 1350 v. Chr. als seine Hauptstadt auf unerschlossenem Land bauen ließ. Gegen Ende seiner Herrschaft kehrten die meisten Einwohner aus Achet-Aton nach Theben zurück, die Stadt blieb verlassen zurück. Dies bedeutet, daß Amarna eine eher unverläßliche Quelle zum Studium ägyptischer Städte ist.

Die meisten Häuser wurden aus Lehmziegeln gebaut, die man in rechteckigen Holzformen zum Trocknen in die Sonne legte. Die unterschiedlichen Maße der Ziegel können manchmal zur Datierung von Gebäuden herangezogen werden. Manche Häuser, vor allem kurzfristige Behausungen in den Wüstegebieten, sind bemerkenswert gut erhalten. Dagegen liegen die damals auf Dauer gebauten Städte im Schwemmland heute unter Feldern oder Dörfern und kamen dadurch zu Schaden. Zu den mit größter Sorgfalt ausgegrabenen ägyptischen Häusern gehören jene in der geplant angelegten Arbeitersiedlung östlich von Achet-Aton. Das Dorf, oft mit Deir el-Medina in Theben-West (siehe S. 73) verglichen, liegt in einem nach Süden offenen Tal neben Felsklippen und ist von alten Patrouillenstraßen umgeben. Es gab dort etwa 72 Häuser, die von einem quadratischen Wall umgeben waren; 40 von ihnen wurden bisher ausgegraben.

Dieses Kalksteinmodell eines Stadthauses aus dem Neuen Reich zeigt ein schmales, zweigeschossiges Gebäude mit einer halb überdachten Dachterrasse. Gitter oder Fensterläden bedecken die untere Hälfte der Fenster, die relativ hoch gesetzt sind, um die Räume kühl zu halten.

DIE PYRAMIDENSTADT KAHUN

In der Umgebung der Pyramiden aus der Zeit des Alten und Mittleren Reiches wurden mehrere Städte gefunden. Die größte und am besten erhaltene ist Kahun oder Lahun, sie wurde rechteckig angelegt und mißt 384 mal 335 Meter. Gefunden wurde sie im Jahr 1889 von dem britischen Archäologen Flinders Petrie im Osten des Pyramidenbezirkes von Sesostris II. aus der 12. Dynastie am Südostrand der Oase Faijum. Die offiziellen Papyri, die dort entdeckt wurden, deuten darauf hin, daß die Stadt Hetepsesostris („Sesostris ist zufrieden") hieß. Man nimmt an, daß zuerst die Arbeiter, die beim Pyramidenbau eingesetzt wurden, und dann die Beamten, die für die Aufrechterhaltung des Totenkultes von Sesostris zuständig waren, die Stadt bewohnten.

Im Mittleren Reich hatte Kahun einen Bürgermeister und war vermutlich bereits zu einer eigenständigen Stadt geworden. Geht man von einem Durchschnitt von sechs Personen pro Haus aus, so hatte Kahun etwa 3000 Einwohner. Schätzungen zufolge konnten die Getreidespeicher jedoch die Versorgung einer wesentlich größeren Zahl von Menschen –

zwischen 5000 und 9000 – gewährleisten. Vermutlich wurde zu jeder Zeit mehr Getreide als nötig gelagert, um für dauernde Nahrungsmittelknappheit oder gar Hungersnot vorzusorgen.

Während Theben und Memphis sich auf einer großen Fläche eher zufällig ausbreiteten, war Kahun bewußt angelegt und durch eine starke Mauer von der Umgebung getrennt. Im Westen befanden sich mehr als 200 kleine, rechteckige Häuser mit einer Grundfläche von jeweils bis zu 100 m², bestehend aus drei bis sieben Zimmern. Im Osten wohnten eindeutig die Wohlhabenden: Dort gab es nur etwa ein Dutzend sehr große Häuser, die bis zu 70 Zimmern und Grundflächen zwischen 1000 und 2400 m² hatten.

Man darf zwar die Verteilung des Reichtums während des Mittleren Reiches nicht aus einer einzigen und eher atypischen Siedlung ableiten, die deutlichen Unterschiede zwischen den Häusern von Kahun und Funde in Gräbern aus dieser Zeit deuten aber darauf hin, daß der Wohlstand Ägyptens damals auf eine kleine Oberschicht beschränkt war.

EIN STADTREGISTER

Ein Papyrus aus dem späten 12. Jahrhundert v. Chr. enthält eine Liste der Namen und Berufe von 182 Einwohnern von Theben-West. Solche Dokumente lassen darauf schließen, daß in Städten vor allem Priester, Soldaten, Schreiber und Verwaltungsbeamte lebten. Hier scheinen aber auch viele andere Berufe auf, wie Gärtner, Hirten, Fischer, Kupferschmiede und Sandalenmacher.

Die Häuser der Handwerker lagen wahrscheinlich zwischen dem Arbeiterdorf von Deir el-Medina (siehe Kasten gegenüber) und den Totentempeln von Sethos I., Ramses II. und Ramses III. Grundsätzlich sind die Bewohner nicht nach Beruf oder Status gruppiert, das heißt, sie sind eher in topographischer Reihenfolge aufgelistet. Wenn das stimmt, so lebten die verschiedenen Berufsgruppen und sozialen Klassen zusammen, und nicht in getrennten Vierteln. In einer Gemeinde im Umfeld vieler Tempel (siehe Karte S. 195) ist es nicht verwunderlich, daß einzig die Haushalte der Priester konzentriert waren, vor allem in der unmittelbaren Nähe der drei Totentempel. Auch andere Professionen (Kupferschmiede, Schreiber, Brauer, Fischer, Hirten und Sandalenmacher) waren in Gruppen bis zu fünf konzentriert. Die „Landarbeiter" dürften im Südwesten der Siedlung gelebt haben.

Die Umwallung und die Unterteile der Außenmauern sind aus Ziegeln, die aus Lehm von den Nilufern gemacht wurden. Die oberen Außenmauern und die Innenwände bestehen aus Lehm, der in der Nähe des Dorfes gewonnen wurde. Das deutet auf zwei Bauphasen hin: Der Staat ließ wahrscheinlich zunächst die Fundamente der Häuser legen und überließ dann die weitere Ausgestaltung den Dorfbewohnern. Ein Haus in der Südostecke des Dorfes war um vieles größer als die anderen, vermutlich handelte es sich um das Wohnhaus des Gemeindeoberhauptes. Die anderen Häuser bestanden jeweils aus vier Zimmern: Eingangsbereich, Hauptraum und zweigeteiltes Hinterzimmer. Meist führte eine Treppe von einem der Hinterzimmer nach oben. Nach wie vor ist nicht geklärt, ob diese Stiege einfach auf das Dach führte oder ob die Häuser hier und in Achet-Aton selbst – und wohl auch anderswo – nicht doch ein Obergeschoß hatten.

Achet-Aton hat einen starken Einfluß auf unsere Vorstellung von den Häusern reicher Adeliger aus der 18. Dynastie. Die typische „Amarna-Villa", von den Familien hochrangiger Beamter bewohnt, dürfte aus 20 bis 28 Zimmern bestanden haben. In der Mitte des Gebäudes lag meist ein etwas höherer Raum mit Säulen und Fenstern über den kleineren Kammern, die um diesen Zentralraum angeordnet waren. Die größten Villen verfügten auch über weitläufige Höfe hinter hohen Mauern und waren oft mit Brunnen, Garten und Kornspeicher ausgestattet.

Die Verteilung von Getreide- und Wasservorräten könnte der Schlüssel zum Verständnis für den städtischen Alltag an sich sein. Die Bewohner der vielen kleinen Häuser zwischen den Villen der Oberschicht wurden vermutlich von den Villenbesitzern beschäftigt und erhielten ihre Grundnah-

Manche Grabmalereien, wie etwa dieses Fragment aus der Grabkapelle des Nebamun, stellen Details der Villengärten Adeliger dar. Hier ein Teich voller Fische und Enten, von Bäumen und Sträuchern umgeben, darunter Dattelpalmen, Sykomoren und Mandragora. In der Sykomore an der rechten oberen Ecke des Teiches lebt eine Baumgöttin, die Speisen und Getränke darbietet, Symbol eines idyllischen Lebens des Verstorbenen nach dem Tod. Neues Reich, 18. Dynastie, um 1400 v. Chr.

rungsrationen aus den Speichern ihrer Arbeitgeber. Die Größenunterschiede der Häuser in Achet-Aton sind weniger ausgeprägt als in Kahun (siehe S. 71), was auf weniger Kontraste zwischen Arm und Reich und die Existenz einer beträchtlichen „Mittelschicht" schließen läßt.

Die Ausgrabungen in Tell el-Amarna zeigen auch, wie ein typisches Haus des Neuen Reiches eingerichtet war. In den kleinen Häusern gab es einfach nur Lehmziegelbänke, Mauernischen und gelegentlich grobe Steinstühle oder Holztische. In den Villen der Oberschicht hatte man Holzbetten, Matratzen, Fenster mit Steingittern, Waschräume aus Stein und Stuck, ja sogar Toiletten (das waren Stein- oder Holzsitze mit einer schlüssellochförmigen Öffnung über einer mit Sand gefüllten Kiste).

Noch fehlen uns viele Erkenntnisse über Arbeit, Ernährung und Lebensstandard der ägyptischen Stadtbewohner. Viele Tätigkeiten wurden wohl im Freien verrichtet, Straßen und Höfe werden jedoch erst in den letzten 20 bis 30 Jahren so sorgfältig ausgegraben wie das Häuserinnere.

DAS ARBEITERDORF IN DEIR EL-MEDINA

Im Jahr 1929 identifizierte der tschechische Archäologe Jaroslav Cerny eine kleine Fundstätte in Deir el-Medina, Theben-West (siehe Karte S. 195) als jenes Dorf, das die Arbeiter, Schreiber und Handwerker bewohnten, die an den Gräbern im Tal der Könige arbeiteten. Die Häuser, Kapellen und Gräber dieser Arbeiter liefern uns ungewöhnlich detailreiche Einblicke in das Leben einer kleinen Gemeinschaft von der Zeit Thutmosis' I. (ca. 1493–1482 v. Chr.) bis zum Ende der 20. Dynastie (um 1075 v. Chr.). Zur Hochblüte in der Zeit der 20. Dynastie bestand das Dorf – bekannt als der „Ort der Wahrheit" – aus 70 Lehmziegelhäusern, in einer Umwallung in Reihen angeordnet. Weitere 40 Häuser in nächster Nähe beherbergten vermutlich weniger qualifizierte Arbeitskräfte wie Eselstreiber und Obstpflücker. Die Häuser bestanden aus durchschnittlich vier bis sechs Zimmern und verfügten über kleine Keller als Lagerräume. Die Funktionen der einzelnen Räume sind nicht genau bekannt, wahrscheinlich entsprachen sie aber nicht unserer Vorstellung von „Küche" oder „Schlafzimmer". Auch Tiere dürften darin gehalten worden sein.

Das Dorf ist insofern einzigartig, als dort viele von den Dorfbewohner selbst geschriebene Texte gefunden wurden. Die meisten sind Ostraka (Tonscherben oder flache Steine mit Inschriften), aber auch Papyri und beschriftete Gegenstände aus Häusern und Grabkapellen wurden entdeckt. Die Regierung bezahlte zwar Löhne in Form von Emmerweizen, Gerste und anderen Naturalien wie Bier, Honig, Fische und Öl. Die Aufzeichnungen über geschäftliche Transaktionen zwischen Einzelpersonen deuten aber darauf hin, daß die Menschen ihre staatlichen Rationen verschiedentlich aufbesserten.

Holzmodelle aus dem Grab des Meketre aus dem Mittleren Reich in Theben-West geben Aufschluß über das Leben in Dörfern wie Deir el-Medina. Hier inspiziert Meketre seine Rinder; manche Einwohner konnten sich also Land, Vieh und Sklaven leisten.

HAUPTSTÄDTE

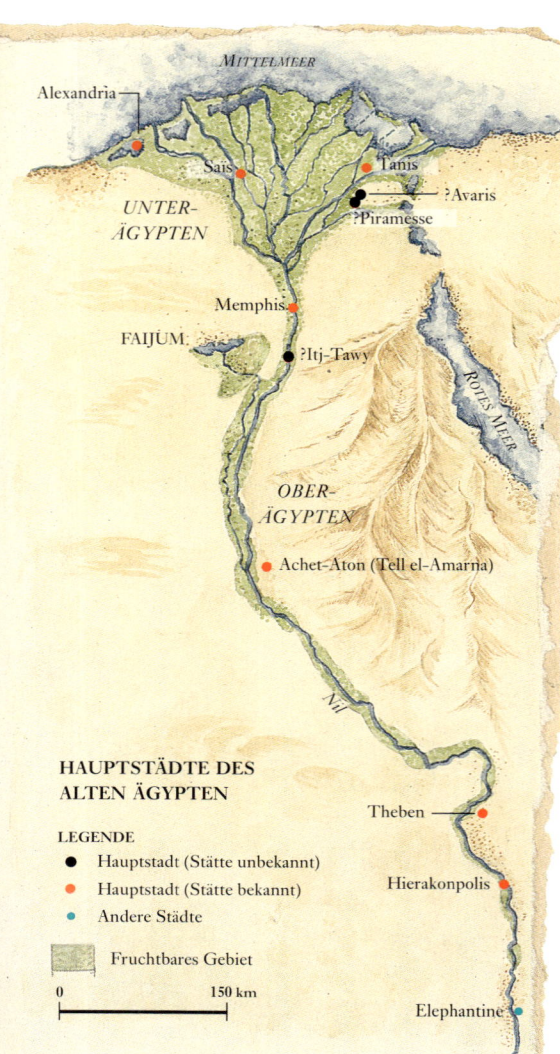

Die wichtigsten Hauptstädte der Pharaonenzeit. Die Hauptorte der nicht gesicherten oder kurzlebigen Dynastien sind nicht angeführt.

Die erste Hauptstadt Ägyptens war Memphis (siehe Kasten gegenüber) einige Kilometer südwestlich des heutigen Kairo, nahe der Stelle, wo das Niltal in das Delta übergeht. Sie wurde Anfang der dynastischen Zeit oder früher gegründet und überflügelte bald die Hauptstadt der späten prädynastischen Zeit, Hierakonpolis (siehe S. 69). Der alte Name der Stadt war wahrscheinlich Inebhedj („Weiße Mauern"), vermutlich ein Hinweis auf einen Königspalast. Später wurde sie nach der Nekropole von Pepi I. in Sakkara als Men-nefer („Gefestigt und schön") bezeichnet, „Memphis" ist die griechische Version davon. Mit dem Aufstieg einer thebanischen Pharaonenfamilie zu Beginn des Mittleren Reiches wurde Theben in Oberägypten zum Zentrum von Religion und Verwaltung und zur Konkurrenz für Memphis, vor allem in der Zeit der 18. Dynastie (ca. 1539–1292 v. Chr.) und danach. Die Hauptstadt der 12. Dynastie (ca. 1938–1759 v. Chr.) war eine neue Stadt, Itj-Tawy („[Amenemhet I. ist der,] der sich der beiden Länder bemächtigt"), die östlich der Nekropole der frühen 12. Dynastie in Lischt lag. Die Geschichte der 12. und 13. Dynastie zeigt, wie Politik und Wirtschaft in Itj-Tawy konzentriert waren.

Am Ende der 13. Dynastie (um 1759–nach 1630 v. Chr.) waren die Herrscher im Mittleren Reich gezwungen, sich südwärts nach Theben zurückzuziehen, als im Norden die Hyksos auftraten (siehe S. 30–31). Diese gründeten ihre Hauptstadt Avaris (heute Tell el-Dab'a) im östlichen Delta und machten die Kleinstadt zur asiatischen Großstadt, wie es sie in Syrien und Palästina gab.

Im 16. Jahrhundert v. Chr. wurden die Hyksos vertrieben, und die 18. Dynastie gab Memphis ihren Rang zurück. Theben, Heimat der Dynastie, wurde Grabstätte der Pharaonen des Neuen Reiches und Verwaltungszentrum. Echnaton (ca. 1353–1336 v. Chr.) gründete in Mittelägypten seine eigene Hauptstadt Achet-Aton. Trotz der so bekannten Details über den städtischen Alltag geht man davon aus, daß wegen der radikalen Neuerungen des Echnaton (siehe S. 128–129) die Stadt keine repräsentative Hauptstadt war (siehe S. 71–73).

Während der Herrschaft Sethos' I. (ca. 1290–1279 v. Chr.) verlagerte sich das Zentrum nach Norden, was der neuen Einflußsphäre im Nahen Osten Rechnung trug. Die Nachfolger von Sethos bauten im Delta Piramesse, von wo im 13. und 12. Jahrhundert v. Chr. die Ramessiden herrschten. Theben und Memphis hatten jedoch weiterhin religiöse und administrative Bedeutung.

In der Dritten Zwischenzeit war Ägypten gespalten: Oberägypten regierten die Hohepriester des Amun in Theben, im Delta regierten die libyschen Pharaonen von Tanis. Gegründet von Psusennes I. (ca. 1045–997 v. Chr.), bestand Tanis aus Stein, den man aus Piramesse und Avaris holte, ebenso wie die meisten Statuen. Als der Kuschitenpharao Pianchi (ca. 747–716 v. Chr.) den Norden zurückeroberte, behauptete er, zehn Fürsten mit eigenen Hauptstädten besiegt zu haben.

Die Neigung zum Norden blieb in der Spätzeit bestehen, als Saïs im Delta (das heutige Sa el-Hagar) Hauptstadt war. Ägypten wurde Teil des Mittelmeerraums, als Alexander der Große (332–323 v. Chr.) die neue Hauptstadt Alexandria gründete. Diese hellenistische Stadt an der Küste war nach Europa ausgerichtet und sollte die letzte Hauptstadt des alten Ägypten werden.

MEMPHIS, DIE STADT, DIE VERSCHWAND

Wenig ist von Memphis, der langjährigen Hauptstadt, erhalten – vor allem, weil die Steine der Ruinen im Mittelalter als Baumaterial für die Kirchen und Moscheen Kairos verwendet wurden. Größe und Bedeutung der Stadt lassen sich an ihrer Nekropole in Sakkara und aus den Berichten von Herodot und Strabo erahnen. Während des Neuen Reiches dominierte in Memphis der Tempelbezirk des Gottes Ptah, der als Bauwerk dem Amun-Tempel in Karnak (siehe S. 208–209) vergleichbar ist.

Die Ausgrabungen von Memphis sind fast 7,5 km² groß. Die ältesten Teile liegen nahe den Grabstätten von Nord-Sakkara und Abusir, neuere Funde deuten darauf hin, daß sich die Stadt nach Süden und Osten ausbreitete, als der Nil nach Osten wanderte. Die Archäologen beschränkten sich bisher auf die Monumental- und Ritualbauten, wie den Ptah-Tempel, den Palast des Apries (ca. 589–570 v. Chr.) sowie Tempel und Palast des Merenptah (ca. 1213–1204 v. Chr., siehe S. 77). Bei Ausgrabungen der Ägyptischen Forschungsgesellschaft zwischen 1984 und 1990 in Kom el-Rabi'a, einem Wohnbezirk, versuchte man, das Alltagsleben der Bewohner von Memphis im Mittleren und Neuen Reich zu erschließen. Man fand u.a. Mühlsteine, Angelhaken aus Kupferlegierung und Angelgewichte aus Kalkstein. Auf die Ernährung der Bewohner von Memphis im Neuen Reich kann man aus Überresten von mindestens 20 Fischarten und mehr als 3 000 Knochen von Schafen, Kühen, Ziegen, Schweinen, Enten, Gänsen und Stelzvögeln schließen.

Dieser Sphinx aus Kalkspat aus der Zeit des Neuen Reiches ist eines der wenigen Monumente, das die Plünderung von Memphis zur Baumaterialgewinnung für Kairo im Mittelalter überstand.

KÖNIGSPALÄSTE

**DIE KÖNIGSHÄUSER
DES ECHNATON**

Der Palast am nördlichen Ufer, weitläufig und von einer starken Umwallung umgeben, liegt an der nördlichsten Spitze von Tell el-Amarna und war vermutlich Residenz von Echnaton und seiner Familie. Leider liegt der Großteil des Gebäudes heute unter Feldern. Eine weitere Residenz, von den Archäologen als „Königshaus" bezeichnet, dürfte gegenüber dem Großen Palast in Achet-Aton (siehe Haupttext) gestanden haben. Sie war mit dem Großen Palast durch eine Brücke über die Hauptstraße der Stadt verbunden.

Im Königshaus wohnte die königliche Familie beim Besuch der beiden Haupttempel im Zentrum der Stadt. In einem Raum fand der britische Archäologe Sir Flinders Petrie das Fragment einer Wandmalerei (siehe Abb. unten), die die jüngsten Töchter des Königs bei einem Fest zu den Füßen ihrer Eltern zeigt. Sie werden sehr informell dargestellt, was für die offizielle Kunst während der Zeit des Echnaton charakteristisch war.

Der Palast des Königs war die Drehscheibe der ägyptischen Verwaltung. Itj-Tawy, die Hauptstadt der 12. und 13. Dynastie, war einfach nur als „die Residenz" bekannt, was die Bedeutung des Pharaonenpalastes für die Verwaltung des Landes unterstreicht. In der Praxis scheinen die meisten Herrscher mehrere Residenzen gehabt zu haben, vom Hauptwohnsitz in der Hauptstadt (während des Großteils der Pharaonenzeit war das Memphis) bis zu kleinen Palästen neben den Totentempeln in Theben, in denen sie abstiegen, wenn sie dort Ritualen beiwohnten. Zur Zeit der 12. Dynastie gab es auch „Feldzugspaläste", von denen zwei in der Nähe der ägyptischen Festungen in Nubien standen (siehe S. 78–79), vermutlich, damit der Pharao bei seinen Feldzügen eine standesgemäße Bleibe hatte.

Die meisten erhaltenen Königspaläste stammen aus der Zeit des Neuen Reiches und danach. Zu ihnen gehören die Zeremonialgebäude der Ramessidenkönige in Piramesse im Nordwesten des Deltas und der Palast des Merenptah in Memphis. Die Paläste waren unterschiedlich gestaltet, aber meistens hatten sie einen Thronsaal, eine Säulenhalle und ein „Fenster für öffentliche Auftritte", von dem aus der König Ritualen beiwohnte oder den Hofstaat mit großmütigen Gaben bedachte. Der beste Nachweis für Architektur und Ausgestaltung dieser Bauten stammt aus den Fundstätten in Tell el-Amarna und in Malkata in Theben-West. Beide stammen aus dem 14. Jahrhundert v. Chr. In Malkata (erstmals 1888–1918 Schauplatz

*Eine Wandmalerei aus dem „Königshaus"
in Tell el-Amarna zeigt die Töchter des
Echnaton (siehe Randtext oben),
um 1335 v. Chr.*

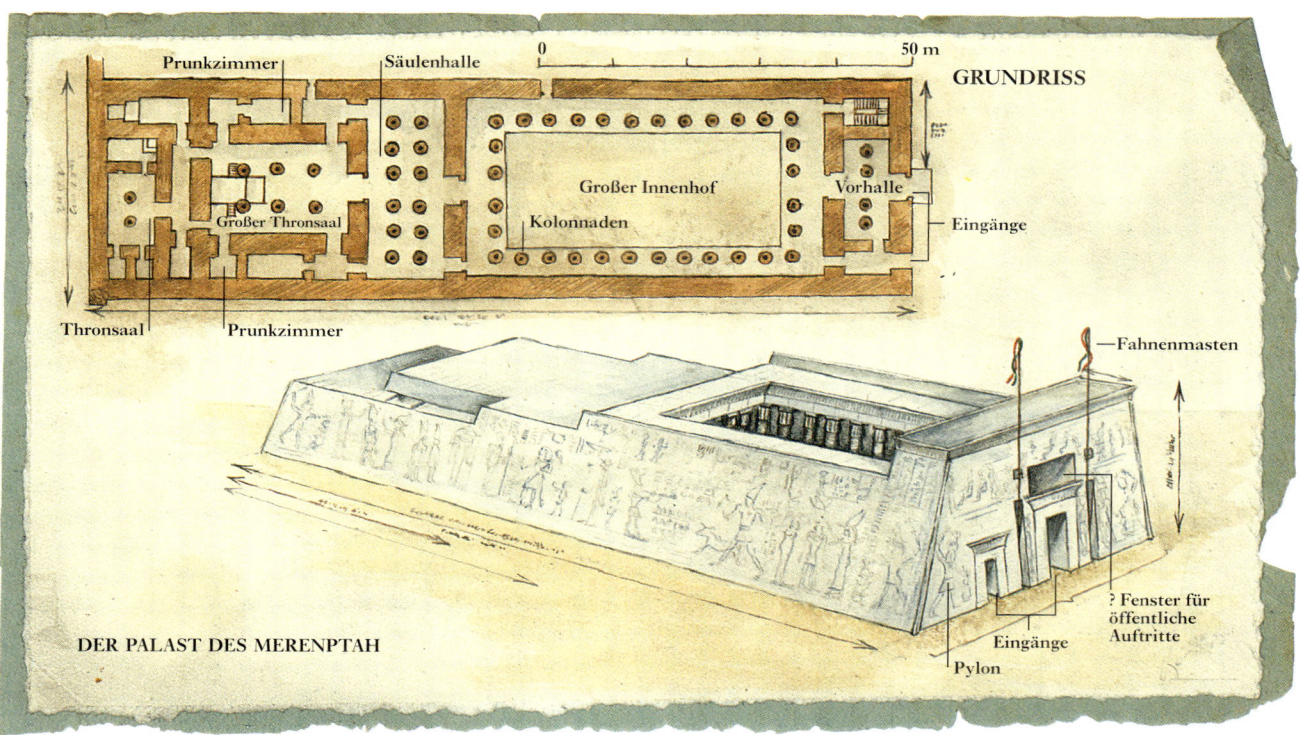

GRUNDRISS

Prunkzimmer   Säulenhalle   0   50 m

Großer Innenhof

Vorhalle

Großer Thronsaal   Kolonnaden

Eingänge

Thronsaal   Prunkzimmer

Fahnenmasten

DER PALAST DES MERENPTAH

? Fenster für
öffentliche
Auftritte

Eingänge

Pylon

von Grabungen und in den siebziger Jahren neuerlich erforscht) gab es ein Gemeinwesen, das sich um die thebanische Residenz von Amenhotep III. (ca. 1390–1353 v. Chr.) gebildet hatte. Die Ausgrabungen förderten mehrere große öffentliche Gebäude zutage, darunter vier mutmaßliche Paläste, Küchen, Lagerräume, Wohnbereiche und einen Amun-Tempel. Östlich der königlichen Residenz liegen die Reste eines künstlich angelegten Sees, heute als Birket Habu bekannt. Er dürfte um dieselbe Zeit entstanden sein wie die Paläste von Amenhotep III. und spielte vermutlich beim *Sed*-Fest, bei dem der dreißigste Jahrestag der Thronbesteigung eines Pharao begangen wurde, eine Rolle.

Von den Bauwerken des Königs in Achet-Aton, der Hauptstadt des „Ketzerpharao" Echnaton (siehe S. 128–129), ist der nördliche Palast am besten erhalten. Es handelt sich um einen großen Formalbau mit Wasserbecken, Gärten und einem Vogelhaus, am Nordrand der Stadt gelegen. Er scheint zuerst einer der Königinnen, wahrscheinlich sogar der berühmten Nofretete (siehe S. 88–89), gehört zu haben und war danach im Besitz von Prinzessin Meretaton, einer von Echnatons Töchtern. Wände und Fußböden dieser Residenz und des „Großen Palastes" im Stadtzentrum wurden mit bemerkenswerten Malereien ausgestaltet, von denen viele Nilszenen mit Vögeln und anderen Tieren zwischen Papyrusstauden und Palmen darstellten. Im Großen Palast waren die Umrandungen eines Wasserbeckens mit Darstellungen der „Neun Unterjochten", der traditionellen Feinde des Königs, bemalt. Echnaton konnte so auf ihnen herumtrampeln, wenn er um das Becken ging (siehe auch Randtext links).

Die meisten erhaltenen Königspaläste stammen aus dem Neuen Reich und danach, darunter auch die Zeremonialbauten der Ramessidenkönige in Piramesse und der Palast des Merenptah in Memphis (Grundriß und Rekonstruktionsvorschlag siehe oben). Der gut erhaltene Grundriß des Palastes (ganz oben) zeigt, daß der Palast von außen einem Tempel ähnelte. Manche Details, wie etwa die Lage des Fensters für öffentliche Auftritte, sind in dieser Zeichnung angenommen.

DAS LEBEN AN DER GRENZE
Einblicke in das Leben der Soldaten in den ägyptischen Garnisonen in Nubien bieten die „Papyri von Semna", Verwaltungsberichte, die der Garnisonskommandant zur Zeit von Amenemhet III. (ca. 1818–1772 v. Chr.) nach Theben sandte. Die Berichte (siehe Abb. unten) zeigen, daß die Soldaten in Nubien regelmäßig Überwachungs- und Aufklärungsarbeit in den Wüstengebieten leisteten. So heißt es, daß „die Patrouille, die am letzten Tag des dritten Monats im Frühling des dritten Jahres zur Überprüfung des Gebietes um die Festung Chesef-Medjau auszog, die Spuren von 32 Mann und drei Eseln meldete ..." Die Berichte spiegeln den grauen Alltag (und vielleicht den Verfolgungswahn) wider, der das Leben an der Grenze prägten.

Einer der Papyri von Semna (siehe Randtext oben). Sie wurden 1896 im thebanischen Grab eines Vorlesers und Priesters des Mittleren Reiches gefunden. Das Grab enthielt auch eine Kiste mit Papyri voller Beschwörungen, drei waren auf der Rückseite alter Militärberichte verfaßt.

FESTUNGEN

Die anfälligen Nord- und Südgrenzen Ägyptens wurden durch Garnisonsstädte überwacht. Dort lebten zwischen 20 und mehrere 100 Soldaten bis zu sechs Jahre lang. Für die Bemannung dieser Festungen war Ägypten sogar bereit, Nubier, Philister oder Libyer zu rekrutieren.

Ein besonders wichtiger Grenzabschnitt war Unternubien (Nordnubien). Während des Alten Reiches konnte Ägypten die Lagerstätten dieser Gegend problemlos ausbeuten. Im Mittleren Reich führte das Anwachsen der nubischen Macht zur Errichtung von mindestens 17 Festungen, vor allem während der Zeit von Sesostris I. bis Sesostris III. (ca. 1919–1818 v. Chr.). Sie sollten das königliche Monopol auf die lukrativen Handelsrouten wahren, die die Verbindung mit dem Afrika südlich der Sahara darstellten. Der Umfang der nubischen Festungen brachte Archäologen zu dem Schluß, daß sie Propagandamaßnahmen waren. Sie verfügten über Zinnen, Bollwerke, Gräben, dreifache Schießscharten und anderes, das an Burgen des europäischen Mittelalters denken läßt. Es gab zwei Festungstypen, die den beiden Hauptphasen der Kolonisierung Nubiens im Mittleren Reich entsprachen. „Festungen in der Ebene", wie etwa Buhen (siehe Kasten gegenüber) und Iken in der Nähe des II. Kataraktes (die größte von elf Festungen aus der Zeit Sesostris' III.), standen im flachen Land. Sie waren rechteckig, zweifellos eindrucksvoll, aber im Ernstfall schwierig zu verteidigen. Der zweite Typus war eher funktionell; er war im Grundriß unregelmäßig, weitläufig und konnte Belagerungen standhalten.

Nicht alle Festungen wurden nur militärisch genutzt. Iken hatte Getreidespeicher und eine Art Helling, über deren Lehmboden man Boote ziehen konnte, um den Stromschnellen auszuweichen. Askut, auf halbem Weg zwischen dem II. Katarakt und dem Katarakt bei Semna war der Hauptkornspeicher für alle Garnisonen in diesem Gebiet. Gold, das in Khor Ahmed Sherif abgebaut wurde, brachte man zur Verarbeitung nach Askut.

Im Neuen Reich (ca. 1539–1075 v. Chr.) wurden die Festungen mehr und mehr zu Städten, mit Tempeln außerhalb der Mauern. Ägypten hatte Nubien fest im Griff, und neue Städte mit schwachen Verteidigungsanlagen wurden südlich der alten Festungen gebaut.

Im nordöstlichen Delta, der zweiten anfälligen Region Ägyptens, ließ Amenemhet I. (ca. 1938–1909 v. Chr.) Festungen errichten, die „Fürstenmauer" (*Inbw Heka*) hießen und das Land vor Invasionen aus Palästina schützen sollten. Sechs Jahrhunderte später ließ Ramses II. dort seine Garnisonen bauen.

EINE NUBISCHE FESTUNG

Eine der größten und am besten gestalteten Festungen in Unternubien war Buhen am Westufer des Nils in der Nähe des II. Kataraktes, etwa 250 Kilometer stromaufwärts von Assuan. Die Festung war im Alten Reich als Zentrum der Organisation und Beaufsichtigung ägyptischer Bergbauexpeditionen gegründet worden. Später, während der 12. Dynastie (1938–1759 v. Chr.), wurden ehrfurchtgebietende Lehmziegelwälle um das Areal gebaut; so entstand aus der zivilen Ansiedlung eine Militärgarnison, von der aus das Gebiet nördlich des II. Kataraktes kontrolliert wurde.

Die westliche Außenmauer war 4 Meter stark und hatte fünf große Türme sowie einen massiven Mittelturm, der als Vorwerk diente. Dazu gehörten weiters zwei Scheineingänge, hölzerne Doppeltore und eine Zugbrücke. Die innere Festung mit regelmäßigem, rechteckigen Grundriß wurde durch große Türme an jeder Mauerecke und Bollwerke im Abstand von jeweils 5 Metern geschützt. Die Garnisonsstadt, die sich innerhalb der Innenmauern dieser Festung entwickelte, bestand aus mehreren regelmäßigen und rechteckigen Gebäudeblöcken, die durch einander kreuzende Straßen getrennt waren. Ein Block war die Residenz des Kommandanten, es gab auch einen Tempel. Im Neuen Reich wurde Buhen eher zu einer zivilen Niederlassung, da die Pharaonen der 18. Dynastie die Grenzen Ägyptens über den IV. Katarakt hinaus in den Süden vorschoben (siehe Karte S. 51).

Die Reste von Buhen wurden erstmals 1819 untersucht, zwischen 1957 und 1964 fanden dann die umfangreichsten Ausgrabungen vor der Errichtung des Assuan-Hochdammes statt. Wie alle nubischen Festungen sollte Buhen unter dem Wasser des Nasser-Sees verschwinden.

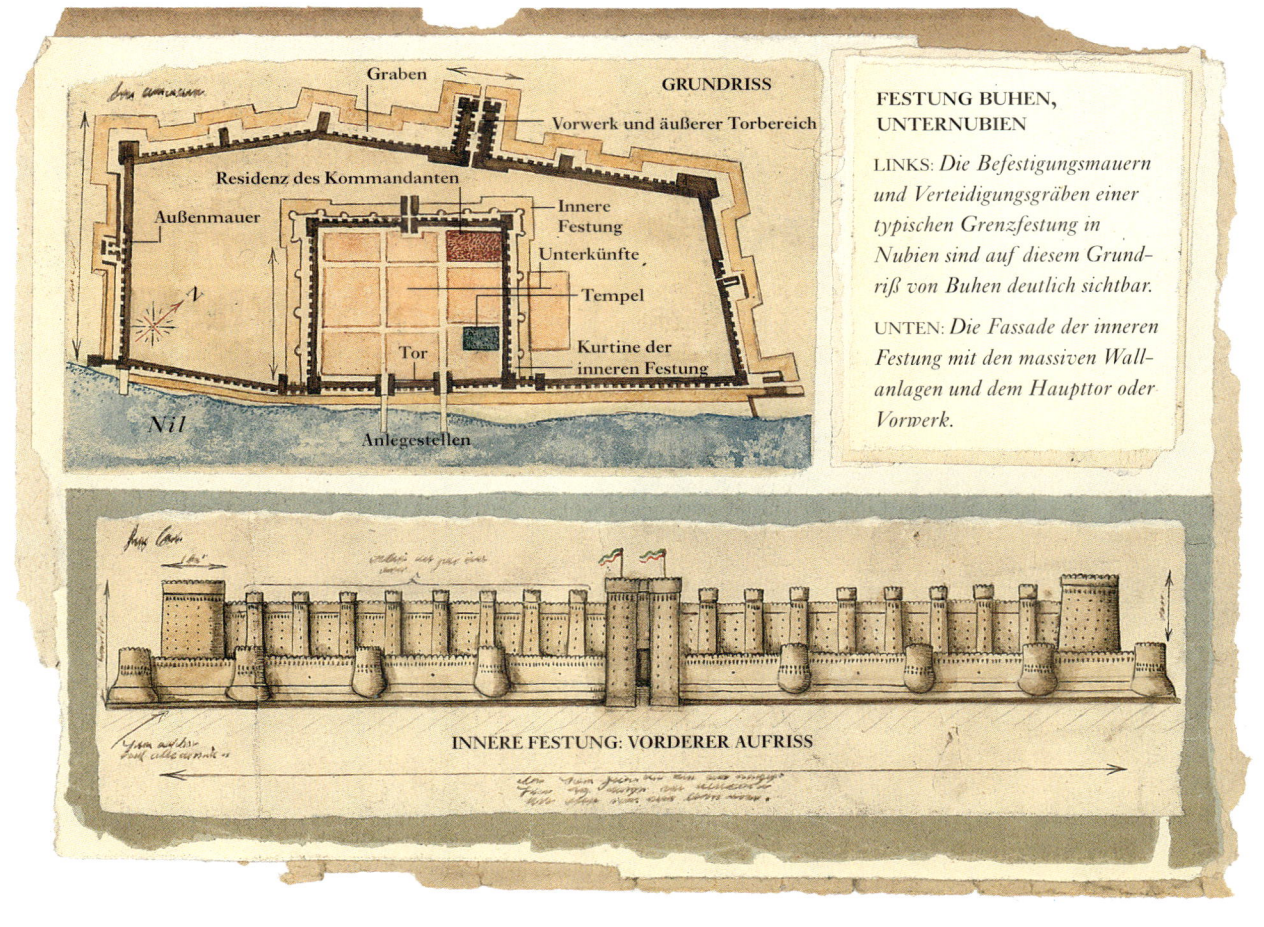

GRUNDRISS

Graben

Vorwerk und äußerer Torbereich

Residenz des Kommandanten

Außenmauer

Innere Festung

Unterkünfte

Tempel

Tor

Kurtine der inneren Festung

Nil

Anlegestellen

FESTUNG BUHEN, UNTERNUBIEN

LINKS: *Die Befestigungsmauern und Verteidigungsgräben einer typischen Grenzfestung in Nubien sind auf diesem Grundriß von Buhen deutlich sichtbar.*

UNTEN: *Die Fassade der inneren Festung mit den massiven Wallanlagen und dem Haupttor oder Vorwerk.*

INNERE FESTUNG: VORDERER AUFRISS

KAPITEL 6

FRAUEN IN ÄGYPTEN

Obgleich ihre gesellschaftliche Stellung in erster Linie durch Väter und Ehemänner bestimmt war, genossen die Frauen in der ägyptischen Gesellschaft mehr Ansehen als in vielen anderen Kulturen des Altertums. Sie waren vor dem Gesetz den Männern gleichgestellt und hatten als Frauen, Mütter oder Töchter des Königs oder eines hohen Beamten beträchtlichen Einfluß, auch wenn Ämter den Männern vorbehalten waren. Die Mutter eines minderjährigen Pharao konnte Regentin werden. Selten, wie im Fall von Hatschepsut, der Stiefmutter von Thutmosis III., übernahm eine Frau alle königlichen Machtfunktionen.

▲

OBEN: *Die Witwe (stehend, Mitte) betrauert mit einer Verwandten ihren Gatten, den Schreiber Hunefer, vor seiner Mumie und dem Gott Anubis. Aus dem Totenbuch des Hunefer, Theben, 19. Dynastie.*

RECHTS: *Paare der Oberschicht, umgeben von Dienerinnen, Tänzerinnen und Musikantinnen, aus dem Grab des Nebamun in Theben, um 1400 v. Chr. Auf dem Kopf tragen sie Wachskegel, die mit der Zeit schmelzen und Duft verbreiten.*

GESCHLECHT UND GESELLSCHAFT

Die Frauen bildeten in der ägyptischen Gesellschaft keine homogene Gruppe, da ihr Status von Vätern und Ehemännern abhing. Das hieß jedoch nicht, daß sie keine Rechte als Einzelpersonen hatten. In manchen anderen Gesellschaften des Altertums waren sie geringer als Männer und mußten vor Gericht einen Mann für sich sprechen lassen. Die Ägypterinnen hingegen waren vor dem Gesetz den Männern gleich und berechtigt, als Klägerin, Beklagte oder Zeugin allein vor Gericht zu erscheinen. Sie waren eigenverantwortlich und mußten über ihre Handlungen Rechenschaft ablegen.

Da sie selbst Eigentum besitzen oder pachten konnten, waren nicht alle von den Ehemännern abhängig. Bestimmte ein Testament nichts anderes, so erhielten alle Kinder gleiche Teile einer Erbschaft, Töchter und Ehefrauen konnten also Wohlstand ererben. Ein Papyrus aus dem Mittleren Reich, in Kahun (siehe S. 71) entdeckt, enthält das Testament des Priesters Wah, der Frau und Familie seinen Besitz vermacht: „Ich setze eine Über-

Königin Hatschepsut als Pharao.
Basrelief aus der Roten Kapelle des großen Amun-Tempels in Karnak, 18. Dynastie.

Königin Karomama, ,,Gottesgemahlin des Amun". Bronze mit Goldeinlegearbeit,
22. Dynastie, um 50 v. Chr. Louvre, Paris.

Eine hochgestellte Frau auf einem Begräbnisbankett für den königlichen Wesir Ramose, abgebildet in dessen Grab in Theben-West, um 1375 v. Chr. Die gesellschaftliche Stellung der Frau ergibt sich aus ihrer Aufmachung nach der höfischen Mode der Zeit: eine breite Halskette (wahrscheinlich aus Gold und Halbedelsteinen), Leinenkleidung, eine reich geflochtete Perücke und ein mit Lotosblüten verziertes Stirnband (vgl. Abb. S. 82).

tragungsurkunde für meine Frau auf … sie kann sie an alle Kinder weitergeben, die sie mir gebären wird, nach ihrem Gutdünken. Ich gebe ihr die drei Asiaten [Sklaven], die ich von meinem Bruder Anchreni erhalten habe … sie mag sie an jedes ihrer Kinder weitergeben, wie sie wünscht."

Die Frau hatte Kontrolle über ein Drittel des Vermögens, das sie gemeinsam mit dem Mann besaß, und konnte über ihr Eigentum frei verfügen. Eine Frau namens Naunachte, die zur Zeit der 20. Dynastie in Deir el-Medina (siehe S. 73) lebte, enterbte vier ihrer acht Kinder mit der Begründung, sie hätten sich im Alter nicht um sie gekümmert. Ihr Testament gibt ausdrücklich an, daß allen acht weiterhin das Erbe des Vaters zustand.

Frauen konnten Geschäfte machen, sie handelten oft mit Überschüssen aus dem eigenen Haushalt, wie Tuch und Gemüse. Wahs Testament zeigt, daß sie auch Sklaven besitzen und diese gegen Gebühr verleihen konnten.

Papyri und Denkmäler waren für die Oberschicht und sagen wenig über die Unterschichten aus. Bauersfrauen kümmerten sich um ihre Männer, zogen Kinder groß und arbeiteten auf dem Acker. Für die Oberschicht arbeiteten sie auch als Dienerinnen, Musikantinnen und Tänzerinnen.

DIE BILDUNG DER FRAU

Das Ausmaß der Bildung, die Ägypterinnen – wenn überhaupt – genossen, ist umstritten. Die einzigen, denen formelle Bildung zuteil wurde, waren die Männer der Oberschicht, die Beamte werden sollten und daher als Knaben Lesen und Schreiben lernten. Frauen waren von Regierungsämtern ausgeschlossen, so daß Bildung für sie nicht wichtig war. Es sind auch keine Texte für eine weibliche Leserschaft überliefert. Vielleicht lernten Mädchen von ihren Vätern oder Brüdern das Lesen und Schreiben und gaben diese Fertigkeit dann an ihre Töchter weiter. Es gibt kurze Nachrichten von Frauen an ihre Freundinnen, die aus der Hand der Frauen selbst stammen. Ansonsten mußte einem Verwandten oder Schreiber diktiert und der Empfängerin vorgelesen werden – die mündliche Übermittlung solcher kurzer Nachrichten war also einfacher.

ROLLEN UND DARSTELLUNGEN

Eine Frau umarmt bei einem Bankett ihren Mann. Aus dem Grab des Ramose, Theben-West (vgl. Abb. S. 81). Einem Ägypter, der dieses Bild betrachtete, war klar, daß das Paar nebeneinander saß. Die Konventionen der ägyptischen Kunst verlangten allerdings, daß die Gestalten so dargestellt werden, daß keine verdeckt wird. Der Ehemann ist in der prominenteren Position plaziert, was die dominante Rolle der Männer aus der Oberschicht widerspiegelt.

Die bemalte Kalksteinfigur einer Bierbrauerin aus dem Grab des Meresanch in Gizeh. Die Frau wird barbrüstig, mit Perücke und Perlenkette dargestellt; sie knetet befeuchteten Gerstenteig durch ein Sieb in einen großen Topf mit Schnabel, wo er im Wasser gären wird. Altes Reich, Ende der 5. Dynastie (um 2350 v. Chr.).

In der ägyptischen Gesellschaft spielten Männer und Frauen sehr unterschiedliche Rollen, die sich nur selten überschnitten. Die Männer der Oberschicht bekleideten Posten im Beamtentum und verwalteten das Land. Die Frauen der Oberschicht waren von Beamtenposten ausgeschlossen und in ihrem Heim aktiv. Sie erzogen die Kinder, führten den Haushalt und überwachten die Dienstboten. Im allgemeinen hatten die Männer als Gehaltsempfänger bessere Möglichkeiten, Reichtum zu erwerben. Dieser wirtschaftliche Unterschied zeigt sich in der größeren Zahl von Monumenten – Grabkapellen, Statuen, Stelen usw. –, die von Männern errichtet wurden. Frauen ließen sich selten die teuerste Form des Monuments, eine reich geschmückte Grabkapelle, bauen. Diese waren meist hochrangigen Beamten vorbehalten, vermutlich als Belohnung für gute Dienste.

Die verschiedenen Rollen von Männern und Frauen der Oberschicht spiegelten sich auch in der Bildsprache der ägyptischen Kunst wider. Die Menschen werden nicht als Individuen gezeigt, sondern bestimmten Idealen angepaßt. Bei Frauen ist es die jugendliche Schönheit mit starken betonten Hüften und Brüsten, Hinweisen auf die Gebärfähigkeit. Die Schwangerschaft selbst und die fülligere Gestalt älterer Frauen, die bereits Kinder geboren hatten, wurden selten dargestellt. Die Darstellung reifer Frauen wurde wahrscheinlich vermieden, weil sie nicht mehr gebärfähig waren. So bestehen kaum Unterschiede zwischen den Darstellungen der Frau und der Mutter eines Mannes. Bei Männern hatte Reife eine andere

Bedeutung. Die Ideale waren der Mann in der Blüte seiner Jahre und die beleibte Gestalt mit Fettwülsten. Letztere stand für den erfolgreichen Beamten, der junge Untergebene für die tatsächliche Arbeit hatte und von seinem Gehalt gut lebte (siehe Abb. S. 33).

Paare werden sowohl in der zweidimensionalen wie auch in der dreidimensionalen Kunst häufig dargestellt. Oft legt die Frau dem Ehemann den Arm um Schulter oder Hüfte (siehe Abb. gegenüber und S. 84), in den Statuen des Neuen Reiches wird diese Geste häufig erwidert. Die Gesellschaft im Alten Ägypten war zwar männlich dominiert, aber Frauen aus der Oberschicht sind oft neben ihren Ehemännern oder Söhnen dargestellt und als wichtig für die Gesellschaft anerkannt.

Die Rollen von Männern und Frauen der anderen Schichten und die Arbeitsteilung, die zwischen ihnen herrschte, ist weniger klar. Grabmäler zeigen die Arbeit in den großen Haushalten und auf den Landgütern der Oberschicht, wo die Frauen aus den ärmeren Kreisen Hausarbeit verrichten, Getreide mahlen, Brot backen und Bier brauen. Manchmal werden Frauen auch bei der Feldarbeit, wie etwa beim Sammeln von Ähren, dargestellt. Der Großteil der Arbeiten im Freien wird jedoch auf diesen Bildern von Männern verrichtet. Es ist nicht ganz sicher, ob dies der tatsächlichen Arbeitsteilung oder dem Ideal der Oberschicht entsprach, die sich vorstellte, daß Frauen im Haus und Männer im Freien arbeiten sollten.

EHE UND SCHEIDUNG

Die Ehe dürfte als natürliche Form des Zusammenlebens zwischen Erwachsenen betrachtet worden sein, wir wissen allerdings wenig über die Art und Weise, in der die Wahl der Lebenspartner getroffen wurde. Die meisten Ehen waren monogam, gelegentlich gibt es auch Hinweise, daß Männer (die nicht aus königlicher Familie waren) mehrere Frauen hatten. Es gab keine formelle Eheschließungszeremonie, Mann und Frau waren verheiratet, wenn sie einen gemeinsamen Haushalt bezogen. Scheidungen waren nicht selten, sie wurden durch die Trennung vollzogen. Eine Wiederverheiratung war danach für Mann und Frau möglich. Als Scheidungsgründe galten vermutlich Kinderlosigkeit und Ehebruch seitens der Frau. Bei Ehebruch konnte das Recht der Frau auf Vermögen, das sie sonst bei einer Scheidung erhalten hätte, verfallen. Tatsächlich wurde Ehebruch von der Gemeinschaft sehr ernst genommen, und Affären mit verheirateten Frauen waren verpönt. Der Grund dafür war, daß Männer ihr Vermögen an ihre Kinder weitergaben und sich der rechtmäßigen Abstammung ihrer Erben sicher sein wollten. Die Mutterschaft wurde freilich nie angezweifelt.

Faszinierend ist der Brief einer Frau, die zur Zeit der 20. Dynastie in Deir el-Medina lebte: Sie erzählt von der Empörung der Gemeinde über einen verheirateten Mann, der acht Monate lang ein Verhältnis mit einer anderen Frau hatte, ohne sich scheiden zu lassen. Ein Regierungsbeamter konnte gerade noch verhindern, daß der Ehemann auf Abwegen und seine Geliebte von der aufgebrachten Menge, die auf Seiten der Ehefrau stand, verprügelt wurden; er machte jedoch klar, daß der Mann die Sache auf die eine oder andere Weise lösen müsse. Der Brief zeigt, daß Ehe und Scheidung zwar nicht staatlich geregelt, aber von großer Bedeutung für die Gemeinschaft waren. Gesellschaftlicher Druck sorgte dafür, daß bestimmte Verhaltensnormen in der Beziehung zwischen Mann und Frau eingehalten wurden.

KINDER
Konnte ein Ehepaar keine Kinder haben, so endete die Ehe wahrscheinlich mit Scheidung. Es gibt allerdings auch Hinweise auf Adoptionen.

Die Kindersterblichkeit war hoch, in den ersten fünf Lebensjahren war die Gefahr am größten. Je länger das Kind lebte, desto besser waren die Aussichten, das Erwachsenenalter zu erreichen. So wurden Kinder langsam in die Gesellschaft aufgenommen und erst mit der Pubertät vollwertige Mitglieder.

Der Zwerg Seneb, seine Frau Senetites und ihre Kinder: bemalte Kalksteinstatue aus der Zeit um 2475 v. Chr. Der Knabe und das Mädchen sind typisch ägyptische Kinderdarstellungen, nackt, mit einem Finger am Mund. Der Künstler positionierte sie einfühlsam dort, wo bei anderen Statuen die Beine des Sitzenden wären, um vom Größenunterschied abzulenken.

DIE FAMILIE

Die Bedeutung der Familie als Keimzelle der Gesellschaft zeigt sich klar in den zahlreichen Monumenten, in denen Paare mit ihren Nachkommen abgebildet werden. Kinder sorgten im Alter für ihre Eltern und waren für Begräbnisse und Grabkult verantwortlich. In den Familien der Schreiber aus der Oberschicht, von denen wir am meisten wissen, war die Frau für die Führung des Haushaltes zuständig, der Mann arbeitete außer Haus. Das spiegelte sich auch in der Bezeichnung „Herrin des Hauses" wider. In größeren Haushalten überwachte sie die Arbeit der Bediensteten, in kleineren arbeiteten die weiblichen Familienangehörigen vermutlich selbst: Sie mahlten Korn, buken Brot, bereiteten das Essen zu und hatten auch mit Spinnen und Weben von Stoffen zu tun.

Die Bedeutung der Frau für die Sicherung der Nachkommenschaft zeigt sich darin, daß Gesundheit und Hygiene ein besonderes Anliegen waren. Zahlreiche Papyri beschäftigen sich mit dem Wohlergehen von Frauen und Kindern, sie behandeln Themen wie Unfruchtbarkeit, Empfängnis, Schwangerschaft, Fehlgeburt, Kindesgeburt, Milchversorgung, Pflege von Neugeborenen. Es gab Tests zur Feststellung von Fruchtbarkeit und Schwangerschaft sowie der Überlebenschancen von Neugeborenen. Die Ägypter waren sich der Probleme von Unfruchtbarkeit, Gefahren der Geburt für Mutter und Kind und Kleinkindersterblichkeit wohl bewußt. Die Frauen brachten Kinder in hockender oder kniender Stellung zur Welt, auf zwei Blöcke gestützt, mit Hilfe von zwei oder mehr Hebammen; eine hielt die Gebärende vorne, die andere brachte das Kind zur Welt.

In den überlieferten Texten ist nur wenig von der Menstruation die Rede, obwohl Wäschelisten des Neuen Reiches auf eine Art Monatsbinde hindeuten. In einer umstrittenen Passage der aus dem Mittleren Reich stammenden *Satire vom Handwerk* (in der alle Berufe mit Ausnahme des Schreibers in Mißkredit gebracht werden) heißt es, der Wäscher sei nicht zu beneiden, da er doch „die Kleider menstruierender Frauen reinigen" müsse.

Die Ägypter glaubten, Krankheit und Unglück würden von bösen Geistern und feindseligen Verstorbenen ausgelöst und die Gesundheit könne durch Schutz vor diesen Mächten erhalten werden. Ein Gegenmittel war die Anrufung einer Gottheit, indem man einen Zauberspruch über dem Heilmittel hersagte. Zu den „Medikamenten" gehörten Gebräue, die man trank oder einrieb, Vaginaltampons oder Amulette der zuständigen Gottheiten, die man um den Hals trug (siehe auch S. 96–97).

In Privathäusern gab es einen Bereich, der der Götterverehrung vorbehalten war. Diese beinhaltete die Hausgottheiten Bes

FRUCHTBARKEITSSTATUETTEN

Wie wichtig den Ägyptern des Altertums die weibliche Fruchtbarkeit war, zeigt sich in den zahlreichen Abbildern nackter Frauen, die in ganz Ägypten gefunden wurden. Es sind Figuren aus Ton, Fayence, Holz oder Stein, meist mit einer Halskette und einem Hüftgürtel, die Schamgegend ist stark betont. Manchmal werden sie liegend und mit einem Kind dargestellt. Die Bilder dienten der Götterverehrung zu Hause und standen auf dem Hausaltar. Sie sollten Empfängnis und komplikationslose Geburt sichern und der Familie den Weiterbestand garantieren.

Fruchtbarkeitsstatuetten wurden an den Hathor-Heiligtümern dargebracht; diese Göttin war für Sexualität, Fruchtbarkeit und Kindesgeburt zuständig. Wir wissen nicht, warum diese Statuetten geopfert wurden und ob es Männer oder Frauen waren, die sie darbrachten, doch auch ohne Texte kann man annehmen, daß der Wunsch nach Kindern oder der Dank für eine sichere Geburt als Motiv dahinterstanden.

Diese Fruchtbarkeitsstatuette aus Fayence ist eine nackte Frau mit prächtigem Schmuck – dazu gehört auch ein Hüftgürtel –, Tätowierungen oder Körperbemalungen. Mittleres Reich, unbekannte Herkunft.

Ähnliche Statuetten wurden auch in Gräbern gefunden. Da man annahm, daß die Toten die Situation der Lebenden beeinflußten, dürften manche so die Toten um ihre Hilfe gebeten haben. Eine Statuette, zu der auch eine Kinderfigur gehört, trägt die Inschrift: „Möge deiner Tochter Seh die Geburt eines Kindes gewährt sein."

Andere Statuetten könnten Grabbeigaben gewesen sein. Die Figuren wurden früher von den Gelehrten als „Konkubinen der Toten" bezeichnet, die den (männlichen) Verstorbenen im Grab sexuelle Befriedigung verschaffen sollten. Sie wurden aber gleichermaßen in Gräbern von Frauen und Männern, Erwachsenen und Kindern gefunden, daher gelten sie heute als eine Art von Fruchtbarkeitsstatuette. Für die Ägypter war der Tod ja ein Übertritt in ein neues Leben und wurde als eine Form der Wiedergeburt gesehen. Die Statuetten, die ursprünglich Empfängnis und Geburt im Diesseits fördern sollten, verhalfen so den Toten im Jenseits zur Wiedergeburt ins nächste Leben.

und Taweret und stand in unmittelbarem Zusammenhang mit der Bitte um Fortbestand der Familie durch die Fruchtbarkeit ihrer Frauen. Bes und Taweret wachten über Empfängnis, Schwangerschaft und komplikationslose Geburt, sie hielten böse Geister und Tote fern. Oft werden sie mit wildem Gesichtsausdruck und Messern oder mit den Hieroglyphen für „Schutz" oder „Leben" dargestellt. Ihre Bilder findet man auf Haushaltsgegenständen, wie Stühlen, Betten und Tiegeln. Ihre Amulette wurden vermutlich von Frauen zum Schutz in der Schwangerschaft und in den Wehen getragen. In den Häusern stellten Wandbilder Geburten und Mütter mit neugeborenen Kindern dar.

Nischen für Stelen und Büsten der verstorbenen Angehörigen gab es ebenfalls. Es galt, die Geister der Toten zu ehren und ihnen zu opfern, weil sie positiven oder negativen Einfluß auf die Lebenden haben konnten (siehe S. 152–153).

Drei Halsketten aus der 18. Dynastie aus verschiedenen Amuletten. Die äußerste Kette besteht aus kleinen Figuren der Göttin Taweret und wurde zum Schutz vor Gefahren bei Schwangerschaft und Geburt getragen.

FRAUEN UND RELIGION

VOTIVSTELEN
Vom Mittleren Reich an stellte die Oberschicht in den Tempelbezirken Votivstatuen und Stelen auf. Sie sollten den Stifter auf ewig mit der jeweiligen Gottheit verbinden.

Frauen gaben selten Statuen in Auftrag, Stelen wurden von Männern und Frauen gleichermaßen aufgestellt; meist zeigen sie Stifter oder Stifterin beim Opfer oder bei der Verehrung der Gottheit. Obwohl Votivstelen Göttern ebenso gewidmet werden durften wie Göttinnen, geht aus Funden hervor, daß Frauen Göttinnen bevorzugten.

Im Alten Reich, in der Ersten Zwischenzeit und zu Anfang des Mittleren Reiches wurden viele Frauen aus der Oberschicht Priesterinnen der Göttin Hathor, einige traten auch in den Dienst anderer Götterkulte. Im Neuen Reich war die gesamte Priesterschaft männlich, mit Ausnahme jener königlichen Frau, die die Position der „Gottesgemahlin des Amun" in Theben einnahm. Viele Frauen aus der Oberschicht dieser Zeit trugen den Titel einer Musikantin zu Ehren einer Gottheit und begleiteten die Tempelrituale musikalisch. Sie werden oft mit einer heiligen Rassel (dem Sistrum) abgebildet, mit der sie rhythmisch ihren Gesang untermalten. Szenen aus einem Tempelgebäude der Königin Hatschepsut in Karnak zeigen sistrenspielende Frauen in der Musikantengruppe, die die heilige Barke des Amun auf der Prozession vom Tempel in Karnak nach Luxor und zurück begleiteten (siehe S. 159). Leiterin war eine Frau von hohem gesellschaftlichem Ansehen, die den Titel „Oberste der Musikantengruppe" trug.

Die Rituale in den im Inneren der Tempel verborgenen und für die Öffentlichkeit unzugänglichen Heiligtümern hatten wenig mit individueller Religionsausübung zu tun. Männer und Frauen besuchten jedoch die Außenbereiche der Tempel, um dort zu beten und den Göttern Votivgaben darzubringen. Viele solche Gaben wurden in den Schreinen der Göttin Hathor in Deir el-Bahari entdeckt. Es gibt nur wenige Hinweise auf die Identität der Stifter, auf manchen Gaben finden sich jedoch Bilder der opfernden Frauen. Da Hathor die Göttin von Sexualität, Fruchtbarkeit, Schwangerschaft und Geburt war, hatte sie natürlich besonderes Gewicht für die Frauen; zweifellos waren es meist Frauen, die Geschenke und Wünsche zu ihr brachten. In Bruchstücken ist die Statue eines Mannes aus

Das Priesteramt war im Neuen Reich fast ausschließlich Männern vorbehalten, Frauen durften an religiösen Riten teilnehmen. Hier trauert eine Witwe vor dem aufrecht stehenden Sarg ihres verstorbenen Mannes und dem Gott Anubis; eine weitere Frauengruppe, Familienmitglieder oder bezahlte Klageweiber, beweinen den Verlust. Aus dem Totenbuch des königlichen Schreibers Ani; 19. Dynastie, um 1125 v. Chr.

DIE GOTTESGEMAHLIN DES AMUN

In der Zeit der 25. und 26. Dynastie war eine der wichtigsten Positionen im Amun-Tempel von Karnak in Theben-Ost (siehe S. 208–209) jene der „Gottesgemahlin des Amun". Diese Funktion wurde meist von einer Tochter des Königs bekleidet, welche unverheiratet blieb und ihre Nachfolgerin adoptierte. Obgleich die Einzelheiten der Rolle unbekannt sind, die diese Prinzessin spielte, gehörte es sicherlich zu ihren Aufgaben, rituelle Handlungen zu vollziehen, so etwa die heilige Rassel (Sistrum) zu spielen, um die Gottheit zur ewigen Neuschöpfung und zur Erhaltung der existierenden Welt anzuregen.

Die Position der Gottesgemahlin gab es vom Anfang des Neuen Reiches an. Damals verlieh König Ahmose seiner Gemahlin Ahmose Nefertari diesen Titel und stattete das Amt mit materiellen Zuwendungen aus. Königin Hatschepsut war eine spätere prominente Gottesgemahlin, bevor sie selbst die Pharaonenwürde übernahm (siehe S. 89),

und sie könnte in diesem Zusammenhang die Autorität ihres früheren Amtes genützt haben. Nach ihrem Tod verlor die Position der Gottesgemahlin auf mehrere Jahrhunderte an Bedeutung.

In verschiedenen Kapellen des Tempelbezirkes wird die Gottesgemahlin in Szenen, die vor der 25. und 26. Dynastie nur den König zeigten, im gleichen Rang wie der König dargestellt. Sie konnte die Gottheiten direkt anbeten, Opfer darbringen, und die Götter umarmen, krönen und säugen sie. Die enge Beziehung zwischen ihr und ihrem göttlichen Partner Amun geht deutlich aus einer kleinen Fayencestatuette hervor, die im Tempel gefunden wurde. Sie stellt Amenirdis I. auf dem Schoß des Gottes dar, seine Arme halten sie umschlossen.

Diese Bronzestatuette mit aufwendiger Einlegearbeit stellt vermutlich eine Gottesgemahlin der Dritten Zwischenzeit dar, eine Vorgängerin der mächtigen Gottesgemahlinnen der 25. und 26. Dynastie.

Deir el-Bahari erhalten, der als Gegenleistung für Opfergaben Interventionen bei der Göttin verspricht, damit der Frau „Glück und ein guter [oder vielleicht potenter] Ehemann" zuteil werden (siehe auch S. 85).

Die Frauen spielten auch bei Begräbnissen eine wichtige Rolle. In Darstellungen von Prozessionen zum Grab werden die Ehefrau des Verstorbenen und Gruppen anderer Frauen in Trauer um den Toten gezeigt. Tränenüberstömt, mit entblößter Brust und zerrauftem Haar beweinen sie sein Dahinscheiden. Zwei Frauen an den Enden der Bahre spielten die Rollen der Göttinnen Isis und Nephthys, die den ermordeten Bruder Osiris betrauern (siehe S. 134–135). Die Prozessionen zu den Gräbern verstorbener Frauen sind seltener abgebildet, wir wissen aber aus Ausgrabungen von Grabstätten, daß Frauen ähnliche, wenn auch weniger aufwendige Grabbeigaben hatten wie Männer des gleichen Standes und daß sie dasselbe Leben nach dem Tod erwarteten.

Frauen nahmen auch am Totenkult teil. Ausgeführt wurde dieser im Idealfall vom ältesten Sohn des Toten, aber es gibt Darstellungen auf Grabstelen, die auch die weiblichen Familienmitglieder und ihren Anteil am Kult zeigen. Sie werden üblicherweise beim Verbrennen von Weihrauch, bei Trankopfern und anderen Opferhandlungen dargestellt.

*Die berühmte bemalte Büste der Königin
Nofretete, die in Achet-Aton in der Werk-
statt eines Bildhauers namens Thutmosis
gefunden wurde. Dargestellt ist eine auffal-
lend schöne Frau mit einzigartiger blauer
Krone, mit der sie hie und da auch anderswo
dargestellt wird. Die Königin dürfte den
Status einer Mitregentin gehabt haben.
Manche Wissenschafter glauben, der Pharao
Nefernefruaton, dessen Existenz ungesichert
ist und der vielleicht kurz nach dem Tod des
Echnaton herrschte, sei Nofretete gewesen.
Die Büste ist unvollendet und könnte der
Lehrlingsausbildung gedient haben.*

KÖNIGLICHE FRAUEN

Wie die Königswürde war die Würde der Königin, verkörpert durch die
Mutter und die Hauptfrau des Königs, göttlich. Die beiden trugen dieselben Insignien, hatten dieselben Titel und traten in bildlichen Darstellungen in denselben Szenen auf, weil sie eine Rolle teilten. Im ägyptischen
Glauben erneuerte sich die Sonne, indem sie jeden Abend die Himmelsgöttin schwängerte und jeden Morgen neu aus ihr geboren wurde, die Göttin war also Gefährtin und Mutter zugleich. Der König war die irdische
Erscheinungsform des Sonnengottes, die Rolle der Himmelsgöttin teilten
sich Mutter und Hauptfrau. Der göttliche Aspekt ihrer Rolle zeigte sich in
den Insignien.

Es ist nicht bekannt, wie die Könige ihre Hauptfrauen auswählten.
Manche waren die Schwestern der Könige, manche waren nicht von
königlichem Geblüt. Man dachte früher, daß die Könige ihre Schwestern
heirateten, weil das Recht auf den Thron in der weiblichen Linie vererbt
wurde. Das hätte aber eine ununterbrochene Linie von Thronerbinnen
erfordert, und diese existierte nicht. Es ist eher anzunehmen, daß die
Könige, die ihre Schwestern ehelichten, die göttliche Komponente ihrer
Existenz betonen wollten, weil solche Eheschließungen unter normalen
Sterblichen nicht vorkamen. Damit hoben sie sich von ihren Untertanen ab.

Die erhalten gebliebenen Zeugnisse sagen wenig über die Persönlichkei-
ten der Königinnen aus. Von manchen nimmt man an, daß sie von besonderer Bedeutung waren, weil eine große Menge von Material überliefert

*Königin Nefertari (rechts), die erste Haupt-
frau von Ramses II., bringt der Göttin
Hathor in einer Szene aus ihrem Grabmal
im Tal der Königinnen Opfergaben dar.
Abgesehen von dem großartigen Grab baute
Ramses II. seiner Frau auch den kleineren
Tempel in Abu Simbel in Unternubien
(siehe S. 204). Sie opfert dort auf Bildern
verschiedenen Göttern, in einer Szene erhält
sie selbst als Göttin Gaben.*

HATSCHEPSUT, DER WEIBLICHE PHARAO

Wenige königliche Frauen wurden Pharaonen: Eine von ihnen war Hatschepsut, die Tochter von Thutmosis I. und Hauptfrau ihres Halbbruders Thutmosis II. Hatschepsut schenkte Thutmosis II. eine Tochter, ihre Söhne überlebten das Kindesalter nicht. Als Thutmosis II. jung starb, ging die Königswürde an den Sohn einer Nebenfrau. Thutmosis III. war jedoch zu jung, um allein zu regieren, so daß Hatschepsut Regentin wurde. Irgendwann zwischen dem zweiten und siebenten Regierungsjahr von Thutmosis nahm sie dann selbst die Königswürde an. Sie wurde zuerst in Frauenkleidern dargestellt, später aber in der traditionellen Ausstattung des Königs. Um ihren Anspruch auf den Thron zu legitimieren, berief sie sich auf Texte, in denen ihr Vater sie angeblich bereits zu seinen Lebzeiten zu seiner Erbin gemacht hatte.

Hatschepsut (1490–1470 v. Chr.); Porträt aus dem Totentempel in Deir el-Bahari, Theben-West (siehe S. 8 und 211). Sie wird als Gott Osiris dargestellt, mit dem alle Könige nach dem Tod gleichgesetzt wurden.

Thutmosis III. wurde von Hatschepsut nicht abgelöst, er regierte neben ihr. Die Zeit war eine Periode des Wohlstands für Ägypten. Hatschepsut gelang es, zahlreiche Bauvorhaben sowie wichtige Handelsexpeditionen und Feldzüge durchzusetzen.

Im 22. Jahr seiner Thronbesteigung regierte Thutmosis dann alleine, vermutlich war Hatschepsut inzwischen gestorben. Gegen Ende seiner 54 Jahre dauernden Regierungszeit führte Thutmosis eine Kampagne gegen die Bauwerke der Hatschepsut und ließ diese teilweise vernichten, offenbar, um die Erinnerung an ihre Königszeit auszulöschen. Man nahm früher an, daß das Motiv für diese Handlungen schlicht und einfach Haß war. Mittlerweile denkt man, daß die Ägypter es für unnatürlich hielten, eine Frau zum König zu haben. Gegen Ende seiner Regierungszeit wollte Thutmosis vielleicht verhindern, daß ihm eine weitere Monarchin nachfolgte. Wesentlich scheint in diesem Zusammenhang, daß ihr Name und ihr Abbild auf jenen Bauwerken, die sie lediglich als königliche Gefährtin von Thutmosis II. zeigten, unversehrt blieben.

---

ist. Am besten bekannt sind Nofretete, die Gefährtin des „Ketzerkönigs" Echnaton (ca. 1353–1335 v. Chr., siehe S. 128–129), und Nefertari, die erste Hauptfrau von Ramses II. Keine andere Königin konnte den Bekanntheitsgrad der Nofretete übertreffen oder wurde öfter auf den Bauwerken des Pharao dargestellt als sie. Echnaton, der die Anbetung der traditionellen Götter aufgab und den Aton-Kult förderte (die Verehrung der Sonnenscheibe), baute seinem Gott mehrere Tempel (siehe S. 203). Nofretete ist dort überall zu finden, sie begleitet in den Darstellungen ihren Gemahl stets bei den Ritualen oder vollzieht diese sogar allein. Das berühmteste Porträt, das wir von ihr kennen, ist die bemalte Büste, nun in Berlin (siehe Abb. gegenüber), die in der Werkstatt eines Bildhauers in Echnatons Hauptstadt Achet-Aton entdeckt wurde.

Als Ramses II. seiner göttlichen Person den großen Tempel in Abu Simbel bauen ließ, errichtete er in dessen Nähe einen kleineren Tempel, der der Göttin Hathor und Königin Nefertari geweiht war. Heute ist Nefertari vor allem wegen der farbenprächtigen Malereien in ihrem Grab im Tal der Königinnen in Theben-West bekannt (siehe Abb. gegenüber).

DER HAREM

Die meisten Ägypter waren monogam, aber die Könige praktizierten die Polygamie. Wichtige königliche Ehefrauen hatten eigene Häuser und Bedienstete, andere lebten in einem von mehreren Harems in ganz Ägypten, die von Beamten verwaltet wurden. Viele von ihnen dürften aus der Oberschicht gewesen sein, andere wiederum ausländische Prinzessinnen, deren Ehen auf Bündnispolitik zurückgingen. Ein Dokument aus der Zeit von Ramses III. erzählt von einer vereitelten Verschwörung im Harem, angestiftet von Tij, die durch die Ermordung des Ramses ihren Sohn an die Macht bringen wollte.

Die „Weisheit Ägyptens" beflügelt seit der Antike die Phantasie der westlichen Welt, und der Gedanke, daß die Ägypter Wissen auf praktischen und esoterischen Gebieten über alles in der Welt schätzten, ist keineswegs übertrieben. In der *Lehre des Amenemope* – einem Lebensratgeber, der das biblische Buch der Sprüche beeinflußte – heißt die Weisheit „ein Schatzhaus für's Leben" und schafft „ein Leben des Wohlergehens auf Erden".

▲

OBEN: *Detail einer Statue aus der Spätzeit der 4. oder der Frühzeit der 5. Dynastie aus Sakkara. Der Grabeigentümer ist Schreiber, Hängebrüste und Fettwülste sind Merkmale des Berufs und werden in der ägyptischen Bildhauerkunst üblicherweise so dargestellt.*

● KAPITEL 7

DIE GRENZEN DES WISSENS

DIE WEITERGABE DES WISSENS

Im Alten Ägypten waren Lesen und Schreiben der Schlüssel zu einer breiten Palette des Wissens. Der des Lesens und Schreibens kundige „Weise" leistete zahlreiche Dienste für die Gemeinschaft, vom religiösen Ritual bis zur Literaturrezitation, von der Medizin zum Zauber und zum Unterricht. Die Oberschicht konnte lesen und schreiben, doch selbst zur Hochblüte des Landes stellte sie nur etwa ein bis zwei Prozent der Gesamtbevölkerung dar. Der Beamte wurde als Schreiber dargestellt. Wohlgenährt, elegant gekleidet und von körperlicher Arbeit befreit, führte er nur die Aufzeichnungen über die Arbeit anderer. Seine Werkzeuge, Schreibpalette und Papyrusrolle, symbolisierten die Autorität des Wissens, und die amtlichen Register waren Instrumente politischer und wirtschaftlicher Macht.

Kulturelles Wissen, ebenfalls schriftlich überliefert, brachte eine andere Form der Macht. Die Literatur wurde geschätzt, weil sie Menschen beeinflußte und dem Autor dauerhaften Ruhm verlieh. Schreiben war prestigeträchtig, weil das Geschriebene die Zeiten überdauerte. Medizinische Verfahren, Rituale und Zaubersprüche bezogen ihre Autorität aus der Tatsache, daß man sie einem Gott oder König der Frühzeit zuschrieb und sie über lange Zeit ihre Wirkung nicht verfehlt hatten.

Die Tempel waren der Hort der Gelehrsamkeit; dort gab es Abteilungen, die „Haus des Lebens" genannt wurden, mit großen Bibliotheken, wo Gelehrte Handschriften kopierten. Auch der Königspalast und die Ministerien waren Zentren des Wissens.

Die Erziehung sollte das Kind auf den Eintritt in die Beamtenschaft vorbereiten. Manche Kinder aus der Oberschicht wurden im Palast mit den Söhnen des Königs erzogen. Ausbildung erhielt man daheim, im Idealfall vom eigenen Vater, oder in Schulen, die Tempeln oder Ämtern gehörten. Im Neuen Reich gab es den ersten „Schulbuchtext", eine Sammlung von Musterphrasen für Briefe, Grabtexte und Lebensläufe aus früheren Manuskripten: *Das Buch Kemit*. Schüler übten Lesen und Schrei-

Der ibisköpfige Thot hält die Macht des Lebens in Händen; aus dem Totenbuch des Schreibers Hunefer (um 1285 v. Chr.). Als Gott des Schreibens war Thot der Schutzherr der Schreiber und auch die Gottheit, die dem Schreiben seine magische und rituelle Kraft verlieh. Als Schreiber der Götter zeichnete er die Rechtfertigungen der Toten beim „Wägen des Herzens" in der Unterwelt auf (siehe S. 137).

ben der hieratischen Schrift durch mechanisches Lernen, indem sie *Das Buch Kemit* und andere Werke der klassischen Literatur abschrieben – Texte, die sie oft nicht verstanden. Hieroglyphen waren etwas für Fortgeschrittene. Ein Text vergleicht das Lernen mit dem Zureiten eines Pferdes, da das Tier durch Disziplinierung und Schläge lernt, bis es seine Aufgabe versteht: „Das Ohr des Knaben ist nun auf seinem Rücken, und er hört auf die Schläge, die er erhält." Das Wort für „Lehren" ist etymologisch mit dem Wort für „Strafe" verwandt.

Hatte der Schüler einmal eine gute Handschrift entwickelt, ging es ans Abschreiben und Verfassen von Verwaltungstexten und Literatur – Musterbriefe, Verwaltungsberichte und Variationen über literarische Standardthemen, wie den Wert einer Schreiberausbildung oder ein Lob auf den Lehrer. Diese Übungen absolvierte der Schüler als Schreiberlehrling, als Assistent eines Berufsschreibers. So entwickelte er das Lesen und Schreiben weiter, während er als Sekretär auch praktisch ausgebildet wurde. Der Zugang zu Bildung stand nicht jedem offen; nur die Söhne von Schreibern konnten erwarten, selbst ausgebildet zu werden.

DIE ERFINDUNG DES WISSENS

Der ägyptische Denker, ob er als Theologe Gott definierte oder als Mediziner Verletzungen und Behandlungen erörterte, präsentierte sein Wissen im amtlichen Stil einer Liste, nicht durch abstrakte Darlegung. Der Versuch, alles aufzulisten, ist für die ägyptische Gelehrsamkeit charakteristisch. *Das Onomastikon des Amenemope*, ein Schultext für Fortgeschrittene, gibt das ausgezeichnet wieder:

„Beginn der Lehre zur Weckung des Geistes, zur Unterweisung des Unwissenden und zum Wissen all dessen, was es gibt; was Ptah geschaffen und Thot geschrieben hat; den Himmel mit allen Sternbildern [?]; die Erde und was sich darauf befindet; was die Berge ausgespien haben; was das Wasser überflutet; alles, auf das Ra scheint; alles, was auf der Erde wächst, was der Schreiber des Gottesbuches im Haus des Lebens, Amenemope, Sohn des Amenemope, ersonnen hat …"

Auf diese Einleitung folgt eine thematisch geordnete Liste von Wörtern; aus dem Alten Ägypten ist uns nichts erhalten, was einem Wörterbuch oder einer Enzyklopädie näher käme. Als Wörterliste diente es dem Schüler zum schriftlichen Einüben des Wortschatzes.

DAS ORDNUNGSPRINZIP
Das ägyptische Bild von der eigenen Topographie ist von Ordnung beherrscht: Die Nilüberschwemmung ist nie dargestellt, nur die den Ordnungsprinzipien unterworfene Landschaft danach. Inschriften auf einem Pavillon aus dem Mittleren Reich, aus der Zeit von Sesostris I. (12. Dynastie), in Karnak bilden einen geographischen Wegweiser durch Ägypten. Das Land ist gemäß der natürlichen Teilung auf der Nord- und Südfassade des Bauwerks dargestellt. Die Provinzen, ihre Maße, Götter und Hauptstädte sind aufgelistet. Diese Texte scheinen politisch motiviert zu sein, die Beschreibung der Regionen im Detail erleichtert der Zentralregierung ihre Lenkung, aber der Pavillon ist auch als Modell Ägyptens im Sinne von Götterwohnsitz zu verstehen. „Geographische Texte" aus den Tempeln der Spätzeit definieren das Land ähnlich. Die Nomoi werden aufgezählt, ihre heiligen Bäume, ihre Feste, ihre Tabus und sogar ihre Schlangen sind dargestellt.

DIE WELT DER NATUR

Für die Ägypter lag ihr Land im Herzen des Kosmos und war eine lebende Einheit mit dem Nil im Zentrum. Der Himmel wurde manchmal als Göttin Nut personifiziert, von der Erde, ihrem Gemahl Geb, getrennt (siehe S. 116–117). Das reiche „schwarze Land" Ägyptens zu verlassen hieß, das gefährliche „rote Land" der Wüste zu betreten. Im Niltal herrschte eine natürliche Ordnung der Elemente, die aufgelistet werden konnten, der Platz der Ägypter in der Welt war definiert.

Das ägyptische Weltbild bewegt sich bruchlos zwischen Physikalischem und Biologischem, Greifbarem und Metaphorischem, Meßbarem und Mythologischem. Himmel und Erde funktionierten nach einem Tages-, Monats- und Jahreszyklus von Geburt, Wachsen und Sterben, und der biologische Zyklus zieht sich wie ein roter Faden durch das ägyptische Weltbild. Die Pyramidentempel der 5. und 6. Dynastie zeigen detailliert die Lebenszyklen von Pflanzen und Tieren. Später ließ Thutmosis III. exotische Pflanzen und Tiere, vermutlich von Expeditionen mitgebracht, in Karnak auf Reliefs abbilden.

Aus der Geographie gibt es nicht sehr viele Aufzeichnungen. Das wichtigste Dokument ist eine Karte der Goldminen im Wadi Hammamat aus der Zeit Ramses' V. (siehe S. 64); sie ist zwar nicht detailgetreu, aber eine gute Skizze einer Expeditionsroute. Vergleichbar sind Kartenskizzen des Wegs in die Unterwelt auf Sargböden aus dem Mittleren Reich (siehe S. 136). Wegbeschreibungen im Ausland – Listen von Städten, die besucht oder erobert wurden – sind in Inschriften auf königlichen Bauwerken des Neuen Reiches üblich.

Ein astronomisches Deckenbild aus dem Grab Sethos' I. (ca. 1290–1279 v. Chr.) im Tal der Könige, Theben-West. Die Sternbilder und Unterteilungen des Himmels sind als Gottheiten dargestellt.

Genaues praktisches Wissen über den Himmel und die Bewegungen der Sterne und Planeten beweisen in halbmythologischer Form Deckenbilder in Gräbern und Sargdeckel. Decken im Grab von Senmut, aus der Zeit der Hatschepsut, und im Grab von Sethos I. im Tal der Könige stellen die großen Sternbilder als mythologische Gestalten dar. Die Mondzyklen und die Bewegungen der Sterne mit den Jahreszeiten wurden von den Tempeldächern aus genau beobachtet und bildeten die Grundlage für den Kalender (siehe Kasten) und wiederkehrende religiöse Feiertage. Die wichtigste dieser Beobachtungen war das Wiedererscheinen des Sirius (bei den Ägyptern Sopdet genannt) als Morgenstern Mitte Juli, nachdem er mehrere Monate nicht zu sehen gewesen war, beim Einsetzen der jährlichen Nilüberschwemmung. Dieses Zusammentreffen von Naturerscheinungen kennzeichnete das ägyptische neue Jahr (siehe S. 116–117).

DER ÄGYPTISCHE KALENDER

Das ägyptische Jahr war in zwölf Monate geteilt, von denen jeder 30 Tage lang war. Jeder Monat war in drei Wochen zu zehn Tagen oder „Dekaden" gegliedert. In astronomischen Texten ist der Nachthimmel in 36 Dekanate geteilt, entsprechend den Sternenkonstellationen zu bestimmten Nachtstunden; jedes entsprach einer Dekade (Woche) im Grundkalender. Die Monate wurden zu drei Jahreszeiten zusammengefaßt: *akhet* („Überschwemmung") von Mitte Juli bis Mitte November, *peret* („Werden" oder „Winter"), der Zeit des Wachstums von Mitte November bis Mitte März, und *schemu* („Ernte" oder wörtlich vielleicht „Niedrigwasser"), der Zeit der Getreideernte zwischen Mitte März und Mitte Juli.

Das ägyptische Jahr hatte durch Hinzufügung von fünf Tagen nach *schemu*-Ende 365 Tage. Sie galten als die Geburtstage der Götter Osiris, Seth, Isis, Nephthys und Horus und waren Tage schlechter Vorzeichen. Das Viertel eines Tages pro Jahr war noch immer nicht erfaßt, so daß dem Kalender alle vier Jahre ein Tag auf den natürlichen Jahreskreis fehlte. Das Aufgehen des Sirius fiel nur alle 1460 Jahre tatsächlich auf den kalendarischen Neujahrstag – im Jahr 139 v. Chr. ist dieses Ereignis festgehalten. Auch der 30-Tage-Monat stimmte nicht mit dem natürli-

chen Mondzyklus überein. Viele Feiertage wurden nach den Beobachtungen des Mondzyklus festgelegt und nicht nach dem bürgerlichen Kalender.

Der Tag war in 24 Stunden geteilt, 12 Stunden Tag, 12 Stunden Nacht. Als Zeitmesser verwendete man Wasseruhren in Form einer markierten Schüssel, aus der langsam durch ein Loch Wasser tropfte.

OBEN: *Die Göttin Isis, deren Geburtstag auf einen der fünf Schalttage am Ende des ägyptischen Jahres fiel. Aus dem Grab der Prinzessin Thuja, Theben-West, um 1375 v. Chr.*
LINKS: *Bronzestatuette der sternengekrönten Göttin Sopdet oder Sothis, der Personifizierung des Sirius. Spätzeit, nach 600 v. Chr.*

MATHEMATIK

Unser Wissen über die ägyptische Mathematik stammt aus wenigen Papyri, die Schulbücher für fortgeschrittene Schreiberlehrlinge waren. Es ist nicht klar, wie weit verbreitet eine ernstzunehmende mathematische Ausbildung war; grundlegende Buchhaltungsprinzipien – Berechnungen von Ernteertrag im Verhältnis zur Fläche, Nahrungsmittelverbrauch oder Arbeits- und Materialaufwand für Großprojekte und den Betrieb der Tempel – gehörten sicher zur Verwaltung.

Das Dezimalsystem in Hieroglyphen kennt Symbole für die Ziffern 1, 10, 100, 1 000 und 10 000 (siehe Kasten gegenüber), aber keines für die Null. Zahlen wurden als Mehrfaches der Ziffernsymbole geschrieben.

Alle Rechenverfahren dürften auf den Prinzipien von Addition und Subtraktion basiert haben. Multiplikationen bestanden in einer entsprechenden Folge von Additionen, bei Divisionen wurden Subtraktionen ausgeführt, bis ein unteilbarer Rest blieb. Multiplikationstabellen gab es nicht, obwohl Multiplikationen mit und Divisionen durch 10 eine einfache routinemäßige Rechenoperation war.

Bei Brüchen zählte man Stammbrüche zusammen oder zog ab. Mit Ausnahme von $\frac{2}{3}$ und – äußerst selten – $\frac{3}{4}$ verwendeten die Ägypter keine Vielfachen von Brüchen, nur Stammbrüche. So wurde zum Beispiel $\frac{1}{5}$ als $r5$ wiedergegeben, „der fünfte Teil", oder $\frac{1}{6}$ als $r6$, „der sechste Teil". Was die moderne Mathematik als $\frac{11}{30}$ schriebe, war bei den Ägyptern $r5$ $r6$, das heißt $\frac{1}{5} + \frac{1}{6}$.

Eine Seite mit Berechnungen aus dem Papyrus Rhind, dem berühmtesten mathematischen Text Ägyptens. Darin geht es vor allem um die Volumsberechnung eines Kornspeichers. Es gibt auch eine Tabelle zur Teilung einer Kornmenge in Bruchteile und eine Formel zur Flächenberechnung durch Quadrierung des Kreises. 15. Dynastie, um 1550 v. Chr.

Die erhaltenen mathematischen Papyri enthalten nur Berechnungen für praktische Anwendungen – Methoden zur Berechnung der Flächen und Rauminhalte verschiedenster Formen, einschließlich Dreiecke und Zylinder. (Das bedeutet nicht, daß die Ägypter keine abstrakten Zahlenbegriffe kannten, es gibt dafür nur keinen gesicherten Nachweis.) Ein Ägypter berechnete etwa, wie lange eine bestimmte Anzahl Männer brauchen würde, um eine Ziegelrampe zu bauen, weil er die Überwachung eines Bautrupps für Rampen übernehmen sollte. In einem Text wird der Armeeschreiber Amenemope aufgefordert, die Zahl der Männer zu berechnen, die gebraucht würden, um einen Obelisken bestimmter Größe aus dem Steinbruch zu holen oder einen Koloß aufzustellen, die Rationen für die Mannschaft beim Graben eines Sees zu berechnen und Vorräte für einen Feldzug nach Syrien vorzubereiten.

In den Papyri geht es immer wieder um Formeln und Quotienten für den konkreten Fall. Ein Quotient mit der Bezeichnung *pesu* war das Maß dafür, wieviel Brot oder Bier man aus einer Einheit Korn machen konnte. Der Begriff *seked* definierte den Böschungswinkel einer Pyramide als Verhältnis zwischen seitlicher Verschiebung und Steigung. Es gab eine Formel zur Berechnung der Kreisfläche: Durchmesser minus ⅑, das Ergebnis wurde quadriert. Ein runder Kornspeicher mit einem Durchmesser von neun Ellen hatte daher eine Grundfläche von 64 Quadratellen (richtig wären 63,64 Quadratellen).

Anders als die Griechen waren die Ägypter nicht interessiert, mathematische Formeln durch Proben zu beweisen, trotzdem sind sie Meister im Umgang mit Zahlen. Für das angewandte Rechnungswesen – die Messung von Waren, Flächen und Rauminhalten – waren kleine Fehler und Abweichungen kein Problem. Es ist sogar durchaus typisch, daß Papyri über verderbliche Waren kleine Rechenfehler aufwiesen. Es gab gegenüber der tatsächlichen Summe der Teile immer einen kleinen Schwund zugunsten des Buchführers.

In diesem Relief aus dem Grab des Ti in Sakkara aus der Zeit der 5. Dynastie inspizieren Herr Ti und seine Frau die Erzeugnisse seines Grundbesitzes. In den beiden unteren Reihen führen seine Schreiber Buch.

DIE ÄGYPTISCHEN ZAHLEN

1	8	40	362	10 000	½
2	10	100	1 000	100 000	⅓
4	24	200	4 281	1,000 000[1]	⅙

[1] Bedeutet auch: „Weiter kann ich nicht zählen!"

MASSE UND GEWICHTE
Das ägyptische Basislängenmaß war die „königliche Elle", die etwa 50 cm entsprach und aus sieben „Handbreiten" (7,5 cm) bestand, welche wiederum in vier „Fingerbreiten" (1,9 cm) unterteilt war. (Die Standardelle, basierend auf der Entfernung zwischen Ellenbogen und Fingerspitzen, war sechs Handbreiten lang.) 100 Ellen ergaben die Einheit *khet*. Das Standardflächenmaß hieß *setjet* (Griechisch als *aroura* bezeichnet), bestehend aus 100 Quadratellen (etwas mehr als 0,25 Hektar).

Als Hohlmaße für Getreide gab es *hekat* (etwas mehr als fünf Liter), bestehend aus zehn *hin*, vierfache *hekat* oder *oipe(t)* sowie den *khar* oder Sack zu vier *oipe(t)*, das waren 80 Liter. Das Flüssigkeitsmaß hieß ebenfalls *hin* (ca. 0,5 Liter). Das Standardgewicht war *deben* (0,9 Kilogramm), unterteilt in zehn *qite* oder zwölf *schat*.

MEDIZIN

Die Medizin war ein Teil der höheren Ausbildung für Schreiber. Die ägyptischen Ärzte erfreuten sich höchsten gesellschaftlichen Ansehens und hatten in der gesamten Welt des Altertums einen hervorragenden Ruf. Medizinisches Wissen wurde mit rituellem Wissen gleichgesetzt. Daß dem Arzt spezielle Rituale oblagen, hieß aber noch nicht, daß das Hersagen von Sprüchen wichtiger war als die therapeutische Praxis.

Medizinische Papyri aus einer Tradition, die bis ins Mittlere Reich zurückgeht, waren Lehr- und Nachschlagewerke. Zum Beispiel werden im chirurgischen Papyrus Edwin Smith, das im Mittleren Reich oder etwas später entstand, Fälle beschrieben sowie Symptome und Befunde aufgezählt. Am Ende stehen Diagnose, Prognose – heilbar, behandelbar oder nicht behandelbar – und allenfalls geeignete Behandlung.

Die meisten medizinischen Texte bestehen aus Verschreibungen – Rezepten für alle möglichen Krankheiten. Die moderne Bewertung ihrer Wirksamkeit ist schwierig, da man weder die Leiden noch die zur Heilung verwendeten Wirkstoffe identifizieren kann. Manche Inhaltsstoffe scheinen eher auf die Magie des Placeboeffektes zu bauen als auf Pharmakologie. Es ist aber unbestritten, daß hier Medizin auf wissenschaftlicher Grundlage praktiziert wurde.

Zwei medizinische Papyri (Ebers und Berlin) enthalten einen Bericht über die Verbindung der Körperteile durch „Gefäße", was auf Venen, Arterien, Ein- und Ausleitungen, Muskeln und Sehnen angewendet wurde. Das Herz lag in der Mitte, die Gefäße galten als die Wege, über die Luft, Blut, andere Flüssigkeiten und Krankheiten befördert wurden. Die

Ein Votivtuch für die Göttin Hathor aus ihrem Heiligtum in Deir el-Bahari, Theben-West. Diese Tücher wurden meist von Frauen als Opfer dargebracht und standen vermutlich mit Hathors Rolle als Göttin der Fruchtbarkeit in Zusammenhang.

Papyri zeugen auch von praktischen Kenntnissen vom Aufbau des Körpers, der Organe und ihrer Funktionen; es gibt allerdings keine Hinweise für ein systematisches Studium der Anatomie. Unbewiesen ist auch, daß sich die Medizin auf Wissen aus Mumifizierung oder Fleischerhandwerk stützte. Innere Chirurgie gab es nicht, es fehlte die praktische Motivation.

Für den modernen Betrachter mag der Einsatz von „Magie" in direktem Zusammenhang mit den Grenzen anderer Behandlungen stehen. Sprüche gegen Schlangen und zur Vorbeugung, Heilung oder Linderung von Schlangenbissen sind weit verbreitet. Ein Papyrus listet alle Schlangen Ägyptens auf, analysiert die Bisse, beschreibt den weiteren Verlauf und enthält detaillierte Rezepte und Behandlungen, die den Zauber auf ein Minimum beschränken.

Gynäkologie und Geburtshilfe waren besonders wichtig. Für Empfängnis, Schwangerschaft, Kindesgeburt und Versorgung des Neugeborenen war jedoch göttliche Hilfe nützlicher als menschliche. Die einschlägigen Papyri enthalten praktische Behandlungen für gynäkologische Probleme, enthalten aber auch Zaubersprüche und Beschwörungsformeln bei Geburt, für Schutz der Babys und ausreichende Milchversorgung wie auch gegen Kinderkrankheiten. Gottheiten wie Isis und Hathor wurden um Hilfe für Empfängnis und komplikationslose Schwangerschaft angerufen.

Vergoldete und bemalte Schutzstatuette der Skorpionsgöttin Selqet aus dem Grab des Tuntanchamun (um 1332–1322 v. Chr.). Skorpione waren in Ägypten eine verbreitete Gefahr und die Anrufung der Selqet gehörte zu den vielen Möglichkeiten, um sie vom Menschen fernzuhalten oder die Folgen ihres Bisses zu heilen.

DIAGNOSE UND HEILUNG

Der chirurgische Papyrus Edwin Smith enthält eine systematische Analyse von Verletzungen und ihrer Behandlung. Nach den Verletzungen wurde einst geschlossen, daß es sich um die Arbeit eines Feldschers handelte, heute schreibt die Wissenschaft den Papyrus einem Arzt bei einem Pyramidenbautrupp zu. So dürfte es sich bei den Wunden um die Folgen von Unfällen auf der Baustelle handeln. So ist „ein Mann mit einer bis zum Knochen reichenden Wunde über dem Auge" wie folgt zu behandeln: „Man sondiert die Wunde und zieht den Riß mit einem Stich zusammen [?] und man sagt: ‚… Eine Verletzung, die ich behandeln will.' Nach dem Nähen [?], bandagiert man die Wunde am ersten Tag mit frischem Fleisch. Halten die Stiche nicht [?], so verbindet man mit Bandagen und tränkt sie bis zur Besserung jeden Tag mit Öl und Honig."

Nicht alles war heilbar, wie der nach einem Schädelbruch teilweise Gelähmte zeigt: „Wenn … man entdeckt, daß hinter dem Bruch des Schädels Schwellungen auftreten und das Auge dort, wo der Schlag den Schädel getroffen hat, sich kaum öffnet, und der Mann den Fuß auf der Seite, wo der Schlag den Schädel getroffen hat, nachzieht, so diagnostiziert man, daß er von dem getroffen wurde, was von außen eindringt … Eine Verletzung, nicht zu behandeln." Die Passage „was von außen eindringt" wird erklärt: „Es ist der Atem Gottes oder des Todes."

TECHNIK

Holzmodell einer Weberei aus dem Grab des Meketre in Theben-West, 11. Dynastie, um 2000 v. Chr. Unser Wissen stammt zum Teil aus Darstellungen in Gräbern, großteils jedoch aus archäologischen Funden. Schriftliche Überlieferungen oder praktische Anleitungen für Lehrlinge sind nicht erhalten und haben vermutlich nie existiert.

Der Nil war ein wichtiger Verkehrsweg (siehe S. 14–15), und es überrascht daher nicht, daß die ägyptischen Schiffsbauer berühmt waren. Diese königliche Barke von einer Wandmalerei in einem Grab der 18. Dynastie in Theben-West, zeigt Bug und Heck in der für Nilschiffe typischen, geschwungenen Form.

In der Technik der Pharaonenzeit fehlten Maschinen und komplexe Werkzeuge völlig. Man arbeitete mit einfachen handwerklichen Methoden, langsam, geduldig und äußerst genau.

Der mangelnde technische Fortschritt ist dem niedrigen Stand der Technik in der Metallverarbeitung zuzuschreiben. Kupfer und Bronze waren äußerst teure Waren. Eisen trat in Ägypten, als ausländischer Import, erst nach dem Neuen Reich auf. Anstelle von bewußt hergestellter Bronze herrschten natürliche Kupferlegierungen oder durch Bearbeitung gehärtetes Kupfer vor. Das begrenzte die praktische Anwendung von Metallen für Schneide- und Arbeitswerkzeuge. Feuerstein blieb während der gesamten Pharaonenzeit das Material für Klingen vieler alltäglicher Werkzeuge.

In Holzbearbeitung, Schnitzkunst (für Luxusmöbel) und im Schiffsbau erreichte man bereits früh hohes Niveau. Der Gipfel der Metallbearbeitung war die Herstellung von Goldschmuck (Grabszenen aus dem Alten Reich stellen Zwerge als Goldschmiede dar). Halbedelsteine wie Türkis, Lapislazuli, Karneol und Amethyst wurden für Einlegearbeiten verwendet. Echtes Glas erfreute sich nur kurz während des Neuen Reiches einer gewissen Beliebtheit, vermutlich unter ausländischem Einfluß; Glasuren waren jedoch immer wichtig. Die ägyptische Fayence für Ziergegenstände bestand aus künstlicher Porzellanmasse mit blauer oder grüner Glasur.

Im Alten Reich wurden Grabgefäße, Sarkophage und Reliefs aus Stein hergestellt. Metallwerkzeuge, mit denen man Stein schneiden konnte, gab es nicht, so daß man Steine abschlug und abschliff. Besondere Feinarbeiten

wurden mit Kupfermeißeln und Rundbohrern ausgeführt, sonst wurde mit harten Steinen und Poliersteinen gearbeitet und Sand als Schleifmittel verwendet.

Stein als Baumaterial wurde in Steinbrüchen ohne Schneidewerkzeuge oder Maschinen gebrochen und bearbeitet. In den Steinbrüchen wurden an den gewünschten Stellen mit harten Steinschlegeln Rinnen um die Blöcke geschlagen. Dann wurden Holzkeile eingesetzt und befeuchtet, so daß sie den Stein vom Felsen abspalteten. Jede Technik basierte auf Arbeitskraft, nicht Maschinerie. Steinblöcke wurden auf Schlitten transportiert, da es keine Hebevorrichtungen gab, wurden Baurampen verwendet. Radunterstützter Transport bewährte sich unter ägyptischen Bedingungen nicht und wurde vor Einführung des Streitwagens im Neuen Reich von außerhalb vermutlich kaum angewendet. Gute Vorrichtungen zum Wasserschöpfen sind erst seit der Zeit der Ptolemäer bekannt, sogar das einfache Schadúf (siehe S. 10) gab es erst ab dem Neuen Reich. Die landwirtschaftliche Technik war durch die hohen Metallkosten eingeschränkt, was die Entwicklung von Geräten zum Pflügen und Ernten behinderte.

HANDWERKER IN DER GESELLSCHAFT

Die meisten handwerklich hergestellten Gegenstände waren für die Oberschicht oder für Staat und Tempel gedacht, die sich lange Ausbildungszeiten und arbeitsintensive Verfahren leisten konnten. Die teuerste Produktion, die von Statuen und Goldarbeiten, war überhaupt Sache der Palast- oder Tempelwerkstätten. Die besten Handwerker wurden von Kindheit an wie die Kinder hoher Beamter im Palast ausgebildet. Diese Handwerkermeister konnten sehr hohen sozialen Status erreichen. In beschränktem Maß bildeten die Handwerker, die für Oberschicht und Tempel arbeiteten, eine kleine Mittelschicht, besser bezahlt und versorgt als die Bauern.

„DIE SATIRE VOM HANDWERK"

Ein berühmter Text aus der Zeit des Mittleren Reiches heißt *Die Satire vom Handwerk;* sie sollte bei den Schreiberlehrlingen das Ansehen ihres Berufs heben. Indem sie die Mängel der Handwerke hervorhebt, enthüllt die Satire faszinierende Details. Hier ein Auszug:

„[Der Schreiber] ist [bloß] ein Kind, [aber] man begegnet ihm mit Respekt.
Er wird zu [offiziellen] Missionen abgeordnet, und ehe er zurückkehrt, kleidet er sich in Roben.
Ich habe nie einen Bildhauer als [offiziellen] Gesandten gesehen, noch einen Goldschmied.
Ich habe einen Kupferschmied bei der Arbeit beobachtet, an seinem Ofen stehend.
Seine Finger sind wie die Krallen eines Krokodils, und er stinkt ärger als Fischrogen.
Jeder Zimmermann, der das Breitbeil hält, ist müder als der Landarbeiter auf dem Felde.
Sein Feld ist der Wald, seine Haue ist die Axt.
Seine Arbeit ist nie getan, und er tut mehr, als seine Arme vertragen können [...].

Der Schmuckmacher bohrt vorsichtig den harten Stein an.
Er stellt die Einlegearbeit an einem Auge fertig, dann sind seine Arme erschöpft, und er ist müde.
Er sitzt bei Sonnenuntergang da, und seine Knie und sein Rücken sind verkrampft [...].
Der Töpfer ist in der Erde, auch wenn er unter den Lebenden weilt.
Er wühlt ärger als ein Schwein im Schlamm, um seine Töpfe zu brennen.
Seine Kleider sind steif vor Dreck, sein Lendentuch ist zerfetzt.
Er atmet geradewegs die Luft aus seinem Brennofen.
Er tritt [den Ton] mit Füßen und wird davon erdrückt."

Dieser goldene Kopf einer Falkenstatue aus Hierakonpolis („Falkenstadt", siehe S. 69) ist feinste ägyptische Metallverarbeitungskunst. Die Augen sind aus einem einzigen Stab Obsidian, an beiden Enden gerundet und poliert. 6. Dynastie, um 2350 v. Chr.

TRAUMDEUTUNG

Das folgende Verzeichnis von Traumbildern stammt aus dem Papyrus Chester Beatty III aus der Ramessidenzeit (ca. 1292–1075 v. Chr.):

„Sieht sich ein Mann selbst im Traum, wie er mit [eigener] Hand einen Ochsen schlachtet, dann ist es gut: es bedeutet, einen Gegner zu töten.

Krokodil[fleisch] zu essen, ist gut: es bedeutet, als Beamter unter den Menschen zu handeln.

Im Fluß unterzutauchen, ist gut: es bedeutet Reinigung von allem Übel.

Einen alten Mann zu begraben, ist gut: es bedeutet Aufblühen.

Stein im Haus bearbeiten, ist gut: es bedeutet, einen festen Standort zu haben.

Das Gesicht im Spiegel sehen, ist schlecht: es bedeutet eine andere Frau.

Mit weißen Sandalen bekleidet sein, ist schlecht: es bedeutet ziellos auf der Erde zu wandern.

Einer Frau beizuschlafen, ist schlecht: es bedeutet Trauer.

Von einem Hund gebissen zu werden, ist schlecht: es bedeutet, vom Zauber getroffen zu werden.

Wenn das Bett Feuer fängt, ist schlecht: es bedeutet, daß einem die Frau davonläuft."

Ein Skarabäus aus Glasfluß, Symbol der aufgehenden Sonne, von Leben und Wiedergeburt, ist das Herzstück dieses Amuletts aus der griechisch-römischen Zeit.

MAGIE

In der ägyptische Magie ging es um die Anwendung metaphysischen Wissens zu praktischen und religiösen Zwecken. Man betrachtete sie als göttliche Schöpfung zum Wohle der Menschheit. Als Gottheit Heka personifiziert, war die Magie eine Erscheinungsform des direkten Kontaktes zwischen göttlicher und irdischer Welt. Magisches Wissen fiel in dieselbe Kategorie der höheren Gelehrsamkeit wie Rituale, Mythen, Medizin und Literatur. In der Praxis ließen sich Magier nicht von denen unterscheiden, die Rituale vollzogen oder ärztlich tätig waren. Die Magie war einfach eine Form des Wissens, die als Hilfsmittel in der Beziehung zur physischen und göttlichen Welt diente.

Bei den magischen Ritualen, die am einfachsten zu verstehen sind, ging es um die Abwehr von Feinden durch Verfluchungen (siehe S. 144–145). Dazu kam die Vernichtung von Wachs- oder Tonfiguren. Rituale zur Überwindung oder Abwehr des kosmischen Feindes Apep oder Apophis, der ausländischen und politischen Feinde von König und Land und von Privatpersonen, die einem übelwollten, waren einander ähnlich. Eine griechisch-ägyptische Zauberformel ruft böse Götter und Dämonen an, die Menschen in Alpträumen erscheinen sollen. Die Magie konnte jedoch auch guten Zwecken dienen. Ein Liebestrank konnte ähnlich wie eine medizinische Verschreibung mit Beschwörungsformel verabreicht werden. In den Rezepten befanden sich wahrscheinlich Inhaltsstoffe, deren Macht sich aus dem Prinzip des Sympathiezaubers oder aus Wortspielen mit Namen ableitete. Wörter und Namen galten als besonders wirksam, ebenso Wortverbindungen oder die Assoziation von Begriffen auf metaphorischer oder symbolischer Ebene (siehe S. 240–241).

Die wichtigste magische Technik bestand darin, die Hilfe der göttlichen Mächte nicht so sehr zu erbitten als zu erzwingen. In den Zaubersprüchen wurde der Magier oder das Ziel des Zaubers mit einer Gottheit gleichgesetzt, um die Kraft des Gottes zu erhalten; der Zauberer konnte der Gottheit auch drohen, wenn die Forderungen nicht erfüllt würden. Die Zukunft konnte durch Befragung der Kultstatue eines Gottes oder durch Traumdeutung vorausgesagt werden. Kalender mit Glücks- und Unglückstagen bestimmten das Verhalten der Menschen, zu den Empfehlungen kamen mythologische Erklärungen. Aus der Pharaonenzeit gibt es wenig Beweise für Astrologie oder andere Weissagungen. Träume waren Bindeglieder zwischen den Göttern und den Menschen, in denen sich die Götter offenbarten. Die Praxis der „Inkubation", des Tempelschlafes, während dessen die Götter Prophezeiungen sandten, ist erst aus der Spätzeit bekannt, geht jedoch auf einen früheren Brauch zurück.

Magischen Schutz gewährten Amulette für Tote und Lebende, die das

Schicksal wenden sollten; ihre Wirkung ging angeblich weit über unsere „Glücksbringer" hinaus. Amulette sind an Grabstätten in großen Mengen erhalten, wo Darstellungen von Göttern, Körperteilen oder Tieren, Gegenständen mit besonderer Kraft und magische Symbole in die Binden der Mumien eingeschlagen wurden. Vielerlei Materialien wurden verwendet, weil die symbolische Kraft dem Material des Gegenstandes ebenso zugeschrieben wurde wie dem, was er darstellte. Magische Sprüche, auf immer neue Papyrusblätter geschrieben, waren ebenfalls Amulette. Amulettexte aus der Spätzeit lassen Götter Schutz vor vielen physischen und übernatürlichen Gefahren versprechen.

Die magische Praxis erfaßte die gesamte Götterwelt, wobei es auf die Art der Unterstützung ankam, die man brauchte. Isis wurde am häufigsten angerufen, weil sie ihren Sohn Horus schützte, mit dem die hilfesuchende Person gleichgesetzt wurde. Eine weitere mütterliche Göttergestalt war Hathor. Von den vielen weniger bekannten Göttern ist wahrscheinlich Bes der seltsamste; die häßlichen Züge des tanzenden Zwerges spiegeln das zugleich furchterregende und wohlwollende Wesen wider, das der übernatürlichen Welt zugeschrieben wurde.

Eine Fayence des Zwergengottes Bes aus der Ptolemäerzeit; er stellt die Macht von Tanz, Musik und Freude dar, die die negativen Kräfte in die Schranken weist. Als beliebte Hausgottheit stand er auch mit Zeugung, Geburt und Schutz der Kinder in Verbindung.

EIN ZAUBER GEGEN KROKODILE

Das Nilkrokodil wurde aufgrund seiner Kraft angebetet, für die Schiffer und die Menschen am Fluß konnte es lebensbedrohlich sein. Der Papyrus Harris, der sich heute im British Museum befindet, enthält einen anschaulichen Zauber gegen das Tier:

„Der erste Zauber aus allen Wasserliedern, von denen der Zauberer sagt: ‚Gebt sie nicht dem gewöhnlichen Sterblichen preis! Er ist ein Geheimnis aus dem Haus des Lebens [das heißt, der Tempelgelehrten].'

‚O Ei aus Wasser und Speichel der Erde – Eischalen der Ogdoad der Götter – Großer Gott im Himmel, Großer Gott in der Unterwelt … der der Insel der Messer vorsteht, mit dir bin ich dem Wasser entkommen. Ich werde mit dir aus deinem Nest aufstehen. Ich bin Min [der Gott der Verjüngung] von Koptos …'

Diesen Zauber spricht man über ein Lehmei, das ein Mann am Bug eines Schiffes in der Hand hält. Wenn etwas auf der Wasseroberfläche erscheint, wirft er es ins Wasser."

Zur Krokodilabwehr konnte man auch mit Zeigefinger und kleinem Finger einer Hand auf sie deuten (siehe S. 156).

König Sesostris I. (ca. 1919–1875 v. Chr.) vor dem Gott Amun, dargestellt als Min (links), der ithyphallische Gott, der im Zauberspruch gegen Krokodile angerufen wird und mit Fruchtbarkeit und Verjüngung in Verbindung steht. Aus dem Sed-(Jubiläums-)Pavillon des Pharao in Karnak, Theben-Ost.

DIE KÜNSTE

DAS LIED DES KÖNIG INIOTEF
Dieser Liedtext, aufgezeichnet in einem Dokument des Neuen Reiches, der als Papyrus Harris bekannt ist, wurde auf dem Begräbnisfest eines Königs Iniotef gesungen; diesen Namen trugen mehrere Pharaonen der 11. und der 17. Dynastie. Es ist eines der wenigen Beispiele für religiöse Skepsis in der ägyptischen Literatur:

„Lied in der Kapelle des Iniotef, des Gerechtfertigten, das vor dem Sänger mit der Harfe liegt.
Er gedeiht, dieser Fürst.
Gut ist das Schicksal; es ist gut, zugrundezugehen.
Eine Generation vergeht, eine andere lebt weiter, seit der Zeit der Vorfahren.
Die Götter, die früher lebten, ruhen in ihren Pyramiden.
Die verwandelten Toten sind ebenso in ihren Pyramiden begraben.
Die Bauherren der Kapellen, ihre Orte existieren nicht mehr.
Was ist mit ihnen geschehen?
Ich habe die Worte des Imhotep und des Hordjedef gehört.
Ihre Aussprüche werden überall zitiert.
Wo haben sie ihren Platz?
Ihre Mauern sind verlassen.
Ihre Orte existieren nicht mehr, als hätte es sie nie gegeben.
Niemand kehrt von dort zurück, um von ihrem Zustand zu berichten, um von ihren Dingen zu berichten, um unsere Herzen zu beruhigen, bis wir an den Ort gehen, an den sie schon gegangen sind.

[Refrain:]
Laß es dir gut gehen. Werde dessen nicht müde.
Siehe, niemand kann sein Eigentum mitnehmen.
Siehe, niemand ist je gegangen und wieder zurückgekehrt."

Sänger und Sängerinnen, Musikanten und Tänzerinnen auf einem bemalten Kalksteinrelief im Grab des Nenchefetka in Sakkara. Die Musikanten spielen Harfe, Flöte und ein Rohrblattinstrument. Altes Reich, 5. Dynastie, um 2400 v. Chr.

Die literarischen Formen Ägyptens sind für Rezitation und Darstellung, nicht als Lektüre für den einzelnen gedacht. Die klassische Literatur besteht aus kurzen Passagen zum Vortrag, meist aus Verspaaren, mit einer rhythmischen Kadenz, die zwischen Prosaerzählung und natürlich metrischen Stilen angesiedelt sein konnte. Trotz der unvollständigen Schrift, die keine Vokale kennt, war der Klang der Worte wichtig, damit ein Werk als literarisch wertvoll anerkannt wurde. Das prosodische Gewicht lag am Anfang der Worte und Zeilen, nicht am Ende, Alliteration und Homophonie sorgten für Rhythmus. Es gab vermutlich keine Reime, die Betonung des Rhythmus in den Zeilen oder Verspaaren wurde durch Bedeutungsparallelen oder -gegensätze in den Satzpaaren erreicht.

Am wichtigsten war das sinnverstärkende Spiel mit dem Klang der Worte. Als literarisches Stilmittel bedeuteten Wortspiel und Doppelsinn mehr als nur oberflächliche gute Wortwahl, sie stellten eine tiefere Bedeutung und Wirklichkeitsebene dar. Gleichklang stand für eine Einheit der Bedeutung. Wortspiele waren wesentliche Bestandteile von Ritualen, Zaubersprüchen und medizinischen Behandlungsverfahren. So heißt es in einem medizinischen Papyrus, daß beim Verbinden einer Wunde Honig zu verwenden sei (siehe S. 97). Die Wunde heilt: Das ägyptische Wort *ndm*, „heilen", hat auch die allgemeinsprachliche Bedeutung „versüßt werden". Solche Spiele mit metaphorischen Assoziationen liegen dem Verständnis der Ägypter von ihrer Beziehung zur Welt und ihrer Fähigkeit zu deren Beherrschung zugrunde. Worte und Namen hatten Sinn, machten die Wirklichkeit zugänglich und bereiteten Freude. Autobiographien in Gräbern und königliche Inschriften waren immer an eine Öffentlichkeit

*Tänzerinnen schlagen vor einer heran-
nahenden Begräbnisprozession Tamburine
und Klangstäbe. Kalksteinbild aus Sakkara,
Neues Reich, 19. Dynastie, um 1250 v. Chr.*

gerichtet. Sie basierten auf formellen Rezitationen, auf Lobgesängen über
Bürgerliche oder König, die vor Publikum vorgetragen wurden. Auch
einige unterhaltende Erzählungen sind überliefert, sie beschäftigen sich
mit Mythologie oder mit einem König und dessen Hofstaat. Die „Weisheitstexte", in denen der Vater den Sohn unterweist oder ein weiser Mann
die Lage des Landes beklagt, können als angewandte Philosophie gelten.

Daß Erzählungen musikalisch begleitet wurden, ist nicht nachgewiesen.
Wir müssen daher annehmen, daß das nicht der Fall war. Die literarischen
Formen, die stilistisch eher der Lyrik zugehören, wurden jedoch mit
Sicherheit zu Musik aufgeführt. Die Themen sind breit gestreut, vom Lie-
besgedicht zur Götterhymne, vom Lobgedicht zum Arbeitslied, alles
konnte mit oder ohne Begleitung gesungen oder vorgetragen werden.

Unser theoretisches Wissen über die ägyptische Musik ist äußerst
beschränkt, aber viele Bilder zeigen Musikanten. Verschiedenste Formen
von Musik begleiteten Rituale und die Verehrung der Götter, wurden bei
Festen und Prozessionen gespielt. Oft spielt ein Harfenist bei der Begräb-
nisfeier für den Verstorbenen, sein Lied beschäftigt sich wohl mit dem
Verhältnis zwischen Diesseits und Jenseits. Häufig sieht man auch Darstellungen von größeren Gruppen; diese Musikanten spielten auch bei
Tänzen auf. Sie spielen Saiten- und Holzblasinstrumente – Harfen verschiedener Größe, Lauten, Querflöten und Oboen – und als Schlaginstru-
mente Tamburine, Trommeln und Sistren (Rasseln). Eine einfache Trom-
pete ist nur aus dem militärischen Bereich im Neuen Reich bekannt,
Blechblasinstrumente gehörten nicht zur Besetzung normaler Ensembles.

Musikerziehung stand nicht auf dem Stundenplan des gebildeten oder
kultivierten Ägypters. Im Neuen Reich war es jedoch für hochgestellte
Frauen üblich, als „Sängerin" der örtlichen Gottheit zu dienen. Aus Grab-
und Tempelszenen läßt sich schließen, daß Musiker und Tänzer vermutlich Berufskünstler waren, deren Fertigkeiten mündlich weitergegeben
wurden – sie übten ein Handwerk aus, das dem feinsinnigen Gebrauch von
Worten verwandt war, aber wesentlich geringeres Ansehen hatte.

Teil II

GLAUBE UND RITUAL

*Eine Allee mit widderköpfigen Sphingen am Amun-Tempel in
Karnak, Theben-Ost. Amun, eine der größten ägyptischen
Gottheiten, wurde häufig als Mann mit Widderkopf oder in Gestalt
des Tieres selbst abgebildet, das für Stärke und Fruchtbarkeit steht.*

GEGENÜBER: *Osiris, mit dem – so glaubte man – der Pharao nach dem Tod
verschmolz, als Gott der Unterwelt auf dem Thron. Er trägt eine Federkrone
(Atef) und hält Krummstab und Geißel, weitere Insignien der Königswürde.
Kopie einer Vignette aus einem Papyrus aus dem Neuen Reich.*

KAPITEL 8

DER HERRSCHER DER BEIDEN LÄNDER

An der Spitze des Landes und des ägyptischen Volkes stand der König oder Pharao, ein absoluter Herrscher, der alle staatlichen Funktionen überwachte, von Steuereinhebung über Rechtsprechung bis zur Kriegführung. Anders als die Herrscher anderer Länder war er nicht nur Staatsoberhaupt, sondern auch wesentlicher Teil des ägyptischen Kosmos, da man annahm, daß er an der Göttlichkeit derer Anteil hatte, von denen seine Macht kam. Ohne ihn würde die Welt ins Chaos stürzen, und das Universum wäre bedroht.

▲

OBEN: *Bemaltes Relief aus Deir el-Bahari, Theben-West, mit einer Darstellung von König Thutmosis III. (ca. 1479–1425 v. Chr.); er trägt die* Atef-*Krone des Osiris (siehe S. 109), mit dem der König nach seinem Tod gleichgesetzt wurde (siehe S. 108).*

DER URSPRUNG DER KÖNIGSWÜRDE

Die Königswürde war ein wesentliches Element für das reibungslose Funktionieren von Staat und Kosmos. Der regierende Pharao war die Verbindung zwischen der Welt der Götter und der Welt der Menschen (siehe S. 108), und in seiner Position im Zentrum des ägyptischen Staates verkörperte er göttliche Macht. Solche Beschreibungen des Königtums findet man nicht nur in Texten aus der historischen Zeit und in den Gestaltungselementen in Gräbern und Tempeln, sondern in Ansätzen bereits viel früher. Die Entwicklung der königlichen Ikonographie, die für die spätere pharaonische Tradition Ägyptens und der benachbarten Regionen typisch war, ist bis in prädynastische Zeit zurückzuverfolgen, als Ägypten lange vor der Vereinigung des Landes um 3100 v. Chr. (siehe S. 22–23) von örtlichen Königen oder Stammesführern beherrscht wurde.

Zumindest in Oberägypten gab es laut neuem Material eine kontinuierliche Entwicklung von den frühen prädynastischen Siedlungen der Badari-Kultur zu den (Negade-)Perioden, als die königliche Ikonographie bereits stärker ausgebildet war, und weiter zur dynastischen Zeit. Es existierten Siedlungen mit eigener Kultur im Norden wie im Süden; vielleicht liegen die Wurzeln der späteren zwei Königreiche, aus denen das pharaonische Ägypten entstand, in diesen frühzeitlichen Unterschieden.

Wissenschafter dachten früher, daß die protodynastische Kultur kurz vor 3100 v. Chr. relativ gut entwickelt war, und schrieben das dem Einfluß der Kulturen außerhalb Ägyptens zu. Traditionellerweise gelten Mesopotamien und seit neuestem auch Nubien als Einfluß oder Ursprung: ersteres wegen bestimmter Schmuckmotive und der frühen Tradition von Monumentalbauten und Schrift, letzteres wegen königlicher Ikonographie auf Artefakten, die in Nubien entdeckt wurden. Neuere archäologische Erkenntnisse zeigen, daß in Ägypten früher und an mehr Orten, als bisher angenommen, eine größere Zahl gut entwickelter Siedlungen existierte. Dies verändert auch die Theorien über den Ursprung der Königswürde.

Kopf einer Kolossalstatue von Ramses II. (ca. 1279–1213 v. Chr.) im Tempel von Luxor, Theben-Ost. Der König förderte den Kult des göttlichen Pharao, indem er im ganzen Land Statuen aufstellen ließ, die ihn als Gott darstellten (siehe S. 113).

Bemalte Kalksteinbüste von Mentuhotep II. (ca. 2008–1957 v. Chr.), dem thebanischen Herrscher, der Ägypten am Ende der Ersten Zwischenzeit wieder vereinigte, mit der weißen Krone Oberägyptens. Die Ägypter glaubten, daß ihr Land aus zwei König-reichen – Oberägypten und Unterägypten – bestand, die vom legendären König Menes vereint wurden (S. 23). Die Könige wurden entweder mit der roten Krone Unterägyptens (siehe S. 26), der weißen Krone Oberägyptens oder dem Pschent (siehe S. 108), einer Verbindung der beiden Kronen dargestellt. (Siehe auch S. 109.)

Früh im 4. Jahrtausend v. Chr. dürfte eine kulturelle und politische Einheit existiert haben. Ein typischer Teil der dynastischen Ikonographie, die rote Krone, ist erstmals in der frühen prädynastischen Zeit (Negade I, ca. 4000–3500 v. Chr.) dokumentiert, und zwar als Relief auf einem Krug aus Negade. Andere Bilder entwickelten sich in Negade II und III. In Hierakonpolis (siehe S. 69) fand man in einem Grab, vermutlich eines Herrschers der prädynastischen Zeit, die Darstellung eines Mannes, der drei kleinere Gestalten schlägt. Diese Szene war in der ägyptischen Geschichte Symbol der Unterwerfung durch den König (siehe S. 23 und 115).

In die Negade-Perioden fallen auch die ersten Schritte des Landes in Richtung organisiertes Staatswesen. In der Negade-I-Zeit gab es in verschiedenen Teilen des Landes kleine Herrschaftsgebiete, regiert von einem Anführer. Aus diesen frühen politischen Einheiten entstanden die Grundzüge von Königswürde und Regierung, die sich in Negade II und III weiterentwickelten und voll ausgebildet waren, als Ägypten kurz vor der 1. (dokumentierten) Dynastie unter einem Herrscher geeint wurde.

DER GOTT-KÖNIG AUF ERDEN

Diese Granitstatue stellt König Thutmosis III. (er herrschte ca. 1479–1425 v. Chr.) mit dem Pschent *dar, der Doppelkrone, die seine Herrschaft über die „beiden Länder" symbolisiert (siehe Abb. gegenüber). Die Krone schmückt ein aufgerichtetes Kobraweibchen (Uräus), das für den Pharao als Beschützer des Reiches stand. Ein weiteres Zeichen der Königswürde war der dichte falsche Bart. Solche Bärte galten als ein Attribut der Götter und zeigten also den göttlichen Status des Königs. Auch die wenigen Frauen, die als Pharaonen regierten – besonders die Vorgängerin von Thutmosis III., Hatschepsut (siehe S. 89) –, trugen den falschen Bart.*

Wie die meisten Monarchen hatte der Pharao eine einzigartige Position an der Spitze der gesellschaftlichen und politischen Hierarchie. In Ägypten war der König jedoch mehr als nur ein Staatsoberhaupt: ein eigenständiges und wesentliches Element des Kosmos. Seine unvergleichliche Position neben Göttern, Menschen und Geistern der Verstorbenen (*achs*) war, für die göttliche Weltordnung (*ma'at*) notwendig. Ohne ihn gab es keine Ordnung im Kosmos, die Welt würde ins Chaos stürzen. Der König war aktiver Teil der Mythologie, die zur Königswürde gehörte, und übernahm auf Erden die Rolle des Gottes Horus, des Sohnes von Osiris. Sein Titel *Sa-Re* („Sohn des Re"), erstmals nachgewiesen in der 4. Dynastie (siehe S. 173), zeigt klar, daß der Monarch auch als lebender Abkömmling des Sonnengottes betrachtet wurde. Der Pharao wurde mit seiner Krönung gottgleich. Die mit der Königswürde verbundenen Mythen, besonders jene um Osiris und seine Familie – teilweise in der beliebten Erzählung aus dem Neuen Reich, *Der Widerstreit von Horus und Seth* (siehe S. 22), enthalten – stammen aus frühester Zeit und blieben im Altertum erhalten.

Als weltlicher Herrscher stand der Pharao der Beamtenschaft des Staates vor und überwachte alle ihre Rechtsakte. Als religiöse Gestalt war er theologische Führungsperson des Landes; Inschriften und Verzierungen zeigen den König als obersten Priester der Götter bei allen Ritualen. In Wirklichkeit waren es die Tempelpriester, die diese Rolle im Alltag spielten (siehe S. 150–151).

Die militärischen Aufgaben des Pharao waren jene des Oberkommandierenden und obersten Aufsichtsorgans bei allen militärischen Operationen, sie sind in Texten und Bildern aus allen Perioden der Geschichte gut dokumentiert. Diese stellen die vielen Schlachten des Königs immer als

König Ramses III. (ca. 1187–1156 v. Chr.) in der weißen Leinenrobe eines Hohepriesters (rechts) vor den Gottheiten von Heliopolis – Re-Harachte (eine Erscheinungsform des Sonnengottes), Atum, Iusaas und Hathor Nebethetepet. Szene aus dem Großen Papyrus Harris – dem längsten bekannten Papyrus –, der die Tempelspenden von Ramses III. aufzeichnet (siehe auch S. 67).

Erfolge dar. Die Götter trugen dem Pharao auf, in ihrem Namen Schlachten auszutragen, sie sorgten dafür, daß er gewann, und ihnen wurden die Siege zugeschrieben. Ägyptische Verluste und Niederlagen hatten keinen Platz in der offiziellen Propaganda, das gehörte zur Erhaltung von *ma'at* und der absoluten Macht des Königs.

Viele Herrscher kämpften aktiv an der Spitze ihrer Heerscharen, manche fielen in der Schlacht, wie etwa Sekenenre Ta'a, dessen Mumie tödliche Kopfverletzungen zeigt, die er in einer Schlacht gegen die Hyksos-Herrscher im Delta um 1543 v. Chr. (siehe S. 31) erlitt. Andere Könige entgingen nur knapp der Niederlage, wie Ramses II. (ca. 1279–1213 v. Chr.), der im 5. Jahr seiner Herrschaft bei Kadesch in Syrien eine Schlacht mit unentschiedenem Ausgang gegen die Hethiter austrug. In Inschriften und Reliefs auf den monumentalen Tempeln in Abydos, Theben und Abu Simbel ließ Ramses II. – was nicht weiter überrascht – diese Konfrontation als glorreichen Sieg darstellen, bei dem er sich allein und eigenhändig einen Weg durch die Hethiterarmee bahnte, die die Ägypter eingekesselt hatte. In Wirklichkeit konnte wahrscheinlich ein Entsatzheer die Katastrophe für den jungen Pharao abwenden.

Für den König gab es verschiedene Ausdrücke, manche auf ihn persönlich bezogen, andere indirekt. *Nyswt*, als „König" übersetzt, beschrieb den Pharao als Träger administrativer, rechtlicher und anderer Machtbefugnisse, während das Wort *hm* seine körperliche Anwesenheit anzeigte. Der Titel „Pharao" kommt vom ägyptischen Ausdruck *per aa*, der „Großes Haus" bedeutet und auf den Königspalast bezogen war. Erst ab der Spätzeit des Neuen Reiches wurde diese Bezeichnung auf den König angewendet.

Die häufigsten Formen von Königskronen und Kopfschmuck.
GROSSES BILD: *Das blau–gelb gestreifte* Nemes-*Kopftuch, von sehr vielen Herrschern getragen, aber vor allem von den Königen des Mittleren Reiches. Es hatte zwei auf die Schultern herabhängende Teile und wurde hinten zusammengebunden.*
UNTEN, VON LINKS NACH RECHTS:
Die weiße Krone oder Hedschet *als Symbol Oberägyptens; die rote Krone oder* Deschret *für Unterägypten; die rote und weiße Krone oder* Pschent *für die „beiden Länder" Ober- und Unterägypten.*
OBEN, VON LINKS NACH RECHTS:
Die Atef-*Krone aus Federn, die bei rituellen Gelegenheiten getragen wurde (manchmal mit Widderhörnern, siehe Abb. S. 106), ein Bezug zu Osiris; die blaue Krone oder* Chepresch, *auch als „Kriegskrone" bezeichnet, von den Pharaonen der 18. Dynastie getragen und mit dem Sonnengott assoziiert; das* Chat, *eine einfachere Version des* Nemes.

Teil einer Granitstatue aus der Zeit um 1250 v. Chr., Ramses II. in der Gestalt des Gottes Osiris – die Arme sind wie bei einer Mumie über der Brust gekreuzt, und er hält Krummstab und Geißel, Teile der königlichen Insignien. Könige wurden üblicherweise in dieser Haltung begraben.

Überreste des Ramesseums, des Totentempels von Ramses II. in Theben-West. Es war bei den Griechen fälschlicherweise als „Grab des Ozymandias" bekannt, wobei dieser Name vom Pränomen (siehe S. 113) des Ramses, Userma'atre, abgeleitet ist. Das eigentliche Grab befindet sich im Tal der Könige.

DER PHARAO NACH DEM TOD

Nicht alle Ägyptologen sind einig über Ausmaß und Wesen der Göttlichkeit des Pharao zu Lebzeiten (siehe S. 112–113). Unumstritten ist jedoch die Überzeugung, daß der König im Tod vergöttlicht wurde. Vieles der archäologischen Funde über die Könige konzentriert sich auf das, was von den Versuchen der Herrscher, sich ewiges Leben und göttliche Existenz zu sichern, geblieben ist. Die frühesten Pharaonen begannen mit der Tradition der Grabanlagen zum Beweis der Unsterblichkeit, und innerhalb weniger Generationen wuchsen diese zu Monumentalbezirken (siehe S. 168–191; 210–211). Gräber und Totentempel (siehe S. 136–137) waren ewige Ruhestätten und unverzichtbare Elemente der Apotheose der toten Herrscher, von denen man glaubte, daß sie zu Göttern geworden waren.

Unsere Quellen für klare Informationen über das Wesen der Göttlichkeit des toten Pharao sind Texte und Bilder an den Wänden der Königsgräber und Totentempel. Die Pyramidentexte, die frühesten Grabinschriften, wurden in die Wände der Grabkammer und Vorkammer von König Unas aus der 5. Dynastie (siehe S. 188) gemeißelt. Spätere Pharaonen wandelten dieses Material ab. Im Neuen Reich und danach wurden sie zu reich bebilderten Büchern über das Jenseits (siehe S. 136–137).

Allen diesen Quellen ist die Vorstellung gemein, daß der Pharao seine menschliche Existenz transzendierte: „Steh auf, o König! Du bist nicht tot", heißt es in den Pyramidentexten vor dem eben gewandelten König. Manche Grabsprüche in den Pyramidentexten führen die göttlichen Identitäten des Königs und zugehörige Assoziationen an – zum Beispiel „Ich bin Horus" oder „Ich bin Sobek". Der Pharao wird auch als Sohn eines Gottes bezeichnet, so wird Re angesprochen: „Der König ist dein Sohn", wie es auch in der jüngeren *Litanei des Re* heißt. Manche Sprüche setzen Körperteile des Königs mit Gottheiten gleich, andere zählen seine Aufgaben auf. Er kann der Herr der Throne sein, der den Himmel als Nachkomme des Re überquert (*Litanei des Re*) oder der Oberste in den Himmeln (Pyramidentexte), der, der Befehle erteilt. Andere Passagen schreiben ihm sein Verhalten vor und weisen ihn zu Ehrungen und Opfern an.

In frühen und späteren Grabtexten werden von allen Göttern Re und Osiris am häufigsten erwähnt. Die *Litanei des Re* besagt, daß der König als Re entstanden ist, und die Pyramidentexte verkünden, daß der König seinen Thron erhalten würde, damit er als Osiris, der legendäre erste König der Erde, an der Spitze aller Mächte herrschen könne. In manchen Passagen wird die Gleichsetzung des Königs mit dem Göttlichen direkt ausgedrückt, zum Beispiel in „Der König ist Osiris in einem Wirbelsturm" und „der Osiris-König Men-ma'at-Re [Sethos I.] ist Re [und umgekehrt]" (beide aus der *Litanei des Re*). Der tote Pharao wird vom Text als der „Osiris-

König So-und-so" bezeichnet; dadurch wird auf die Verwandlung in Osiris verwiesen, der als König des Jenseits wiedergeboren wurde und der Gott der Fruchtbarkeit der Erde und des ewigen Kreislaufes des Wachsens war.

Der dahingegangene Pharao wurde auch mit Re gleichgesetzt, der obersten Gottheit, die jeden Morgen geboren wurde und jeden Abend starb. Daß der König der höchsten irdischen Gottheit und dem Sonnengott des ägyptischen Pantheons gleichgesetzt wurde, deutet auf die Dualität hin, die für den altägyptischen Kosmos charakteristisch war. Der zum Gott gewordene Herrscher repräsentierte sowohl die ständige Erneuerung (als Osiris) als auch den täglichen Kreislauf der Wiedergeburt (als Re). In ihrem kosmischen Verständnis waren die Ägypter des Altertums gewöhnt, daß jede ihrer Gottheiten eine Vielzahl an Assoziationen und Rollen hatte. Es war für sie nur natürlich, den gottgewordenen König ebenso zu sehen.

DIE MACHT DES TOTEN PHARAO

Die Grabkomplexe, die für die Pharaonen gebaut wurden, waren riesige, arbeitsintensive Projekte, deren Fertigstellung Jahrzehnte dauerte und die langfristiger Zuwendung zur Erhaltung des Totenkultes für den toten König bedurften (siehe S. 140–141), was seinen göttlichen Status auf immer garantierte. Eine Anlage dieser Größenordnung setzte großes Vertrauen im Volk voraus und läßt darauf schließen, daß es fest an die Macht des Pharao auf Erden und seine Kraft als wichtiger Gott im Jenseits glaubte.

Dieser Glaube galt jedoch nicht ganz so wörtlich und war nicht so allumfassend, wie man annehmen mochte. Die Grabkomplexe überstanden die Jahre, und der Totenkult für den toten König blieb erhalten, den Königsgräbern erging es aber nicht so. Alle wurden ausgeraubt, und die Geständnisse von Grabräubern in amtlichen Papyri lassen den modernen Leser am Glauben an die Göttlichkeit der Pharaonen zweifeln. Verbrecher, die während der späten Ramessiden-Zeit (um 1120 v. Chr.) verurteilt wurden, gaben an, Gegenstände aus den Gräbern gestohlen, Edelmetalle von Särgen und Mumien entfernt und königliche Mumien vernichtet zu haben. In anderen Texte sind Gelage mit königlichen Grabbeigaben und blasphemische Akte einzelner überliefert (siehe S. 196). Dieses Verhalten deutet darauf hin, daß zumindest ein Teil der Bevölkerung kaum Angst vor Konsequenzen im Diesseits oder den Göttern im Jenseits hatte.

Innenansicht des Tempels von Ramses II. in Abu Simbel, Unternubien, gewidmet seiner gottgewordenen Person und den großen Göttern Re-Harachte, Amun-Re und Ptah. Die Säulen haben die Form massiver Statuen des Königs als Osiris.

MENSCH ODER GOTT?

Das Fragment eines Reliefs aus der Grab-anlage von König Unas (ca. 2371–2350 v. Chr.) aus der 5. Dynastie zeigt, wie der König von einer Göttin gesäugt wird. Die ägyptische Vorstellung von der göttlichen Königswürde könnte aus dem Alten Reich stammen, als Königskulte den Monarchen direkt mit den Göttern in Verbindung brachten.

Der göttliche Status des toten Königs geht klar aus den beliebten Kulten in der Spätzeit des Neuen Reiches hervor. Privatpersonen stellten Votivstelen auf, die verstorbene Könige wie Amenhotep I. (siehe S. 153) zeigten, um sich Vorteile zu sichern. Die Praxis der Oberschicht, die eigenen Gräber in der Nähe der Pyramide des Pharao anzusiedeln, dem sie gedient hatten oder an dessen Totenkult sie beteiligt waren, zeugt ebenfalls von großem Respekt für den dahingeschiedenen König. Allerdings ehrten nicht alle die Erinnerung an den Pharao; manche raubten Königsgräber und Tempel aus (siehe S. 111 und 196), zeichneten Karikaturen des Königs und ver-spotteten ihn in Texten, in einem Fall als „der alte General".

Das Bild der Menschen vom regierenden Pharao war nicht in allen Gesellschaftsschichten und zu jeder Zeit gleich. Zwei eigenständige und untrennbare Elemente waren Konstanten der königlichen Ideologie: der Herrscher (der König) und sein Amt (die Königswürde). Durch das Amt des Königs war der Pharao ein unsterbliches und göttliches Wesen, ein fixes Element des Kosmos. Jeder sterbliche König wurde mit seiner Würde gleichgesetzt und in diesem Maß unsterblich. Obwohl das „offizielle" Bild des Pharao im religiösen und soziopolitischen Kontext wesentlich war, sahen die Menschen doch den Unterschied zwischen Königen und Göttern. Die übermenschlichen Qualitäten der Herrscher waren Geschenke der Götter. Die Könige waren nicht allwissend, sondern bedurften oft des Wissens anderer. Die Untertanen stellten in populären Texten, Skulpturen, Inschriften und Briefen manchmal die Schwächen des Königs dar, um seine menschliche Seite zu betonen und sich über ihn lustig zu machen.

Der Tempel von Abu Simbel, errichtet im 24. Jahr der Regierung von Ramses II. Das Monument war wahrscheinlich in erster Linie dazu gedacht, die Nubier an der süd-lichen Grenze Ägyptens durch die ungeheure Macht des göttlichen Pharao und der Götter des Landes zu beeindrucken.

DIE BEHAUPTUNG DER GÖTTLICHKEIT

Im Alten Ägypten gab es viele Kulte. Während Privatpersonen Votivstelen mit der Darstellung des gottgewordenen toten Königs aufstellten (siehe Haupttext), entstanden andere, ähnliche Kulte auf Initiative des Königs. Die Vorstellung vom göttlichen Herrscher könnte in den offiziellen Kulten des Königs im Alten Reich ihren Ursprung haben. Die Verehrung des Königs zu Lebzeiten als Gott scheint während der Zeit jener Könige ausgeprägter gewesen zu sein, die sich nach den ersten beiden Zwischenzeiten um die nationale Einheit bemühten. Der König betonte seine Göttlichkeit, indem er seine göttliche Geburt und seine Verbindungen zu Göttern und Kosmos hervorhob.

Im Neuen Reich fand der Königskult zu Lebzeiten stärkere Verbreitung. Amenhotep III. (ca. 1390–1353 v. Chr.) führte ihn ein und ließ Statuen vor allem in Tempeln der Grenzgebiete aufstellen. Inschriften in Luxor unterstreichen seine göttliche Geburt; dieser Gedanke wurde von seinem Sohn Echnaton bis ins Extreme weitergesponnen. Ramses II. (ca. 1279–1213 v. Chr.) forderte seine Untertanen ebenfalls auf, ihn als Gott zu verehren, indem er Statuen seiner Person als Gott in Tempeln im ganzen Land und in seiner Residenzstadt, Piramesse im Delta, aufstellen ließ.

Kein Monarch ließ mehr Denkmäler seiner Göttlichkeit errichten als Ramses II. In diesem Relief am Ramesseum, seinem Totentempel in Theben-West (siehe auch Abb. S. 110), wird er als Gott Amun-Re dargestellt, dem eine Göttin zur Seite steht.

Die göttliche Beziehung des Königs wurde durch seine Titel betont. Diese fünf Namen, Titel und Beinamen wurden vom Mittleren Reich an verwendet (die Praxis, die königlichen Namen in eine Kartusche zu schreiben, begann mit dem Gründer der 4. Dynastie, Snofru, ca. 2625–1585 v. Chr.). Der König erhielt bei seiner Thronbesteigung vier Namen. Dabei zeigen „Horus-Name", „Zwei-Damen-Name" (oder *nebty*-Name) und „Goldener Horus-Name" die Göttlichkeit des Königs, während sich der Thronname oder *Pränomen* „König von Ober- und Unterägypten" (*nswt bity* oder „Der vom Riedgras und der Biene", Embleme von Ober- und Unterägypten) auf die offizielle Rolle des Herrschers bezieht. Der einzige Name, den der Pharao bei der Geburt erhielt (*Nomen)* war der letzte der fünf königlichen Titel und wird nach dem vorangehenden Beinamen oft als *Sa-Re* („Sohn des Re") bezeichnet. Dieser Begriff nimmt auf die göttliche Geburt des Pharao und seine Verbindung zum Sonnengott Bezug. Der Horus-Name wurde oft in einen *Serech* eingeschrieben, eine rechteckige Tafel mit der Palastfassade und dem Horus-Falken darüber.

KAPITEL 9

DAS REICH DES HIMMELS

Herodot meinte, die Ägypter seien „religiös bis zum Exzeß, mehr als jede andere Nation der Welt". Die ägyptische Religion war kein Glaubenssystem im Sinn des Christentums oder des Islam, mit einem Gott und einer in sich geschlossenen Lehre, die eine grundlegende Erklärung für den Ursprung und das Funktionieren des Kosmos gibt. Zu den auffallendsten Merkmalen der ägyptischen Religion gehörten die vielen Götter und Göttinnen – die wiederum verschiedene „Aspekte" haben konnten – und die Bereitschaft, auch andere, ja sogar entgegengesetzte Kosmologien anzuerkennen.

▲

OBEN: *Bild des Gottes Osiris aus der Zeit der 18. Dynastie. Das Oberhaupt der Götterfamilie spielte eine zentrale Rolle im Glauben und in der Mythologie der Ägypter. Aus dem Grab des Sennedjem, Theben-West, Neues Reich, 20. Dynastie, um 1140 v. Chr.*

DER ÄGYPTISCHE KOSMOS

Die Ägypter, die den Himmel ohne Teleskope betrachteten, sahen nur durchgehendes Blau bei Tag bzw. Schwarz bei Nacht – dieselben Eigenschaften wie im Wasser des Nils. Nicht weiter verwunderlich, daß sie schlossen, der Himmel bestehe aus Wasser. Die Wasser des Himmels umgaben also die Erde von allen Seiten und erstreckten sich unendlich weit in alle Richtungen. Die Welt existierte als Leere in einem endlosen Meer, nur die Erdatmosphäre verhinderte das Herabstürzen des himmlischen Ozeans – wie ein Ballon durch die Luft darin die Form behält.

Leben gab es nur in dieser kosmischen Blase, die Wasser des Universums waren unbelebt. Bei Tag zog die Sonne über die Oberfläche des Himmelsozeans und belebte alles auf der Erde. Nach Sonnenuntergang fuhren die Sterne über den Himmel, und die Sonne stieg in eine Region namens „Duat" hinab. Da die Ägypter erkannten, daß die Sonne (als Quelle von Licht und Wärme) aus Feuer bestand, war ihnen klar, daß sie in der kosmischen Leere blieb, aber an einem von der Erde aus nicht sichtbaren Ort. Unter Duat stellte man sich allgemein ein Gegenstück zum Himmel und der Atmosphäre der bekannten Welt unter der Erde vor. In der ägyptischen Kosmologie bestand die Welt also, wie es in den Texten aus dem Altertum selbst heißt, aus „Himmel, Erde und Duat".

Dieses Bild des Kosmos spiegelt sich auch in Bildern aus Tempeln, Gräbern, Papyri und Sarkophagen wider. Die klarste Darstellung findet man wahrscheinlich in zwei Monumenten der Ramessiden: dem Tempel von Sethos I. (ca. 1290–1279 v. Chr.) in Abydos und dem Grab von Ramses IV. (ca. 1156–1150 v. Chr.) im Tal der Könige, Theben-West. Die Decken sind weniger wegen ihrer Bilder bemerkenswert (diese finden sich auch anderswo), sondern wegen der Begleittexte, die in zwei Papyri aus dem 2. Jahrhundert nach Chr. – also 1500 Jahre nach den Originalen entstanden – kommentiert werden. Die Szene zeigt die Himmelsoberfläche (die Göttin Nut, „die aus Wasser ist"), welche von der Atmosphäre (dem Gott Schu, „trocken" oder „leer") über die Erde (dem Gott Geb, „Land") gehalten wird, während die Sonne zu verschiedenen Zeiten ihres täglichen

Laufes am Körper der Nut dargestellt ist. Der Text über ihrem Körper beschreibt das Universum außerhalb des kosmischen Raums und die Struktur des Kosmos selbst: „Die Oberseite dieses Himmels liegt in einheitlichem Dunkel, dessen Grenzen … unbekannt sind, sie liegen in den Wassern, der Leblosigkeit. Es gibt dort kein Licht … keine Helligkeit. Jeder Ort, der weder Himmel ist noch Erde, ist ganz Duat." Andere Texte dort beschreiben die Duat als Teil des Körpers der Nut. Das spiegelt die ägyptische Vorstellung wider, daß der Himmel jeden Morgen die Sonne „zur Welt bringt". Im ägyptischen Denken ergänzten diese Bilder einander und waren kein Widerspruch. Die Vorstellung von der Welt als kosmischer Raum in einem Ozean des Universums blieb über die 3000 Jahre altägyptischer Geschichte weitgehend unverändert.

Das ägyptische Bild vom Kosmos wurde meist durch die mythologischen Entsprechungen seiner Elemente wiedergegeben – Nut, ausgestreckt über dem liegenden Körper des Geb, mit Schu zwischen den beiden (siehe Abb. S. 126). Die Darstellung der Welt erscheint auch als Standardelement um Reliefs und Bilder. Traditionell wurden Grab- und Tempeldecken mit gelben Sternen auf blauem Grund geschmückt und die Böden mit Basalt ausgelegt, der die fruchtbare schwarze Erde Ägyptens symbolisierte. Die Säulen, die die Decke stützten, wurden als Nachahmung von Lotos- oder Papyrusbündel gemeißelt und bemalt.

RUNDE WELTEN

Das eher „schachtelartige" Bild des Kosmos, das ägyptische Texte vermitteln (siehe Haupttext), ist irreführend. Bogenförmige Versionen der „Himmels"-Hieroglyphe in sehr frühen Reliefs deuten darauf hin, daß der Kosmos von den Ägyptern als etwas Rundes gesehen wurde. Diese Sicht findet sich später in Metaphern wie dem Kreis, den Götter oft halten – die erweiterte Form, die Kartusche um den Königsnamen ( ), verweist wiederum auf die Herrschaft des Pharao über das gesamte Universum.

Darstellungen einer runden Welt treten in der ägyptischen Geschichte erst spät in Erscheinung. Eine der frühesten und vollständigsten befindet sich auf einem Sarkophag aus der Zeit um 350 v. Chr., der heute im Metropolitan Museum of Art in New York zu sehen ist. Die Welt wird darin vom Körper des Himmels und einer zusammengezogenen Hieroglyphe (Arme mit Füßen) des Namens Geb umrahmt. Dazwischen stellen zwei konzentrische Scheiben die bekannte Welt dar, Ägypten (repräsentiert durch die Zeichen seiner Nomoi) liegt innen, umgeben von anderen Völkern. Ein dritter Kreis mit zwei geflügelten Sonnenscheiben ist in einem Winkel von 90° zu den anderen zu sehen, er steht für den Lauf der Sonne über und unter der Erde. Der berühmte Tierkreis von Dendera (oben) besagt klar, daß der Himmel eine runde Erde überwölbt.

DIE HIMMLISCHEN SPHÄREN

REICH DER GÖTTER UND VÖGEL
Die Ägypter sahen den Himmel vor allem als Sphäre der Götter, obgleich diese mit allen Bereichen des Kosmos in Verbindung stehen konnten. Die Pyramidentexte erzählen von der Zeit, „als der Himmel von der Erde getrennt wurde und die Götter hinaufstiegen". Auch Vögel kamen vom Himmel, besonders aus den nördlichen Regionen, was wahrscheinlich die alljährliche Wanderung der Zugvögel aus dem Norden und die reiche Fauna des Nildeltas im Altertum widerspiegelt. Die doppelte Assoziation von Göttern und Vögeln mit dem Himmel findet sich oft in Bildern wieder, in denen Sonne, Sterne und Planeten als Vögel dargestellt sind.

Eine Szene aus dem Totenbuch des Ani. Links erfreut sich der Verstorbene der Freuden, die die „Schilfrohrfelder" zu bieten haben (siehe Haupttext). Rechts grüßt er den Sonnengott. Neues Reich, 18. oder 19. Dynastie, um 1300 v. Chr.

Im Sinne ihrer Vorstellung vom Himmel als jener Fläche, an der die Wasser des Universums mit der Atmosphäre der Welt zusammentreffen, sahen die Ägypter im Altertum die Bewegung der Himmelskörper als Schiffsreise. Während des Tages fuhr die Sonne über den Himmel, bei Nacht die Sterne. Ein Text beschreibt den Lauf der Sonne folgendermaßen: „Wenn dieser Gott [die Sonne] an den Rand des Himmelsbeckens gesegelt ist, veranlaßt sie [Nut, die Himmelsgöttin] ihn, wieder in die Nacht einzutreten, mitten in die Nacht, und während er im Dunkeln segelt, stehen diese Sterne hinter ihm. Wenn dann die Inkarnation dieses Gottes ... in die Duat eintritt, so bleibt diese geöffnet, nachdem er hineingesegelt ist, so daß die Sterne nach ihm eintreten und ihm nachfolgen können."

Alte Texte beschreiben verschiedene Himmelsbereiche, vor allem im Nachthimmel. Die Ägypter waren sich der Vorgänge dort genau bewußt und zeichneten so gut wie jeden sichtbaren Aspekt auf. Abgesehen von einzelnen Sternen und Planeten (siehe Kasten gegenüber) gab es Erscheinungen, die besondere Aufmerksamkeit auf sich zogen und als himmlische Gegenstücke zu den Gegenden entlang des Nils interpretiert wurden.

Die früheste wichtige Quelle ägyptischer kosmologischer Texte, die Pyramidentexte des Alten Reiches (aus der Zeit der 5. und 6. Dynastie, ca.

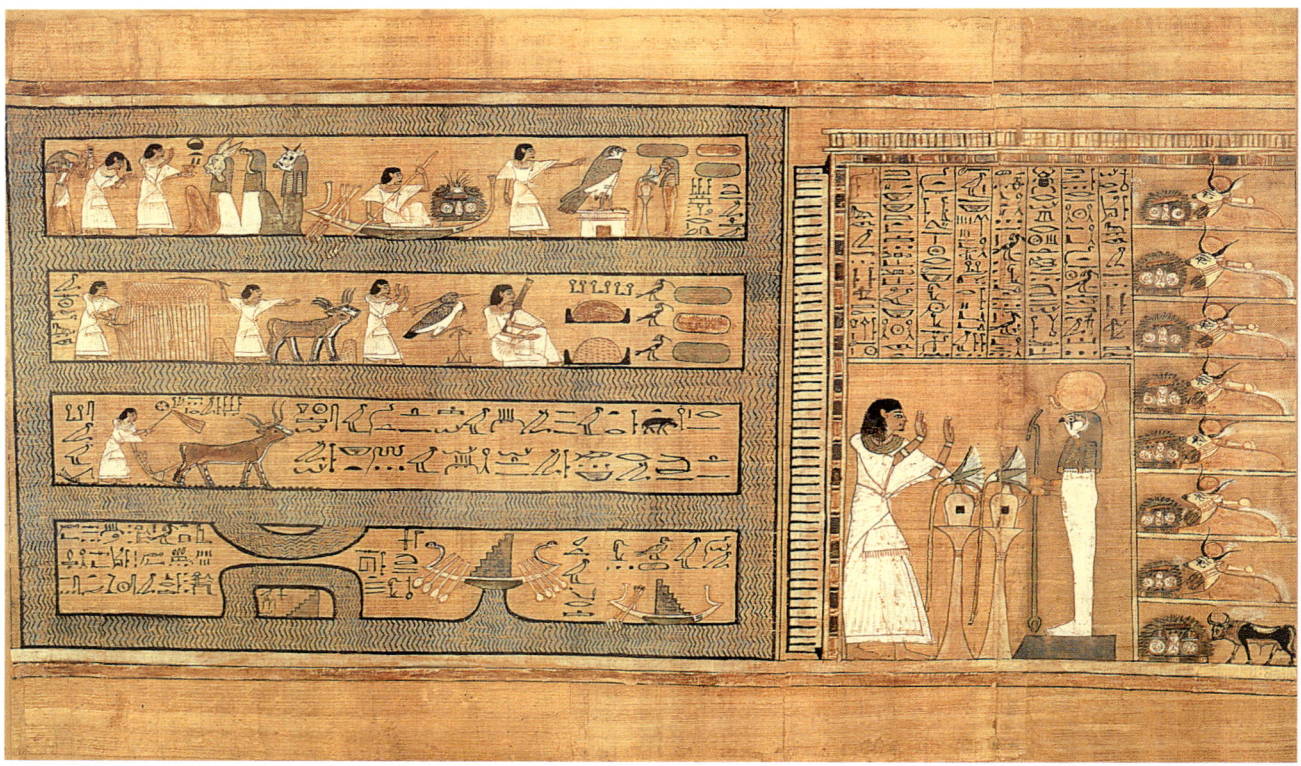

2350–2170 v. Chr.), liefern gute Informationen über die „Himmelsgeographie" des Altertums. Zu den darin beschriebenen Phänomenen gehört etwa die Milchstraße, die die Ägypter als „den üblichen Weg der Sterne" bezeichneten. Wie andere Teile des Himmels konnte man sie mit einem Boot befahren, sie galt als eine Inselkette in den himmlischen Wassern.

Die Texte beschäftigen sich jedoch noch viel mehr mit dem „Feld der Opfergaben" und dem „Schilfrohrfeld". (Letzteres ist Vorläufer der elysischen Gefilde aus der Klassik, ein Begriff, den wir heute in den Pariser Champs Elysées wiederfinden und der aus der griechischen Version des ägyptischen Wortes für „Schilfrohr" abgeleitet ist.) Diese Bereiche standen mit dem nördlichen Himmelsrand in Beziehung, der Umgebung der Polarsterne, die die Ägypter als „unvergänglich" bezeichneten, da sie nie untergingen. Wie die Milchstraße konnten diese Felder mit Booten befahren werden, die Texte erwähnen eine hindurchführende „gewundene Wasserstraße". Da der Himmelsnordpol in Ägypten etwa 30° über dem Horizont liegt, stellte man sich diese „Felder" offensichtlich am Rand des Himmelsozeans vor, ähnlich wie die Sümpfe am Nilufer. Der Himmel über ihnen dürfte als unbelebt gegolten haben, mit Ausnahme der Milchstraße, die die Pyramidentexte „hoch oben am Himmel" ansiedelten.

DIE STERNE UND PLANETEN

Wie die meisten bäuerlich geprägten Gesellschaften beobachteten und verfolgten die Ägypter die Sterne als Vorboten der jahreszeitlichen Veränderungen. In dieser Hinsicht war der wichtigste Himmelskörper der Sirius, der hellste aller Sterne, den die Ägypter „den Pünktlichen" nannten (*spdt* oder Sopdet, Sothis bei den Griechen). Sein alljährliches Aufgehen am Morgenhimmel traf mit dem Einsetzen der jährlichen Nilüberschwemmung zusammen und war für das Leben von großer Bedeutung.

Die Ägypter kannten fünf der neun Planeten: Jupiter, Saturn und Mars (alle mit verschiedenen Aspekten des Gottes Horus identifiziert) sowie Merkur und Venus (auch „wandernder Stern" und „Morgenstern"). Sie sahen auch viele der Sternbilder, die uns

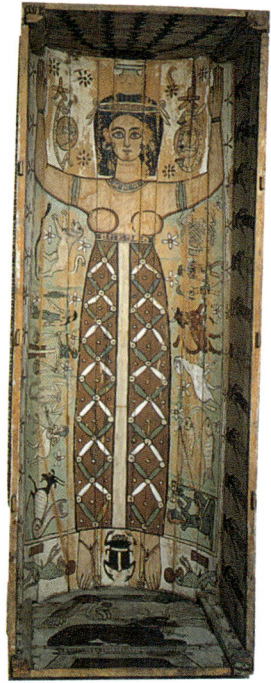

bekannt sind, obwohl sie sie anders auslegten als wir. So gehörte der Große Bär zu den wichtigsten, galt jedoch seiner Form nach als Bein und Lende eines Stiers. Orion wurde als Gott Osiris in Gestalt eines Mannes mit einem Stab gesehen. Aufgrund ihrer Beobachtungen der Sterne und deren Bewegungen teilten die Ägypter die Nacht und den Tag in jeweils zwölf Stunden. Diese Einteilung ergab unseren 24-Stunden-Tag, wobei jedoch die Stunden, Tage und Nächte im Lauf des Jahres unterschiedlich lang waren. Gegen Ende der Pharaonenzeit entstand in Ägypten auch der erste Tierkreis (siehe Abb. S. 119).

Von der Innenseite des Sargdeckels blickte die Göttin Nut, umgeben von Figuren, die die Tierkreiszeichen und die Stunden des Tages darstellen, auf die Verstorbene, eine Frau namens Soter, herab. Römische Zeit, 2. Jahrhundert n. Chr.

DER SONNENZYKLUS

*Re-Harachte („Re, Horus des Horizonts"),
ein Aspekt des Sonnengottes, der hier mit
dem Himmelsgott Horus verschmilzt (siehe
Kasten rechts), wird bei Sonnenaufgang von
Pavianen angebetet. Aus dem Totenbuch des
Hunefer, Neues Reich, 19. Dynastie (ca.
1292–1190 v. Chr.)*

ASPEKTE EINES EINZIGEN GOTTES

Das Denken der Ägypter ließ viele
verschiedene Erklärungen für Naturerscheinungen gelten, die uns vielleicht widersprüchlich erscheinen
würden. Daher gibt es eine verwir-
rende Vielzahl von Namen und
Bildern für ägyptische Gottheiten
(siehe Kasten gegenüber). Diese
waren aber keine konkurrierenden
Theologien, sondern alternative
Erklärungen der Wirklichkeit, die mit
einzelnen Aspekten einer Naturgewalt oder eines Elements zu tun
hatten. So konnte Horus gleichzeitig
als Sonne (Horus als Re, König des
Universums, siehe Abb. oben und
Kasten), als der regierende Pharao
(Horus als König der Lebenden, als
„Sohn des Re") und als Erscheinungsform des früheren Pharao (Horus,
Sohn der Isis und des Osiris)
auftreten. Jeder Aspekt war eine
Manifestation der Königswürde, wie
sie in Horus verkörpert war.

Dieser Ansatz spiegelt sich nicht
nur in der Vielzahl der eigenen
Götter und Göttinnen, sondern auch
in der Bereitwilligkeit, mit der die
Ägypter die Götter anderer Kulturen
annahmen (siehe S. 52).

Der Tag begann bei Sonnenaufgang, wenn Nut, die Himmelsgöttin, im
Osten die Sonne „zur Welt gebracht hatte". Die Sonne, die als männliche
Gottheit gesehen wurde, segelte im Tagesboot über die Himmelswasser,
bevor er im Westen in die Duat, die Region unter der Erde, und den Schoß
der Mutter Nut einging. Bei Nacht fuhr er im Nachtboot von Westen nach
Osten durch die Duat und wurde am Morgen wiedergeboren.

Während der Lauf der Sonne bei Tag als heiteres Weiterziehen am
Himmel beobachtet werden konnte, ließ sich die Reise durch die Duat nur
erahnen. Die Ägypter sahen sie – wie die Nacht selbst – als eine Zeit der
Unsicherheit und Gefahr. Beschreibungen der nächtlichen Fahrt gibt es
bereits in den frühesten religiösen Texten, die besten finden sich in den
„Büchern aus der Unterwelt", die zu Anfang des Neuen Reiches entstan-
den. Am detailreichsten gibt das Amduat („Er, der in der Duat ist") den
Lauf der Sonne durch die Nacht wieder.

Die Gefahren dort wurden durch eine Riesenschlage personifiziert,
Apep (Apophis in der griechischen Version). Sie bewohnte die Unterwelt
in ihrer gesamten Länge, und sie versuchte, den Lauf der Sonne an den
Toren zu jeder der zwölf Nachtstunden zu behindern. Während die Sonne
durchzog, weckte ihr Licht die Bewohner der Duat, die man sich als
Dämonen und Seelen der Verdammten vorstellte. Eine typische Passage
des Amduat beschreibt, wie die Sonne „nach den Seelen ruft ... und man
hört in dieser Höhle etwas, das klingt wie das Geheul von Menschen,
deren Seelen nach der Sonne schreien".

Mitten in der Nacht, an der tiefsten Stelle der Duat, traf die Sonne auf die Mumie des Gottes Osiris, der Kraft des Lebens und der Wiedergeburt. Dabei wurden die beiden Götter vereint: „Die Sonne ruht in Osiris, Osiris ruht in der Sonne." Die Sonne erhielt die Kraft des neuen Lebens, und Osiris wurde in der Sonne wiedergeboren. Mit dem neuen Leben, „empfangen in den Armen ihres Vaters Osiris", konnte die Sonne ihren Weg durch die Nacht fortsetzen und bei Sonnenaufgang wiedergeboren werden.

Wenn die Sonne die Duat verließ, segelte sie nicht sofort über dem sichtbaren Horizont, sondern gelangte erst in einen Bereich zwischen Duat und Himmel, der bei den Ägyptern Achet genannt wurde, das bedeutet „der Ort des Wirksamwerdens". Praktisch war das die Erklärung dafür, daß der Himmel schon hell wird, auch wenn die Sonne noch nicht zu sehen ist. Hier erhielt die Sonne lebensfähige Form, bevor sie geboren wurde: „Dann setzt sie Kurs auf die Welt, um zu erscheinen und geboren zu werden. Dann zeigt sie sich oben. Dann verläßt sie den Schoß der Mutter Nut. Dann zieht sie zum Himmel davon." In den Augen der Ägypter war dieser tägliche Sonnenzyklus nicht nur Naturerscheinung, sondern wiederkehrender Sieg des Lebens über den Tod.

ERSCHEINUNGEN DER SONNE

Die Sonne war in vieler Hinsicht der wichtigste ägyptische Gott. Ihre Bedeutung zeigt sich in der Vielzahl von Göttern mit Sonnenbezug – jeder stellt einen oder mehrere Aspekte der Sonne dar (siehe Randtext gegenüber).

Re: Die Sonne an sich, dargestellt als Mann, Falke, Widder oder Mann mit einem dieser Tierköpfe. Re bedeutet einfach „Sonne". Später wurde oft der bestimmte Artikel vorangesetzt (*pa-Re*, „die Sonne"). Als physische Erscheinung des Sonnengottes wurde die Sonne auch das Auge des Re genannt und war in dieser Form eine Göttin.

Pektorale aus Gold und Halbedelsteinen mit der Darstellung der aufgehenden Sonne, Chepri, mit der Sonnenscheibe. Aus dem Grab des Tutanchamun (ca. 1332–1322 v. Chr.) im Tal der Könige, Theben-West.

Chepri: Die Sonne beim Aufgehen. Der Name bedeutete „der Entstehende", mit der Hieroglyphe des Skarabäus (cheprer, 𓆣) geschrieben. Oft als Skarabäus (eine Sonnenscheibe tragend) oder Mann mit Skarabäuskopf dargestellt.

Atum: Die Sonne als Gipfel der Schöpfung. Als Mann dargestellt, oft mit der Sonne beim Untergehen gleichgesetzt, in der Kombination Re-Atum.

Horus: „Der Ferne", die Sonne als Herrscher über die Schöpfung, dargestellt als Mann, Falke oder Mann mit Falkenkopf. Tritt auch als Harachte oder Re-Harachte („Horus vom Horizont [*Achet*]") und Harmachis, das heißt „Horus am *Achet*"), auf. Wie bei Re wurde die Sonne auch als Auge des Horus bezeichnet.

Aton: Die sichtbare Sonnenscheibe, dargestellt als solche. Weniger Gott als Medium, durch das das Sonnenlicht in die Welt kommt. Die Reformen des Echnaton drehten sich um Aton (siehe S. 132–133).

Amun-Re: Die Sonne als Manifestation des Amun, des ersten und größten aller Götter. Dieser Aspekt wird meist als Mann mit einer Krone aus zwei hohen Federn gezeigt.

„VOR ZWEI DINGEN"

Die Spekulationen der Ägypter über das Universum vor der Schöpfung konzentrierten sich auf den Ozean, der die geschaffene Welt umgab. Wie alle Naturerscheinungen wurden diese kosmischen Wasser als Gott betrachtet, von den Ägyptern Nu („der aus Wasser", männliche Form des Wortes „Nut", siehe S. 118–119) oder Nun („unbeweglich") genannt. Vor der Schöpfung bestand das Universum nur aus den Wassern des Nu; ägyptische Texte beschreiben dies als die Zeit, als der Schöpfer „allein war mit Nu … bevor der Himmel entstand, die Erde, die Menschen, bevor die Götter geboren waren, bevor es den Tod gab". Da die Schöpfung zum Teil als die Entwicklung der Vielfalt aus einem ursprünglichen Einssein (siehe S. 126–127) galt, wurde die Ewigkeit, die ihr vorausging, als die Zeit „vor zwei Dingen", die auf dieser Welt entstanden, bezeichnet.

Dieses Ur-Universum war bereits früh Gegenstand von Spekulationen. Das Gegenteil der bekannten Welt der Schöpfung, legten die Theologen seine wesentlichen Merkmale mit abstrakten Begriffen fest: Wässerigkeit (*nwj*) oder Unbeweglichkeit (*nnw*), die grundlegendsten Eigenschaften, enthalten in den Bezeichnungen der Wasser (Nu, Nun); Unendlichkeit (*hhw*), Dunkelheit (*kkw*), Ungewißheit (*tnnw*, wörtlich „Verlorensein") oder Verborgensein (*jmnw*). Diese vier Eigenschaften treten erstmals in

DER URHÜGEL

Die ersten Texte, die sich mit ägyptischem Gedankengut über das Universum und seine Entstehung beschäftigen, stammen aus einer Zeit fast tausend Jahre nach den ersten Aufzeichnungen. Was frühere Vorstellungen angeht, so sind wir auf Bilder und architektonische Zeugnisse sowie spätere Texte angewiesen, die diese interpretieren. Eine der ältesten Vorstellungen ist die vom Urhügel, dem ersten „Ort", der sich aus den unendlichen Wassern erhob und über dem die Sonne zum ersten Mal aufging. Man ist versucht, in diesem Bild die Umwelt zu sehen, wie sie die ersten Siedler in Ägypten erlebten, die die höchsten Stellen des fruchtbaren Schwemmlandes aus dem Wasser steigen sahen, als das Nilhochwasser zurückging.

Wo auch immer das Bild herkam, der Urhügel blieb die gesamte ägyptische Geschichte hindurch von großer Bedeutung. In einigen Tempeln gab es einen Erd- oder Sandhügel, der daran erinnerte. Die Gräber der ersten ägyptischen Herrscherdynastien wurden mit ähnlichen Hügeln gekennzeichnet, was den darunter Begrabenen Neuschöpfung und Wiedergeburt verhieß. Das Bild des Urhügels verband sich mit der machtvollen Sonnensymbolik in den Pyramiden und den Obelisken (siehe S. 170–171).

Wie bei allen Merkmalen der ägyptischen Welt galt der Urhügel ebenfalls als Ausdruck göttlicher Kraft – in diesem Fall war es der Gott Ta-tenen, das heißt „aufsteigendes Land". Er stand in Verbindung mit dem Gott Nefertum, der als Lotos dargestellt wurde und in manchen Beschreibungen die erste Lebensform gewesen sein soll, die entstand, als sich die Urwasser zurückgezogen hatten. Aus dieser Blüte konnte die Sonne auf die Welt zu scheinen beginnen.

den Sargtexten um 2000 v. Chr. in Erscheinung. In Reliefs der Ptolemäerzeit (323–30 v. Chr) werden sie meist als vier Götterpaare dargestellt, deren Namen weibliche und männliche Gegenstücke sind: Nun und Naunet, Huh und Hauhet, Kuk und Kauket, Amun und Amaunet. Gemeinsam sind sie als Ogdoad (griechisch für „Achtheit") bekannt. Die Achtheit wurde in Hermopolis angebetet, zu ihren Ehren hieß ein Teil „Stadt der Acht" (Aschmun, heute el-Ashmunein). Obgleich die Gruppe als solche erstmals kurz vor der Ptolemäerzeit auftritt, ist sie vermutlich viel älter: Die Bezeichnung „Stadt der Acht" geht bis in die 5. Dynastie (ca. 2500–2350 v. Chr.) zurück und zwei der göttlichen Paare (Nun und Naunet, Amun und Amaunet) kommen in den Pyramidentexten um 2350 v. Chr. vor.

Zusammen mit den Wassern des Universums sollen die Götter der Achtheit vor der Schöpfung existiert haben. Die Theologen von Hermopolis betrachteten die Eigenschaften, für die sie standen, als Umkehrbilder der geschaffenen Welt. Das Universum vor der Schöpfung war wässrig, unbeweglich, unendlich, dunkel und ungewiß oder verborgen, während die geschaffene Welt trocken, aktiv, begrenzt, hell und greifbar war. Diese Gegensätze bildeten eine dynamische Spannung zwischen dem negativen Potential des Universums vor der Schöpfung und der positiven Wirklichkeit der geschaffenen Welt. Theologisch machte diese Spannung die Schöpfung unumgänglich. Deswegen wurden die Götter der Ogdoad als Schöpfer-Gottheiten angebetet, „Väter und Mütter, die vor den ursprünglichen Göttern da waren, die zuerst entstanden, die Vorfahren der Sonne".

Die Entstehung der Welt aus dem Totenbuch des Chensumosis, eines Amun-Priesters. Am ersten Tag der Schöpfung steigt die Sonne in drei Phasen in die Höhe und erscheint schließlich über dem Horizont des Urhügels (als Kreis dargestellt), der von den Wassern umgeben ist, das die beiden dem Norden (rechts) und dem Süden (links) zugeschriebenen Göttinnen ausgießen. Auf dem Hügel selbst werden die acht Schöpfergottheiten – die Achtheit oder Ogdoad – als Gestalten dargestellt, die mit der Haue die Erde bearbeiten, was die ersten Schöpfungsakte symbolisiert. Dritte Zwischenzeit, 21. Dynastie (ca. 1075–945 v. Chr.).

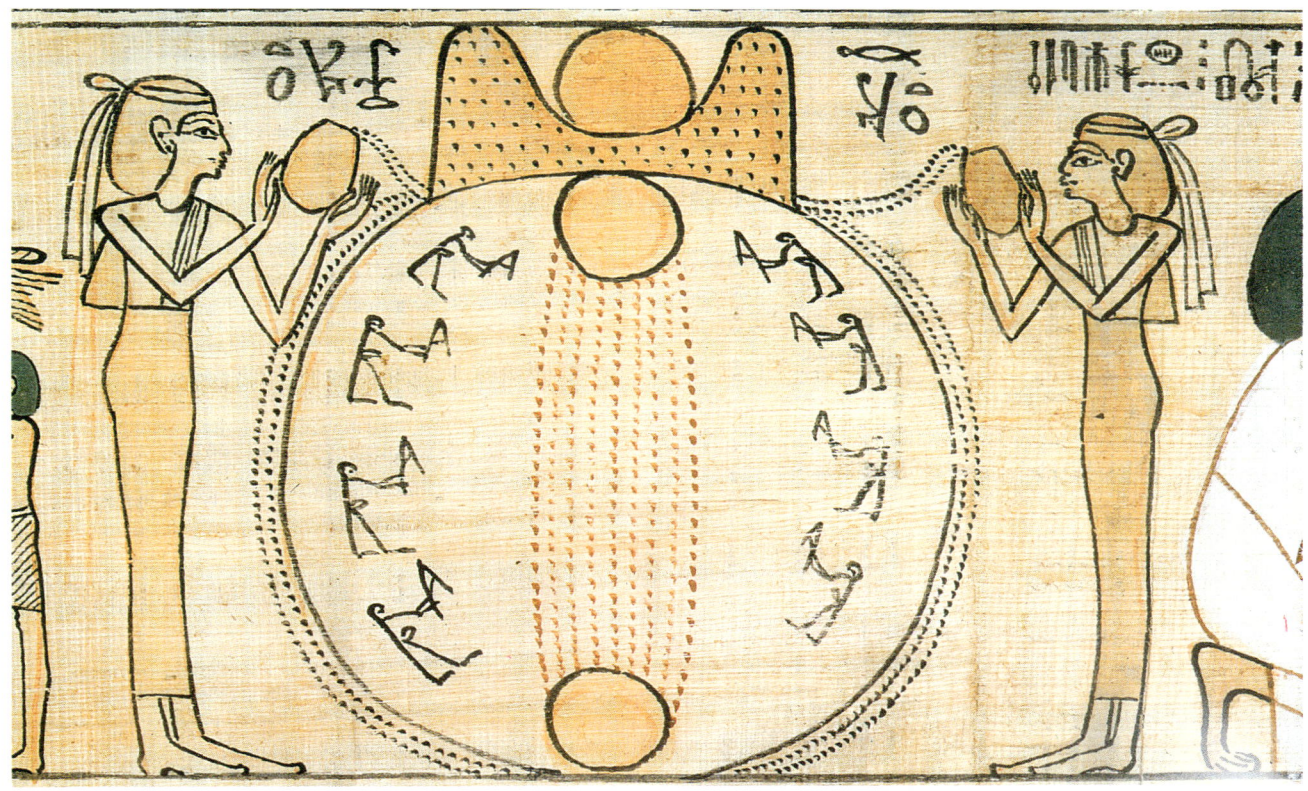

DER EINE UND DIE VIELEN

Kein einzelner Text und kein Dokument überliefert uns die gesamte Vorstellung der Ägypter von der Entstehung der Welt. Dies ist zum Teil der Geschichte zuzuschreiben: Die Theologie der Ägypter blieb in 3 000 Jahren bemerkenswert in sich geschlossen, aber sie entwickelte sich weiter und wurde komplexer. Die Überlieferungen der ägyptischen Theologie förderten die Vielfalt mehr als die Einheitlichkeit. Die Tempel im ganzen Land konzentrierten sich auf verschiedene Einzelaspekte der Schöpfungsgeschichte. Diese verstand man im allgemeinen nicht als konkurrierende Theorien (siehe Randtext S. 118), aber sie führten dennoch zu einem bruchstückhaften Bild von der Gedankenwelt Ägyptens.

Eine der frühesten, vielfältigsten und einflußreichsten Traditionen entstand in der Stadt Heliopolis, dessen Tempel Atum geweiht war. Hier wurde die Schöpfung als Entstehungsprozeß gesehen, nicht unähnlich der Urknalltheorie in der modernen Physik. Er wurde jedoch in der typisch ägyptischen Metaphorik der Geburt, nicht mit abstrakten Worten wissenschaftlicher oder philosophischer Terminologie festgehalten. Die Theologen von Heliopolis konzentrierten sich darauf, die Vielfalt der Schöpfung aus einer Quelle zu erklären. Ihre Lösung war der Gott Atum, dessen Name soviel wie „Alles" bedeutet. Vor der Schöpfung existierten Atum und die Urwasser in einem Zustand unverwirklichter Möglichkeiten – der heute als

Der Gott Schu trennt den Himmel, Nut, von der unter der Göttin liegenden Erde, Geb (siehe Kasten gegenüber). Szene aus dem Totenbuch der Nesitanebtaschru, Tochter des Pinudjem I., Hohepriester des Amun und König von Oberägypten. Dritte Zwischenzeit, ca. 1065–1045 v. Chr.

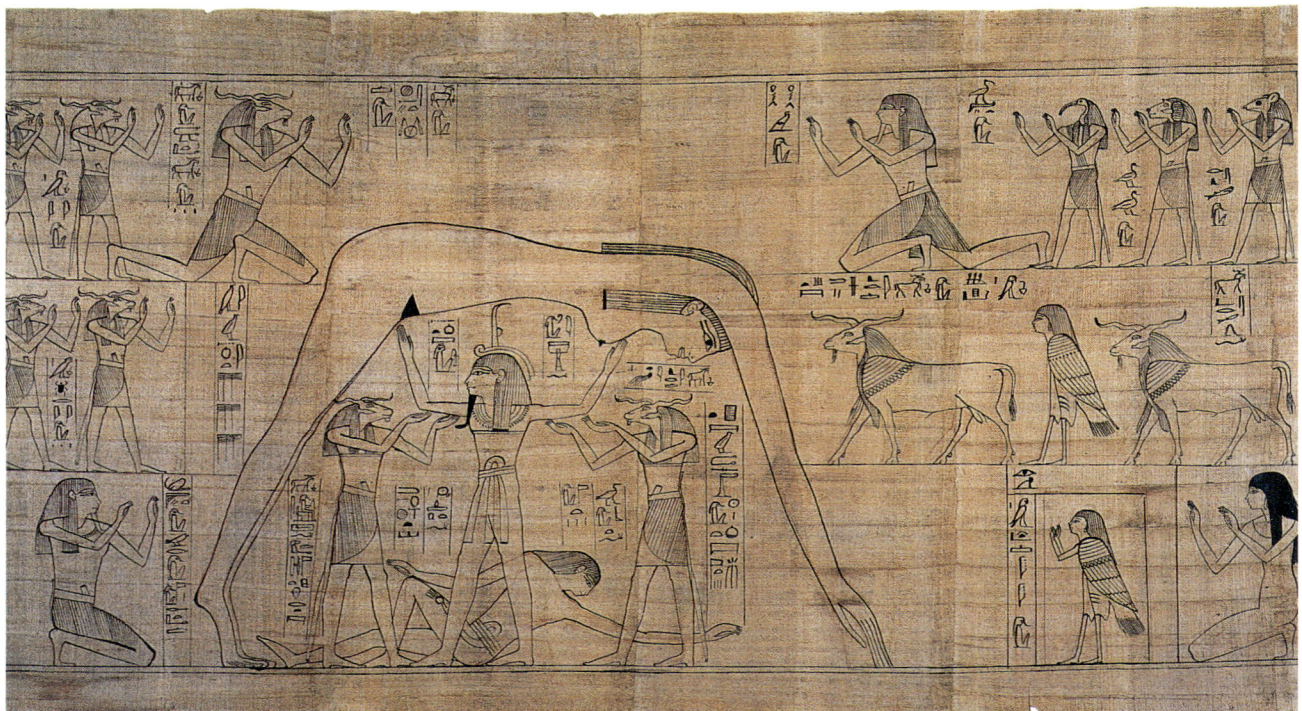

dem Begriff der Urknall-Singularität in der modernen Physik verwandt gilt. Die ägyptischen Texte umschreiben dies mit dem Bild des Atum, „der unbeweglich … allein mit Nu … dahintreibt".

Schöpfung ereignet sich, als sich Atum vom Einssein zur Vielfalt der Welt entwickelt. Der erste Schritt ist die Entstehung einer trockenen Leere in den Wassern des Universums. Die Leere schafft Raum, von Erde und Himmel begrenzt. Diese ermöglichen die Entstehung des Lebens in all seiner Vielfalt, die Höhepunkt und Anfang im ersten Sonnenaufgang über der neuen Welt findet. Obwohl dieser Prozeß in einzelnen Stufen abläuft, stellte man ihn sich wahrscheinlich als gleichzeitiges Geschehen vor. Die Texte deuten darauf hin, weil sie die Atmosphäre als das bezeichnen, was „Atum am Tage seines Werdens geschaffen hat". Der Ablauf der Entstehung des Atum wird in sehr konkreten Bildern beschrieben, angefangen von der Zeugung seiner ersten „Kinder", Schu und Tefnut (siehe Kasten unten). Die Schöpfung ist auf gewisse Weise letztlich nichts anderes als die Entstehung von Atum selbst – eine Beziehung, die in seinen Beiwörtern „Selbst-Schöpfer" und „Herr bis zur Grenze" ihren Widerhall findet.

DIE ENNEAD

In der Geburtsmetapher, in der die Schöpfungstheorie von Heliopolis überliefert ist, wird die Entwicklung des Atum zu den wichtigsten Elementen und Kräften der Welt mit den Begriffen neuer Generationen als Gruppe von neun Göttern, der sogenannten „Ennead", ausgehend von Atum selbst, beschrieben. Die erste Generation besteht aus Schu (was „Leere" bedeutet), der Luft, und Tefnut, seinem weiblichen Gegenstück. Dieses göttliche Paar zeugt Geb, die Erde, und Nut, den Himmel, die in enger Umarmung beieinander liegen, bis sie von Schu getrennt werden (siehe Abb. gegenüber). Geb und Nut zeugen wiederum die beiden göttlichen Paare Osiris und Isis sowie Seth und Nephthys, die vier Götter, die die Kräfte von Leben, Geburt und Sexualität verkörpern.

Obwohl die Ennead oder Neunheit im Idealfall aus diesen neun Göttern bestand, dürften die Ägypter den Begriff zeitweise auch weniger eng aufgefaßt haben. Texte meinen mit „Ennead" manchmal auch nur fünf Götter oder bis zu 20, dann wieder ist von mehreren Enneaden die Rede. Oft gehört zur traditionellen Ennead ein zehnter Gott, meistens Horus (der Sohn von Isis und Osiris) oder Re (die Sonne). Diese „Abweichungen" zeigen, daß die Ennead eher als Kollektivbezeichnung für die wichtigsten Götter des Kosmos galt. Der Begriff „Ennead" wird manchmal mit der Hieroglyphe für „Gott" wiedergegeben, wiederholt in drei Gruppen zu drei. Da eine Dreiergruppe eine übliche Form für die Mehrzahl „Götter" war, könnte das darauf hinweisen, daß die Ennead als „Mehrzahl einer Mehrzahl" aufgefaßt wurde – und daher alle Götter einbezog.

DIE ENTSTEHUNG DES ATUM

Die Geschichte der Geburt von Atums „Kindern" ist nur eine bildliche Erklärung für die Entwicklung der wichtigsten Elemente und Kräfte der Welt aus einem einzigen Ursprung: Wie Kinder erhalten sie ihr Leben und ihre Substanz von ihren Eltern. Da Atum jedoch am Anfang allein war, muß sein erster Entwicklungsschritt von ihm selbst gekommen sein. Die Texte erklären dies durch die Metaphern der Selbstbefruchtung oder Masturbation – Atums Hand ersetzte sein weibliches Gegenstück.

Diese konkreten Bilder verdeutlichen die Schöpfungstheorie von Heliopolis. Es gibt auch einen Papyrus aus der frühen Ptolemäerzeit (323–30 v. Chr.) – mit einem möglichen Vorläufer in der 20. Dynastie (ca. 1190–1075 v. Chr.) –, welcher den Bericht Atums über seine Entstehung auf abstraktere Weise wiedergibt: „Als ich entstand, entstand die Entwicklung. Alle Entwicklung entstand, nachdem ich entstanden war … aus Nu, aus dem Unbeweglichen. Ich blickte mich allein in meinem Herzen um, und die Entwicklungen der Entwicklungen wurden viele, in den Entwicklungen der Kinder und in den Entwicklungen der Kindeskinder."

DAS WORT GOTTES

DER GÖTTLICHE MITTLER
Wo die meisten Texte sich damit
bescheiden, dem Schöpfer einfach die
Kraft der „Wahrnehmung" und der
„Verkündigung" zuzuschreiben,
untersucht die Theologie von
Memphis die Verbindung zwischen
Gedanke, Wort und Wirklichkeit
genauer und sieht dieses Bindeglied
im Gott Ptah. Während der Schöpfer
seine Anweisung gibt, setzt Ptah sie
in die Wirklichkeit der geschaffenen
Welt um, und er führt diese Tätigkeit
im prosaischeren Umfeld der
menschlichen Kreativität weiter.

Diese Vorstellung von einem göttlichen Mittler zwischen Schöpfer und
Schöpfung ist der einzigartige
Beitrag der Theologie von Memphis.
Sie ging dem griechischen Begriff
des Demiurgen um einige Jahrhunderte voraus und fand in der
christlichen Theologie 1 000 Jahre
später ihren höchsten Ausdruck: „Im
Anfang war das Wort, und das Wort
war bei Gott, und das Wort war
Gott." (Joh 1,1–2).

Die Theologie von Heliopolis beschäftigte sich vor allem mit der materiellen Seite der Schöpfung. Jedoch ging es den ägyptischen Theologen auch
um die fundamentale Frage, wie die Vorstellung des Schöpfers von der
Welt vom Gedanken in die Wirklichkeit umgesetzt wurde. Ihre Lösung lag
meist in einer schöpferischen Äußerung (siehe Kasten gegenüber) – wie
auch in der Schöpfungsgeschichte der Bibel („Gott sprach: Es werde
Licht." Gen 1,3). Früheste Texte aus Heliopolis schreiben diese Kraft
Atum zu; sie berichten, wie der Schöpfer „die Verkündigung in den Mund
nahm" und „sich selbst erschuf, wie er wollte, ganz nach seinem Herzen".

Die Verbindung zwischen Begriff und physischer Wirklichkeit wurde
von den Theologen in Memphis anders gesehen: Ihr Hauptgott Ptah verkörperte sie in der menschlichen Tätigkeit des künstlerischen Schaffens.
Handwerke wie das des Baumeisters erfordern, daß vor seinem geistigen
Auge ein Grundkonzept entsteht. Durch die Geschicklichkeit des Künstlers nimmt dieses Konzept als fertiges Gebäude Form an. Für die Theologen von Memphis war das Bindeglied zwischen der Vorstellung des Künstlers und der Umwandlung des Rohstoffes die Kraft, die Ptah verkörperte.

Die Theologen des Ptah vereinten die Begriffe der Handwerkskunst und
des schöpferischen Wortes zu einer Theorie. Das Ergebnis ist eines der
bemerkenswertesten Zeugnisse menschlichen Denkens, die aus dem Alten
Ägypten erhalten blieben. Ursprünglich auf Papyrus oder Leder und
frühestens während der Herrschaft von Ramses II. (ca. 1279–1213 v. Chr.)
geschrieben, ist es nur überliefert, weil es unter dem nubischen Pharao
Schabaka (ca. 716–702 v. Chr.) auf Stein übertragen wurde (siehe Abb.).

*Der Schabaka-Stein, die Hauptquelle, aus
der uns die Schöpfungsgeschichte in der
Version von Memphis überliefert ist (siehe
Haupttext). Während der Herrschaft des
Schabaka wurde der Bericht von einem
alten Papyrus – der, wie es im Text eingangs
heißt –, „wurmstichig und von Anfang bis
Ende unverständlich war" – auf eine
Basalttafel übertragen. Leider wurde der
Stein in der Mitte durchbohrt und zum
Getreidemahlen verwendet, bevor ihn die
Archäologen entdeckten; dadurch gingen
Teile des Hieroglyphentextes verloren.*

Die „Theologie von Memphis" schafft eine sorgfältig begründete Verbindung zwischen „Wahrnehmung" und „Verkündigung" auf menschlicher Ebene und der Art, wie sich der Schöpfer diese zu eigen machte. Sie schreibt die Kraft hinter der Entstehung von Atum Denken und Worten eines ungenannten Schöpfers zu: „Durch das Herz und durch die Zunge geschah es, daß Atums Bild entstand." Das Wort, das Atums „Bild" beschreibt, steht sonst für Reliefs, Malereien, Standbilder und Hieroglyphen (von den Ägyptern „göttliche Sprache" genannt). Sie alle sind „Abbilder" einer Idee, bildlich oder verbal, und auch die Welt selbst ist ein „Abbild" der Vorstellung des Schöpfers. Atum ist nur der Rohstoff für dieses Abbild: „Atums Ennead entstand durch seinen Samen und seine Finger, aber die Ennead sind die Zähne und Lippen seines Mundes, der die Identität aller Dinge ausspricht. … So wurden alle Götter geboren, auch Atum und seine Ennead, denn durch das, was das Herz plant und die Zunge befiehlt, entsteht jede göttliche Sprache."

Diese Passagen geben sehr komplex den theologischen Standardgedanken der schöpferischen Äußerung wieder. Das Dokument verbindet diese Vorstellung mit dem Handeln des Ptah, „der allen Göttern das Leben gab … durch dieses Herz und diese Zunge … So entstand jeder Bau und jedes Handwerk: durch das Tun der Hände, das Gehen der Füße und die Bewegung aller Glieder, so, wie er das lenkt, was das Herz denkt, was über die Zunge kommt und alles erleichtert … So ist Ptah nun zur Ruhe gekommen, nachdem er alles gemacht hat, auch jede göttliche Sprache."

Ptah, der Hauptgott von Memphis und Schutzgott der Handwerker, war das Medium, durch das die Idee des Schöpfers der Welt physische Wirklichkeit wurde. Aus dem Grab des Tutanchamun (ca. 1332–1322 v. Chr.) im Tal der Könige, Theben-West.

IDEE UND WIRKLICHKEIT

Wie in allen Kulturen des Altertums glaubte man auch in Ägypten an die schöpferische Kraft des gesprochenen (und geschriebenen) Wortes. Diese Kraft hatte zwei wesentliche Komponenten: die Bildung einer Idee im Inneren (genannt „Wahrnehmung" – einen Prozeß, den die Ägypter eher im Herzen als im Gehirn ansiedelten) und der schöpferische Ausdruck dieser Idee (genannt „Verkündigung"). Wie alle Kräfte in der Natur wurden diese als göttlich gesehen: Die Götter, die sie repräsentieren, werden oft als Begleiter des Sonnengottes in seiner Barke dargestellt. Wahrnehmung und Verkündigung waren vor allem Göttern und König vorbehalten, „auf deren Wort hin alles geschah".

Die Verbindung zwischen Verkündigung und Wirklichkeit sah man in einer dritten Kraft, der „Wirksamkeit" oder „Magie". Diese machte den Unterschied zwischen einer normalen Äußerung und einer Äußerung mit wahrer schöpferischer Macht aus. Wie Wahrnehmung und Verkündigung wurde sie vom Schöpfer bei der Entstehung der Welt angewendet, sie ist „älter" als die anderen Götter: „Das, was der einzige Herr vor zwei Dingen auf dieser Erde erschuf."

AMUN, DER UNFASSBARE

Die Schöpfungstheologien von Heliopolis und Memphis basierten auf der Auffassung der Ägypter von den Göttern als Kräfte und Elemente der geschaffenen Welt. Atums Entstehung erklärte, woher diese kamen, und der Begriff der schöpferischen Äußerung machte verständlich, wie des Schöpfers Wille zu Wirklichkeit wurde. Die ägyptischen Theologen erkannten, daß der Schöpfer transzendent sein, über der geschaffenen Welt stehen mußte, nicht Teil davon sein durfte. Er konnte nicht wahrgenommen werden wie andere Götter. Diese „Unfaßbarkeit" war seine grundlegendste Eigenschaft, widergespiegelt in seinem Namen: Amun – „Verborgen".

Die Theologie des Amun ist eng verbunden mit Theben und seinen beiden großen Tempeln in Karnak und Luxor. Obwohl Amun erstmals in den Pyramidentexten um 2350 v. Chr. aufscheint, dürfte seine Transzendenz auf spätere Entwicklungen zurückgehen und erst mit dem Neuen Reich (ab ca. 1539 v. Chr.) einsetzen. Als Amun als größter aller Götter etabliert war, verschmolz seine Lehre bald mit der anderer religiöser Zentren, deren Götter als Erscheinungen Amuns gesehen wurden. Deshalb ist die thebanische Theologie besser dokumentiert als jede andere Denkschule.

Ein Papyrus, heute in Leiden, unter Ramses II. (ca. 1279–1213 v. Chr.) geschrieben und aus einer Reihe von „Kapiteln" bestehend, ist die detailreichste Wiedergabe der thebanischen Theologie. In Kapitel 90 geht es um Amun als die Urquelle aller Götter: „Die Ennead ist in deinem Körper vereint: Dein Bild ist jeder Gott, zusammengefaßt in deiner Person." In Kapitel 200 wird Amun als unfaßbar bezeichnet: „Er ist vor den Göttern

Blick (nach Westen) auf den großen Tempelbezirk des Amun in Karnak, Theben-Ost. (Siehe auch S. 208–209.)

verborgen, und sein Aussehen ist unbekannt. Er ist weiter entfernt als der Himmel, tiefer als die Duat. Kein Gott kennt seine wahre Erscheinung … niemand kann ihn genau beschreiben. Er ist zu geheimnisvoll, um seine ehrfurchtgebietende Existenz zu enthüllen, zu groß, als daß man ihn erforschen kann, zu mächtig, als daß man ihn kennen könnte." Da er außerhalb der Natur existiert, ist Amun der einzige Gott, durch den die Natur geschaffen werden konnte. Alle Schöpfergottheiten werden als Manifestationen des Amun bezeichnet, der obersten Ursache, dessen Wahrnehmung und schöpferische Äußerung durch die Vermittlung des Ptah (siehe S. 124–125) die Entstehung des Atum in die Welt beschleunigte.

So sind alle Götter nichts als Aspekte des Amun. In Kapitel 300 heißt es: „Alle Götter sind drei: Amun, Sonne und Ptah, ohne ihre Helfer. Seine Identität ist als Amun verborgen, sein Gesicht ist die Sonne, sein Körper ist Ptah." Der Text spricht von drei Göttern, diese sind aber nur Aspekte eines einzigen Gottes. Hier hat die ägyptische Theologie eine Art Monotheismus erreicht, nicht so sehr im Sinn des Islam, der nur eine einzige, unteilbare Gottheit anerkennt, sondern eher im Sinn der Dreifaltigkeit des Christentums. Diese Passage stellt die ägyptische Theologie an den Anfang der großen religiösen Traditionen westlicher Prägung.

„WUNDERBARER GOTT VIELER ENTWICKLUNGEN"

Obgleich „unfaßbar", wird Amun immer wieder als Mann mit einer Krone aus zwei langen Federn dargestellt. Eines der frühesten Bilder des Amun, das vielleicht vom Gott Min abgeleitet ist, stellt einen Mann mit erigiertem Penis dar, was auf Schöpferkraft und „selbstbefruchtete" Herkunft hindeutet. Letzteres ist auch in der Bezeichnung Amun-Kamutef („Stier seiner Mutter") enthalten. Außer mit Min verschmilzt er am häufigsten mit dem Sonnengott Re. Die Verbindung Amun-Re ist Ausdruck der Transzendenz des Amun und seiner Immanenz in der Sonne. Amun-Re wird auch oft als „Herr über die Throne der beiden Länder" und als „König der Götter" bezeichnet, was seine Oberhoheit widerspiegelt. In der Tiersymbolik stand Amun in enger Beziehung zum Widder (Ausdruck der Schöpferkraft und Bezug zu Re) und zur Gans (in seiner Rolle als einziger Schöpfer).

Amuns Abbild wurde mehrmals im Jahr bei Prozessionen in Theben gezeigt, dabei konnte man sich ihm mit persönlichen Anliegen nähern. Stelen, Ostraka, Papyri und Gebete an Amun zeugen von seiner Zugänglichkeit; sein Prunktempel in Karnak war mit einer Kapelle speziell für persönliche Gebete ausgestattet.

Thutmosis III. (ca. 1479–1435 v. Chr.) vor der thronenden Gestalt des Amun-Re, der mit dem Sonnengott verschmolzenen Form des Amun (siehe S. 119). Aus einem Schrein nahe dem Totentempel der Hatschepsut, Theben-West.

DIE KETZEREI DES ECHNATON

Bemalte Kalksteinstatuette von König Echnaton und seiner Hauptfrau Nofretete im naturalistischen Stil, der sich gegen Ende der Regierungszeit des Königs durchsetzte. Die Haltung des Paares gibt die Vertrautheit wieder, die für die königliche Porträtkunst der Zeit typisch war. Neues Reich, Amarna-Periode, um 1340 v. Chr.

In 3 000 Jahren blieb die ägyptische Religion bemerkenswert einheitlich – mit einer Ausnahme. Etwa zwei Jahrzehnte lang förderte der Pharao Echnaton (ca. 1353–1336 v. Chr.) am Ende der 18. Dynastie (der „Amarna-Zeit") ein Weltbild, das an den Fundamenten des ägyptischen Glaubens rüttelte.

Echnaton begann, in recht traditioneller Form als Amenhotep IV. zu regieren. Schon die frühesten Inschriften zeigen jedoch eine Neuerung, nämlich besondere Verehrung für den Sonnengott, der mit einem neuen Beiwort vorkommt: „Der Lebendige, Re-Harachte, der im Achet seine Wirkung entfaltet, in seiner Lichtidentität, die in der Sonnenscheibe liegt." Im 5. Regierungsjahr des Königs war die Ikonographie völlig neu. Name und Beiwort des Re-Harachte wurden nun in zwei Kartuschen geschrieben, und sein traditionelles Bild, der Falke oder falkenköpfige Mann, wurde durch die strahlende Sonnenscheibe (Aton) ersetzt. Gleichzeitig änderte der König seinen Namen von Amenhotep („Amun ist zufrieden") zu Echnaton („Wirksam für Aton"). Er begann auch, an dem heute als Tell el-Amarna bekannten Ort eine neue Hauptstadt, Achet-Aton („Der Ort, an dem Aton wirksam wird"), zu bauen, auf halbem Weg zwischen der alten Hauptstadt Memphis im Norden und dem Sitz der Dynastie in Theben im Süden.

Echnatons Veränderungen wirkten auf viele Aspekte der ägyptischen Kultur ein (siehe S. 227), auf keinen jedoch mehr als die Religion. Anstelle Hunderter Naturelemente und Kräfte, die die Ägypter immer als ihre Götter verehrt hatten, erkannte Echnaton nur noch eine an: die höchste Macht des Lichtes, das durch die Sonnenscheibe in die Welt kam und ihr jeden Tag Leben gab. Dieser Gott konnte nicht dargestellt werden: Das Symbol der strahlenden Sonnenscheibe, das die Amarna-Kunst beherrscht, ist nichts weiter als ein vergrößerte Version der Hieroglyphe für „Licht" (☥).

Gegen Ende der Herrschaft von Echnaton scheinen zwei neue Pharaonen auf; einer oder beide regierten neben ihm. Einer von ihnen, Semenchkare, war mit Echnatons ältester Tochter verheiratet und herrschte bis etwa 1332 v. Chr.; der andere, ab ca. 1336 v. Chr., trug den Namen Nefernefruaton, den Echnatons Hauptfrau Nofretete (siehe S. 90) verwendete, und war vielleicht sie selbst. Eine Inschrift aus Theben aus dem 3. Regierungsjahr von Nefernefruaton enthält ein Gebet an Amun; Echnaton könnte sich dem politischen Druck gebeugt und einen Mitregenten ernannt haben, der auf traditionelle Weise über Ägypten herrschte, während er sich und seine neue Religion auf Achet-Aton beschränkte. Allen drei Pharaonen folgte schließlich Tutanchamun (ca. 1332–1322 v. Chr.) nach, der Achet-Aton aufgab und die alte Religion wiederherstellte. Spätere Generationen wiesen Echnatons Weltbild zurück und versuchten, alle Erinnerungen an seine

Regierungszeit auszulöschen, indem sie seine Monumente in ganz Ägypten zerstörten. Er galt nur noch als „der Ketzer von Achet-Aton".

Vieles an dieser bemerkenswerten Periode der ägyptischen Geschichte bleibt unklar, nicht zuletzt der Grund für ihr Entstehen. Manche Wissenschafter meinen, Echnatons Reformen seien die erste intellektuelle Revolution in der Geschichte überhaupt gewesen. Andere sehen sie eher als prosaischen Versuch, den politischen Einfluß Amuns und seiner Tempel zu reduzieren. Beide haben etwas für sich, da Religion und Politik im ägyptischen Denken praktisch zusammenfielen. Es ist jedoch klar, daß die meisten Ägypter, wohl wegen des starken Einflusses der Tradition, das Gedankengut des Echnaton nicht annahmen. Vielleicht war auch ein grundlegender Mangel der Theologie Echnatons schuld: Sie förderte die Göttlichkeit einer einzigen Naturgewalt und nahm den Ägyptern die Vielfalt ihres Weltbildes. Außerdem gab das unpersönliche Wesen des Gottes, den Echnaton lancierte, dem Volk keine Möglichkeit, einen Bezug zu finden. Dies vor allem dürfte der Grund gewesen sein, daß Echnaton scheitern mußte.

TOLERANZ UND ZENSUR
Während der ersten Jahre seiner Regierungszeit tolerierte Echnaton die Verehrung der alteingesessenen Götter. Irgendwann nach dem 9. Jahr seiner Herrschaft begann er jedoch, die Oberhoheit seiner neuen Religion zu festigen. Verweise auf die älteren Götter wurden in offiziellen Reliefs und Inschriften vermieden, und der Name von Amun, dem früheren obersten Gott, wurde gemeinsam mit dem Wort „Götter" von Monumenten entfernt. Die Kartuschen des neuen Gottes wurden abstrakter gestaltet: „Der Lebendige, Sonne des *Achet*, der im *Achet* seine Wirkung entfaltet, in seiner Identität des Lichtes, die in der Sonnenscheibe liegt."

Echnaton betet in diesem Altarrelief das Licht an. Jeder Sonnenstrahl endet in einer Hand, die die Hieroglyphe für „Leben", Anch (☥), hält. Die viel kleinere Gestalt der Königin Nofretete ist links unten zu sehen. Amarna-Zeit, um 1350 v. Chr.

DER MENSCHLICHE BEREICH

MA'AT: DIE GÖTTLICHE ORDNUNG

Die Vorstellung der Ägypter von einer in der Schöpfung entstandenen idealen Welt läßt sich im Prinzip *ma'at* („Ordnung", „Recht") zusammenfassen, das als Göttin personifiziert wurde. Im *ma'at*-Prinzip ging es eher um Kontrolle der Unterschiede als deren Ausschaltung. Auf kosmischer Ebene wurde die Schöpfung – wie das tägliche Aufgehen der Sonne – als Herstellung der Ordnung im Chaos gesehen, versinnbildlicht durch die Dunkelheit des Universums vor der Schöpfung und die Nacht. Für den König bedeutete *ma'at* die Verantwortung, in Ägypten für Ordnung zu sorgen und Ägyptens Feinde fernzuhalten. Für die Ägypter selbst stand *ma'at* für soziale Gerechtigkeit und moralische Rechtschaffenheit: Die Mächtigen sollten die Schwachen nicht ausbeuten, alle Menschen sollten im Einklang leben mit ihrer Umwelt – das heißt, mit den Göttern – und miteinander. (Siehe auch S. 148–149.)

Während die biblische Schöpfungsgeschichte im Auftreten des Menschen gipfelt, endet die ägyptische Schöpfung mit einem kosmischen Ereignis: dem ersten Sonnenaufgang, Beginn des fortlaufenden Lebenszyklus. Wo der ägyptische Mythos die Schaffung des Menschen überhaupt erwähnt, begnügt er sich mit einem Wortspiel, laut dem der Ursprung der Menschen (*rmt*) in den Tränen des Schöpfers (*rmyt*) liegt. Der Ursprung des Lebens war weniger interessant als die Bedingungen, die es ermöglichten: das Entstehen eines trockenen Raumes in den Wassern des Universums (Schu und Tefnut, Geb und Nut), die Prinzipien von Geschlecht und Geburt (Isis und Osiris, Seth und Nephthys) und der erste Sonnenaufgang, der diese Kräfte in Bewegung setzte. Aus Dokumenten geht hervor, daß das Leben in seiner Vielfalt automatisch aus diesen kosmischen Ereignissen folgte.

Ein Text beschäftigt sich genauer mit dem Menschen. In Spruch 1130 der Sargtexte erzählt der Schöpfer von „vier Taten … Ich habe die vier Winde geschaffen, so daß jeder Mensch in seiner Umwelt atmen kann: das ist eine der Taten. Ich habe die große Überschwemmung geschaffen, so daß der Arme wirtschaften kann wie der Reiche: das ist eine der Taten. Ich habe jeden Menschen wie seinen Nächsten geschaffen; ich habe nicht befohlen, daß sie Unordnung machen, aber ihre Herzen brechen mein Gebot: das ist eine der Taten. Ich habe dafür gesorgt, daß ihre Herzen den Westen nicht vergessen." Diese „Taten" geben den ursprünglichen Idealzustand wieder: reiche Ressourcen und Menschen im Frieden miteinander, mit ihrer Bestimmung („dem Westen", im Land der Toten) und den Göttern.

Die Menschen galten als die eigentlichen Störenfriede in der Welt: „Ihre Herzen brechen mein Gebot", die ideale Ordnung oder *ma'at* (siehe Rand-

*Die Göttinnen Ma'at (mit der Feder auf dem Kopf, die sie der Tradition nach trägt) und Renpet vor Osiris (links). Die Szene zeigt, daß die Weltordnung (*ma'at*) und die Zeit (*renpet*, wörtlich „Jahr") vom Prinzip der täglichen Wiedergeburt (Osiris) abhängen. Aus dem Kulttempel von König Sethos I. (ca. 1290–1279 v. Chr.) in Abydos.*

ZEIT UND EWIGKEIT

Die ägyptische Sprache hatte zwei Wörter für „Ewigkeit". Eines davon (*dt*) steht für das Unveränderbare an der Existenz, das andere (*nhh*) für ihre ständige Erneuerung. Diese Wörter spiegeln die Vorstellung von der Zeit als etwas wider, das zugleich linear und zyklisch ist. Wie ein Theaterstück, daß nur in einer einzigen geschriebenen Form existiert, aber unzählige Male verschieden aufgeführt werden kann, wurde das Leben bei der Schöpfung in ewige Bewegung versetzt, entsteht aber bei jedem Sonnenaufgang und in jeder Generation von Lebewesen neu.

Wenige ägyptische Texte beschäftigen sich mit dem Ende der Zeit. Diese beschreiben es als alles zermalmende Zerstörung, der die Rückkehr zum Zustand des Universums vor der Schöpfung folgt. In Spruch 175 des Totenbuches sagt der Schöpfergott Amun, „nach Millionen und Abermillionen" Jahren „will ich alles zerstören, was ich gemacht habe: diese Welt wird wieder zu Nu werden, den grenzenlosen Wassern, wie im Urzustand". Diese Apokalypse überleben nur zwei kosmische Mächte: „Ich und Osiris werden die letzten sein … dann werde ich mit ihm an einem Ort thronen" (Spruch 1130 der Sargtexte). Nach der ägyptischen Kosmologie war Amun die Urquelle aller Elemente und Kräfte der Welt (Ewigkeit als *dt*), während Osiris das Prinzip der täglichen Wiedergeburt (Ewigkeit als *nhh*) verkörperte. Die Vision ihres gemeinsamen Überlebens am Ende der Welt trägt also das Versprechen einer neuen Schöpfung und den Beginn einer neuen Ewigkeit in sich.

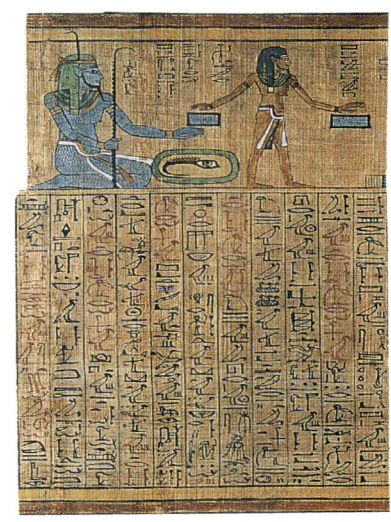

Die grenzenlosen Wasser Nus (die Gestalt links) und die irdischen Gewässer des Nils und des Mittelmeers (die Gestalt mit den blauen Rechtecken, rechts). Aus dem Totenbuch des Ani, um 1300 v. Chr.

text gegenüber) des Schöpfers. Die Erkenntnis dieses Makels des Menschen führte zum reichsten und bleibenden ägyptischen Textgenre: der „Weisheits"-Literatur, mit Anweisungen von Königen für ihre Nachfolger ebenso wie mit praktischen Ratschlägen für richtiges soziales Verhalten. In der ägyptischen Religion stammte die Notwendigkeit, „in Übereinstimmung mit *ma'at*" zu leben, aus der praktischen Erkenntnis, daß jedes andere Verhalten zu Unordnung führte. Deshalb wohl entstanden die längste Zeit weder kodifiziertes bürgerliches Recht noch religiöse Gebote.

Die Erkenntnis, daß *ma'at* vom Schöpfer vor allem für die Menschen gedacht war, impliziert, daß die Welt zu ihrem Wohl geschaffen wurde. So heißt es in einem der frühesten Weisheitstexte, *Lehre für König Merikare*: „Sorge für die Menschen, die Herde Gottes. Er hat Himmel und Erde um ihretwillen erschaffen; er hat für sie das dunkle Chaos beseitigt. Er hat die Luft erschaffen, damit sie atmen können. Seine Ebenbilder sind sie, aus seinem Leib hervorgegangen. Er geht am Himmel auf um ihretwillen. Er hat die Pflanzen für sie geschaffen und die Tiere, Vögel und Fische, um sie zu ernähren." Und wie ein wirklicher Vater endet die Sorge des Schöpfers um seine Kinder nicht mit der Vollendung der Schöpfung: „Wenn sie weinen, so hört er sie … denn Gott kennt jeden Namen."

KAPITEL 10

DER TOTENKULT

Nur wenige Aspekte der ägyptischen Kultur sind so bekannt wie ihre komplizierten Begräbnisrituale. Ägyptens großartigste erhaltene Bauwerke, die Pyramiden von Gizeh, sind Grabstätten, und der Begriff des lebenden Toten führte im 20. Jahrhundert zur weit verbreiteten Vorstellung vom „Fluch der Mumie". Das heißt aber nicht, daß die Ägypter ein vom Tod besessenes Volk waren. Im Mittelpunkt ihrer Begräbnisrituale stand nicht der Schrecken des Todes, sondern die Fortführung der irdischen Existenz in einem paradiesischen Jenseits.

▲

OBEN: *Eine Vignette aus dem Totenbuch des Schreibers Ani; der Tote und seine Frau stehen vor einem Tisch mit Gaben für Osiris, den Gott der Toten. Frühe 19. Dynastie, um 1290 v. Chr.*

DIE ÄGYPTER UND DER TOD

Zwar müssen sich alle Gesellschaften mit dem Tod befassen, aber wenige – wenn überhaupt – taten dies in einer so direkten oder so kunstvollen Art wie die Alten Ägypter. Sorgfältig einbalsamierte Mumien wurden mit kostbaren Grabbeigaben in prächtigen Grabstätten beigesetzt. Solche exotischen Begräbnissitten prägen das heute weit verbreitete Bild vom Alten Ägypten als einer morbiden, vom Tod besessenen Gesellschaft. Entgegen solchen Vorstellungen war das ägyptische Begräbniszeremoniell in erster Linie lebensbejahend. Die Bauten, Rituale und Gebete sollten das Leben und den Status einer Person auch nach dem Tod erhalten, der als unerfreuliche Notwendigkeit hingenommen wurde. Im Gegensatz zum nachfolgenden frühen Christentum forderte die ägyptische Theologie weder die Abwendung vom irdischen Leben noch Märtyrertum im Namen eines idealen Paradieses. Statt dessen wollte man das irdische Leben so weit wie möglich nach dem Tod fortsetzen – wobei man den persönlichen und sozialen Status, die Familie und die Besitztümer beibehalten wollte –, auch wenn man nun eine neue göttliche Position hatte. Dieser Glaube verlor erst in der römischen Zeit seine Bedeutung, als der Alltag für die meisten Ägypter so bedrückend wurde, daß sie nicht mehr den Wunsch hatten, ihr Leben nach dem Tod fortzusetzen, und begannen, besonders fanatisch an ein paradiesisches Jenseits zu glauben.

Oft „der Feind" der Lebenden genannt, galt der Tod als Ende für die Feinde der Götter und für jene, die nicht die entsprechenden Rituale vollzogen. Selbst bei größter Tugendhaftigkeit und bester Vorbereitung barg der Übergang in das Reich des Todes viele Gefahren, und das Seelenheil hing vom Wissen um eine obskure Theologie und wirksame Zaubersprüche ab. Wenn die Seele den Körper verließ, so glaubte man, würde sie auf den Pfaden der Unterwelt wandeln und die Gerichtshalle des Osiris suchen, des Herrn des Westens – Ort der untergehenden Sonne (siehe S. 118–119) und Reich der Toten. Zu jeder Zeit ihrer Reise war die Seele in Gefahr, von feindseligen Schlangen und Dämonen vernichtet zu werden, oder von bösen Torwächtern, die nur durchließen, wer ihre Namen

Diese Szene vom bemalten Sarg des Priesters Djedhoriufanch (um 925 v. Chr.) zeigt Anubis, den Gott der Mumifizierung, bei der Einbalsamierung des Toten. Anubis wird als Schakal oder Mann mit Schakalkopf dargestellt, und dadurch wird dieses Tier von einem Grabräuber zum Wächter des gesegneten Toten.

Ein Schawabti, eine mumienähnliche Dienerfigur, aus dem Grab von Ptahmose, königlicher Wesir zur Zeit Amenhoteps III. (ca. 1390–1353 v. Chr.). In der prädynastischen Zeit wurden die wirklichen Diener manchmal mit ihren Herren begraben, aber diese Menschenopfer wurden bald durch Beigabe von Steinfiguren und ab der ersten Zwischenzeit durch Holzmodelle ersetzt. Im Neuen Reich wurden die Toten mit den Schawabtis (Abacateholz-Figuren), später Uschebtis („Antworter") genannt, beigesetzt. Man glaubte, daß ein Schawabti im Jenseits lebendig wurde und jede von ihm gewünschte Aufgabe erfüllte.

kannte. An der Gerichtshalle angekommen, mußte die Seele außer den Namen der Wächter auch noch Türbolzen und Bodendielen benennen. Die Komplexität der Unterwelt und ihre Gefahren (siehe S. 118–119) machten es nötig, Totenliteratur (Pyramidentexte, Sargtexte, Totenbücher) als Hilfestellung für die Verstorbenen (siehe S. 136–137) zu verfassen.

Im Mittelpunkt der ägyptischen Vorstellung von der Unterwelt stand ein göttliches Gericht, dem der „große Gott" vorsaß, ab dem späten Alten Reich explizit als Osiris bezeichnet. Die Seele mußte vor Osiris und sein Gefolge von 42 Richtern hintreten, und das Herz des Verstorbenen wurde gegen die Feder von Ma'at, Göttin der Wahrheit, Harmonie und Gerechtigkeit, aufgewogen (siehe S. 139). Nur wenn Herz und Feder im absoluten Gleichgewicht waren, konnte der Tote gesegnet und zu einem spirituellen Wesen (Ach) werden. In einigen Texten wird solchen Wesen geraten, sich in Pflanzen oder Tiere zu verwandeln. Die Seelen können die Lebenden besuchen, entweder in Gestalt eines Ach oder eines geflügelten Ba, eines Wesens mit dem Kopf des Toten und dem Körper eines Vogels (siehe Abb. S. 143).

Der Verstorbene wurde zu einer Gestalt des Gottes der Unterwelt und als „Osiris [Name des Toten]" angesprochen. Durch diese Verbindung erhielt der Verstorbene göttlichen Status und göttliche Macht, behielt aber die eigene Persönlichkeit. In besonderen Fällen konnte der Tote den Status eines „Heiligen" erlangen, mit offiziellem Kult und Tempel. Bei manchen Familien waren bedeutende Vorfahren Mittelpunkt von Ahnenkulten, und tote Verwandte erhielten regelmäßig Briefe von den lebenden Familienmitgliedern (siehe S. 142–143).

DER SPENDER DES LEBENS
Obwohl oft mit den „sterbenden und
auferstehenden" Göttern des alten
Nahen Ostens verglichen, ist Osiris
nicht aus der Unterwelt auferstanden. Er ist eine Gottheit, die tief
unter der Erde Leben aus dem Tod
erschafft, die Kraft, die in gesätem
Korn und steigenden Fluten zu
finden ist. Diese Aspekte kommen im
Begräbniskult durch den Gebrauch
des „Osiris- Korns" zum Ausdruck,
eines Kästchens in Gestalt des
Gottes, mit Erde und Saatgut gefüllt,
das im Grab keimt.

Horus und Isis an der Seite der kauernden
Figur von Osiris, der mit den Gesichtszügen
von König Osorkon II. dargestellt ist. Gold-
anhänger aus der Dritten Zwischenzeit,
Regierungszeit von Osorkon II.
(ca. 874–835 v.Chr.)

DIE THEOLOGIE DES TODES: ISIS UND OSIRIS

Nur wenige ägyptische Mythen sind so bekannt oder hatten solchen Einfluß auf westliches Denken wie jener der Heilsgottheiten Isis und Osiris.
Zahlreiche Verweise auf die Taten dieser Götter finden sich in Hymnen,
Gebeten und Totenliteratur, und dennoch – vielleicht weil den Ägyptern
die Geschichte so vertraut war – verdanken wir der griechischen Adaption
von Plutarch (*De Iside et Osiride*) die längste Abhandlung über diesen
Mythos, verfaßt etwa 2 500 Jahre nach der Entstehung des Kults.

Den Osiris-Kult selbst gab es sogar, bevor der Name dieses Gottes zum
ersten Mal erwähnt wurde. Rituelle Bilddarstellungen, die später auf Osiris bezogen wurden, sind aus der 1. Dynastie erhalten. Die Beinamen und
der Bezug zur heiligen Stadt Abydos entstammen einer Verschmelzung
mit dem frühen Schakalgott Chentimentiu, „Erster derer im Westen".
Erstmals in der 5. Dynastie (um 2350 v. Chr.) nachgewiesen, ist Osiris eine
zentrale Figur in der Mythologie und wird mit dem berühmten Kultzentrum Heliopolis („On" in der Bibel) in Verbindung gebracht.

Als Mitglieder der „Ennead", der ersten neun Götter, waren Isis und
Osiris zwei der fünf Kinder (mit Seth, Nephthys und Horus dem Älteren)
von Nut, der Göttin des Himmels, und Geb, dem Gott der Erde. Als Gebs
ältester Sohn wurde Osiris König der Erde und heiratete seine Schwester
Isis, die er schon im Mutterschoß geliebt hatte. Sein Bruder Seth, mit der
ungeliebten Nephthys verheiratet, begehrte den Thron und wollte ihn
durch eine List erringen. In der klassischen Version heißt es, daß
der ahnungslose Osiris auf einem großen Götterfest verraten
wurde. Seth hatte ein bis dahin unbekanntes Gastgeschenk – einen
Sarg – demjenigen versprochen, der hineinpaßte. Mehrere Götter
hätten das Geschenk gerne gehabt, aber der Sarg war nur für Osiris angefertigt worden. Als sich Osiris in den Sarg gelegt hatte,
verschlossen ihn Seth und seine Verbündeten und warfen ihn in
den Nil. Osiris ertrank, und der Tod kam in die Welt. Isis suchte
und fand den Leichnam des ermordeten Gatten, aber Seth
gelangte erneut in seinen Besitz und riß ihn in Stücke. Diese ver-
teilte er über Ägypten; so konnte jede Provinz später eine Reli-
quie und einen Schrein für sich beanspruchen.

Mit Nephthys segelte Isis durch die Sümpfe oder flog in Vogelge-
stalt darüber, um die verstreuten Leichenteile zu suchen, und es
gelang ihnen schließlich, gemeinsam mit Anubis, dem Gott der
Mumifizierung, Osiris' Leichnam wieder zusammenzusetzen.
Durch die Zauberkräfte der Isis wurde Osiris zum Leben erweckt
und zeugte postum einen Sohn und Thronerben, Horus das
Kind. Die Waise Horus wurde immer wieder von Seth und des-

sen Gefolge angegriffen, aber durch Isis von allen Verletzungen geheilt. Das Bild des verwundeten Horus ist fixer Bestandteil von Heilsprüchen, die meist die Heilkräfte der Milch von Isis anrufen. Um Wirkung zu haben, müssen die Sprüche über der „Milch einer Frau, die einen Sohn geboren hat" hergesagt werden, eine Bedingung, von der westlichen Volksheilkunde übernommen und bis ins 14. Jahrhundert n. Chr. praktiziert.

In vielen Zweikämpfen und Mutproben, die in Literatur und Kunst festgehalten sind, kämpften Horus und Seth um den Thron des Osiris. Horus geht schließlich als Sieger hervor, Osiris ist gerächt. In einem dieser Zweikämpfe durchbohrt Horus den Seth, der die Gestalt eines wilden Flußpferdes oder Krokodils hat, mit einer Lanze. Dieser Zweikampf ist das Thema eines Schauspiels („Das Schauspiel von Horus") am heiligen See des Ptolemäer-Tempels in Edfu und dürfte das erste Beispiel für rituelles Theater gewesen sein.

Nach der Eroberung durch Alexander den Großen im 4. Jahrhundert v. Chr. wurde Isis offiziell zur Schutzgöttin des ptolemäischen Ägypten; Tempel und Ikonographie des Osiris-Zyklus waren im gesamten Mittelmeerraum zu finden. Obwohl anfangs von Rom verboten, wurde der hellenisierte Mysterienkult um Isis von Caligula gutgeheißen und schnell zu einer großen religiösen Macht im Römischen Reich, mit beträchtlichem Einfluß auf zeitgenössische und spätere Kulte (siehe S. 57)

Bronze-und-Gold-Statuette der Spätzeit; Isis stillt das Kind Horus, um 600 v. Chr. Solche Abbilder waren möglicherweise Vorläufer der christlichen „Jungfrau mit Kind".

DER ÄGYPTISCHE TOTENKULT UND DAS CHRISTENTUM

Das Christentum, im späten 1. Jahrhundert n. Chr. vom Evangelisten Markus nach Ägypten gebracht, verbreitete sich zuerst unter der griechischsprachigen Oberschicht Alexandrias und anderer Städte, ab 200 n. Chr. dann auch in der Unterschicht. Ägyptische Christen, oder Kopten, verwendeten ein griechisch-basiertes Alphabet (siehe S. 232–233) und waren äußerst fanatisch in ihrer Verurteilung des alten heidnischen Glaubens. Einige Elemente von altem Totenkult und Osiris-Mythos wurden aber in die Ikonographie und Mythologie des neuen Glaubens übernommen.

Darstellungen in „Führern in die Unterwelt" in den Königsgräbern des Neuen Reiches zeigen, daß jene, die vor dem Gericht Osiris' nicht bestanden, in die Hölle geworfen und gefoltert wurden. Auf die ersten christlichen Mönche, die in den verlassenen Grabstätten lebten, hatten diese Darstellungen einen großen Einfluß, und in der koptischen Vorstellung vom Reich Satans (*Amente*, „der Westen", genannt, nach dem

Reich des Osiris) findet man die alten Torwächter mit ihren Tierköpfen und bedrohlichen Messern.

Spätere Darstellungen eines der Zweikämpfe zwischen dem Gott Harpokrates (Horus das Kind) und Seth zeigen Horus als römischen Krieger, wie er Seth in Krokodilsgestalt mit der Lanze durchbohrt. Das soll das Vorbild für die Darstellung des heiligen Georgs mit dem Drachen gewesen sein. Ebenso war das weit verbreitete Kultbild der Göttin Isis, die das Kind Horus stillt (siehe Abb. oben), der künstlerische Vorläufer späterer christlicher Darstellungen der Jungfrau mit dem Kind.

Andere Elemente der früheren ägyptischen Religion sind die Darstellung des koptischen Kreuzes, das dem alten *Anch* (☥), der Hieroglyphe für „Leben", sehr ähnlich sieht, und die Abbildung eines Gläubigen mit in Anbetung erhobenen Händen, ein häufiges Motiv an vorchristlichen Monumenten aus der Pharaonenzeit und späteren Perioden.

*Teil des Totenbuchs von Pinudjem I.,
Hohepriester des Amun in Theben; die
Vignette zeigt ihn links bei der Anbetung des
Gottes Osiris. Pinudjem trägt das Gewand
eines Pharao, da sich zu dieser Zeit (ca.
1065–1045 v. Chr.) die thebanischen Hohepriester zu Königen von Oberägypten
gemacht hatten (siehe S. 38–39).*

TOTENLITERATUR

In der komplexen Welt des Jenseits wurde der Tote von zahlreichen Hymnen und Handlungen begleitet, die als Zauber zu Schutz und Verjüngung
dienten. Zunächst nur zum Schutz für Könige kodifiziert, wurden die
ersten Sammlungen dieser Sprüche im Alten Reich ab der Regierungszeit
des Unas (um 2350 v. Chr.) in die Königspyramiden gemeißelt. Diese
„Pyramidentexte" umfassen rund 800 Gesänge und sind in unterschiedli-
cher Zahl in den Pyramiden von neun Königen und Königinnen von der 6.
bis zur 8. Dynastie zu finden. Hier wird Osiris zum ersten Mal als Herr
der Toten, Schutzherr und Verbündeter des toten Königs genannt (siehe
S. 110–111).

Nach dem Niedergang der demotischen Zentralmacht am Ende des
Alten Reiches und dem Aufstieg von mächtigen Provinzfürsten (Nomarchen) in der Ersten Zwischenzeit (ca. 2130–1938 v. Chr.) erstreckte sich die
Aussicht auf Unsterblichkeit, ursprünglich den Königen vorbehalten, auf
immer mehr soziale Schichten. In dieser Zeit und im Mittleren Reich wurden umfangreiche Spruchsammlungen (über 1100 Sprüche) an die Innenwände von Särgen und auf die Wände und Decken der Grabkammern
geschrieben. Diese „Sargtexte" beinhalteten neue „Unterweltsbücher" und
beschrieben die Reise der Seele durch die Unterwelt. Im Neuen Reich wurden die Sargtexte durch Spruchsammlungen auf langen, mit Vignetten illu-
strierten Papyrusrollen ersetzt. Diese Papyri waren teuer, konnten aber von
jedem, der es sich leisten konnte, erworben werden. In der westlichen Literatur als „ägyptisches Totenbuch" bekannt, wurden sie von den Ägyptern
als „Buch des Aufbruchs bei Tag" bezeichnet. Bis zum Ende der Pharaonenzeit weisen die Rollen große Unterschiede in Anzahl und Abfolge der
Sprüche auf, bestimmt durch örtlichen Brauch und die vom Schreiber verwendete Vorlage. Die Zahl der Sprüche beträgt knapp 200, was aber im
Vergleich zu früheren Sammlungen keine Verminderung darstellt, da die
einzelnen Texte oft Kombinationen verschiedener früher Quellen waren.

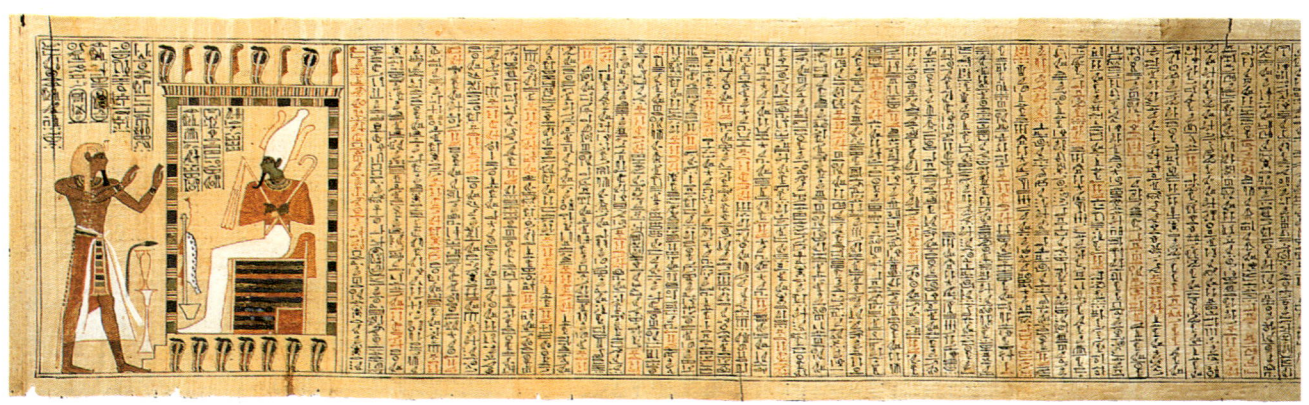

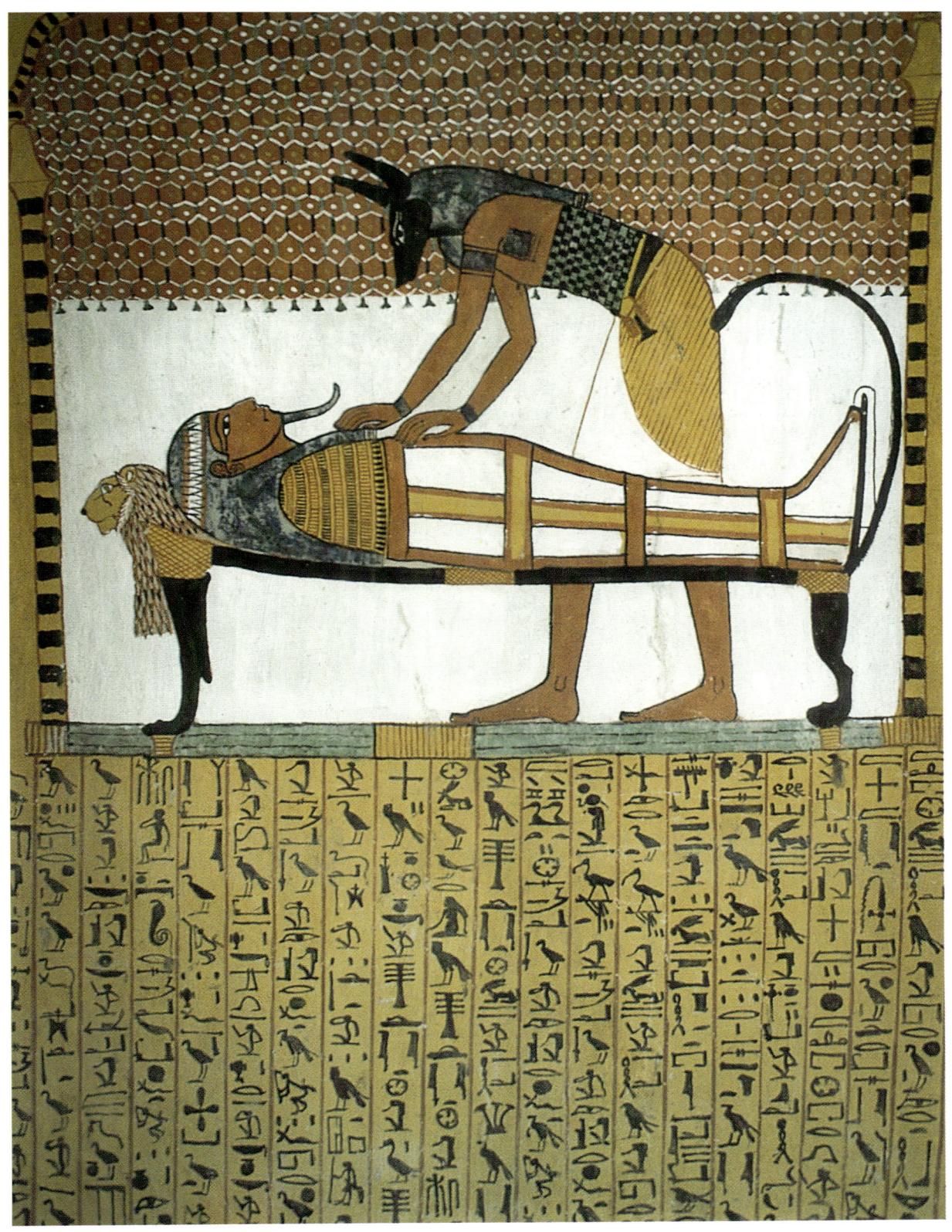

Der Gott Anubis beim Einbalsamieren des verstorbenen Sennedjem, Handwerker in Deir el–Medina.
Wandmalerei aus dem Grab des Sennedjem, Nekropole von Theben, 18. Dynastie.

Der Gott Chnum, Schöpfer der Menschheit, bezwingt die Mächte der Finsternis. Papyrus des Totenbuchs, Neues Reich. Ägyptisches Museum, Kairo.

Die letzte Fahrt des Sennefer, Bürgermeister von Theben, begleitet von einer heiligen Barke.
Wandmalerei aus dem Grab des Sennefer, genannt „der von den Reben", Nekropole von Theben, 18. Dynastie.

Das Totenbuch blieb bis in die römische Zeit gebräuchlich, gemeinsam mit neu verfaßten Texten aus der Spätzeit. Die bekanntesten dieser späten Texte sind das „Buch des Atems", möglicherweise aus der Saïs-Zeit, und das ptolemäische „Buch von der Durchquerung der Ewigkeit". Ersteres ist von den Totenbüchern abgeleitet und enthält ein „verneinendes Geständnis" (siehe Kasten unten) und Rezitationen von Isis. In der frührömischen Zeit wurde ein Abschnitt mit Sprüchen zur Bewahrung des Besitzernamens hinzugefügt. Das „Buch von der Durchquerung der Ewigkeit" besteht aus einer Ansprache an den Toten, dem versichert wird, daß er Osiris und die irdischen Kultzentren und Feste Ägyptens besuchen kann. Das „Einbalsamierungsritual" aus dem 1. oder 2. Jahrhundert n. Chr. ist einer der letzten ägyptischen Totentexte, jedoch mit traditionellen Sprüchen.

DAS WÄGEN DES HERZENS

Der wichtigste der „Hauptsprüche", in verschiedenen Versionen von Totenbüchern zu finden, ist Kapitel 125, das detailliert das „Wägen des Herzens" des Toten gegen die Feder von Ma'at, der Göttin der Wahrheit, beschreibt. Vor Osiris und einer Reihe von Richtern, von denen jeder eine Provinz vertritt, leugnet der Tote mehrere Vergehen („verneinendes Geständnis"). Dann wird das Herz – Zentrum von Verstand, Gedächtnis und Persönlichkeit – von Anubis gewogen, und der Schreiber Thot hält das Urteil fest. Wenn Herz und Feder im Gleichgewicht sind, wird der To-te für „die Wahrheit sprechend / gerechtfertigt" erklärt und erhält seinen Platz im Reich des Osiris. Er oder sie kann auch den Sonnengott auf seiner Himmelsreise begleiten oder bei den Polarsternen leben. Übeltäter fallen dem „verschlingenden Ungeheuer" anheim, einer Kreuzung aus Krokodil, Löwe und Flußpferd, das neben der Waage lauert.

Die Gerichtsszene aus dem Totenbuch des königlichen Schreibers Hunefer (um 1285 v. Chr.). Von links: Anubis bringt Hunefer in den Gerichtssaal; sein Herz wird gewogen, und Thot notiert das günstige Urteil; Horus geleitet Hunefer vor das Angesicht Osiris'.

DAS ORGAN DER SEELE

Das Herz, das als Sitz von Vernunft, Gefühl, Gedächtnis und Persönlichkeit galt, war das einzige größere Organ, das bei der Mumifizierung im Körper belassen wurde. Ein auf die Mumie gelegter „Herz-Skarabäus" war mit einem Zauberspruch versehen, der beim Ritual des „Wägen des Herzens" sichern sollte, daß das Herz zu vergangenen Missetaten schwieg (siehe S. 137). Von den Toten, die das Wägeritual nicht bestanden, wurden jene mit den größten Vergehen höllischen Folterqualen ausgesetzt. Für gewöhnlich wurde das Herz aber dem „verschlingenden Ungeheuer" vorgeworfen, das beim Verzehren die Persönlichkeit des Toten auslöschte. Für die Ägypter war dieser Verlust der schrecklichste Gedanke.

Die Totenmaske einer Prinzessin aus vergoldetem Stuck (Leinenschichten, mit Gips versteift). Frühes Neues Reich, um 1500 v.Chr.

MUMIFIZIERUNG

Die Ägypter glaubten, daß die Erhaltung des Körpers wichtig für die Fortsetzung des Lebens nach dem Tod sei. Der Prozeß der Mumifizierung entwickelte sich über Jahrtausende von der natürlichen Austrocknung des Leichnams, in flachen Gruben im Wüstensand vergraben, bis zum komplizierten Wickeln des präparierten Leichnams in meterlange Leinenbinden und der Beigabe von Porträts der Toten.

Die erste künstliche Technik zur Konservierung des Leichnams stammt aus der späten prädynastischen Zeit. Der Leichnam wurde in mit Ziegeln oder Holz ausgelegten Grabkammern bestattet, in Särgen aus Schilf oder Holz. Aufgrund der fehlenden natürlichen Austrocknung durch den Sand wurde der Körper in mit Harz getränkte Leinenbinden gewickelt, eine der ersten Methoden zur Verzögerung der Verwesung. In der 3. Dynastie wurde der eingebundene Körper ausgestopft, um ihn möglichst lebensnah und natürlich zu erhalten. Echte Mumifizierung gab es erst ab der 4. Dynastie, als die Austrocknung durch Natron entdeckt wurde, einer natürlichen Verbindung von Natriumkarbonat und Natriumbikarbonat, oft in Kombination mit Natriumchlorid (Kochsalz). Mit kleinen Änderungen diente dieser Prozeß in den nächsten drei Jahrtausenden als Grundlage für die chemische Mumifizierung.

Es gibt nicht viele ägyptische Aufzeichnungen über Einbalsamierungstechniken, aber in den griechischen Schriften der Historiker Herodot und Diodorus Siculus sowie in der ersten demotischen Geschichte von Setna Chamuas (ptolemäische Zeit; siehe S. 147) sind Details dieses Vorgangs erhalten. Laut dieser Quellen war die übliche Dauer der Einbalsamierung 70 Tage. Als erstes wurden Lunge, Leber, Magen und Gedärme aus dem Körper entfernt. Sie wurden getrocknet, getrennt eingewickelt und dann in einen Behälter gelegt; das erste Beispiel findet man in der 4. Dynastie. Später kamen die Organe in getrennte Behälter, Kanopen genannt. Das Herz blieb im Körper (siehe Randtext links). Herausgenommen wurden jene Organe, die ägyptischen Vorstellungen von Krankheiten zufolge besonders der Verwesung ausgesetzt waren. *Wechedu*, unverdaute Speisereste, verstopften die Gefäße, führten zu Krankheit und Altern und wurden für die Verwesung des Leichnams verantwortlich gemacht. Weniger teure Methoden zur Entfernung von *Wechedu* waren Injektionen zur Auflösung infizierter Organe und Darmspülung.

Danach wurde der Leichnam für 40 Tage zum Austrocknen in

Natron gepackt. Dann wurde er gewaschen, die Körperhöhle mit Harz und Leinen ausgefüllt, der Leichnam in Hunderte Meter Leinenbinden gewickelt. Das Gesicht wurde der Mumie aufgemalt, als Gipsschicht aufgetragen oder, ab der Ersten Zwischenzeit, als Totenmaske aufgesetzt.

Es gab auch andere Methoden. Vom Mittleren Reich bis in die Zeit der Ptolemäer wurde das Gehirn durch die Nasenhöhle abgesaugt. Auch die inneren Organe wurden auf unterschiedliche Weise aufbewahrt: In der 21. Dynastie wurden sie in den Leichnam zurückgegeben; in der 26. Dynastie wieder in Kanopen aufgewahrt; danach wurden sie zwischen die Beine des Leichnams gelegt. In der römischen Zeit wurde die Totenmaske durch realistische, auf Holztafeln gemalte „Mumienporträts" ersetzt (siehe S. 224–225). Die Mumifizierung blieb sogar noch nach dem Aufkommen des koptischen Christentums verbreitet, wenn auch dann im 4. Jahrhundert n. Chr. ihre heidnischen Bezüge zu öffentlicher Anprangerung und zum Verschwinden des Brauchs führten.

PALÄOPATHOLOGIE

Der gute Zustand ägyptischer Mumien förderte die Entwicklung eines neuen Zweiges der Medizin: die Paläopathologie, die Erforschung von Gesundheit und Krankheit im Altertum. Wurden früher an Mumien zerstörerische Autopsien durchgeführt, werden nun neuere, nicht-invasive Techniken, wie Computertomographie und Röntgenstrahlen, bevorzugt. Die Untersuchungen brachten Beweise für gelegentliche Krankheiten wie Lungenentzündung, Tuberkulose, Pocken und Kinderlähmung sowie für häufige Krankheiten durch Parasitenbefall, wie zum Beispiel Bilharziose (durch Leberegel). Die 1975 an der Universität Manchester vorgenommene Autopsie einer Mumie eines 14jährigen Mädchens zeigte, daß ihr kurz vor ihrem Tod beide Beine amputiert worden waren, vermutlich war sie das Opfer eines Nilkrokodils gewesen.

Es wurden nur acht Fälle von Krebs festgestellt, aber 10 bis 20 Prozent der Erwachsenen-Mumien zeigten Anzeichen von Arteriosklerose. Untersuchungen der Zähne ergaben nur wenige Löcher, aber die Abnutzung war allgemein so groß, daß oft Abszesse entstanden. Die Ursache dafür war wohl der feine Splitt, der durch das Mahlen mit Mühlsteinen ins Mehl und damit ins Brot gelangte.

Die Untersuchung der Mumien ägyptischer Könige brachte faszinierende Erkenntnisse über deren Gesundheitszustand. Ramses II. (regierte ca. 1279–1213 v. Chr.), der vermutlich fast 90 Jahre alt wurde, litt an Arterienverkalkung und Arthritis, in diesem hohen Alter auch heute nicht ungewöhnlich. Röntgenuntersuchungen zeigten, daß der Pharao wie viele seiner Untertanen Dentalabszesse und abgenutzte Backenzähne hatte.

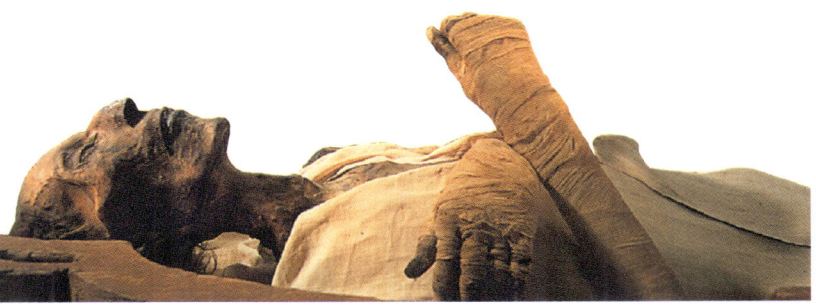

Die gut erhaltene Mumie Ramses' II. Seine Herrschaft (ca. 1279–1213 v. Chr.) war eine der längsten in der Geschichte des Alten Ägypten. Eine Untersuchung seines Leichnams (auch mit Röntgenstrahlen) bei Konservierungsarbeiten in Paris 1975 zeigte, daß er an mehreren altersbedingten Krankheiten gelitten hatte – Ramses II. war in seinen späten Achtzigern, als er starb.

DER GRABKULT

Da man glaubte, die Toten bedürften im Jenseits der Fürsorge, begannen die Ägypter schon lange vor ihrem Tod, sich sorgfältig auf ihre spätere Existenz vorzubereiten. Dazu zählten nicht nur die Errichtung einer Grabstätte und der Erwerb der nötigen Ausstattung, sondern auch die Finanzierung eines Grabkults, der den Namen des Toten unter den Lebenden erhalten und seinen göttlichen Status unter den Toten sichern sollte. Der Grabkult, der sich aus den ersten prädynastischen Begräbnissen entwickelte, mit Speisen und persönlichen Gegenständen als Opfergaben, zeigte starke Ähnlichkeit mit den großen Tempelriten zu Ehren der Götter. Wie im Tempel erforderten die rituellen Handlungen, Hymnen, Gebete und Opfer Priester und eine laufende Einkommensquelle, um Priester und Opfergaben zu bezahlen.

Bemalte Holz-Grabstele der Priesterin Deniuenchons; dargestellt bei der Anbetung des falkenköpfigen Sonnengottes Re-Harachte-Atum, steht sie neben einem Tisch mit Speisen als Opfergaben für den Gott. 22. Dynastie, ca. 945–712 v. Chr.

Die Zahl der Priester, „*Ka*-Priester" oder „Diener der *Ka*-Seele" des Toten genannt, hing vom Reichtum des Stifters ab. Nach dem Neuen Reich wurden diese Priester oft als „Wassergießer" bezeichnet, eine Anspielung an ihre Aufgabe, Wasser zur Erfrischung des Toten auszugießen. Idealerweise übernahm der älteste Sohn und Erbe des Toten das Amt des *Ka*-Priesters, in Nachahmung der Dienste, die Horus für seinen ermordeten Vater Osiris geleistet hatte. Andere Familienmitglieder konnten auch Aufgaben übernehmen, so daß der Kult Beschäftigung und finanzielle Sicherheit für die Nachkommen bedeutete. Die Grabkulte des Adels waren umfangreicher, mit vielen Priestern, die durch einen Vertrag an den jeweiligen Kult gebunden waren. Die Mittel stammten aus „Totenländereien", Ackerland, das nicht nur die Finanzierung des Kults, sondern auch die Speisen für den Altar sicherstellte. Die Speisen blieben so lange auf dem Altar, bis man glaubte, der Tote habe sich damit gestärkt. Danach wurde ein Teil der Priesterdienste damit abgegolten.

Mit der Zeit wurden die Grabkulte eingestellt, weil die Familie ausstarb, aus Mangel an *Ka*-Priestern, weil Grundbesitz umverteilt wurde oder die finanziellen Mittel ausgingen. Man erdachte ein Ersatzritual und stellte mit der Magie von Bild und Wort sicher, daß der Tote im Jenseits mit den nötigen Dingen in vollem Ausmaß versorgt sein würde. Die Speisenfolgen waren oft in der Grabkapelle auf Inschriften neben dem Altar zu finden, gemeinsam mit dem üblichen Grabgebet. Die prächtigen Dekorationen und Inschriften der offenen Kapelle sollten Besucher anziehen, die Opfergaben bringen, Wasser ausgießen oder das Grabgebet sprechen und so selbst als *Ka*-Priester agieren und den Kult weiterführen würden. Es reichte bereits aus, den Namen des Toten im Gebet zu nennen, um dessen Weiterleben zu sichern.

Wandmalerei aus der 20. Dynastie im Grab von Inercha, Theben-West: Ein Priester mit Anubis-Maske vollzieht die „Öffnung des Mundes", das Begräbnisritual unmittelbar vor dem Darbringen der letzten Opfergaben und der Beisetzung des Leichnams. Der Priester berührt den Mund, die Augen und Ohren der Mumie mit einer Axt, damit der Tote auch im Jenseits sprechen, sehen und hören kann. Bei pompöseren Begräbnissen erfolgte diese Zeremonie nach einer großen Prozession zum Grab, begleitet von Klageweibern, Reinigungsritualen und rituellen Tänzen.

„EINE OPFERGABE, DIE VOM KÖNIG STAMMT"

Wenn irgendein Gebet des Alten Ägypten als kulturell verbindende „Schrift" angesehen werden kann, so ist dies sicher das traditionelle Grabgebet, das man über mehr als 2000 Jahre vom frühen Alten Reich bis in die hellenistische Zeit finden kann. Die Einleitung *Hetep di nysut*, „Eine Opfergabe, die vom König stammt …", zeigt, daß nur der König göttliche Opfergaben darbringen konnte, sie wurden also in seinem Namen gemacht. Typisch für das Gebet ist, daß die Opfer den Totengöttern Osiris und Anubis oder in ihrer Gegenwart dargebracht werden, wobei manchmal auch lokale Götter beteiligt waren. Diese übermittelten in der sogenannten „Verwandlung der Opfergaben" die Gaben an den Kult und die Seele des Toten. Königliche Gaben, auf einem Tempelaltar dargebracht, wurden nach ihrer Entfernung für die Grabkulte von mit diesem Tempel verbundenen Personen verwendet. Die Gebete oder „Beschwörungsopfer" („das Hinausgehen der Stimme") erbitten für die *Ka*-Seele des Toten 1000 Laibe Brot, 1000 Krüge Bier, jeweils 1000 Ochsen, Hühner, Alabastergefäße und Tuchballen sowie „alles Gute und Reine, von dem ein Gott lebt".

BRIEFE AN DIE TOTEN
Briefe an die Toten wurden in die
Grabkammer oder den Sarg gelegt.
Ein Brief, nun im Pariser Louvre zu
sehen, grüßt die „edle Brust des
Osiris [Name des Toten], der unter
mir ruht. Höre mich und überbringe
meine Botschaft." Die Lebenden
erwarteten kein Antwortschreiben,
der Tote sollte im Traum erscheinen
und die gewünschte Aufgabe erfüllen.
Diese Kommunikation durch Träume
ist eine frühe Form der „Inkubation",
in der der Bittsteller an einer heiligen
Stätte schläft und Heil in Träumen
sucht. Im hellenistischen Ägypten
wurde dieser Tempelschlaf oft an den
heiligen Stätten des Imhotep gesucht,
des Architekten der 3. Dynastie, der
später zum Gott der Heilkraft
erhoben wurde (siehe S. 178).

*Ein kunstvoller „Brief" an einen toten
Verwandten, in hieratischer Schrift auf einer
einfachen Tonschüssel, früher in Berlin. Der
Empfänger ist in der Mitte der Schüssel
dargestellt. Die Schüssel enthielt Speisen
und wurde im Grab zurückgelassen. Sie war
einer von 20 bisher entdeckten „Briefen an
die Toten" und wurde im Zweiten Weltkrieg
zerstört.*

KOMMUNIKATION
MIT DEN TOTEN

Aufgrund ihrer Rechtfertigung vor dem Unterweltgericht des Osiris glaubte man, daß die seliggesprochenen Toten zwischen ihren lebenden Verwandten und den Göttern vermittelten. Trotz ihrer göttlichen Macht behielten diese Seelen (*Ach*s) persönliche Interessen, Verpflichtungen und Bindung an die Familie bei und konnten durch Bittschriften und Gebete beeinflußt werden. In manchen Familien standen besonders bedeutende Vorfahren im Mittelpunkt eines formellen Ahnenkultes, wie erhaltene Büsten aus Hausschreinen des Neuen Reiches zeigen (siehe S. 152). Meist war jedoch die Kommunikation zwischen Lebenden und Toten eher informell, mit gesprochenen Gebeten, die nicht aufgezeichnet wurden. Verschiedene Bitten sind jedoch in einer kleinen Zahl von Texten, den „Briefen an die Toten", erhalten, die es vom Alten Reich bis in die Spätzeit gab.

Ob auf Tongefäßen, Leinen oder Papyrus, diese Texte sind immer in Briefform abgefaßt, mit Empfänger und Absender und, je nach Ton des Briefes, einer Grußformel: „Nachricht von Merirtyfy an Nebetiotef: Wie geht es Dir? Ist im Westen alles nach Deinem Wunsch?" (Fragen über das Wohlbefinden des Toten waren keine rhetorischen, da die Sprüche 148 und 190 des Totenbuchs komplizierte Rituale beinhalten, durch die die Seele des Toten „den Lebenden ihr Schicksal preisgeben kann".) Im Grab hinterlegt, wurden die Briefe meist auf Schüsseln geschrieben, die Opfergaben enthielten. Die fromme (und hoffentlich überzeugende) Wirkung des Opfers wird mit besorgten, eindringlichen oder sogar empörten Bittschriften kombiniert. In allen Fällen soll der Tote Taten für den Verfasser setzen, oft gegen böse Geister, von denen er oder seine Familie heimgesucht werden (siehe S. 144–145). Solche Bitten berufen sich auf das Reich der Unterwelt und die Rolle des Toten darin: „Du mußt einen Rechtsstreit mit ihm führen, da Du über Zeugen in derselben Stadt [der Toten] verfügst." Das Prinzip wird treffend auf einer Schüssel im Pariser Louvre dargestellt: „Da Du auf Erden eine glänzende Position innehattest, wird Deine Position auch in der Totenstadt eine gute sein." Trotz einiger Gesetzmäßigkeiten sind diese Briefe niemals formelhaft, sondern unterscheiden sich in Inhalt und Länge und können unterwürfig, geschwätzig oder vorwurfsvoll sein.

Die Briefe an die Toten handeln meist von Themen wie Familienbesitz und Erbe, persönlicher Schuld, Fruchtbarkeit der Ehefrauen und Töchter und die Heimsuchung durch Geister – auch durch den Emp-

fänger. Um dessen Mitgefühl zu erlangen, verwiesen die Verfasser oft auf frühere gute Dienste; ein Sohn erinnert seine Mutter auf der Kaw-Schüssel daran, daß sie einst sieben Wachteln essen wollte und er ihr diesen Wunsch gehorsam erfüllte. Kann sie nun zulassen, daß er, der ideale Sohn, in ihrer Gegenwart verletzt wird? Wenn ja, so hält er ihr vor, würde niemand für sie Wasser ausgießen und ihr Grabkult würde enden. In anderen Briefen beteuern die Verfasser, nichts falsch gemacht und die Sprüche beim Grabkult richtig rezitiert zu haben. Während es in den Bitten oft darum geht, daß der Tote den Verfasser verteidigt, für ihn kämpft oder streitet, werden in Fruchtbarkeitsangelegenheiten die schöpferischen Kräfte des Toten angerufen (siehe S. 85). Auf einem Gefäßhalter, heute in Chicago, erbittet der Schreiber vom Toten: „Lasse mir einen gesunden Sohn geboren werden, denn groß sind Deine Fähigkeiten."

Weniger positive Aspekte der Toten findet man in den Beschuldigungen geplagter Hinterbliebener. In einem Papyrus der 19. Dynastie, heute in Leiden (Niederlande), beteuert ein Witwer seine Hingabe für seine verstorbene Frau. Aber sie ist von „übler Gesinnung", die gute Behandlung „mißachtend", und weigert sich, ihren Ehemann „zur Ruhe kommen zu lassen". Immer wieder fragt der Ehemann: „Was habe ich Dir getan?"

Die Ägypter glaubten, daß die Toten zwischen ihren Gräbern und der Welt der Lebenden in Gestalt eines ba, *eines Wesens mit Vogelkörper und dem Kopf des Toten, hin und her fliegen können. Auf dieser Vignette aus dem Totenbuch des Schreibers Ani (um 1290 v. Chr.) verläßt das* ba *Anis Körper.*

GEISTER UND EXORZISMUS

**„DAS ZERBRECHEN
DER ROTEN TÖPFE"**
Vor dem Auftreten von Verfluchungs-
statuetten (siehe Abb. gegenüber) gab
es das Begräbnisritual des „Zerbre-
chens der roten Töpfe" zur Abwehr
von Feinden des Toten. In den Pyra-
miden- und Sargtexten beschrieben,
beendete das Zerbrechen der Töpfe
das Opfermahl. Vermutlich wurden
dabei die Töpfe benutzt, die das
Mahl enthalten hatten. Später
wurden beim Verfluchungsritual
neben diesen Töpfen auch Figuren
verwendet, die eine realistische
Darstellung des Opfers waren. Eine
Entlehnung dieses Brauchs findet
man in der Bibel (Jer 19,1–11), wo
Priester in einer Zeremonie Tongefäße zerbrechen, um politische
Feinde zu verfluchen.

Während die seligen Toten in Kulten und Briefen verehrt wurden, waren die unglücklichen Seelen wegen ihres zerstörerischen Zorns sehr gefürchtet. Heilkundliche Zaubersprüche nennen oft die verdammten Seelen als Feinde, die den Patienten heimsuchen und Ursprung seiner Krankheiten sind. Die „Briefe an die Toten" zeigen, daß selbst die erretteten Seelen im Zorn verletzend sein können, daher baten die Verfasser stets um Nachsicht und Wohlwollen. Die Gefahr, die diese bösen Geister für alle – Pharao ebenso wie Untertanen – darstellten, bedurfte eines Gegenmittels, und eine Vielzahl von Ritualen entstand zu diesem Zweck.

Einzelne Geister, die die Hinterbliebenen quälten, konnten durch Angriffe auf ihr Grab, ihre Bilder oder ihre Namen bezwungen werden. Die Schändung von Bildern oder Namen war ein direkter Angriff auf die Existenz der Seele und sollte den Geist in der Unterwelt töten. Das war auch der Grund für die bekannte, vom Staat geförderte Zerstörung der Gesichter von Figuren des ketzerischen Pharao Echnaton (siehe S. 128–129).

Das wohl stärkste Ritual zur Vernichtung feindseliger Geister findet man in den Inschriften auf Töpfen und Figuren, die als „Verfluchungs-texte" bekannt sind. Es gibt über 1000 solcher Fluchformeln, die aus der

Auf diesem Eingangstor im Hathor-Tempel bei Dendera wurden Bilder des Königs und der Götter sorgfältig abgeschlagen, vermutlich von frühen Christen im Glauben, so deren Macht zu zerstören und den heidnischen Tempel zu „exorzieren".

Zeit zwischen dem Alten Reich und der Spätzeit stammen. Obwohl die darin beschriebenen Rituale große Unterschiede aufweisen, ist ein Grundmuster des Exorzismus zu erkennen: Die „Rebellionsformel", die die Namen möglicher Feinde Ägyptens auflistet, wird auf rote Töpfe oder Figuren geschrieben, die dann zerbrochen, verbrannt und vergraben werden. Obwohl es sich um ein landesweites Ritual handelt, gibt es lokale Einflüsse auf die Textauswahl. Der Großteil der Formel beinhaltete die Namen lebender Herrscher benachbarter Völker, basierend auf Informationen aus der königlichen Hofkanzlei. Dazu kam eine Liste mit Namen von als „tot" bezeichneten Ägyptern, die ebenfalls eine Bedrohung darstellten. Einige von ihnen dürften an Haremsverschwörungen (siehe S. 89) und anderen Verbrechen gegen den Staat beteiligt gewesen sein. In bestimmten Fällen wurden auch die Gesichter der Grabbilder dieser Personen zerstört. Exorzierte Geister waren vielleicht auch persönliche Feinde dessen, der das Ritual finanzierte. Die „persönlichen" Flüche werden durch viele Funde von Einzelfiguren mit den Namen toter Ägypter und deren Familien ergänzt.

Die Feindseligkeiten des Verfluchungsrituals sollten den bösen Geist durch das Zerbrechen, Verbrennen und Vergraben seines Namensbildes zerstören. Zur Sicherung seiner Niederlage wurden andere tote Seelen zu Hilfe geholt. Verfluchungsfiguren (siehe Randtext gegenüber) findet man in den alten, verlassenen Grabstätten, deren vormals selige Bewohner von Zorn oder Rache erfüllt waren, da ihnen keine Opfergaben dargebracht wurden. Ähnlich den Schüsseln mit den „Briefen an die Toten" (siehe S. 142–143), die Gaben für die Toten enthielten, lieferten die „Verfluchungstexte" die Seelen der Verdammten den vernachlässigten Geistern aus. Sich der verärgerten Toten zu bedienen, um gefährliche Geister abzuwehren, war in der gesamten römischen Zeit üblich und wurde zu einem Bestandteil der hellenistischen Magie.

DER FLUCH DER MUMIE

Einer der „magischen Ziegel" aus dem Grab Tutanchamuns, kurz nach Öffnung des Grabes vor Ort photographiert. Vier solcher Ziegel, jeder mit einer Inschrift eines Teiles von Kapitel 151 des Totenbuchs, befanden sich in Nischen in den vier Himmelsrichtungen eines Grabes und bildeten eine Art Schutzwall. Sprüche aus dem Totenbuch finden sich auch auf anderen Gegenständen, z. B. Kapitel 6 zur Belebung der Schawabti-Dienerfiguren (siehe S. 133) und Kapitel 30 mit dem Zauberspruch für den „Herz-Skarabäus" als Ersatz für das Herz.

Der plötzliche Tod Lord Carnarvons (1866–1923), der Howard Carters Expedition zum Grab des Tutanchamun (siehe S. 196) finanziert hatte, sechs Monate nach der Öffnung des Grabes, bewirkte in den Medien große Hysterie. Die Zeitungen berichteten vom angeblichen „Fluch des Königs Tut", der jedem Grabschänder einen schnellen Tod verhieß. Obwohl Ägyptologen mehrmals nachwiesen, daß kein derartiger Text im Grab zu finden war, verbreitete sich der „Fluch der Mumie" in der Öffentlichkeit und war Grundlage vieler Geschichten und Horrorfilme. Der Fluch des Tutanchamun kann als Fehlübersetzung eines Schutzzaubers (Totenbuch, Kapitel 151) angesehen werden, der sich auf einem Ziegel im Grab fand. Es gab jedoch wirkliche Grabflüche an anderen Orten. Sie stammten nur aus Privatgräbern; Königsgräber wurden auf weltlichere Weise geschützt.

Grabflüche sind im Alten Reich am häufigsten, wobei der Tote in der Unterwelt die Götter gegen mögliche Grabschänder anruft. Im aus dieser Zeit stammenden Grab von Ni-ka-anch in Tehne erklärt der Tote: „An jeden, der meine Ruhe stört: ich werde mit ihm vor dem Göttergericht stehen." Ein Steinblock aus einem Grab des Alten Reiches droht mit unmittelbarer Bestrafung: „Ein Krokodil sei im Wasser gegen ihn; eine Schlange sei zu Lande gegen ihn, der dieses [Grab] schändet. Nie habe ich ihm etwas angetan. Der Gott wird darüber richten."

Verschiedene Arten der Bestrafung, die der Grabschänder zu erwarten hat, werden im Grabfluch von Anchmahor (Altes Reich) aus Sakkara miteinander verbunden: „Alles, was du meinem Grab des Westens antust, soll auch deinem Besitz angetan werden. Ich bin ein großer Priester und Lehrer, reich an Wissen um geheime Sprüche und Magie. Jeden, der mein Grab unrein betritt, nach Verzehr der Abscheulichkeiten, die edle *Ach*-Seelen verabscheuen, oder die sich selbst nicht reinigen, wie es sich für eine edle *Ach* ziemt, werde ich wie eine Gans fassen [d. h. den Hals umdrehen] und ihn beim Anblick von Geistern auf Erden mit Furcht erfüllen, so daß er sich vor einer edlen *Ach* ängstigt … Aber jedem, der mein Grab rein betritt und es friedvoll betrachtet, werde ich im Westen, im Reich des großen Gottes, ein Beschützer sein." Anchmahors Drohung, auf der Erde zu erscheinen und den Übeltäter zu erwürgen, entspricht genau dem Bild der rachsüchtigen Mumie aus den Hollywood-Filmen.

Obwohl sie nicht so häufig vorkommen, sind die Schutzflüche späterer Zeiten anschaulicher. Sie beschwören den „Zorn des Thot" oder die „Flamme von Sechmet" auf den Schänder herab und verheißen die Zerstörung seines Grabes und seiner Nachkommen. Aus der Zeit der Ramessiden stammt der „Eselsfluch", der einige Jahrhunderte hindurch Testa-

mente und Schenkungen sichern sollte, indem er dem Missetäter mit Not–
zucht durch einen Esel, dem Tier Seths, drohte. Den umfassendsten Fluch
findet man in der 21. Dynastie, in einer rückwirkenden Anordnung für die
Grabstätte des vergöttlichten Amenhotep, Sohn des Hapu (siehe S. 33).
Darin droht der Beamte aus der 18. Dynastie den Schändern seines Grabes
oder Grabkults mit einer Reihe von Strafen: Sie würden alle irdischen
Besitztümer und Ehren verlieren, bei Verfluchungsritualen verbrannt wer–
den, auf hoher See kentern und ertrinken, keine Erben haben, kein eigenes
Grab oder Opfergaben erhalten, und ihre Körper würden verwesen, „da
sie verhungern und ihre Knochen zerfallen würden".

Der jüngste Fluch, aus dem 12. Jahr der Herrschaft Alexanders IV. (312
v. Chr.), findet wohl bei Bibliothekaren und Büchersammlern Gefallen:
„Jeder, egal aus welchem Land – Nubien, Kusch oder Syrien –, wer dieses
Buch verstellt oder entfernt, wird nicht begraben werden, kein Trankopfer
erhalten, keinen Weihrauch riechen; weder Sohn noch Tochter wird für
ihn Wasser ausgießen, sein Name wird für immer vergessen sein, und er
wird nie wieder die Sonne sehen."

PRINZ SETNA UND DIE MUMIEN

Grabflüche deuten nur selten darauf hin, daß die Toten
den Lebenden erscheinen, aber die ägyptische Litera–
tur bietet doch einige Beispiele für „wandernde Tote". Das
Fragment einer „Geistergeschichte" aus der Ramessiden-
Zeit berichtet davon, wie in einer Grabruine die Seele des
Toten von einem Priester-Magier gerufen wurde. Nach dem
Erzählen seiner Lebensgeschichte wird der Tote durch neu–
erlich Beisetzung und Opfergaben besänftigt.

In der ersten demotischen Geschichte von Setna Chamuas
mißt sich der fürstliche Held, ein Sohn Ramses' II., mit einer
Familie von Mumien. Im Wettstreit um das heilige Buch des
Thot verliert Setna beim *Senet* (einem ägyptischen Brettspiel)
gegen den toten Ehemann, stiehlt aber dann das alte Buch aus
dem Grab. Für seinen Diebstahl verflucht, fällt Setna der to–
ten Ehefrau in Gestalt der geheimnisvollen Verführerin Ta–
bubu zum Opfer. Er bereut seine Tat und bringt das gestoh–
lene Buch zurück. Daraufhin muß er die Leichname der Ehe–
frau und des Sohnes des toten Mannes aus dem Grab in Kop–
tos holen. Unter Aufsicht des Mannes, der in Greisengestalt
aus dem Grab auferstanden ist, erfüllt Setna die Aufgabe und
bestattet die Familie gemeinsam im Grab in Memphis.

*Szene aus dem Grab des Sennedjem in Theben-West; Sennedjem
und seine Frau Iyneferti sitzen in einem Pavillon vor einem Tisch
mit Opfergaben. Wie die Mumie in der Geschichte von Setna
Chamuas spielen sie* Senet, *ein beliebtes Brettspiel, das die Reise
des Toten durch die Unterwelt symbolisiert. Man mußte Steine um
ein Brett mit 30 Feldern oder* Perw *(„Häuser") bewegen und dabei
Gefahren ausweichen und Segnungen anhäufen. Sieger war, wer
zuerst das gesegnete Jenseits erreichte (siehe S. 165).*

KAPITEL 11

DAS RITUELLE LEBEN

Die Welt der Alten Ägypter war von Ritualen durchdrungen. Ihr Glaube beruhte auf einer Unzahl von wiederholten Handlungen und Beschwörungen zu einem bestimmten Zweck, wie der Heilung von Krankheiten oder der Abwehr von Not. Für die ägyptische Oberschicht – hier gibt es die meisten Belege – bestand die Verehrung des Göttlichen aus Ritualen, deren festgelegte Abläufe in Texten und Bildern dokumentiert sind.

▲

OBEN: *Titiw, eine Sängerin im Tempel des Amun, mit einer heiligen Rassel (Sistrum). Man glaubte, daß der Klang des Sistrums, das von Priestern in Ritualen getragen wurde, die Götter erfreue. Der Efeu ist ein Symbol der Wiedergeburt. Aus dem Totenbuch des Anhai, 20. Dynastie, um 1150 v.Chr.*

DIE SICHERUNG DER WELTORDNUNG

Die ausgeprägte Rolle des Rituals im Alten Ägypten steht in engem Zusammenhang mit der Weltsicht der Ägypter, die das Universum dualistisch betrachteten. Es gab eine ständige Spannung zwischen kosmischen Gegensätzen wie Gut und Böse, Licht und Dunkel, Kargheit und Fruchtbarkeit und vor allem zwischen der Welt, der harmonischen Ordnung (*ma'at*), und dem Chaos (*isfet*). Das Universum leistete das Seine mit wiederkehrenden Zyklen: der tägliche Sonnenauf- und -untergang, die Abfolge der Jahreszeiten, das jährliche Steigen und Fallen des Nils. Wenn *ma'at* zusammenbrach, folgte *isfet:* Wenn die Nilflut ausblieb, litt das Land Hunger. Die Ägypter folgerten daraus, daß die Sterblichen mit Hilfe der Rituale die Kontinuität der Weltordnung sichern und das Wohlwollen der Götter und Göttinnen, die das Universum beherrschten, erlangen sollten.

Ägyptische Rituale konzentrierten sich hauptsächlich darauf, dem Abbild der Gottheit Speiseopfer darzubringen. Die Idee, daß Verehrung einen Gott günstig stimmen könnte, zeigt sich in der Tatsache, daß das ägyptische Wort für „Opfern" (*hetep*) dasselbe ist wie für „sich in Frieden befinden".

Da sich die Rituale stets wiederholen, stellt jedes einen Widerhall aller bisherigen dar. Rituale strukturierten die Vergangenheit, die die Ägypter mit großer Ehrfurcht betrachteten. Man glaubte, daß die Welt zum Zeitpunkt ihrer Schöpfung vollkommen war. Veränderungen wurden nicht unbedingt als Fortschritt gesehen, sondern eher als unerwünschter Irrweg. Als unveränderte Verkörperung historischer Ereignisse, Handlungen und Äußerungen trugen Rituale zur Erhaltung des Idealzustands der Welt bei.

Der König bildete den Mittelpunkt im rituellen Leben Ägyptens, und er war es, der theoretisch die heiligen Riten in den Tempeln vollzog. Obwohl es in der Praxis seine religiösen Statthalter, die Priester, waren, die den täglichen Tempeldienst versahen, ist der Pharao als oberster Priester auf Reliefs und Malereien auf den Tempelmauern dargestellt. Sogar Grabbeigaben für die Seele einer verstorbenen Privatperson erfolgten im

Die göttliche Personifizierung eines ägyptischen Nomos im Totentempel von Ramses II., Theben-West. Sie wird bei der Darbringung der Fülle ihres Teils von Ägypten dargestellt (Brot, Feigen und Granatäpfel) und der Hieroglyphen für „Leben" und „Herrschaft". Speiseopfer standen im Mittelpunkt vieler religiöser Rituale.

Eine Statuette aus Silber, teilweise vergoldet aus der 19. Dynastie, die die Darbringung der Göttin Ma'at darstellt. Der Ablauf der täglichen Opfer verlangte materielle Opfergaben wie Brot, Tuch, Weihrauch und Milch als Teil von ma'at, genannt „Speise der Götter". Die Darbringung einer Ma'at-Figur symbolisierte daher alles, materiell und immateriell, was den Göttern zustand.

Namen des Königs, egal, wer die Gaben tatsächlich darbrachte (siehe S. 141). Ab dem Mittleren Reich wird die Rolle des Königs durch das Führen des Titels „Herr der (rituellen) Handlung" klargestellt.

Das wichtigste Ritual im Alten Ägypten war die „Darbringung von Ma'at", der Göttin, die das Konzept von „ma'at" (Wahrheit und Weltordnung) personifizierte. Szenen, die den Ritus von der Herrschaft von Thutmosis III. (ca. 1479–1425 v. Chr.) an bis in die Römerzeit darstellen, zeigen den Geber – fast immer der König – eine Feder (, die Hieroglyphe für ma'at) oder eine kleine Figur der Göttin (siehe Abb. rechts) aufopfernd. Diese Geste drückt das Versprechen des Pharao aus, die von den Göttern gefügte Weltordnung aufrecht zu erhalten (siehe auch S. 130).

DAS TÄGLICHE OPFER

Das tägliche Tempelritual war unter allen Riten der altägyptischen Religion das gebräuchlichste. Es fand dreimal am Tag in jedem Tempel des Landes statt: morgens, mittags und abends. Das Ritual wurde als unerläßlich für die Speisung des Gottes betrachtet, dessen Abbild in der Form einer Kultstatue im Heiligtum des Tempels aufbewahrt wurde. Die Statue wurde nicht als die Gottheit an sich betrachtet, man glaubte, daß ihr deren Geist innewohnte. Die Handlungen der Priester im Tempelheiligtum sollten nicht nur den Gott oder die Göttin ehren, sondern auch das kultische Abbild reinigen, um den göttlichen Geist zu ermuntern, weiterhin darin zu wohnen.

Die verschiedenen Verrichtungen des täglichen Opferrituals werden am eingehendsten an drei Orten dargestellt: in den Reliefs des Tempels von Sethos I. (ca. 1290–1279 v. Chr.) in Abydos, in der Säulenhalle des Amun-

OPFERSZENEN

Die meisten Darstellungen ritueller Opferszenen folgen einem bestimmten Muster. Der König als oberster Priester tritt dem Gott gegenüber, dem geopfert wird. Er steht oder kniet vor der Gottheit, die steht oder sitzt. Hieroglyphische „Titel" unterteilen die Szene in drei Handlungen. Der erste Titel bezieht sich auf die Macht und den Erfolg, die dem König vom Gott gewährt wurden, z.B.: „Worte von Amun-Re, dem König der Götter: ,Dir habe ich jeden Sieg geschenkt. Dir habe ich das ganze Leben und Beständigkeit geschenkt.'" Der nächste Titel bezieht sich auf die Taten des Königs und ist aktiv und in der Gegenwart gehalten („Er gibt seinem Vater Weihrauch …"): Der König wird bei der Überreichung des Opfers dargestellt. Der letzte Titel, in Verbindung mit der Widmung des Opfers durch den König, ist ein

Die dreiteilige Opferformel unterteilt dieses Relief von Sethos I. (ca. 1290–1279 v. Chr.) in seinem Tempel in Abydos. Im Pantherfell und mit der Locke eines Priesters bringt er seinem vergöttlichten Selbst Weihrauch dar. Die Göttin Isis, die das Ritual beobachtet, schüttelt ein Sistrum.

Wunsch: „Möge ihm [dem Pharao] Leben gegeben sein."

Vor der 19. Dynastie ist nur der König beim Opfer für Gottheiten zu sehen, aber seit der Zeit von Ramses II. (ca. 1279–1213 v. Chr.) zeigen einige Stelen im oberen Teil den König vor der Gottheit, während der Auftraggeber der Stele im unteren Teil vor einer Opferinschrift, gewöhnlich in andächtiger Haltung, dargestellt ist. Spätere Szenen verzichteten ganz auf die Darstellung des Königs, aber die traditionelle Form des Pharao vor der Gottheit wurde in Tempelreliefs beibehalten.

Tempels in Karnak und im Horus-Tempel in Edfu. Während es in diesen Darstellungen möglich ist, individuelle Kulthandlungen zu unterscheiden, ist ihre Abfolge durch die Anordnung der Szenen an den Wänden weniger offensichtlich. Der König ist immer als oberster Priester zu sehen, aber die begleitenden Texte deuten darauf hin, daß der Hohepriester, der das Ritual im Namen seines königlichen Herrn vollführte, dem Gott erklären sollte: „Der König schickt mich."

Nach einer Reihe von Reinigungsritualen, wie sich mit Wasser und Natron zu waschen, erbrach der Priester (zu manchen Zeiten in Begleitung von anderen rituell gereinigten Priestern und einem Chor von Priesterinnen) die Siegel am Tor des Heiligtums und betrat den heiligen Ort. Man sprach Gebete und opferte den Uräusschlangen Weihrauch, jenen schützenden, aber auch potentiell gefährlichen Abbildern von aufgerichteten Kobras, die den Schrein zierten.

Der Priester entzündete dann eine Fackel, die die Gottheit aus dem Schlaf wecken sollte, und auch die aufgehende Sonne und die Erneuerung der Welt symbolisierte. Nach weiteren Gebeten wurde die Luft mit Weihrauch gereinigt. Der Priester nahm die Kultstatue aus dem Schrein und stellte sie auf einen Haufen reinen Sand, stellvertretend für den Urhügel, aus dem alles Leben entsprang (siehe S. 120–121). Dann entfernte er die Kleider vom Bild und reinigte es von Salbenresten vom letzten Ritual. Nach einer weiteren Reinigung mit Weihrauch wurde der Gott mit reinen Kleidern geschmückt, parfümiert und gesalbt. Der Statue wurde weißes, grünes und rotes Tuch dargebracht, sowie Ketten, Düfte, Kronen und Zepter.

Zu diesem Zeitpunkt beschworen die Priester den Geist des Gottes, um ihn dazu zu bringen, in die Statue einzugehen und von der Nahrung zu nehmen, die davor gelegt wurde: „Komm zu deinem Körper! Komm zur Hoheit [zum König], deinem Diener, der seinen Teil an deinen Festen nicht vergißt! Bring deine Macht, deinen Zauber und deine Würdigung zu diesem warmen Brot, zu diesem warmen Bier, zu diesem warmen Braten!"

Nach dem symbolischen Mahl wurde die Statue neuerlich mit Weihrauch, Salben und Flüssigkeiten gereinigt und in feines weißes Leinen gehüllt. Reiner Sand wurde auf den Boden des Heiligtums gestreut (von wem, ist nicht bekannt); der Priester verneigte sich, verließ rückwärtsgehend den Raum und verwischte seine Fußabdrücke mit einem Schilfbesen. Dann wurden die Tore des Heiligtums verschlossen und die Siegel erneuert, damit die Gottheit bis zum nächsten Tag ruhen konnte.

Eine Statuette der Göttin Ma'at wird von König Nektanebos I. (381–362 v. Chr.) Thot geopfert, der als Pavian mit einer Sonnenscheibe über dem Kopf dargestellt ist. Ein anderer Gott, Onuris, steht rechts. Aus einem Tempel in Abydos, Spätzeit, 30. Dynastie.

AHNENVEREHRUNG

Die früheren Könige wurden entweder einzeln oder gemeinsam im Ritual geehrt. Die Verehrung königlicher Vorfahren umfaßte Speiseopfer für den Geist des verstorbenen Herrschers und das Sprechen von Gebeten, die es *Ka*, dem Geist des Königs, ermöglichen sollten, die Speisen zu verzehren. Königliche Totentempel (siehe S. 210–211) waren die Zentren dieser Verehrung, andere Tempel wie jene in Luxor und Karnak spielten aber ebenfalls eine Rolle. Die meisten Tempel des Neuen Reiches verfügten über Kapellen, die der Verehrung des Vaters des Königs, aber auch der Götter Amun und Re dienten.

Die aufschlußreichsten Belege über den königlichen Ahnenkult stammen aus Texten von verschiedenen Versionen des täglichen Opfers (siehe S. 150–151). Ein anderer eindeutiger Hinweis findet sich in einem Erlaß aus der Zeit von Thutmosis III. (ca. 1479–1425 v. Chr.), der besagt, daß zwölf Opferhaufen für das tägliche Ritual im Ptah-Tempel in Karnak vorzubereiten seien, wobei sechs davon vor einer Statue des Königs angeordnet werden sollten. Die Reliefs und Inschriften im Tempel von Sethos I. in Abydos liefern weitere Hinweise. Glaubte man, daß das Abbild der Gottheit oder des Königs von den Speiseopfern davor ausreichend gesättigt war, wurden die Opfergaben zu einem Altar vor der Liste aller ägyptischen Könige gebracht – mit Ausnahme von „Schandflecken" wie Hatschepsut, dem Ketzer Echnaton und seinen unmittelbaren Nachfolgern –, um jeden früheren Herrscher zu speisen und zu ehren. Ähnliche Listen, wie jene aus dem Tempel von Thutmosis III. in Karnak (heute im Louvre) und aus dem Tempel von Ramses II. in Abydos (heute im British Museum, siehe Abb. S. 20), sollten eher als Relikte des königlichen Ahnenkultes statt als bloßes Verzeichnis der ägyptischen Herrscher angesehen werden. Nach einer angemessenen Frist, die man den Königen einräumte, um sich an den Speiseopfern vor den Listen zu „laben", wurden diese den Priestern als Teil ihres Lohnes für den Tempeldienst überlassen.

Die Totentempel des Neuen Reiches dienten in erster Linie der Verehrung des Königs nach seinem Tod. Einrichtungen wie eine Kapelle für die Verehrung des lebenden Königs und ein königlicher „Palast" deuten jedoch darauf hin, daß diese Tempel auch zu Lebzeiten des Königs benützt wurden. Obwohl vermutet wurde, daß der König, durch Statuen dargestellt, in Vorwegnahme seines tatsächlichen Todes als verstorbener Pharao verehrt wurde, betete man ihn wohl eher mit dem höchsten Reichsgott Amun an. Hinweise darauf finden sich im Theben des Neuen Reiches, wo Kapellen,

Mumiensarg des Artemidorus aus dem 2. Jahrhundert n. Chr. Das Enkaustik-Porträt (aus gefärbtem Bienenwachs) tritt an die Stelle früherer dreidimensionaler Mumienmasken. Solche lebensnahen Darstellungen waren in römischer Zeit vor allem in der Oase Faijum beliebt, daher der Name „Faijum-Porträt". Sie wurden noch zu Lebzeiten des Besitzers in Auftrag gegeben, weshalb viele der Porträtierten, die in fortgeschrittenem Alter starben, auf den Bildern recht jugendlich aussahen. Vielleicht glaubte man, daß die Verstorbenen wirksamere Ahnengeister wären, wenn sie als ihr jugendliches Selbst wiedergeboren wurden. Obwohl Artemidorus in römischem Gewand dargestellt ist, trägt der Mumiensarg traditionelle ägyptische Motive.

die den toten Königen gewidmet sind, diese als Formen des Amun ansprechen. Sethos I., Ramses II. und Ramses III. wurden „der Herr, Amun-vereint-mit-Ewigkeit im Tempel" genannt.

Im Gegensatz dazu entstand der Kult um Amenhotep I. (ca. 1514–1493 v. Chr.) als Schutzgottheit der Arbeiter am Westufer von Theben erst rund 200 Jahre nach seinem Tod. In Umzügen wurden die Statuen von Amenhotep und seiner Mutter, Ahmose Nofretari, durch die kleinen Dörfer befördert, umgeben von singenden und trommelnden Männern und Frauen. Während dieser Prozessionen wandten sich die Menschen mit Fragen an die Statue des Königs, die „ja" oder „nein" antwortete, je nachdem, wie man eine vermeintliche Bewegung der Statue interpretierte. Die weitverbreitete Verehrung dieses Königs und seiner Mutter in der Ramessiden-Zeit läßt sich an Kalendern ablesen, die jedes Jahr mindestens siebentägige Feste zu ihren Ehren auflisten, sowie an zahlreichen Darstellungen des göttlichen Paares auf Stelen und in Grabmalereien.

„FÄHIGE GEISTER DES RE"

Die Verehrung von nicht-königlichen Ahnen vollzog sich meistens in Privathäusern statt in den Tempeln. Stelen, Opferbecken und büstenähnliche Statuen aus Stein, die im Arbeiterdorf Deir el-Medina in Theben-West entdeckt wurden, zeigen, daß bestimmte nicht-königliche Ahnen *Ach iker n Re*, „fähige Geister des Re", genannt wurden. „Fähig" beschreibt ihr Wirken als Mittler zwischen den Lebenden und den Toten. Diesen wirkenden Geistern wurde eine besondere Beziehung zum Sonnengott zugeschrieben: Sie durften einen Ehrenplatz in seiner Barke einnehmen, mit der er nachts das Land der Toten befuhr, und manchmal wurden sie als Sonnenstrahlen dargestellt.

Bei der Ahnenverehrung zu Hause legte man Speiseopfer vor den Gedenkstein des *Ach iker n Re*. Die meisten dieser Gedenksteine wurden in oder nahe einer Nische im Haus gefunden. Das Anbieten von Speisen stimmte den „fähigen Geist" günstig und ermunterte ihn, bei den Göttern Fürsprache für die Lebenden einzulegen. Texte in diesem Zusammenhang zeigen, daß die Lebenden den Verstorbenen um Hilfe in diversen Angelegenheiten baten, vom Kinderwunsch bis zur Beilegung von Rechtsstreitigkeiten. Ein Text bittet: „Werde vor meinen Augen für mich zum *Ach*, damit ich Dich im Traum für mich kämpfen sehe. Dann werde ich Dir opfern …"

Eine Büste, die den „fähigen Geist" von Mutemonet, der Mutter von Amenmose darstellt, eines Schreibers zur Zeit von Ramses II. (ca. 1279–1213 v. Chr.). Speiseopfer wurden vor solche Statuen in der Hoffnung gelegt, der Geist möge sich für die Lebenden einsetzen.

RITUAL UND GESCHICHTE

Die Ägypter glaubten, daß die Abbildung einer Handlung in einem Relief oder einer Wandmalerei so wirksam sei wie die Ausführung. Wenn der König bei einem Ritual gezeigt wurde, war es, als ob er es persönlich ausgeführt hätte, auch wenn nur seine Priester in seinem Namen handelten. Dasselbe galt für die Darstellung scheinbar historischer Ereignisse: Man glaubte, daß eine Szene des Königs, der seine Feinde besiegte, wirksam genug war, um die echten Feinde in Schach zu halten.

Szenen königlichen Triumphs können sich auf tatsächliche historische Ereignisse beziehen, und es ist nicht immer einfach, sie von symbolischen Siegeszügen zu unterscheiden. Einige Bilder haben jedoch eindeutig rituellen Charakter, weil die abgebildeten Handlungen unrealistisch sind, wenn etwa der König eine unmöglich große Anzahl von Gefangenen an den Haaren hält und Amun wohlwollend zusieht. Ebenso gibt es einheitliche Abbildungen des Königs, der seine Feinde schlägt (siehe Kasten), und der gefangenen „Neun Unterjochten" (der kollektive Name für die traditionellen Feinde Ägyptens) auf Tempelpylonen.

Bei anderen Arten von Darstellungen ist es schwierig, Tatsache und Ritual auseinanderzuhalten (siehe Kasten). Verweise auf die *Sed*-Feiern zum 30. Regierungsjubiläum eines Königs machen uns Schwierigkeiten mit der ägyptischen Chronologie. Mehrere Könige beanspruchten ein *Sed*-Fest, so die Pharaonen der 18. Dynastie Hatschepsut (ca. 1479–?1458 v. Chr.), Thutmosis III. (ca. 1479–1425 v. Chr.) und Amenhotep II. (ca. 1426–1400 v. Chr.). Nach anerkannten Chronologien regierte aber nur Thutmosis III. länger als 30 Jahre, was die historische Authentizität bei Hatschepsut und

Auf dieser Truhe aus seinem Grab führt Tutanchamun (ca. 1332–1322 v. Chr.) seine geordneten Truppen gegen syrische Feinde, die sich in Auflösung befinden. Auf einer anderen Tafel schlägt der König die Nubier (siehe Abb. S. 41). Solche Szenen sind nicht als Illustration historischer Ereignisse anzusehen, weil es keinen Beweis gibt, daß der junge Pharao – wahrscheinlich bei seinem Tod kaum älter als 18 – tatsächlich solche Feldzüge unternahm. Indem er sich jedoch als Ägyptens siegreicher Feldherr darstellen ließ, rief er göttliche Kräfte zum Schutz des Landes vor seinen Feinden an.

DER SIEGREICHE PHARAO

In der ägyptischen Kunst finden sich häufig Darstellungen des Pharao, der die
Feinde Ägyptens besiegt. Szenen, die den König zeigen, wie er eine Keule hebt,
um auf einen zurückweichenden Feind einzuschlagen, finden sich in bemerkens-
werter Ähnlichkeit auf Denkmälern und Artefakten der Pharaonenzeit. Die Szene
ist zu sehr fixer Bestandteil der königlichen Ikonographie, um als etwas anderes als
symbolischer Ausdruck der Vormachtstellung des Königs angesehen zu werden.
Andere Szenen der königlichen Dominanz sind jedoch so realistisch dargestellt, daß
man versucht ist, sie als historische Dokumente zu betrachten.

Eine Szene, erstmals in Abusir, im Tempel des Königs Sahure (ca. 2485–2472
v. Chr.) aus der 5. Dynastie, entdeckt, zeigt den König in Gestalt eines Sphinx, der
libysche Feinde überrennt. Rechts stehen eine Frau und zwei Männer in libyschem
Gewand, vielleicht Familienangehörige der Fremden oder Gefolge im libyschen
Heer, alle mit Namen angeführt. Andere Angaben nennen die genaue Anzahl des er-
beuteten Viehs. Das Relief wurde einmal als sicherer Beweis für einen historischen
Feldzug gegen die Libyer angesehen. Eine ähnliche Gruppe von Figuren mit denselben Namen findet sich jedoch in Szenen, die den Pharao Pepi II. (ca. 2288–2194
v. Chr.) in seinem Tempel in Südsakkara darstellen. Zwei weitere Beispiele mit verschiedenen Königen, aber der gleichen Gruppe von Libyern finden sich in den
Tempeln von Osorkon I. (ca. 920–889 v. Chr.) in Bubastis und von Taharqa
(690–664 v. Chr.) in Kawa in Nubien. Diese späteren Szenen können keine historischen Ereignisse darstellen. Sie sind die rituelle Verpflichtung, das Land vor den
traditionellen Angreifern zu schützen, ob der König Krieg gegen Libyen führte
oder nicht. Solche Dokumente wurden als „rituelle Siegesversprechen" bezeichnet.

Die traditionellen Feinde des Königs, die „Neun Unterjochten" (siehe Haupttext), sind auch auf seinen Stöcken, Schemeln und den Sohlen seiner Sandalen abgebildet, damit er sie mit ganz alltäglichen Handlungen rituell vernichten kann.

Szenen, in denen der König Feinde schlägt, variierten über Jahrhunderte kaum, hier ein Elfenbeinschild von König Den aus der 1. Dynastie (ganz oben) und ein Relief von Ramses III. aus der 20. Dynastie (oben).

Amenhotep II. in Frage stellt. Wie bloße Abbildungen von Siegen tatsächliche bringen konnten, feierte ein König vielleicht ein *Sed*-Fest oder ord-
nete die Darstellung an, hoffend, daß ihm langes Leben gewährt sei.

Eine andere Vermischung von Ritual und Geschichte zeigen die
Schlachtenreliefs von Ramses III. (ca. 1187–1156 v. Chr.) in seinem Tempel von Medinet Habu in Theben. Er wird beim Sieg über die Hethiter bei
Tunip und Arzawa gezeigt, obwohl diese Städte fast 100 Jahre zuvor
besiegt wurden – so auf Reliefs aus dem 10. Regierungsjahr von Ramses II.
Forscher halten daher die Szenen von Medinet Habu für Kopien der Reliefs seines Vorgängers. Daß die Bilder von Ramses III. nicht datiert sind
und sich unmittelbar bei Szenen mit religiösem Inhalt befinden, legt nahe,
daß sie als Szenen rein ritueller Bedeutung erkannt werden sollten.

RITUELLE GESTEN

Der Schöpfergott Ptah hält Sesostris I. (ca. 1919–1875 v. Chr.) in einer schützenden Umarmung in dieser Szene aus der Barken-kapelle im Tempel des Pharao in Karnak.

Rituelle Darstellungen in der ägyptischen Kunst enthalten oft Gesten und Haltungen mit symbolischem Gehalt. Einige Gesten erschließen sich heute leicht. Eine Figur, die vor einer anderen Person oder einer Gottheit kniet, besitzt untergeordneten Rang oder Status; eine Verbeugung zeugt von Achtung und Respekt; vorwärts gestreckte Arme, Handflächen nach außen, bedeuten Anbetung; die Umarmung durch eine Gottheit symbolisiert Schutz.

Andere Gesten lassen sich nicht so leicht deuten. So bezeichnet eine an die Wange gehaltene Hand einen Sänger; sich Staub auf das Haupt streuen, drückt Trauer aus; ein ausgestreckter Arm mit nach oben gekehrter Handfläche ist ein Gruß; die geballte Faust an der Brust, die andere mit nach außen gekehrter Handfläche erhoben, gilt als Verehrung. Einige Gesten lassen sich überhaupt nicht gleich als rituelle Akte erkennen. Riecht eine Person an einer Lotosblume, so spielt das auf den Verjüngungsprozeß in ägyptischen Totenritualen an: Der Lotos, der sich im warmen Morgenlicht öffnet, abends schließt und sich am nächsten Morgen wieder öffnet, wird mit dem Zyklus von Geburt, Tod und Wiedergeburt assoziiert.

Eine Reihe von Gesten stehen im Zusammenhang mit geläufigen alltäglichen Ritualen, wie in Bootsszenen aus dem Alten Reich, die einen Bootsmann zeigen, der mit ausgestrecktem Zeigefinger und Daumen auf ein Krokodil deutet. Dieser Akt sollte die wilden Tiere abwehren. Auf Tempelreliefs läßt sich eine vermeintlich ähnliche Geste finden, wenn der König Zeigefinger und kleinen Finger auf das Gesicht einer Gottheit richtet. Dieser Akt, der heute als respektlos oder sogar anzüglich gilt, bedeutet lediglich, daß der König die göttliche Figur salbt.

Das Riechen an der Lotosblume, in vielen Privatgräbern dargestellt, weist auf die Verjüngung nach dem Tod hin. Zwei solche Szenen sind hier im Grab des Sennefer zu sehen, des Bürgermeisters von Theben unter Amenhotep II. (ca. 1426–1400 v. Chr.).

Hieroglyphen als eine Art Kurzschrift bereichern auf den ersten Blick einfache Kulthandlungen und erläutern andere, deren Bedeutung nicht sofort ins Auge fällt. So bedeutet die Hieroglyphe für „Tuch" (⊔⊔) zwischen einer Figur und einer Gottheit die Darbringung von Ballen feinen Tuchs. In der als „Taufe des Pharao" bezeichneten Szene werden die Gottheiten dargestellt, wie sie ein rituelles Trankopfer über den König gießen. Der „Schwall" des Trankopfers nimmt manchmal die Form eines Stroms von Hieroglyphen an, wobei *anch* (☥, „Leben") und *was* (⌐, „Herrschaft") am häufigsten vorkommen: Zusätzlich zur offenkundigeren Bedeutung stellt die Szene die Gewährung dieser Gaben der Götter an den Pharao dar. Eine weitere Bedeutungsebene eröffnet sich durch die schlanken Vasen, aus denen sich der „Schwall" ergießt: Sie haben die Form der Hieroglyphe für „Ehre" (⌶).

Der König und der Gott Osiris werden oft mit einem Zepter abgebildet, ähnlich einem Hirtenstab (⌐), der die Hieroglyphe für „herrschen" ist und als sichtbarer Ausdruck der Macht dient. In bestimmten Szenen, in denen eine Göttin die Verstorbenen im Leben nach dem Tod begrüßt, hält sie in jeder Hand eine Wellenlinie (∼∼∼), ähnlich dem Wasser, über zwei Schrägstrichen (\\ ). Diese Zeichen sind die Hieroglyphen für „grüßen".

OPFER FÜR DIE SONNENSCHEIBE

In der Amarna-Zeit wurden die religiösen Bräuche erheblich verändert, als Pharao Echnaton die Anbetung von Aton, der Sonnenscheibe (siehe S. 128–129) förderte. Obwohl Aton keine menschliche Manifestation hatte, tritt er in rituellen Szenen direkter mit Anbetern in Verbindung als die Gottheiten in traditionellen Opferszenen. Abbildungen zeigen nicht nur die Betenden mit zu Aton erhobenen Händen, sondern auch die von Aton ausgehenden Strahlen zur Segnung von Opfer und Spender: Jeder Strahl endet in einer Hand.

Das gebräuchlichste religiöse Ritual der Ägypter – das tägliche Opfer – wurde beibehalten, jedoch in abgeänderter Weise. So verlagerte sich der Schauplatz des Rituals vom Dunkel des inneren Heiligtums auf einen offenen Hof, der durchflutet war von Sonnenschein, welcher von Aton ausging. Vor der Amarna-Zeit gab es in jedem Tempel einen Altar, in den Tempeln des Echnaton gab es mehrere: Man glaubte, daß die Allgegenwart der Strahlen von Aton mehrere Plätze nötig machte, von denen die Scheibe Nahrung empfangen konnte.

Der Kult um Aton wurde unter Tutanch-amun (ca. 1332–1322 v. Chr.) aufgegeben. Dieser Thron ist jedoch älter und zeigt die Strahlen des Aton, die, Armen gleich, nach dem Pharao und seiner Königin, Anchesen-amun, greifen und sie berühren. Diese Geste ist typisch für die Darstellungen von Aton. Am Ende eines jeden Strahls befindet sich eine kleine Hand und darin anch (☥), die Hieroglyphe für „Leben".

HEILIGE BOOTE

Die rekonstruierte Barke des Chufu im Museum von Gizeh. Ein Hinweis auf die Funktion von vier der fünf nahe der Cheopspyramide (siehe Haupttext) vergrabenen Barken könnte in ihrer Ausrichtung liegen. Die zwei bekannten zerlegten Barken sind von Ost nach West ausgerichtet und waren wahrscheinlich dazu gedacht, daß der verstorbene König darin als Sonnengott seine tägliche Reise über den Himmel unternahm (siehe S. 118–119). Zwei Gruben neben dem Totentempel sind von Nord nach Süd ausgerichtet und sollten wohl Chufu-Horus im Leben nach den Tod ermöglichen, seine Besitztümer am Nil zu überwachen. Die fünfte Grube könnte mit dem Kult der Hathor verbunden sein, die zu dieser Zeit in Gizeh verehrt wurde.

Die Bedeutung von Booten im Alltag (siehe S. 14–15) spiegelte sich darin, daß man den ägyptischen Göttern Fahrten in Himmelsbarken zuschrieb. Von frühdynastischer Zeit an trugen die Priester bei Prozessionen stets ein Abbild der Gottheit in einem Bootsmodell aus dem Tempelheiligtum, um einen anderen Tempel zu besuchen oder bei einem Rundgang um das eigene Heiligtum. Unter Pharao Hatschepsut (ca. 1479–?1458 v. Chr.) tauchen heilige Barken auf, auf Reliefs in Theben abgebildet, die außer dem König das Dreigestirn der thebanischen Gottheiten, Amun (siehe S. 126–127), seine Frau Mut und Sohn Chonsu, zeigen.

Obwohl die eindeutigsten Belege für heilige Barken aus dem Neuen Reich stammen, läßt die Darstellung von Schiffen von prädynastischer Zeit an darauf schließen, daß in speziellen Tempelkapellen schon früh rituelle Kähne aufbewahrt wurden. Wenn die Gottheit zu ihrer heiligen Reise aufbrach, verwahrte man die Statue in einem tragbaren Schrein mit einem Fries von schützenden Uräusschlangen (aufgerichteten Kobras) auf dem Dach und Königsnamen und einem Hieroglyphenfries an den Seiten. Der Schrein wurde in die „Kabine" gestellt. Bug und Heck wurden mit dem Kopf der jeweiligen Gottheit geschmückt: ein Widder für Amun, der

Ein Kahn mit dem Leichnam des Verstorbenen. Wandmalerei aus dem Grab des Menna, Theben-West. 18. Dynastie, um 1395 v. Chr.

„USERHAT" UND DAS OPET- FEST

Eine der größten Bootsprozessionen fand im Rahmen des Opet-Fests in Karnak statt. Erstmals belegt unter Hatschepsut (ca. 1479–?1458 v. Chr.), weiß man, daß der Brauch bis mindestens in die 25. Dynastie fortgesetzt wurde (Herrschaft von Pianchi, ca. 747–716 v. Chr.). Jährlich im Spätsommer feierte man die Reise des Gottes Amun von Karnak zum nahen Tempel von Luxor. Eine Reihe außergewöhnlicher Reliefs, mit fast 26 Metern Länge und zurückgehend in das Neue Reich auf die Herrschaft von Tutanchamun und Sethos I., zeigen die Reise der Barken von Karnak nach Luxor und zurück und die ausgelassenen Feiern außerhalb der Tempel.

Diese Skizze auf einem Kalkstein-Ostrakon zeigt eine Prozession von Priestern mit dem heiligen Boot des Amun (zu erkennen am Widderkopf an Bug und Heck). Die Statue des Gottes befindet sich im Schrein unter dem Baldachin in der Mitte des Bootes. Neues Reich, 19. oder 20. Dynastie.

Während die rituellen Boote von einer Prozession von Priestern langsam zum Ufer getragen wurden, umschwärmten Sänger, Tänzer, Akrobaten, Musiker, Soldaten und die einheimische Bevölkerung die Prozession. Am Nilufer wurden die Prozessionsboote auf Flußschiffe gebracht, deren größtes namens *Userhat* („Mächtiger Bug") die Barke des Amun trug. Der Rumpf der *Userhat* war in Gold mit Szenen des Königs vor dem Gott bemalt. Der Widderkopf von Amun, behängt mit Halsketten und kostbaren Pektoralien, schmückte Bug und Heck, Obelisken zierten das Deck. Sobald die Statue des Gottes auf der *Userhat* war, wurde das Schiff von Gruppen von Seeleuten mit Tauen stromaufwärts gezogen. Ein modernes Überbleibsel des Opet-Festes wird im islamischen Fest Abu Haggag gesehen, das alljährlich in Luxor stattfindet. Die Feier zu Ehren des örtlichen Moslemheiligen findet ihren Höhepunkt in einer Prozession kleiner Boote um den Tempelbezirk von Luxor.

Kopf eines Mannes für Chonsu oder den König und der einer Frau für Mut. Der Schutzgott Tutu, als Sphinx mit aufgerichtetem Schweif und der *Atef*-Krone (siehe S. 109), stand am Bug, und kleine Statuen des Königs und anderer Gottheiten um den Schrein in der Kabine. Das Ganze ruhte auf Stangen, die von Priestern gemessenen Schritts getragen wurden. Die Prozession hielt regelmäßig inne, so daß die örtliche Bevölkerung zur Gottheit beten oder sie um ein Orakel anflehen konnte. Dabei ruhte die Barke auf einem steinernen Sockel. An einigen Wegen befanden sich besondere Schreine für die Barke und boten den Priestern die Möglichkeit, auszuruhen und die Statue mit Weihrauch zu reinigen.

Mehrere Könige wurde mit normal großen Booten beigesetzt, die im Jenseits einem heiligen Zweck dienten. So wurden fünf Bootsgruben neben der Cheopspyramide entdeckt (siehe Randtext gegenüber und S. 180–183). Drei waren leer; zwei enthielten zerlegte Barken, von denen eine zusammengebaut wurde. Die zweite blieb in der Grube, wurde aber 1987 mit einer kleinen Kamera durch ein Loch vor Ort photographiert.

GÖTTLICHE GEBURTEN UND EHEN

Man schrieb den ägyptischen Gottheiten ein derartiges Maß an menschlichen Eigenschaften zu, daß sie durchaus so irdische Ereignisse wie Ehe, Zeugung und Empfängnis erleben konnten. Beispielsweise gibt es im Tempel der Hatschepsut (ca. 1479–?1458 v. Chr.) in Deir el-Bahari, Theben-West, Reliefs mit der Darstellung des Gottes Amun als Vater des Pharao. Amenhotep III. (ca. 1390–1353 v. Chr.) gab ähnliche Darstellungen für den Tempel in Luxor in Auftrag. In den Szenen von Deir el-Bahari soll der Gott der Gemahlin von Hatschepsuts Vater in dessen Gestalt beigewohnt haben. Die Königin gewahrte die göttliche Gegenwart durch den exquisiten Duft von Weihrauch, der sie Amun in seiner göttlichen Gestalt sehen ließ. Obwohl göttliche Empfängnis und Geburt in den Tempelreliefs abgebildet sind, gibt es keinen Hinweis, daß im Neuen Reich besondere Rituale mit diesen Ereignissen verbunden waren. Diese Szenen dienten eher zur Unterstreichung der Legitimität und Machtposition der Herrschenden durch

GEBURTSRITUALE

Über die bei einer Geburt vollführten Rituale gibt es nur spärliche Quellen. Nach einem Text aus dem Mittleren Reich (Papyrus Westcar) zog sich Königin Ruddedet, die die Könige der 5. Dynastie geboren haben soll, zwei Wochen lang zur Reinigung zurück. In Teilen des Nahen Ostens und in vielen anderen Kulturen sondern sich heute noch Frauen nach der Geburt ab und unterziehen sich einer Reinigungsphase. Der Text läßt auch vermuten, daß die Kleider der werdenden Mutter vor der Geburt in Nachahmung gewisser Totenrituale gelockert oder gewendet wurden, möglicherweise eine Anspielung auf den Zyklus von Geburt, Tod und Wiedergeburt.

Einige *Ostraka* (Ton- oder Kalksteinscherben mit Inschriften) aus Deir el-Medina in Theben-West zeigen eine stillende Frau unter einem Baldachin, der als eigener Pavillon gedeutet wurde, wo eine Mutter niederkam und während der Zeit der Absonderung verblieb. Der Baldachin hat schlanke

Ostrakon der 20. Dynastie aus Deir el-Medina. Eine Frau stillt ihr Kind, wohl in einem eigenen Geburtspavillon. Im unteren Teil der Skizze reicht ihr ein Mädchen einen Spiegel und Kosmetika.

Säulen in der Form von Lotosblüten, und Efeuranken hängen herab – beide Pflanzen wurden mit Wiedergeburt assoziiert. Das Haar der Frau ist – wie nur in solchen Szenen – zu einem Pferdeschwanz hochgebunden und fällt auf die Schultern. Sie trägt nur einen Hüftgürtel, ein Perlenkollier und Fußspangen.

Andere Texte erwähnen die Anwesenheit einer Göttin, z. B. Isis, bei der Geburt. In *Die Geschichte vom todgeweihten Prinzen* erscheinen bei der Geburt des Prinzen Gottheiten als „Sieben Hathors", die dem Neugeborenen sein Schicksal verkünden. Sie sagen dem Knaben den Tod „durch ein Krokodil, eine Schlange oder einen Hund" voraus. Im Papyrus Westcar sagen sieben in tanzende Mädchen verwandelte Gottheiten den Säuglingen, die die Könige der 5. Dynastie werden sollen, ihre Zukunft voraus.

Eine Kolossalstatue des Gottes Horus in Gestalt eines Falken aus dem Tempel in Edfu, dem Ziel der Kultstatue der Hathor während des „Festes der Schönen Umarmung".

DIE EHE VON HATHOR UND HORUS

In Ritualen der Spätzeit um göttliche Ehen im Sinn der Vereinigung zweier Gottheiten kommen hauptsächlich die Göttin Hathor und der Gott Horus vor. Eines der größten Ereignisse im religiösen Kalender Oberägyptens stellte ein alljährliches, 14tägiges Fest dar. Es war bekannt als das „Fest der Schönen Umarmung" (oder „Begegnung"), das die „Ehe" der zwei Gottheiten feierte. Hathor wurde in einem Schiff namens *Herrin der Liebe* von ihrem Tempel in Dendera etappenweise zum großen Tempel des Horus in Edfu mehr als 160 Kilometer südlich gebracht. Die Prozession machte beim Mut-Tempel in Karnak, beim Anukis-Heiligtum in Per-mer zwischen Esna und Hierakonpolis und in Hierakonpolis selbst halt, einem Zentrum der Horus-Verehrung seit frühdynastischer Zeit. Sobald sich das Schiff Hathors Edfu näherte, wurden Kultstatuen von Horus und Chonsu, der ebenfalls in Edfu verehrt wurde, herausgebracht, um sie zu empfangen. Die Wandreliefs und Begleittexte in Dendera und Edfu behandeln nur die Prozessionen und nicht die entsprechenden Rituale in den Tempeln, so daß die volle Bedeutung des Festes nicht geklärt ist.

den Verweis auf göttliche Abstammung. Im Fall von Hatschepsut war eine solche Legitimierung ihres Herrschaftsanspruchs besonders notwendig, weil sie eine zuvor Männern vorbehaltene Position einnahm (siehe S. 89).

Einige Details der Reliefs aus der 18. Dynastie tauchen auch in Szenen in Ptolemäertempeln in Philae, Dendera, Armant und Kom Ombo auf. In diesen späteren Darstellungen ist jedoch die Mutter des Königs ebenfalls eine Gottheit – in der Regel Hathor oder Isis, bevorzugt mit der Mutterrolle assoziierte Göttinnen –, und ihr Sohn wird nicht als König, sondern ebenfalls als Gott dargestellt, etwa Ihy, Chonsu oder Harpokrates („Horus das Kind"). Das „Ritual der göttlichen Geburt", dessen Ablauf nicht bekannt ist, wurde in einem kleinen Gebäude mit dem koptischen Namen *Mammisi* („Geburtshaus") innerhalb der Tempelanlage gefeiert. Das *Mammisi* in Philae zeigt die Kontinuität zwischen Geburtsszenen aus dem Neuen Reich und späteren, weil hier der neugeborene Gott Harpokrates, Sohn von Amun-Re und Isis, besonders mit dem König gleichgesetzt wird.

RELIGIOSITÄT UND PRIESTERTUM

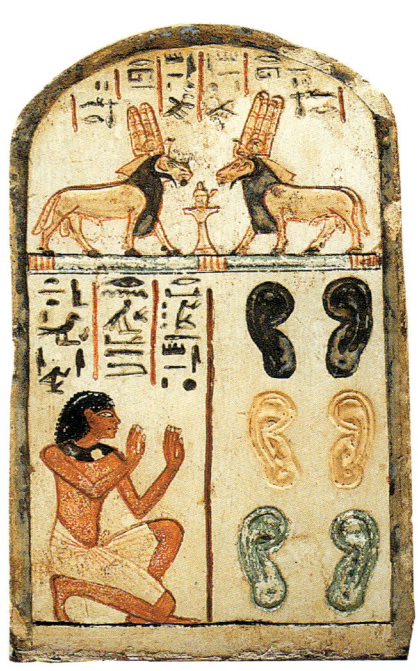

Auf dieser Stele mit „Hörendem Ohr" aus der 19. oder 20. Dynastie betet Bai, ein Arbeiter aus Deir el-Medina in Theben-West, die Darstellung von sechs Ohren des Gottes Amun an, der im oberen Teil zweimal als Widder abgebildet ist. Man glaubte, daß solche Stelen die Gebete der Gottheit direkt zu Gehör brachten. Die Bedeutung der Farbgebung der Ohren ist unbekannt. Die Verehrung von Schreinen mit „Hörendem Ohr" dauerte bis lange in die Römerzeit hinein, als man einen Ohrenschrein im Tempel von Horus und Sobek in Kom Ombo errichtete, 1000 Jahre nach jenem in Karnak (siehe Haupttext).

Religion und Ritual nahmen breiten Raum im Leben der Alten Ägypter ein, viele Männer und Frauen hatten Priesterwürden inne. Wir wissen nur wenig über die Pflichten und die Unterweisung der Priester, ja nicht einmal, ob es besondere Aufnahmezeremonien gab. Priester übernahmen wahrscheinlich ihr Amt als junge Erwachsene und behielten es bis an ihr Lebensende. Priesterwürden konnten vom Vater an den Sohn weitergegeben werden, bestimmte Posten blieben über Generationen in einer Familie. Priester wurden auch per königlichem Erlaß ernannt.

Die verbreitetsten Priestertitel *(wab* und „Vorleser") bezeichnen eine zeitweilige Verpflichtung. Diese Priester hatten ihrem Tempel einen Monat pro Jahr zu dienen und durften dann zu ihrer gewohnten Arbeit als Beamter, Handwerker usw. zurückkehren. Man sieht sie oft beim Abhalten von Totenritualen, sie tragen Opfergaben zum Grab und sprechen Gebete im Namen des Verstorbenen, wobei letzteres annehmen läßt, daß zumindest einige lesen und schreiben konnten.

Auf vielen Reliefs unterscheidet sich die Kleidung dieser untergeordneten Priester – das übliche knielange Hüfttuch – nicht von der der Laien. Der Vorleser-Priester unterschied sich jedoch durch eine breite Stoffschärpe, die er über der Brust trug. Die ständigen Priester, wie etwa die „Propheten" bestimmter Gottheiten, trugen auffällige Umhänge aus echten oder imitierten Pantherfellen. Der Umhang des Hohepriesters von Memphis war mit Sternen bedeckt.

Obwohl Priester anders gekleidet waren als gewöhnliche Leute – zumindest beim Abhalten gewisser Zeremonien –, lebten sie doch größtenteils wie Laien. Mit wenigen Ausnahmen heirateten männliche und weibliche Priester, hatten Kinder und lebten in Dörfern und Städten statt in Priestergemeinschaften.

Auch Frauen und Männer ohne Priesterwürden nahmen aktiv an religiösen Ritualen teil, sei es durch Gebete, durch Opfer vor Hausschreinen oder den Besuch von Prozessionen zu Ehren eines Gottes. Obwohl die Kultstatue eines Tempels im Heiligtum verborgen und nur den höchstrangigen Priestern zugänglich war, gab es noch andere Schreine der Gottheit, die sich am Eingang oder auf der Rückseite des Tempels befanden. Dort konnten die Menschen den Gott oder die Göttin direkt um Beistand oder Segen bitten. Der öffentliche Schrein an der Nordseite des Amun-Tempels in Karnak war, um die Privatsphäre des Gläubigen zu schützen, mit Vorhängen ausgestattet, die das Götterbild und den Bittsteller schützten. Diese Plätze der Andacht trugen Namen wie „Schrein des Hörenden Ohres" oder „Platz, an dem Gott Fürbitten hört" und waren mit Ohren verziert, was ihre Funktion unterstrich.

Die Leute konnten ihre Bitten auch an eine „Mittlerstatue" richten, Bild eines Gottes oder vergöttlichten Menschen mit besonderer Verbindung zu den Göttern. Eine Statue des Amenhotep, Sohn des Hapu (siehe S. 33), trägt die Inschrift: „O Leute von Karnak, die ihr Amun zu sehen wünscht, kommt zu mir! … Ich werde euer Wort zu Amun in Karnak tragen. Opfert mir, vergießt ein Trankopfer für mich, weil ich ein Mittler bin, bestellt vom König, zu hören die Wünsche des Bittenden."

Die Ägypter nahmen auch an Ritualen bei vielen anderen Schreinen teil, etwa dem Schrein der Schlangengöttin Meretseger („Sie, die die Stille liebt"), der Wächterin des Berges Qurn; der Schrein steht auf einem Hügel mit Blick über die Totentempel von Theben-West. Die Leute ließen hier Speise- und Trankopfer für die Göttin zurück, zusammen mit Votivstelen und Zeichnungen, die um ihren Segen baten. Bei Ausgrabungen im nahen Deir el-Bahari stieß man auf Tausende Opfergaben, die vor dem Schrein der Göttin Hathor zurückgelassen wurden: Miniaturgewänder mit gemalten Szenen des Bittstellers vor der Göttin, kleine Figuren oder Körperteile (Ohren, Augen, Phalli) aus Holz oder Fayence. Viele der Spender waren Frauen der Oberschicht: Es sollten „reiche Damen ebenso wie arme Mädchen" Opfer hinterlassen.

POPULÄRE TIERKULTE

Tierkulte waren ein Merkmal der volkstümlichen Religion in der Spätzeit und der Zeit der Ptolemäer (664–30 v. Chr.) mit Höhepunkt im 3. und 2. Jahrhundert v. Chr. In diesen Kulten wurden die Tiere selbst nicht angebetet, sondern sie wurden verehrt, weil man sie in Zusammenhang mit bestimmten Gottheiten sah. Paviane und Ibisse etwa verband man mit Thot, Katzen mit Bastet, Krokodile mit Sobek und Hunde mit Anubis.

Die Gläubigen wollten die Gottheit mit der Gabe von kleinen Figuren aus Bronze oder Fayence ehren, oder mit mumifizierten Resten eines Tieres, das mit dem Kult des Gottes assoziiert wurde. Das Opfern von mumifizierten Tieren bei Schreinen des Gottes entwickelte sich zu einem guten Geschäft für die Tempel, die große Zuchtanlagen für die Tiere einrichteten. In einem bestimmten Alter (z. B. Katzen mit zehn Monaten) wurden die Tiere getötet, mumifiziert und an die Pilger verkauft. Das Geschäft war offensichtlich sehr einträglich: Man schätzt, daß in den Ibiskatakomben von Nordsakkara rund vier Millionen tote Vögel liegen, während der Friedhof in Bubastis, dem Kultzentrum der Katzengöttin Bastet, Tausende von Katzenmumien beherbergt.

Andere Tierkulte standen im Zusammenhang mit den Göttern der Nomoi: So führte etwa die Provinz Oxyrhynchus den Nilbarsch als heiliges Wahrzeichen.

OBEN LINKS: *Eine Statue aus Holz und Bronze des Gottes Thot als Ibis (um 600 v. Chr.), wie sie gern von Pilgern gekauft wurde.* UNTEN: *Die dekorativ eingebundene Mumie eines jungen Krokodils (1. Jahrhundert v. Chr.); Tausende solcher Mumien wurden zu Ehren des Krokodilgottes Sobek begraben.*

RITUELLE SPIELE

In dieser Szene mit Stockfechtern verwenden zwei Männer in einer Neuauflage des Widerstreits von Horus und Seth blühende Schilfrohrstäbe. Aus dem Grab des Cheruef in Theben-West. Neues Reich, Regierung von Amenhotep III. (ca. 1390–1353 v. Chr.)

Auf diesem Relief aus dem Totentempel von Ramses III. (ca. 1187–1156 v. Chr.) in Theben-West vollführen Ringer und Stockfechter ritualisierte Schlachten zwischen Ägypten und seinen traditionellen Feinden aus Nubien und Syrien, während Mitglieder des Hofes (rechts) zusehen. Die Hieroglyphen besagen: „[Der Gott] Amun war es, der den Sieg befahl."

Abbildungen, die auf den ersten Blick wie Sport- und Spielszenen aussehen, können tatsächlich wichtige Rituale darstellen, die auf komplexen mythologischen Zusammenhängen beruhen. So ist etwa das Grab von Cheruef (Haushofmeister der Königin Teye, 18. Dynastie) in Theben mit Szenen von Boxern und Stockfechtern geschmückt, die in Wirklichkeit rituelle Akte darstellen. Die Hieroglyphentitel zu den Szenen und ihre Nähe zu anderen, die sich leichter als Rituale erkennen lassen (z. B. das Aufrichten des *Djed*-Pfeilers, der mit der Auferstehung des Osiris assoziiert wird), geben wertvolle Hinweise auf die tatsächliche Bedeutung dieser „Sportszenen". In einer Szene stehen einander sechs Männerpaare mit priestergleich geschorenem Haar in einem Boxkampf gegenüber, wie ihre Haltung und der Hieroglyphentext zeigen. Der Text nahe einem Boxer jeden Paares verkündet jedoch: „Horus hat in Wahrheit gesiegt!" Dies legt den Schluß nahe, daß dieser Mann die Rolle des Gottes Horus (mit dem der lebende König identifiziert wurde) in einer Neuauflage des Kampfes zwischen Gut und Böse einnimmt, personifiziert durch Horus und seinen Bruder Seth (siehe S. 22). Es gibt keinen Zweifel am Ausgang des rituellen Boxkampfes: Horus muß stets Seth besiegen, wie es der Mythos vorgibt.

In den Szenen mit den Stockfechtern schwingen die Kämpfer Stöcke in der Form von einfachen oder doppelten blühenden Schilfrohren, zwei von ihnen werden als „Männer aus Pe" bezeichnet, dem alten Kultzentrum im Nordwestdelta. Der rituelle Charakter läßt sich durch Hinweise auf das Fechten mit Stöcken in den Pyramidentexten verstehen. Eine Passage darin bezieht sich auf Riede des gleichen Schilfrohrs, wie im Grab des Cheruef abgebildet: Sie werden mit Blumenzeptern gleichgesetzt, die Horus verwendete, um Seth in Gestalt eines Nilpferdes zu besiegen. Eine andere Passage – Teil der Liturgie, die den toten Pharao wieder zum Leben erwecken sollte – erzählt, daß die Männer aus Pe während des Begräbnisses von Osiris „Stöcke für dich [Osiris] aneinanderschlugen".

Einige Szenen von Ringkämpfen sind ebenso als religiöse Rituale aufzufassen. So gibt es etwa im Tempel von Ramses III. in Medinet Habu in

KINDERSPIELE ALS RITUALE

Einige Aktivitäten, die auf den ersten Blick wie Kinderspiele aussehen, können tatsächlich religiöse Rituale darstellen. Dazu gehört das sogenannte „Hüttenspiel", abgebildet in den Gräbern des Idu in Gizeh und des Baki in Beni Hasan sowie auf einem Relief im British Museum. Alle diese Szenen zeigen fünf Knaben, von denen vier eingeschlossen sind, vielleicht in einer Hütte oder einem Zelt. Jeder trägt die für Minderjährige traditionelle Locke. Zwei Knaben stehen rechts, ein anderer scheint den vierten auf den Boden zu drücken. Der zu Boden Gedrückte streckt seine Hand nach einem fünften Knaben aus, der außerhalb steht.

Die Inschrift wurde folgendermaßen interpretiert: „Ich werde mich selbst ganz allein befreien, mein Freund", oder: „Rette ihn, der darniederliegt, o mein Freund", worauf der Knabe außerhalb erwidert: „Ich rette dich!"

Das „Hüttenspiel" auf einem Relief in Gizeh aus der 6. Dynastie. Man glaubte früher, daß das „Spiel" Teil von Pubertätsriten sei und in Zusammenhang mit der Beschneidung stünde. Ägyptologen glauben immer noch an eine Art von Ritual, sind sich aber nicht mehr so sicher über den Symbolgehalt.

Theben-West das „Fenster für öffentliche Auftritte", in dem sich der König dem Volk bei Festen zeigte und das mit Ringern verziert ist. Der Wettkampf zwischen Ägyptern und verschiedenen Fremden wird mit Texten wie „Weh dir, prahlerischer syrischer Feind! Ich werde dich vor dem Pharao niederwerfen!" kommentiert. Daß die Teilnehmer sich nicht bloß vergnügen, wird durch die Tatsache unterstrichen, daß die Reliefs eine fast identische Kopie von Szenen im Totentempel von Ramses II. (Ramesseum) sind, von denen ein gemeißelter Steinblock mit nubischen Ringern erhalten ist. Andere Blöcke der Ringerszene im Ramesseum (möglicherweise, aber nicht sicher von seinem Fenster) wurden sogar zur Restaurierung der Reliefs von Medinet Habu verwendet. Solch eine sklavische Nachahmung macht es um so wahrscheinlicher, daß die Ringkämpfe statt eines bestimmten sportlichen Ereignisses eher einen symbolischen Sieg Ägyptens und des Königs über ihre Feinde darstellen.

Brettspiele könnten gleichfalls rituelle Bedeutung haben. Eines der geläufigsten, *Senet,* war auch bekannt als „Reise durch die Unterwelt". Das rechteckige Brett hatte 30 Felder, einige mit Gefahren wie Wasser oder mit Verheißungen („Leben und Herrschaft", „sehr gut", „Macht") gekennzeichnet. Das Spiel endete mit dem erfolgreichen Bestehen vor dem göttlichen Gericht über die Seele (siehe S. 137) und der Wiedergeburt nach dem Tod. Die Symbolik des Spiels wird durch Grabszenen unterstrichen (siehe Abb. S. 147); einige zeigen den Verstorbenen, der gegen einen unsichtbaren Gegner spielt, vielleicht einen der Richter der Unterwelt.

DAS SCHLAGBALLSPIEL
Erstmals bekannt aus der Zeit von Thutmosis III. (ca. 1479–1425 v. Chr.), zeigen Darstellungen des „Schlagballrituals" den König beim Schlagen eines Balls mit einem Schläger. Begleittexte lassen schließen, daß der Ball mit dem Auge der bösen Unterweltschlange Apep, oder Apophis, gleichgesetzt wurde. Durch das Schlagen des Balls mit dem Schläger, der „das Auge des Re" darstellen sollte, vertrieb der König symbolisch feindliche Mächte. Der ernste Zweck des Spiels bedeutete aber nicht, daß der König keinen Spaß daran hatte. Auf einer Darstellung des Schlagballspiels im Horus-Tempel aus der Ptolemäerzeit steht: „Der Pharao empfindet kindliches Vergnügen."

Teil III

KUNST, ARCHITEKTUR UND SPRACHE

Der große Amun–Tempel in Luxor, Theben–Ost. Gegründet unter Amenhotep III. (ca. 1390–1353 v. Chr.), wurde Luxor von seinen Nachfolgern erweitert. Ramses II. (ca. 1279–1213 v. Chr.) fügte diesen Hof und die Kolossalstatuen von ihm selbst hinzu.

GEGENÜBER: *Die Totenmaske von Prinz Yuya, dem Schwiegervater von Amenhotep III. (ca. 1390–1353 v. Chr.), aus vergoldetem Stuck (gipsversteiften Leinenbinden), wie sie ab der Ersten Zwischenzeit gemacht wurden.*

Die Pyramiden sind die bemerkenswertesten Monumente und dauerhaftesten Symbole Ägyptens. Sie vereinen vieles, was die ägyptische Kultur ausmacht: die Macht des Königs, die zentrale Rolle des Totenkultes und die Bedeutung des Sonnengottes. Jahre und ungeheurer Aufwand an Arbeit und Material war zu ihrem Bau erforderlich. Die großen Pyramiden der 4. Dynastie in Gizeh sind an Größe und schierer Masse sicherlich unübertroffen.

▲

OBEN: *Rekonstruktion einer Pyramide auf einem Privatgrab des Neuen Reiches, Deir el-Medina, Theben-West. Die Könige dieser Zeit bauten keine Pyramiden mehr, Miniaturausgaben waren bei den Untertanen beliebt.*

● KAPITEL 12

DIE PYRAMIDEN

DENKMÄLER EINER ZEIT

Die Pyramiden sind die größten Monumente, die Ägypten als überragende Denkmäler der großen Zeit der Pharaonen hinterließ. Die meisten wurden innerhalb eines Zeitraums von nur 900 Jahren von der 3. bis zur 12. Dynastie (ca. 2675–1759 v. Chr.) gebaut. Die größten von ihnen, die in Gizeh stehen, stammen aus den etwa 75 Jahren (ca. 2585 und 2510 v. Chr.), in denen Chufu (Cheops) und seine Söhne Chephren und Mykerinos herrschten.

Die erste Pyramide mit dazugehöriger Grabanlage wurde von König Djoser (um 2650 v. Chr.) aus der 3. Dynastie (siehe S. 178–179) gebaut, die Ursprünge der Pyramiden gehen aber bereits auf das Grab von Chasechemui (um 2675 v. Chr.) aus der 2. Dynastie in Abydos zurück. Dieser wurde in einem unterirdischen Grabkomplex mit einem Flachdach und vertikalen Wänden bestattet. Dieser Grabtypus, eine Mastaba (siehe S. 197), unterschied sich stark von den Gräbern früherer Herrscher. Sein Grabkomplex umfaßt auch die ersten Bootsgruben (in denen Schiffsteile vergraben wurden); sie sollten typisch für die klassischen Pyramidenkomplexe werden. König Djoser und sein Architekt Imhotep bauten das Grabdenkmal des Königs, die große „Stufenpyramide" in Sakkara, in mehreren Abschnitten (siehe Abb. S. 179), die Basis bildete dabei eine große Mastaba. Sie setzten auch bei der Wahl des Baumaterials neue Maßstäbe, denn erstmals wurde Kalkstein anstelle von Lehmziegeln verwendet.

In den nächsten 100 Jahren entwickelten sich aus der Stufenpyramide die berühmten „echten" Pyramiden der 4. Dynastie in Dahschur und im weltbekannten Gizeh (siehe S. 180–185). Die Zahl der Arbeiter, die für die Cheopspyramide oder Große Pyramide gebraucht wurden, ist kaum vorstellbar: Sie besteht immerhin aus etwa 2,6 Millionen m³ Stein. In den nächsten 200 Jahren reduzierten die Baumeister die Pyramidenmasse jedoch durch den Einsatz von kleineren Steinen, Geröll oder Lehmziegeln für den Kern des Bauwerks. Für die Cheopspyramide wurde laut Schätzungen beinahe soviel Stein gebraucht wie für alle Pyramiden der 5. und 6. Dynastie zusammen (siehe S. 188–189).

Je weniger massiv die Pyramiden gebaut wurden, mit desto mehr Reliefs wurden sie ausgestaltet. Man schreibt die Verminderung der Pyramidengröße am Ende des Alten Reiches meist wirtschaftlichen Zwängen zu. Allerdings dürfte der Einsatz von weniger Hilfsarbeitern vermutlich durch die höheren Löhne für die Handwerker ausgeglichen worden sein, die man für die Bildhauerarbeiten an den Reliefs brauchte. Im Grabkomplex von Sahure, den die 5. Dynastie in Abusir bauen ließ (ca. 2485–2472 v. Chr.), nehmen die Wandreliefs eine Fläche von ungefähr 10 000 m² ein. Aus dieser Zeit stammen auch die ersten als „Pyramidentexte" bekannten heiligen Inschriften in der Pyramide des Unas in Sakkara (siehe S. 188).

Die Pyramiden des Mittleren Reiches bestanden nur aus Lehmziegeln oder aus Lehmziegeln mit einem Geröllkern, unter einer Verkleidung aus Kalkstein. Da nicht einmal die riesigen Pyramiden der 4. Dynastie vor Grabräubern sicher gewesen waren, ließen die Herrscher des Mittleren Reiches Labyrinthe von Kammern und Gängen bauen. Trotz aller aufwendigen Sicherheitsmaßnahmen kam es später doch zu Plünderungen.

Die Herrscher des Neuen Reiches, beginnend mit Pharao Thutmosis I. (ca. 1493–1482 v. Chr.) aus der 18. Dynastie, wurden tief im gewachsenen Felsen des heutigen „Tals der Könige" am westlichen Nilufer bei Theben begraben. Diese Form der Königsgräber war zwar ein neuer Ansatz, brach jedoch nicht völlig mit der Tradition. Als Wiederaufnahme der Praxis der Pharaonen aus der 1. und 2. Dynastie baute Architekt Ineni den Totentempel Thutmosis' I. an einem anderen Standort als sein Grab, und die Nachfolger des Königs hielten es genauso (siehe Karte S. 195). Letztendlich ruhten Thutmosis I. und die anderen Pharaonen im Tal der Könige trotz allem unter einer Pyramide – nämlich unter der eindrucksvollen natürlichen Pyramide des Bergs von Theben oder, auf Arabisch, Qurn.

OBEN: *Die meisten Pyramiden wurden auf einer Strecke von 40 Kilometer erbaut, in deren Mitte Memphis liegt. Hoch über dem Schwemmland, auf der Felsenhöhe am Wüstenrand liegen die Pyramiden des Alten Reiches in Gizeh, Abusir, Sakkara, Dahschur, Meidum, Abu Rawash und Zawijet el-Arian. Die Pyramiden des Mittleren Reiches sind weiter im Süden nahe der Oase Faijum zu finden.*

LINKS: *Die Pyramiden von Cheops, Chephren und Mykerinos (vorne) in Gizeh.*

RAMPEN ZUM HIMMEL: DIE PYRAMIDE UND IHRE ANLAGE

Obelisk von König Thutmosis I. (ca. 1493–1482 v. Chr.) im Tempel von Karnak. Die Spitze ist pyramidenförmig und war vermutlich vergoldet. Sie erinnert an den Urhügel Benben, auf dem sich der Phönix als Inkarnation des Sonnengottes niederließ. Schlanke, monumentale monolithische Obelisken (aus einem Stück Stein gehauen) waren typisch für das Neue Reich; frühere wie die in den Sonnentempeln der 6. Dynastie waren behäbiger und aus großen Steinblöcken errichtet.

Die Pyramidenform ist eng mit der Sonne und dem Sonnengott Re verbunden. In den Pyramidentexten (siehe S. 188) heißt es, die Sonne würde beim Tod des Pharao ihre Strahlen verstärken und so eine Himmelstreppe oder Rampe bilden, auf der der König in den Himmel emporsteigt. Die echten Pyramiden sollen diese Sonnenrampe symbolisieren, die Treppe spiegelt sich eindeutig in der Gestaltung der frühen Stufenpyramiden wider.

Die Pyramide stand auch mit dem *Benu* oder Phönix in Verbindung, jenem legendären Vogel, den man in Heliopolis als Inkarnation des Re verehrte. Man stellte sich vor, daß er auf dem pyramidenförmigen Urhügel (*Benben*) saß, an den die Pyramiden und die pyramidenförmigen Spitzen der Obelisken erinnern sollten. Sechs Könige der 5. Dynastie bauten bei ihren Pyramidenkomplexen Sonnentempel, zu denen auch gedrungene Obelisken gehörten, die den ursprünglichen *Benben* in Heliopolis nachahmten (siehe S. 188–189). Dieser Urhügel stieg nach dem ägyptischen

Grabstele (um 1000 v. Chr.) mit einer Frau vor dem falkenköpfigen Sonnengott Re-Harachte, der wohlwollend Strahlen auf sie niedersendet. Als Manifestation der aufgehenden Sonne stand er mit der Ostseite der Pyramide in Verbindung. Er wird in einer Inschrift auf dem Pyramidion von Amenemhet III. (siehe Kasten gegenüber) angerufen.

Schöpfungsmythos zu Anbeginn der Zeiten aus den Urwassern (Nun) auf (siehe S. 120–121) und bot damit dem Schöpfer- und Sonnengott einen Ort, an dem dieser ins Leben treten konnte. König Chufu, der Erbauer der Großen Pyramide, scheint schon zu Lebzeiten als Inkarnation des Re betrachtet worden zu sein. Mit Sicherheit wurde er aber nach seinem Tod mit Re gleichgesetzt, da die Cheopspyramide auf Ägyptisch als *Achet-Chufu* („Horizont des Chufu") bezeichnet wurde – sie war also der Punkt, an dem Chufu jeden Tag als Sonne aufgehen würde. Seine Erben, die Pharaonen Djedefre und Chephren, waren die ersten, die den königlichen Titel *Sa-Re* („Sohn des Re") trugen.

Pyramidenanlagen bestehen üblicherweise aus etwa 14 typischen Elementen, jedes mit spezifischer Funktion und Stelle. Viele dieser Elemente existierten bereits vor der 4. Dynastie, als die Komplexe sich in ihren Grundzügen herausbildeten; im Alten Reich wurden sie in ihrer Form

DAS PYRAMIDION

Auf der fertigen Pyramide saß ein charakteristischer Abschlußstein, das sogenannte Pyramidion. Viele Beispiele aus Altem und Mittlerem Reich wurden entdeckt, das älteste von der Roten Pyramide des Snofru, Gründer der 4. Dynastie, in Dahschur. Es ist 78,5 mm hoch und wurde in Stückchen gefunden, offenbar abgestürzt. Das zweitälteste Pyramidion fand der Autor nahe der jüngst entdeckten Nebenpyramide des Chufu (siehe S. 182–183), es ist eines der wenigen vollständigen Beispiele. Am besten ist das Pyramidion von der Pyramide Amenemhets III. aus der 12. Dynastie bekannt. Es ist auf den vier Flächen mit den Gottheiten Harachte (Gott der aufgehenden Sonne), Anubis, Osiris, Ptah und Neith beschriftet. Die Inschrift für Harachte lautet: „Möge das Gesicht des Königs geöffnet werden, so daß er den Herrn des Horizonts [Harachte] sehen mag, wenn er den Himmel quert; möge dieser den König als Gott erstrahlen lassen, Herr der Ewigkeit und unzerstörbar" (nach der Übersetzung ins Englische von I. E. S. Edwards). Harachte antwortete, daß „er dem König den schönen Horizont gegeben habe".

Eine Inschrift der Pyramide der Königin Udjebten in Sakkara deutet darauf hin, daß ihr Pyramidion vergoldet war. Daß dies stimmen könnte, wird durch einen Fund des Autors bestätigt, der jüngst bei der Pyramide des Sahure in Abusir eine Inschrift entdeckte, in der ein Pyramidion aus Gold erwähnt wird.

Das graue Granitpyramidion von König Amenemhet III. (ca. 1818–1772 v. Chr.), ein Fund aus dem Jahr 1900, ist etwas höher als ein Meter.

PYRAMIDENMODELLE

Zu den vielen Rätseln der Pyramiden gehören auch die Modelle, die von Archäologen gefunden wurden. Der britische Archäologe Flinders Petrie, der Vater der modernen Ägyptologie, fand die Miniatur einer Stufenpyramide, die als Modell der Djoser-Pyramide gilt. Ein weiteres Modell fiel ihm im Tempel (als „Labyrinth" bekannt) des Amenemhet III. in Hawara (siehe S. 190) in die Hände. Die neueste Entdeckung ist ein Modell, das Dieter Arnold bei der Pyramide von Amenemhet III. in Dahschur fand.

abgerundet, es gab aber praktisch keine großen Veränderungen, außer wegen eines neuen Kults oder topographischer Besonderheiten. Das erste Element ist die Pyramide selbst, oft – aber nicht immer – die eigentliche Grabstätte des Königs oder der Königin. Die Grabkammer liegt meist im Erd- oder Felsboden unter dem Bauwerk. Die Pyramiden von Snofru und Chufu bilden hier eine Ausnahme, denn ihre Gräber befinden sich im Inneren der Pyramide. Das zweite Element ist die Neben- oder Satellitenpyramide; sie hat mit dem Totenkult des Königs zu tun und liegt meist südlich der Hauptpyramide. In den Nebenpyramiden wurden manchmal auch die Frauen oder die Mütter der Könige begraben.

Jede Pyramide hatte zumindest zwei Umfassungswälle, einen inneren um den Pyramidenhof, einen äußeren um die Gesamtanlage. Im Alten Reich trugen diese Mauern keine Inschriften, im Mittleren Reich sind dort die Titel des Königs verewigt, so jene von Sesostris I. in Lischt.

Das dritte Element ist der Totentempel, auch als oberer Tempel oder Grabtempel bekannt. Mit einer Ausnahme – der Pyramide des Userkaf aus der 5. Dynastie in Sakkara – liegt er immer östlich der Pyramide. In der 4. Dynastie war der Grundriß des Tempels einfach, ab der 5. Dynastie wurden im Norden und Süden zusätzliche Lagerräume angebaut. Ein „Aufweg" verbindet den Totentempel mit dem Taltempel, der auch unterer Tempel genannt wird und am Rand des landwirtschaftlich genutzten Schwemmlandes steht. Der älteste der acht bekannten Taltempel steht bei der Knickpyramide in Dahschur, der am besten erhaltene ist der Taltempel des Chephren. Der Aufweg, der den Totentempel des Chufu und seinen Taltempel verbindet, ist der erste, der überdacht wurde, um die Wandreliefs zu schützen. Ab dieser Zeit wurden alle Aufwege mit Wandreliefs ausgestaltet, besonders prächtig sind jene aus der Zeit der 5. und 6. Dynastie.

Beim Taltempel lag die „Pyramidenstadt", wo die dem königlichen Aufseher unterstehenden Bediensteten lebten, die für den Totenkult des Königs zuständig waren. Reste solcher Pyramidenstädte wurden in Dahschur, Gizeh und Kahun (siehe S. 71) gefunden. In den „Werkstättenbereichen" wurden Brot und Bier für die Arbeiter ebenso hergestellt wie Statuen, Stein- und Tongefäße, Feuersteinmesser und andere für den Kult des verstorbenen Monarchen benötigte Gegenstände. Wer am Bau der Pyramide arbeitete, lebte ebenfalls im Komplex, allerdings nicht im selben Bereich wie die Kultdiener. Innerhalb der Grabanlage gab es auch ein eigenes Landgut, das „Gut des königlichen Grabes", nahe dem Nilufer. Die eine Hälfte des Ertrags ging an die Menschen in der Pyramidenstadt, die andere an den herrschenden König und seinen Hofstaat.

Um die Pyramide und den Aufweg konnte es zahlreiche Bootsgruben geben (siehe S. 168), bei Chasechemui etwa waren es zwölf, nahe dem Lehmziegelwall. Die Zahl schwankt: Unas, der letzte Pharao der 5. Dynastie, hatte zwei Boote, Chufu und Chephren je fünf, bei der Pyramide von Mykerinos und anderen sind bisher keine bekannt (siehe S. 185).

Vor dem Taltempel gab es den „Pyramidenhafen". Während der Bauzeit kamen Steine, Arbeitskräfte und Beamte über den Hafen und die Kanäle, die eine Verbindung zum Nil herstellten. Nach der Fertigstellung der Bauwerke waren es dann die Waren, die für den Königskult gebraucht wurden. Häfen und Kanäle bildeten mit dem Platz vor dem Taltempel einen Anlegebereich, der von den Ägyptern die „Mündung des Sees" genannt wurde (siehe S. 176).

Der König könnte durchaus den Bau von einem Palast in der Nähe aus selbst überwacht haben. Schon die prädynastische Stadt Ineb-Hedj („Weiße Mauern"), die sich nahe den Königsgräbern von Sakkara befindet, war wahrscheinlich nach einer solchen Residenz benannt. Aus Ineb-Hedj wurde später die Hauptstadt Memphis (siehe S. 74), es gibt jedoch keinen konkreten Nachweis, daß die Pharaonen des Alten Reiches tatsächlich dort wohnten, wie allgemein behauptet wird. Als die drei riesigen Pyramiden der 4. Dynastie gebaut wurden, befanden sich der Königspalast und die dazugehörigen Verwaltungsgebäude vermutlich in einer etwa 3 km² großen Siedlung in Gizeh. In einer Quelle heißt es, König Djedkare Isesi aus der 5. Dynastie habe außerhalb der Hauptstadt in der Nähe seines Pyramidenkomplexes in Sakkara gelebt. Im Mittleren Reich wiederum verlegte Amenemhet I., ein Herrscher der 12. Dynastie, seine Hauptstadt von Theben im Süden nach Itj-Tawy, einer neu gegründeten Stadt, die nicht weit von seinem Pyramidenbezirk in Lischt (siehe S. 28) entfernt war.

DIE FUNKTION DER PYRAMIDENANLAGE

Die Meinungen über den Zweck der beiden Tempel, des Aufwegs und anderer Teile der Pyramidenanlage sind geteilt. Eine Theorie besagt, daß der König im Taltempel mumifiziert wurde, wo auch die entsprechenden Rituale stattfanden. Dann wurde er in einer Prozession über den Aufweg zum Totentempel getragen. Nach weiteren Riten wurde er in den Pyramidenhof und schließlich in die Pyramide selbst gebracht.

In den Pyramidenanlagen der 4., 5. und 6. Dynastie wären die Durchgänge zwischen Totentempel und Pyramidenhof allerdings zu eng für einen Sarkophag gewesen, und in den Taltempeln weist keine Inschrift in irgendeiner Form darauf hin, daß dort die Mumifizierung durchgeführt wurde.

Mit den archäologischen Funden dürfte eher die Theorie übereinstimmen, daß der Pyramidenkomplex zugleich als Tempel des vergöttlichten Königs und als „Ritualpalast"

diente, der die Bedürfnisse des Königs im Jenseits erfüllte. Die Wandreliefs in den Pyramidenanlagen ähneln denen in anderen Tempeln und waren wahrscheinlich auch in Palästen zu finden: „Unterwerfungsszenen" (die den König zeigen, wie er die Feinde Ägyptens schlägt), Szenen, die den König bei den Göttern darstellen, oder sein *Sed*-Fest (Regierungsjubiläum).

War der Pyramidenkomplex mit seinen verschiedenen Teilen tatsächlich auch als großer Palast des toten Pharao gedacht, dann wurde der Leichnam wahrscheinlich in den königlichen Werkstätten mumifiziert. Die Einbalsamierungsrituale könnten im „Reinigungszelt", einem speziell errichteten Bau vor dem Taltempel, stattgefunden haben, dann zog der Leichenzug wahrscheinlich unter Umgehung der beiden Tempel und des Aufwegs direkt durch den Pyramidenhof in die Pyramide.

**DER FLUCH
DER BAUMEISTERSFRAU**
Im Grab eines Mannes, der an der
Cheopspyramide arbeitete, und
seiner Frau finden sich zwei Flüche,
die zeigen, daß nicht nur die Pharaonen Angst vor Grabräubern hatten.
Der Fluch der Frau lautet in etwa:
„Ihr alle, die ihr in dieses Grab
eindringt, die ihr Böses vorhabt und
es zerstört, möge euch das Krokodil
zu Wasser verfolgen und die Schlange
zu Land, das Flußpferd zu Wasser
und der Skorpion zu Land." Der
Mann ruft in ähnlicher Form
Krokodil, Löwe und Flußpferd an.
(Siehe auch S. 144–145.)

DER BAU DER PYRAMIDEN

Die größte der fast 100 Pyramiden in Ägypten ist die Cheopspyramide (siehe S. 180–183). Sie ist nach wie vor fast ihre ursprünglichen 146 Meter hoch. Ihre Grundlinie ist 230 Meter lang, und sie besteht aus 2,3 Millionen Kalksteinblöcken. Jede Seite steigt mit genau 51° 52' an. Diese Statistiken muten um so eindrucksvoller an, wenn man bedenkt, daß dieses Bauwerk vor viereinhalbtausend Jahren entstand.

Die für den Bau erforderlichen Arbeitskräfte unterstanden einem Mann, der als Aufseher über alle königlichen Arbeiten bezeichnet wurde. Er mußte ein Mann der Wissenschaft und ein Architekt ebenso sein wie eine Respektsperson mit großen Führungsqualitäten. Er war für ein gigantisches Vorhaben von nationaler Bedeutung verantwortlich. Die fertige Pyramidenanlage sicherte dem Pharao mit ihren verschiedenen baulichen Elementen schließlich eine angenehme Reise ins Jenseits. Jeder Haushalt Ägyptens mußte durch die Bereitstellung von Lebensmitteln oder Arbeitskräften an diesem Projekt mitwirken.

Die erste Entscheidung des Aufsehers war wesentlich: Wo sollte das Bauwerk stehen? Traditionellerweise mußte die Pyramide am Westufer des Nils, nahe dem Land der Toten (für die Ägypter „der Westen") liegen. Aus

DIE ARBEITER VON GIZEH

Der Autor war vor kurzem an Ausgrabungen im Südosten des Plateaus von Gizeh und des Sphinx beteiligt, die erstmals Licht in das Alltagsleben derer brachten, die Jahrzehnte an den Pyramiden bauten, und auch jener, die in den Pyramidentempeln dienten, lange nachdem die ganze Anlage fertiggestellt war. Die vier größeren Fundstätten umfassen die Gräber der Arbeiter und ihrer Aufseher, die der fachlich ausgebildeten Handwerker (durch eine Rampe mit dem Arbeiterfriedhof verbunden), die „Versorgungseinrichtungen" (darunter eine Bäckerei und Kornspeicher) und die Arbeiterstadt, die bei Rettungsgrabungen vor der Anlage eines Abwassersystems entdeckt wurde. Die Szenen auf den Grabwänden geben uns Aufschluß über Auf-

Werkzeuge eines Steinmetzen: ein Holzschlegel und zwei Bronzemeißel aus dem Neuen Reich.

gaben, Kleidung, Titel und Religion der Arbeiter. Außerdem zeigten die Ausgrabungen, daß sie Gräber ebenfalls in Pyramidenform bauten, allerdings aus Lehmziegeln.

In der Arbeiterstadt lebten etwa 18 000 Menschen (sie war durch eine Mauer, Heit el-Ghorab, von den Pyramiden getrennt), andere kehrten am Abend in ihre Häuser außerhalb der Siedlung zurück. Die Härte des Arbeitsalltags zeigt sich an den Brüchen und an den Trümmerverletzungen, die an den Knochen der Begrabenen festgestellt wurden.

BAU DER GROSSEN PYRAMIDE: RAMPENTHEORIE

Die wichtigsten Theorien über den Bau der Cheopspyramide (siehe Haupttext). Abb. a und b: eine gerade Rampe; Abb. c: vier parallele Rampen spiralenförmig um die Pyramide; Abb. d: Mark Lehners Theorie mit Kombination der geraden und der spiralenförmigen Rampe.

praktischen Erwägungen durfte der Standort nicht zu weit von gutem Kalkstein entfernt sein. Als nächstes hatte der Aufseher den Steinbruch einzurichten (siehe S. 177) und für die Transportrampe, den Bau des Pyramidenhafens (siehe S. 172) und die Unterbringung von mehreren 1000, ja 10 000 Arbeitern zu sorgen. Alles mußte so im natürlichen Terrain angeordnet werden, daß die Effizienz von Arbeitskräften und Material gesichert war.

Die Frage, wie ein solches Riesenvorhaben überhaupt umgesetzt werden konnte, fasziniert die Ägyptologie seit langem und war sogar schon in der Antike Gegenstand von Spekulationen. Die archäologischen Erkenntnisse deuten darauf hin, daß eine Rampe verwendet wurde – welche Art Rampe ist nicht klar (siehe Abb. oben), aber es gibt zwei grundlegende Theorien. Eine Theorie (Abb. a) schlägt eine einzige große Rampe im rechten Winkel zu einer der Pyramidenseiten vor. Der Vorteil dabei wäre, daß alle vier Ecken und drei Seiten frei bleiben, so daß die Steigung der Seiten und die Diagonalen geprüft werden können. Diese laufende Überprüfung war wichtig, weil einander die Kanten sonst womöglich bei einer Winkelabweichung nicht in einem Punkt getroffen hätten.

Die Notwendigkeit, eine geringe Rampensteigung (nicht mehr als 1:6) beizubehalten, hätte aber eine Verlängerung der Rampe erfordert, sobald

DER PYRAMIDENHAFEN

Baumaterial von auswärts, wie Granit, Basalt, Alabaster und feiner Kalkstein aus Tura, wurden auf dem Fluß herangebracht und vom Hafen an die Baustelle befördert. Bei der Cheopspyramide kam das Material vermutlich über das Wadi zwischen dem Pyramidenplateau und dem Südhang des Ma'adi-Gebirges. Der Pyramidenhafen der Cheopspyramide liegt daher an der Mündung dieses ausgetrockneten Flußlaufes begraben. Ausgrabungen der Häfen von Chufu und Chephren in Gizeh haben diese Theorie erhärtet.

In jüngster Zeit fand der Autor mit seinen Kollegen eine 800 Meter lange Basaltmauer südlich des unteren Tempels des Chufu, bei der es sich um die Hafenmauer handeln könnte. Eine weitere, die „Krähenmauer" (Heit el-Ghorab), besteht aus Kalksteinblöcken von der Größe der Pyramidenblöcke und beginnt bei der Mündung des Wadi. Sie dürfte den Hafen umgeben haben. Ein Tor war der Hauptdurchgang vom Anlegeplatz zur Arbeiterstadt (siehe Kasten S. 174).

die Pyramide an Höhe gewinnt (Abb. b). Dadurch kommt die Arbeit an der Pyramide zum Stillstand, weil nicht an beiden gleichzeitig gebaut werden kann. Die Rampe zur Pyramidenspitze wäre außerdem letztlich so lang gewesen, daß sie in den Steinbruch oder darüber hinaus gereicht hätte, was unmöglich der Fall gewesen sein kann.

Die zweite Theorie hält eine spiralenförmig gewundene Rampe für möglich. Am bekanntesten ist die Vorstellung, daß vier Rampen von jeder Ecke aus parallel nach oben verlaufen und von den Steinen der noch nicht fertigen Verkleidung gestützt werden (Abb. c). Diese Steine würden beim Abbau der Rampe nach Fertigstellung der Pyramide geglättet. Damit bleibt der Großteil der Gebäudeoberfläche zur Prüfung der Neigung der Kanten und Linien frei, die Rampen bleiben auf die nächste Umgebung der Pyramide beschränkt. Diese Hypothese ist jedoch auf ihre Weise ebenfalls problematisch. Erstens ist es unwahrscheinlich, daß die rauhe Oberfläche der Pyramide dem Gewicht der Rampen, die laut dieser Theorie aus Ziegeln oder Schutt waren, standgehalten hätte. Die Windungen der Rampe hätten außerdem die Strecke verlängert, über die die Steinblöcke befördert werden mußten, und hätten es den Arbeitern, die mehrere Tonnen ziehen mußte, schwer gemacht, die Ecken der Rampe zu umrunden.

Von dem amerikanischen Ägyptologen Mark Lehner stammt ein Kompromiß zwischen diesen beiden Theorien (Abb. d). Die Rampe beginnt am Eingang zum Steinbruch und steigt an, so daß sie die Pyramidenbasis an ihrer Südwestecke um etwa 30 Meter überragt. Sie umschließt die gesamte Pyramide und wächst mit ihr. Das Rampengewicht würde so auf dem Boden um die Pyramide ruhen, das Material würde auf einem breiten Weg mit sehr spitzen Kehren befördert werden. Die Theorie sieht zunächst eine durchaus überwindbare Steigung von 6,5° vom Steinbruch her vor, die mit jeder Kehre wächst und zur Spitze hin 18° beträgt. Diese Steigung mag zwar extrem und unüberwindlich erscheinen, der zurückzulegende Weg würde hier aber nur noch 40 Meter betragen, außerdem wären die Zahl und die Größe der zu befördernden Steine bereits geringer. Bei zwei Dritteln der Höhe war die Pyramide bereits zu 90 Prozent fertig.

Der wesentlichste Vorteil von Lehners Theorie ist, daß man über diese Rampe auf kürzestem Weg zur Pyramidenspitze gelangen und die Pyramidenoberfläche nicht belasten würde, weil der Großteil des Rampengewichtes auf dem Boden aufliegt. Da die Rampe die gesamte Pyramide umhüllt, ist allerdings für die Vermesser die Prüfung der Winkel und Kanten schwierig. Es ist auch zweifelhaft, ob man eine Rampe bis zur vollen Höhe der Großen Pyramide hätte bauen können, ohne daß sie zusammenbricht.

Die meisten Ägyptologen gehen davon aus, daß die Pyramidenrampe aus Lehmziegeln bestand. Eine massive Konstruktion aus Lehmziegeln wie diese Versorgungsrampe hätte jedoch Flecken oder Rückstände von Lehm hinterlassen müssen, die es südlich der Cheopspyramide nicht gibt. In diesem Bereich und im Steinbruch liegen jedoch große Mengen eines beson-

Die „Schlangenmauer",
Teil der königlichen Grabanlage
um die Pyramide des Djoser, Sakkara, 3. Dynastie.

Die Pyramiden von Mykerinos, Chephren und Cheops (Chufu) in Gizeh, 4. Dynastie.

DER STEINBRUCH

Durch sorgfältiges Studium der uralten Hinweise, die uns die Pyramiden hinterlassen haben, kommen wir der Lösung vieler ihrer Rätsel näher. Dazu gehört auch die Entdeckung des Hauptsteinbruchs für die Cheopspyramide. Er konnte nicht östlich der Pyramide gelegen sein, weil sich dort aus dem 12. Regierungsjahr des Chufu, also vor Fertigstellung der Pyramide, Gräber befinden. Aus demselben Grund fällt der Westen aus, denn dort gab es seit dem 5. Regierungsjahr des Pharao Gräber, und im Norden gibt es keinen Hinweis auf einen Steinbruch.

Im Süden liegen eine Bootsgrube aus der Zeit des Djedefre und Gräber aus der Zeit des Mykerinos. Beide regieren nach Chufu, daher kam dieser Bereich, zu Chufus Regierungszeit wohl noch unverbaut, für die Rampe zwischen Steinbruch und Pyramide in Frage. Ein weiteres Indiz dafür war, daß in diesem Bereich neben dem Hauptbau nicht, wie üblich, Nebenpyramiden gebaut wurden. Diese wurden im Osten errichtet, vermutlich, um den Platz für den Rampenbau frei zu halten. Als Standort für den Steinbruch dürfte der Aufseher eine Stelle 750 Meter südlich der geplanten Pyramide auf dem Plateau von Gizeh gewählt haben. Dieses Gebiet lieferte guten Stein für die größeren Blöcke. Der Steinbruch war viel größer als jene für die Pyramiden der 5. und 6. Dynastie und des Mittleren Reiches, da deren Kerne aus Geröll oder Lehmziegeln bestanden.

Der Stein wurde durch Auftragen von Quadraten auf die Oberfläche vorbereitet. Um den Stein herauszubrechen, wurden Holzkeile in den Fels getrieben und befeuchtet, so daß sie sich ausdehnten und den Fels spalteten. Die Blöcke wurden schließlich aus dem Fels gehauen und auf Schlitten von einer anderen Arbeitergruppe die Rampe hinaufgezogen. Im Steinbruch und beim Steintransport wurde das ganze Jahr über gearbeitet, vermutlich wechselten einander Zwangsrekrutierte alle paar Monate ab.

deren Schutts: Kalksteinreste, Gips und kreidehaltiger Ton, Tafla genannt. Es liegt durchaus nahe, daß die Hauptversorgungsrampe aus diesem Material bestand und beim Abbau der Rampe weggebracht wurde. Ausgrabungen des Autors und seiner Kollegen haben in jüngster Zeit zwei Abschnitte der Rampe freigelegt, die beweisen, daß – wie Lehner meinte – die Rampe den Steinbruch mit der Südwestecke der Pyramide verband und daß sie aus Geröll und Tafla bestand.

Die Große Pyramide wurde über einem beinahe vollkommenen Quadrat erbaut, sie ist genau nach Norden ausgerichtet, und die Nord- und Südkanten der 5,4 Hektar großen Grundfläche weichen nur um 2,5 Zentimeter von einer präzisen Parallele ab. Wie konnten die alten Baumeister eine solche Genauigkeit erzielen? Rund um die Grundfläche der Pyramiden von Chufu und Chephren findet man in regelmäßigen Abständen etwa tellergroße Löcher, die parallele Linien zu den Seiten des Bauwerks bilden. Diese Löcher blieben mit großer Wahrscheinlichkeit von einer Reihe von Pfählen zurück, die als Bezugslinien für die Erbauer dienten. Die Theorie von Linien, an denen die Pyramidenseiten ausgerichtet wurden, wird durch den Nachweis vergleichbarer Pfähle bei der Pyramide der Königin Henutsen erhärtet. Außerdem wurden auf einigen der 15 Tonnen schweren Blöcken an der Pyramidenbasis Markierungen angebracht, die die Zentralachsen der Seitenflächen und die Diagonalen der Pyramide bezeichnen.

DAS RÄTSEL DER SECHS STUFENPYRAMIDEN

Die Stufenpyramiden in Abydos, Elephantine, el-Gonamia, el-Kula, Negade und Zawijet el-Meitin geben den Ägyptologen Rätsel auf. Sie sind aus Kalkstein – die meisten auch damit verkleidet – und konventionell im Aussehen, aus einem Kern und zwei bis drei Stufen aufgebaut. Sie stehen jedoch nicht in Gräberfeldern, Zawijet el-Meitin und Elephantine sind außerdem nicht in der westlichen Wüste. Und es gibt keine Grabkammern, Gänge oder zugeordnete Baulichkeiten.

Für manche Experten sind sie Monumente der königlichen Macht in den Provinzen und werden alle Huni zugeschrieben, dem letzten König der 3. Dynastie, dessen Name in Elephantine entdeckt wurde. Die Struktur der Bauten läßt jedoch auf ein königliches Quartier bei Aufenthalten in der Provinz schließen.

DIE ERSTEN PYRAMIDEN

Djoser, der um 2650 v. Chr. zu Anfang der 3. Dynastie regierte, wählte Sakkara als Standort der ersten Pyramide: die berühmte Stufenpyramide, die er aus kleiner werdenden, übereinander gestellten Mastabastrukturen errichten ließ. Sie ragt eindrucksvolle 60 Meter zum Himmel, ihre Ost-West-Achse ist 140 Meter lang, die Länge der Nord-Süd-Achse beträgt 118 Meter. Mit diesen in Ägypten noch nie dagewesenen Dimensionen überragte die Stufenpyramide den Grabkomplex des Djoser, welcher an sich schon eindrucksvoll ist. Er besteht aus einem Bereich für das *Sed*-Fest mit einer Kapelle, „Häusern des Nordens und Südens" (Modellen von Tempeln in Ober- und Unterägypten), Totentempeln und einem *Serdab* (siehe S. 197) – innerhalb einer Umfassungsmauer, jener nicht unähnlich, die Djosers Vater Chasechemui bei Abydos bauen ließ (siehe S. 168).

Djosers Nachfolger Sechemchet versuchte sich an einer eigenen Stufenpyramide. Von dieser „Begrabenen Pyramide" sind nur noch 7 Meter von der Basis aufwärts erhalten. Sie wurde 1951 von dem ägyptischen Archäologen Zakaria Goneim in der 545 x 190 Meter großen Umwallung gefunden. Das Mauerwerk des Walls ist wie bei Djosers Pyramide, was auf den berühmten Architekten Imhotep (siehe Kasten) schließen läßt.

IMHOTEP, ARCHITEKT UND GOTT

Imhotep, der Architekt der Stufenpyramide des Djoser (siehe Haupttext) ist einer der wenigen nicht-königlichen Ägypter mit legendärem Ruf (siehe auch S. 35). Jahrhundertelang war er wegen seines Erfolges bei der Errichtung der Stufenpyramide und der erstmaligen Verwendung von Stein als Baumaterial statt Lehmziegeln berühmt.

Sein Name und seine Titel, auf dem Sockel einer verschwundenen Djoser-Statue festgehalten, zeigen, wie hoch er in der königlichen Verwaltung aufstieg. Er war Wesir, „Aufseher der Seher" (ein einzigartiger Titel, der ihn vielleicht mit den Priestern von Heliopolis verbindet), „Erster für den König", „Leiter der öffentlichen Arbeiten in Ober- und Unterägypten", „Siegelbewahrer

Spätzeitliche Votivstatuette aus Bronze: der vergöttlichte Imhotep, Architekt der Stufenpyramide.

Unterägyptens", „Hüter der Annalen" und „Aufseher des Großen Palastes". Sogar die Namen von Imhoteps Eltern sind in einer Inschrift aus dem Wadi Hammamat festgehalten: Sein Vater war Kaneferu und seine Mutter Anch-Cherdu.

Lange nach seinem Tod galt er den gebildeten Ägyptern als großer weiser Mann, und sie verehrten ihn als ihren Schutzpatron: Schreiber riefen ihn an, bevor sie etwas niederschrieben. Die Ägypter der Spätzeit verehrten ihn als Gott, und die Griechen verbanden ihn mit Äskulap, dem Gott der Weisheit und Heilkunde. Sie bauten Imhotep in Philae eine Kapelle und verehrten ihn im Asklepion, dem Tempel des Heilens, in Memphis.

Die Stufenpyramide des Djoser wurde von den nachfolgenden Generationen der Ägypter bewundert, wie Inschriften von Besuchern 1 000 Jahre nach Fertigstellung zeigen.

Sechemchets Nachfolger Chaba ließ die „Schichtenpyramide" in Zawijet el-Arian, sieben Kilometer nördlich von Sakkara, errichten. Sie wurde 1900 und 1910 ausgegraben und ist von innen nach außen in Schichten aufgebaut, nicht wie eine Mastaba von unten nach oben (diese Technik wurde auch bei der „Begrabenen Pyramide" des Sechemchet angewendet). Heute sind noch 16 Meter Höhe erhalten, sie war aber dreimal so hoch und hatte fünf Stufen. Nordwestlich davon liegt die „Unvollendete Pyramide", von der nur die Reste einer quadratischen Grabkammer geblieben sind. Der Bauherr ist unbekannt, vielleicht war es Nebka, der auf Chaba folgte, oder Baka, der Sohn des Djedefre, aus der 4. Dynastie.

Snofru, der Gründer der 4. Dynastie, gilt als größter Bauherr des Alten Reiches; er ließ vier große Pyramidenbauwerke errichten, je eines in Sila und Meidum, zwei in Dahschur. Die Pyramide von Meidum wurde als Stufenpyramide begonnen. In Dahschur wurde eine echte Pyramide begonnen, die während des Baus beinahe zusammenbrach. Der Böschungswinkel mußte von 54° auf knapp 43° reduziert werden, was das einzigartige Profil der Knickpyramide schuf. Die erste echte Pyramide gelang schließlich doch noch: die Rote oder Nördliche Pyramide, zwei Kilometer weiter nördlich und mit einem Böschungswinkel von 43°. In seinen späten Jahren ließ Snofru die Pyramide von Meidum verkleiden und damit zu einer echten Pyramide machen. Sie ist das einzige Beispiel für den Übergang von der Stufenpyramide. Sie besteht heute nur noch aus Schutt und drei Stufen im inneren Kern, denn sie stürzte ein, nachdem Bauern im 19. Jahrhundert die Verkleidung als Baumaterial verwendeten.

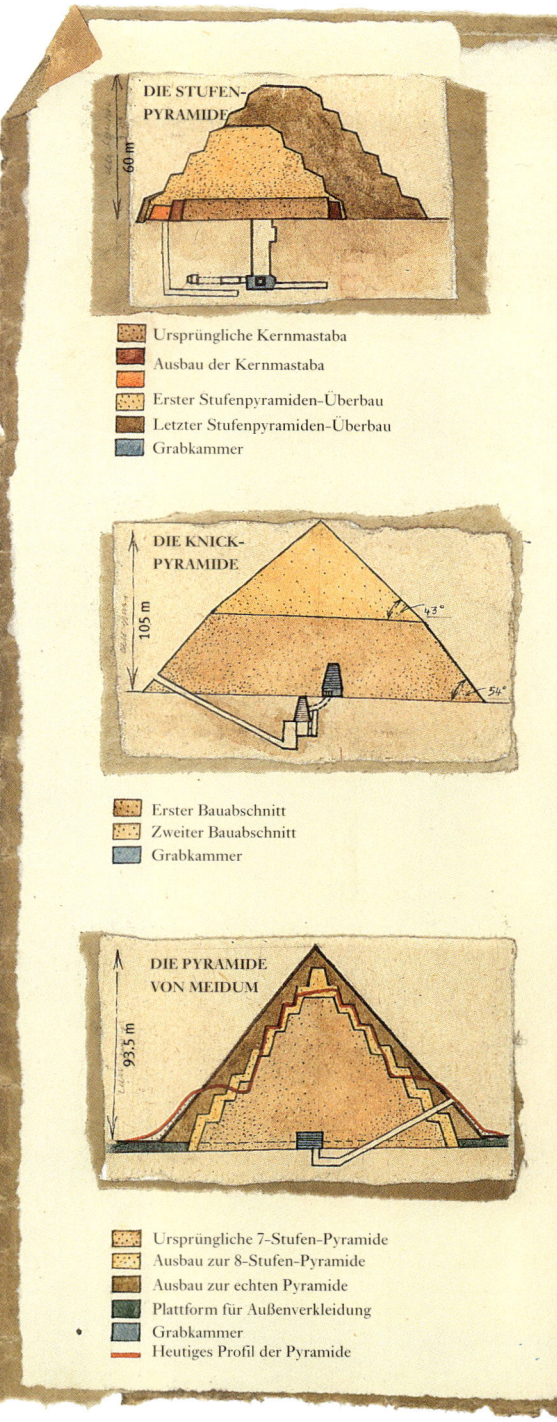

DIE STUFEN-PYRAMIDE

60 m

Ursprüngliche Kernmastaba
Ausbau der Kernmastaba
Erster Stufenpyramiden-Überbau
Letzter Stufenpyramiden-Überbau
Grabkammer

DIE KNICK-PYRAMIDE

105 m   43°   54°

Erster Bauabschnitt
Zweiter Bauabschnitt
Grabkammer

DIE PYRAMIDE VON MEIDUM

93,5 m

Ursprüngliche 7-Stufen-Pyramide
Ausbau zur 8-Stufen-Pyramide
Ausbau zur echten Pyramide
Plattform für Außenverkleidung
Grabkammer
Heutiges Profil der Pyramide

Querschnitte der Stufenpyramide, der Knickpyramide und der Pyramide von Meidum mit Bauabschnitten.

DAS GRAB DES PRIESTERS
Fast 70 Gräber wurden jüngst westlich der Cheopspyramide entdeckt, wo die für die Beamten des Pharao errichteten Mastabas stehen. In einem davon ist der Priester Kay begraben, der den ersten vier Königen der 4. Dynastie diente: Snofru, Chufu, Djedefre und Chephren. Die wunderbaren Bilder darin stellen Alltagsszenen dar, so Bootsprozessionen, geleitet vom Verstorbenen, eine Opferszene und eine Liste der Gaben. Links vom Eingang umarmt eine Frau den Priester auf berührende Weise in einer einmaligen Szene.

Rechts vom Eingang ließ Kay ein biographisches Detail über den Grabbau damals festhalten: „Die Grabbaumeister, Zeichner, Handwerker und Bildhauer machten mein Grab. Ich gab ihnen Bier und Brot und ließ sie schwören, daß sie zufriedengestellt waren."

GIZEH: DIE CHEOPSPYRAMIDE

Die Große Pyramide des Chufu oder Cheops (ca. 2585–2560 v. Chr.) steht am Nordende des Plateaus von Gizeh. Sie ist die massivste aller Pyramiden und die berühmteste, aber sie wirft einen Schatten auf den Nachruhm ihres Erbauers aus der 4. Dynastie. Jeder, der sie – bereits im Altertum – sah, war so überwältigt von der Größe des Monuments, daß er annahm, Chufu mußte den Bau mit unmenschlichen Methoden betrieben haben, und so begann sein Ruf als ein Tyrann (siehe S. 25).

Nicht nur Überlieferung, sondern auch konkrete Beweise zeigen, daß Chufu Bauherr der Pyramide war. Seine Kartusche und die Namen der Bauarbeitertrupps stehen nebeneinander auf den Innenwänden des zweiten druckentlastenden Hohlraums über der Grabkammer des Königs (siehe S. 182–183). Inschriften mit Hinweisen auf Chufu und die Pyramide finden sich auch in den Mastabagräbern östlich und westlich der Pyramide. Chufus Monument ist das Zentrum einer Nekropole der Familie und der Beamten des Königs. Seine Mutter, die Königinnen und andere Familienmitglieder sind in den drei Nebenpyramiden und Reihen von Mastabagräbern im Osten begraben. Die Beamten liegen in Mastabas westlich der Pyramide.

Chufus Totentempel (der obere Tempel), auf der Ostseite der Pyramide, war ein rechteckiges Gebäude mit Basaltpflasterung und einem Innen-

DIE ENTDECKUNG DER NEBENPYRAMIDE DES CHUFU

Der Autor und seine Kollegen begannen 1991 mit Ausgrabungen östlich der Cheopspyramide, um diesen Bereich für die Öffentlichkeit zugänglich zu machen. Unerwartet fand man dabei die Reste einer vierten Nebenpyramide, die an der Südwestecke der Hauptpyramide gestanden hatte. Die Ruinen bedecken eine Fläche von 34 m². Der erhaltene Oberbau besteht auf drei Seiten aus zwei Lagen von Blöcken mit Geröll als Füllmaterial, im Osten und Süden ist die Verkleidung aus Tura-Kalkstein noch erhalten. Auf der Innenseite mehrerer Blöcke der Südmauer steht mit roter Farbe *imy rsy sa* (in etwa „für die Südseite") geschrieben, es handelte sich um eine Anweisung für die Bauarbeiter, wohin die Blöcke gehörten.

Der Unterbau weist die T-förmige Struktur auf, in der Gang und Innenkammer aufeinandertreffen und die für Nebenpyramiden aus der Zeit am Ende der Regierung Chufus typisch ist. Das Steinmaterial der Pyramide wurde offenbar schon zu Zeiten der Pharaonen gestohlen, Gang und Kammer blieben offen.

Diese Pyramide war wohl kein Grab, was ihren wirklichen Zweck angeht, gibt es verschiedene Theorien: Sie war ein Haus für des Königs Geist (*Ka*) oder der Aufbewahrungsort seiner Eingeweide; sie hatte eine Funktion im Sonnenkult oder beim *Sed*-Fest (Regierungsjubiläum) des Pharao im Jenseits. Der Autor ist der Ansicht, sie könnte als symbolischer Umkleideraum für dieses Jubiläumsfest gedient haben.

hof; nur die Pflasterung ist erhalten. Dieser obere Tempel war mit dem Taltempel (dem unteren Tempel) durch einen Aufweg verbunden, der etwas nördlich von der genauen Ostrichtung des Totentempels 208 Meter den allmählichen Abhang des Plateaus von Gizeh hinab verläuft, bevor er abrupt an einem Abbruch über dem Niltal endet. Der weitere Verlauf war nicht bekannt, bis vor kurzem der Ort Nazlet es-Samman unterhalb dieses Abbruchs ein neues Abwassersystem erhalten sollte. Bei Rettungsgrabungen, an denen der Autor und der Archäologe Michael L. Jones teilnahmen, wurde die Fortsetzung des Aufwegs (mit einigen Platten seiner Pflasterung noch immer an Ort und Stelle) gemeinsam mit den Resten des Taltempels selbst gefunden. Die Gesamtlänge des Aufwegs von der Ostseite der Großen Pyramide zur Stelle des Taltempels betrug also mindestens 810 Meter, wie man jetzt weiß. Nach 750 Metern erreicht der Aufweg den Fuß des Abbruchs und biegt dann etwas weiter Richtung Nordost, indem er quer über das Schwemmland zum Taltempel hinabführt. Dort fanden der Autor und sein Team 4,5 Meter unter dem heutigen Bodenniveau schwarzgrünes Basaltpflaster in einer Länge von 56 Metern. Entlang der Kante des Pflasters verläuft eine masive Lehmziegelmauer, die bis zu 8 Meter stark gewesen sein dürfte.

Auf dem Plateau stehen östlich der Großen Pyramide die vier Nebenpyramiden, zunächst jene mit dem Grab von Chufus Mutter Hetepheres. Südlich davon liegt eine Bootsgrube, östlich die Reste einer Kapelle. Die zweite Pyramide ist ähnlich, dort ist Königin Mereyites begraben. In der dritten befindet sich das Grab der Königin Henutsen; die östlich davon gelegene Totenkapelle wurde in der 26. Dynastie in einen Isis-Tempel umgewandelt, da Henutsen damals Isis gleichgesetzt wurde. Der Autor und seine Kollegen entdeckten auch die Reste einer vierten Nebenpyramide (siehe Kasten); südlich und östlich finden sich die Spuren von zwei weiteren, unvollendeten Nebenpyramiden.

OBEN LINKS: *Drei der fünf Bootsgruben der Großen Pyramide sowie Reste des Totentempels und des Aufwegs auf einem Photo, das von der Pyramidenspitze aus in Richtung Nazlet es-Samman gemacht wurde. Jenseits der südlichsten Bootsgrube (rechts) stehen die Reste der Nebenpyramiden von Chufus Königinnen und das Gräberfeld mit den Mastabas anderer Mitglieder der Königsfamilie.*

OBEN: *Der Blick an einer Pyramidenkante nach oben zeigt die riesigen Kalksteinblöcke, aus denen der Pyramidenkern besteht. Die Verkleidung aus glattem weißem Tura-Kalkstein wurde in der Frühzeit des Islam zum Moscheenbau im nahen Kairo verwendet.*

Im Inneren der Cheopspyramide

Vom Eingang führt ein Gang zu einer ersten, unvollendeten Grabkammer im Kalkstein unter der Pyramide hinunter. Nach dem Bau dieser Kammer wich der Architekt Hem Iwno vermutlich auf Anweisung des Königs vom ursprünglichen Plan ab und trieb 20 Meter vom Eingang entfernt einen Gang nach oben. Dieser wurde durch den Kalksteinkern der Pyramide geschlagen. Auf halbem Weg nach oben zweigt ein gerader Gang ab, der zu einer weiteren unfertigen Grabkammer führt, fälschlich als „Kammer der Königin" bezeichnet. Verfolgt man den aufwärtsführenden Gang weiter, gelangt man in die überwältigende „Große Galerie" mit Stufengiebel (siehe Abb. gegenüber). Sie endet in einem engen Durchschlupf zur dritten Grabkammer, die mit rotem Granit aus Assuan ausgekleidet ist. Der Granitsarkophag des Chufu steht am Westende der Kammer.

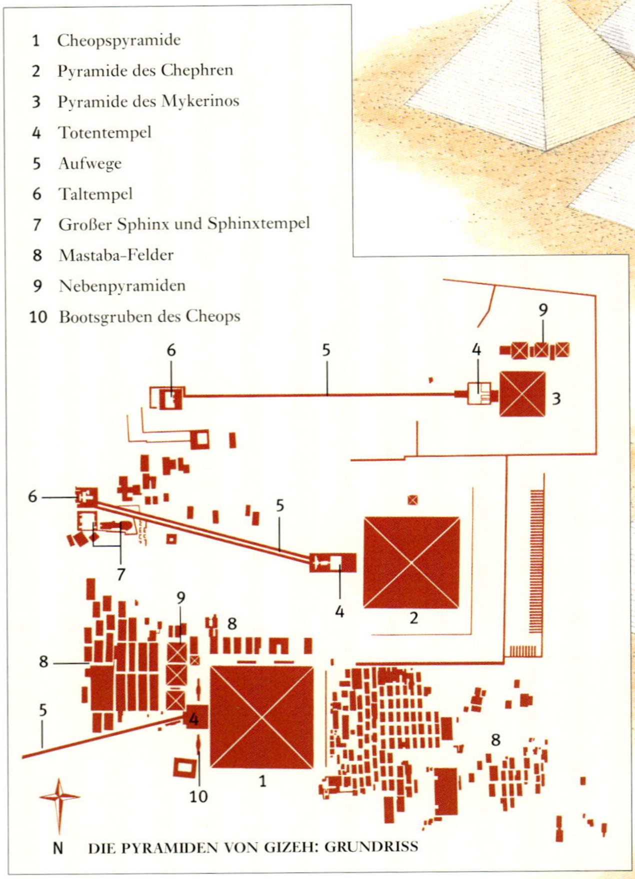

1 Cheopspyramide
2 Pyramide des Chephren
3 Pyramide des Mykerinos
4 Totentempel
5 Aufwege
6 Taltempel
7 Großer Sphinx und Sphinxtempel
8 Mastaba-Felder
9 Nebenpyramiden
10 Bootsgruben des Cheops

DIE PYRAMIDEN VON GIZEH: GRUNDRISS

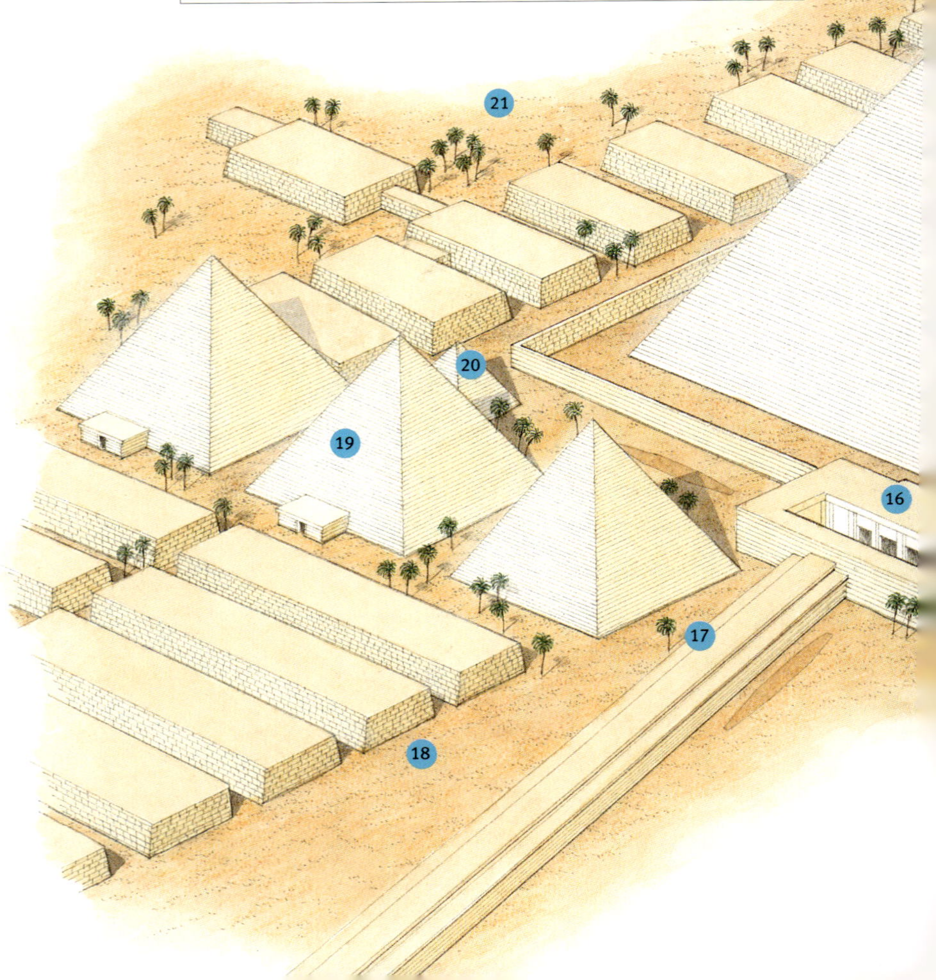

1 Pyramide des Mykerinos
2 Pyramide des Chephren
3 Pyramidion der Cheopspyramide
4 Hohlräume zur Druckentlastung
5 Luftschacht
6 Grabkammer und Sarkophag („Königskammer")
7 „Große Galerie"
8 Zweite Grabkammer („Kammer der Königin")
9 Aufsteigender Gang
10 Eingang zur Cheopspyramide
11 Umwallung
12 Absteigender Gang zur ersten Grabkammer
13 Ausgang für die Grabarbeiter
14 Erste Grabkammer im Gestein unter der Pyramide
15 Bootsgrube
16 Totentempel
17 Aufweg
18 Östliches Mastaba-Feld
19 Nebenpyramiden
20 Neu entdeckte vierte Nebenpyramide
21 Südliches Mastaba-Feld

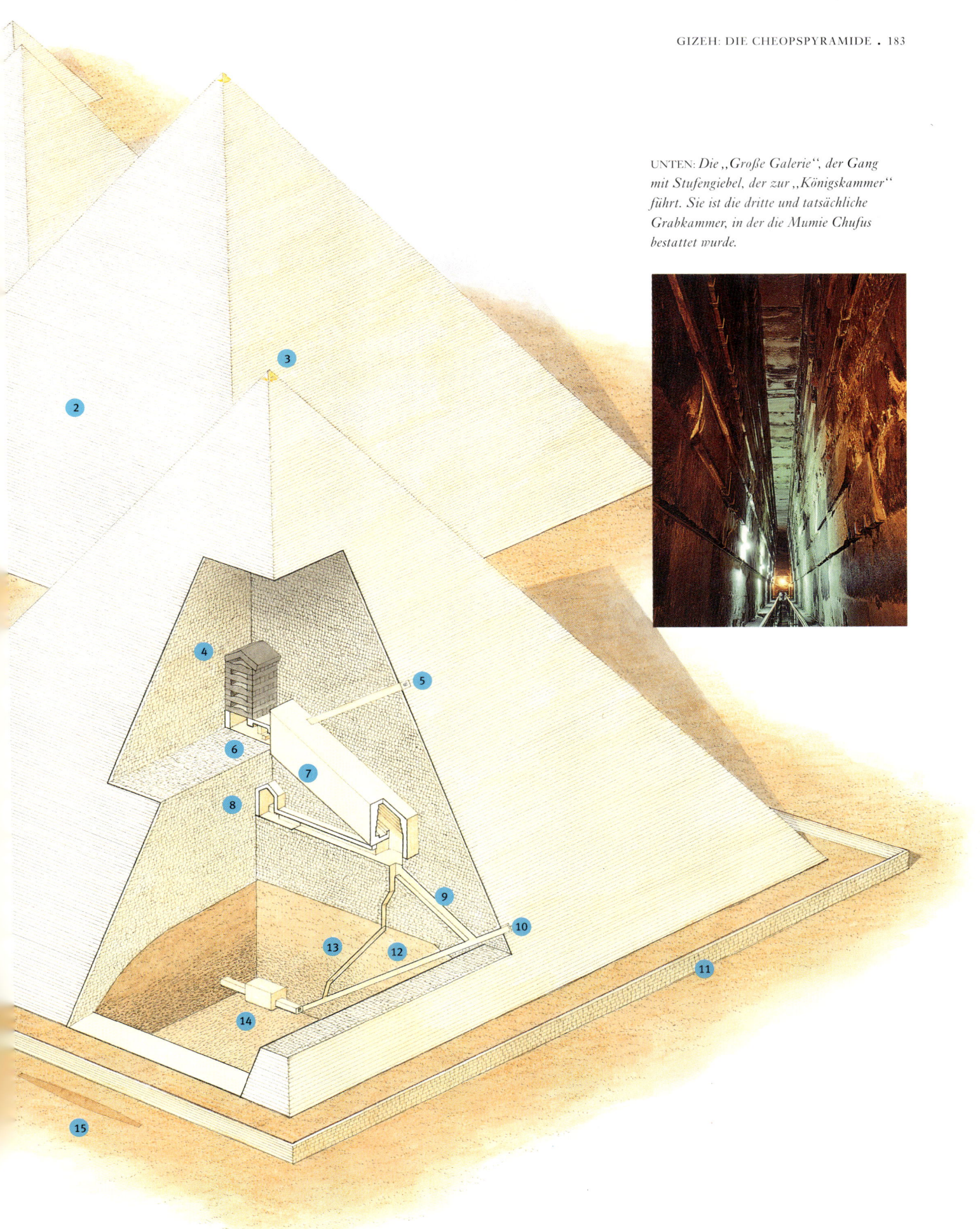

UNTEN: *Die ,,Große Galerie", der Gang mit Stufengiebel, der zur ,,Königskammer" führt. Sie ist die dritte und tatsächliche Grabkammer, in der die Mumie Chufus bestattet wurde.*

GIZEH: DIE PYRAMIDEN VON CHEPHREN UND MYKERINOS

Die Grabanlagen der Könige Chephren (ca. 2555–2532 v. Chr.) und Mykerinos (ca. 2532–2510 v. Chr) aus der 4. Dynastie sind wegen ihres Erhaltungszustandes einzigartig unter den Pyramidenstätten des Alten Reiches. Der Komplex des Chephren mit Pyramide, Totentempel, Aufweg und Taltempel ist fast intakt und maßgeblich für unser Verständnis einer solchen Stätte. Die systematischen Ausgrabungen begannen 1869 unter Auguste Mariette, dem Gründer des Ägyptischen Museums in Kairo, und sie gehen bis heute weiter.

Die Pyramide des Chephren mit der Bezeichnung „Chephren ist groß" mißt an der Basis 215 Meter, ist 144 Meter hoch und der Böschungswinkel beträgt 53°7'. Sie hat zwei Eingänge, von jedem verläuft ein Gang abwärts zu einer Kammer. Der untere und ältere Gang beginnt 68 Meter nördlich der Pyramide und wurde ins Felsgestein des Plateaus gehauen. Er ist mit

Wie die beiden anderen Pyramiden wurde auch die des Chephren im Mittelalter ihrer glattgehauenen Verkleidung beraubt. Die unteren Lagen aus rotem Granit und die oberen aus Tura-Kalkstein sind jedoch erhalten, so daß sie nur wenig von ihrer ursprünglichen Höhe (144 m) verloren hat. Sie scheint größer als die Cheopspyramide, weil ihr Standort höher liegt. Die Cheopspyramide war ursprünglich 3 Meter höher, heute beträgt der Unterschied nur noch 0,7 Meter.

dem oberen durch einen aufsteigenden Gang verbunden. Der untere Eingang wurde zugunsten des oberen aufgegeben, der wie bei der Cheopspyramide an der Nordwand beginnt. Der Grund für den neuen Eingang statt des alten und der Verbindung zwischen den beiden Gängen ist unbekannt. Vielleicht verlegte der Architekt nach Bau des ersten Ganges die gesamte Pyramide leicht nach Süden. Der obere Gang, der teilweise durch Felsboden verläuft, endet in der Kammer mit dem roten Granitsarkophag des Chephren. Zwei weitere Tunnel in der Pyramide sind das Werk von Grabräubern. Neben der Hauptpyramide liegen die Reste einer Nebenpyramide – Grab einer Königin.

Der Totentempel des Chephren besteht aus vor Ort gebrochenem Kalkstein und umfaßt eine Säulenhalle, zwei längliche Kammern, einen Hof, vielleicht mit einer Statue des sitzenden Königs, fünf Statuennischen und Lagerräumen. Alle späteren Totentempel des Alten Reiches folgten diesem Muster. Um den Tempel liegen fünf Bootsgruben. Der Totentempel und der Taltempel sind durch einen 495 Meter langen und 5 Meter breiten Aufweg verbunden. Der Taltempel – das besterhaltene Bauwerk der 4. Dynastie – ist ein quadratisches Gebäude mit zwei Eingängen. Dort finden sich die einzigen Inschriften, von denen man heute nur noch folgendes entziffern kann: „Chephren, Geliebter [der Göttin] Bastet" und „Chephren, Geliebter der [Göttin] Hathor".

Die kleinste Pyramide von Gizeh trägt den Namen „Mykerinos ist göttlich" (siehe Abb. S. 169). Der Pharao starb, ehe sein Grabkomplex fertiggestellt war, Teile wurden von seinem Sohn Schepseskaf (ca. 2508–2500 v. Chr.) zu Ende geführt. In der Zeit der 5. und 6. Dynastie folgten viele Zubauten, was zeigt, daß der Kult des Königs, der zur Unzeit starb, mehr als drei Jahrhunderte blühte.

Von der ursprünglichen Höhe von 73 Meter sind 62,2 Meter geblieben, die Basis ist 109 Meter lang. Der erste Forscher, der sie in der Neuzeit betrat, war 1837 Howard Vyse. Vom Eingang an der Nordseite führt ein Gang in die Grabkammer hinunter, in der Vyse einen Basaltsarkophag fand, der wohl ursprünglich die Mumie des Mykerinos enthielt. Unglücklicherweise ging der Sarkophag auf See vor der spanischen Küste auf dem Weg ins British Museum verloren. Auch ein mumienförmiger hölzerner Sargdeckel mit dem Namen Mykerinos' wurde in der Pyramide gefunden.

Die Pyramide blieb unfertig, Schepseskaf ließ aber den Totentempel seines Vaters, den Aufweg und den Taltempel aus Lehmziegeln zu Ende bauen. Der Weg zum Taltempel ist 608 Meter lang; dort wurden Dreierstatuen gefunden, die den König mit Hathor und Göttinnen der ägyptischen Provinzen darstellen. Südlich der Hauptpyramide stehen drei Nebenpyramiden, an deren Ostseite je ein Tempel aus Lehmziegeln. Eine dieser kleineren Pyramiden dürfte Chamerernebti II., der Hauptkönigin des Mykerinos, gehört haben; sie ist in einem Standbild, gefunden im Taltempel, mit dem König zu sehen (siehe Abb. S. 216).

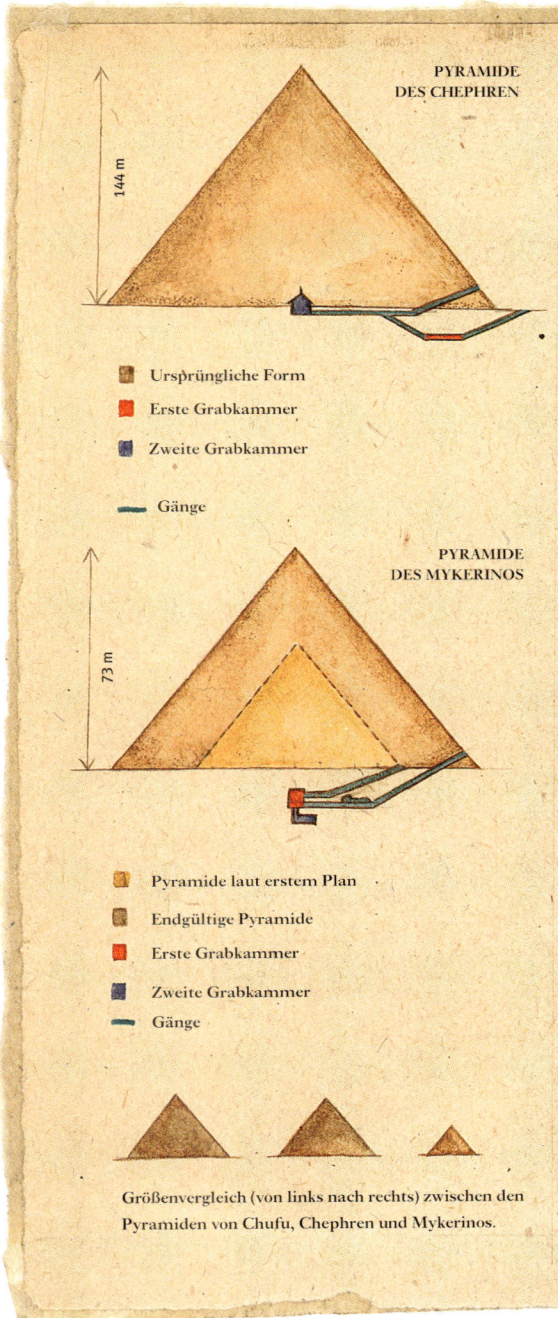

PYRAMIDE DES CHEPHREN

144 m

■ Ursprüngliche Form
■ Erste Grabkammer
■ Zweite Grabkammer
— Gänge

PYRAMIDE DES MYKERINOS

73 m

■ Pyramide laut erstem Plan
■ Endgültige Pyramide
■ Erste Grabkammer
■ Zweite Grabkammer
— Gänge

Größenvergleich (von links nach rechts) zwischen den Pyramiden von Chufu, Chephren und Mykerinos.

Querschnitte durch die Pyramiden von Chephren (oben) und Mykerinos (unten). Beide hatten zwei Eingänge, bei der Pyramide des Mykerinos wurde der zweite gebaut, weil das Bauwerk vergrößert wurde. Die Darstellung unten zeigt die Größenunterschiede der drei Pyramiden von Gizeh.

DER GROSSE SPHINX

Blick auf den Sphinx durch die Reste des Tempels, im Hintergrund die Pyramide des Chephren. Der Tempel liegt auf einer Ost-West-Achse und dürfte ein Sonnentempel gewesen sein. Ost- und Westmauer der Haupthalle haben sechs Nischen, vielleicht für Riten der aufgehenden und unter-gehenden Sonne, und die 24 Säulen der Halle könnten die Stunden von Tag und Nacht symbolisieren.

TUNNEL UNTER DEM SPHINX
Viele Legenden – manche gehen bis ins Altertum zurück – behaupten, daß unter dem Sphinx Geheimgänge liegen. Der italienische Forscher Giovanni Battista Caviglia, der den Sphinx 1817 untersuchte, hoffte – vergeblich – einen Tunnel von dort zur Pyramide des Chephren zu finden. Nach einem moderneren Mythos ist der Sphinx das letzte, was von einer hochentwickelten Kultur blieb, deren Aufzeichnungen unter ihrer rechten Pranke liegen sollen, Beweise dafür gibt es jedoch keine.

Die Egyptian Antiquities Organization führte im und um den Sphinx mit dem US-Archäologen Mark Lehner Grabungen durch und fand drei Tunnel. Sie waren bereits früher von einem Archäologen gefunden und betreten worden, er hatte seinen Fund jedoch nicht ver-öffentlicht.

Der erste Tunnel, 5 Meter lang, liegt hinter dem Kopf des Sphinx, der zweite, 9 Meter, im Schwanz. Der dritte wurde von M. R. Baraize 1926 entdeckt und befindet sich an der Nordseite der Statue. Alle Gänge gehen auf die Pharaonenzeit zurück, ihr Zweck ist unbekannt.

Über Jahrhunderte regte der Große Sphinx die Phantasie von Dichtern, Gelehrten, Abenteurern und Besuchern an. Er ist die erste Kolossalstatue des pharaonischen Ägypten und thront majestätisch über der Nekropole von Gizeh. Auf einem Löwenkörper trägt er ein Königshaupt, mit könig-lichen Attributen wie dem *Nemes*-Kopftuch und dem falschen Bart; die Gesichtszüge König Chephrens sind verwittert, aber erkennbar (siehe Abb. S. 24). Das griechische „Sphinx" dürfte vom ägyptischen *Schesep-Anch*, „lebendes Bild", abgeleitet sein. Das Geschöpf wurde aus einem Kalk-steinhügel schlechter Qualität gehauen. Es besteht die Meinung, dieser sei ein Teil des Steinbruchs für die Cheopspyramide gewesen, dessen Gestein jedoch nicht brauchbar war. Der Standort ist im Verhältnis zum Grab-komplex des Chephren jedoch sorgfältig gewählt. Taltempel und Sphinx-tempel sind fast exakt an einer Linie ausgerichtet, beide bestehen aus Kalkstein mit einer Verkleidung aus härterem roten Granit.

Der Zweck des Sphinx ist umstritten. Löwen galten im ägyptischen Altertum als Wächtergestalten, und er könnte so das Plateau von Gizeh be-wacht haben. Der deutsche Ägyptologe Herbert Ricke ist der Meinung, daß er als Bild des Hor-Em-Achet („Horus des Horizonts") zum Sonnenkult gehörte; diesen Namen, der sich auf einen Aspekt des Sonnengottes be-zieht, erhielt der Sphinx im Neuen Reich. Er stand laut dieser Theorie vor dem „Horizont" der Cheopspyramide – Achet-Chufu („Horizont des

Chufu") – und der Chephren-Pyramide. Wer sich Gizeh näherte, sah den Kopf des Sphinx, umrahmt von den zwei Pyramiden hinter ihm, als Hieroglyphe für das Wort „Horizont" (𓈌), die eine zwischen Bergen aufgehende Sonne darstellt. Am besten läßt sich die Statue als Bildnis von Chephren als Horus auffassen: Er ehrte damit seinen göttlichen Vater Chufu, vergöttlicht als Re, die Sonne (Chephrens Titel war ja auch *Sa-Re*, „Sohn des Re").

Da der Körper des Sphinx zum Großteil aus weicherem Gestein gehauen wurde, verkleidete man ihn mit größen Blöcken aus Tura-Kalkstein, in seiner Qualität ähnlich dem der Verkleidung der Chephren-Pyramide. Der Kopf und der Hals, aus einer stärkeren Schicht gehauen, blieben unverkleidet. Der Bart, heute nicht mehr vorhanden, muß aus demselben Stück wie der Kopf gemacht worden sein, da es wohl unmöglich war, einen so schweren Steinblock auf der Unterseite des Kinns des Sphinx zu fixieren. Giovanni Battista Caviglia fand 1817 einen kleinen Teil des Bartes. Das Fragment ist in zwei Teile gebrochen, diese befinden sich im Ägyptischen Museum von Kairo und im British Museum.

DER TRAUM VON THUTMOSIS IV.

Eine rote Granitstele zwischen den Vorderpfoten des Sphinx besagt, daß König Thutmosis IV. (ca. 1400–1390 v. Chr.), damals noch Prinz, nahe von Gizeh auf die Jagd ging. Er schlief dabei ermüdet im Schatten des Sphinx ein, der sich ihm im Traum zeigte und klagte, daß sein Körper verfalle. Thutmosis war nicht Thronerbe, die Kreatur versprach ihm aber, daß er eines Tages König werden würde, wenn er sie restaurierte. Der Rest der Inschrift ist verwaschen. Thutmosis wurde in der Folge wirklich König, ließ den angewehten Sand vom Sphinx entfernen und die Verkleidung, die zum Teil herabgefallen war, ausbessern. Er stellte schließlich die Stele auf, die seinen Traum wiedergibt und ihn bei der Darbringung von Opfergaben vor dem Sphinx zeigt. Diese sogenannte „Traumstele" war vermutlich einmal das Haupttor zum Totentempel des Chephren.

Der Sphinx wurde im Altertum mehrmals von Sandverwehungen befreit. Der immer wieder angewehte Sand könnte zur Folge gehabt haben, daß er zeitweise verschwand und manche Autoren, wie zum Beispiel Herodot, ihn deswegen in ihren Berichten über Ägypten nicht erwähnen. Der Sphinx wurde zumindest zweimal restauriert, einmal vermutlich in der Zeit der 26. Dynastie (664–525 v. Chr.) und zum zweiten Mal in der Römerzeit zwischen 30 v. Chr. und 100 n. Chr.

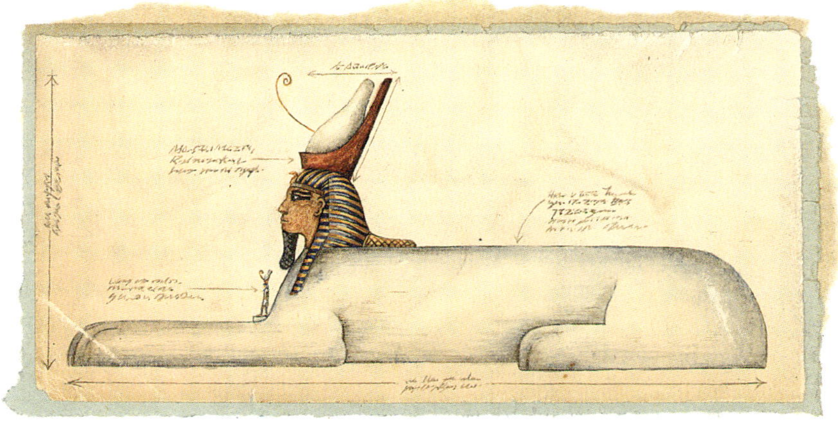

Rekonstruktion des Sphinx, der ursprünglich bemalt war. In einem nunmehr geschlossenen Loch auf dem Kopf war vermutlich die Krone befestigt. Vor der Brust stand wahrscheinlich ein Königsstandbild, das fast völlig verschwunden ist.

DIE PYRAMIDEN DER „VERGESSENEN PHARAONEN"

Von rechts nach links: Die Pyramiden des Djoser (3. Dynastie), Userkaf (5. Dynastie) und Teti (6. Dynastie) in Sakkara.

Das Innere der Pyramide des Unas (ca. 2371–2350 v. Chr.), genannt „Schön sind die Orte des Unas". Er war der letzte König der 5. Dynastie und baute seine Pyramide nahe der Südwestecke der Stufenpyramide des Djoser. An den Wänden der Grabkammer findet man die ersten „Pyramidentexte", Grabsprüche und Anrufungen, die den Pharao sicher ins Jenseits begleiten sollten.

Die Könige der 5. bis zur 8. Dynastie (ca. 2500–2130 v. Chr.) sind nicht so bekannt wie ihre Vorgänger der 4. Dynastie und können mit Recht die „vergessenen Pharaonen" des Alten Reiches genannt werden. Einige von ihnen bauten jedoch in Sakkara und Abusir bemerkenswerte Pyramiden und brachten Neuerungen in die königlichen Grabanlagen ein. Unas (ca. 2371–2350 v. Chr.) ließ etwa als erster die Innenwände seiner Pyramide mit „Pyramidentexten" versehen (siehe S. 136–137). Ebenso interessant waren die Sonnentempel etwa 1,6 Kilometer nördlich von Abusir, die sechs Könige der 5. Dynastie in Anlehnung an den Tempel in Heliopolis errichten ließen. Der Mittelpunkt eines jeden Tempels war ein Altar vor einem *Benben*, einem gedrungenen Obelisken mit Kegelspitze, der für den Urhügel stand, über dem zu Beginn der Schöpfung die Sonne aufging (siehe S. 120–121). Der *Benben* befand sich auf einem niedrigen Sockel am Ende eines sonnenbeschienenen Hofes. Nur zwei dieser Sonnentempel wurden in Resten gefunden, jene von Userkaf (ca. 2500–2485 v. Chr.) und Niuserre (ca. 2455–2425 v. Chr.) in Abu Ghurab. Ihre Funktion ist nicht geklärt, aber wie die Pyramidenkomplexe verfügen sie jeweils über einen Totentempel, einen Taltempel und einen Aufweg.

Auch der Pyramidenbau veränderte sich in der 5. Dynastie. Unter der Kalksteinverkleidung lag nun nicht mehr Stein, sondern Geröll, Schutt und Lehmziegel; dementsprechend schlecht sind diese Pyramiden erhalten. Diese Veränderung kann jedoch nicht auf eine Wirtschaftskrise und Spar-maßnahmen zurückzuführen sein, da die Pharaonen der 5. und 6. Dynastie die Innenräume ihrer Gräber und Grabanlagen viel verschwenderischer ausstatten ließen als ihre Vorgänger. Die Facharbeiter dafür waren sicher-lich teurer als die Steinschlepper, die die Mehrheit der Arbeiter beim Bau der Pyramiden der 4. Dynastie stellten.

Nach dem Ende der 6. Dynastie zerfiel das Alte Reich zusehends, was sich in den Königsgräbern der 7. und 8. Dynastie zeigt, deren Herrschaft insgesamt nur 40 Jahre dauerte. In Süd-Sakkara steht neben der Pyramide von Pepi I., dem letzten prominenten König der 6. Dynastie, die kleine und sehr schlecht erhaltene Pyramide des Ibi aus der 8. Dynastie. Diese Pyramidenanlage wurde aus dem billigsten und vergänglichsten Material gemacht, das es damals gab: aus Lehmziegeln. Reste des Totentempels sind noch vorhanden, vom Aufweg und vom Taltempel wurde keine Spur gefunden. In der Nähe könnten noch einige andere Pyramiden der 8. Dynastie gestanden haben. Östlich der Pyramide des Teti (ca. 2350–2338 v. Chr.), des Gründers der 6. Dynastie, sind die Reste einer kleinen Pyramide zu finden, die vermutlich aus der 9. oder 10. Dynastie (ca. 2130–1980 v. Chr.) stammt; in dieser Ersten Zwischenzeit war Ägypten ein zerfallenes und gespaltenes Reich.

DIE STEINE VON ABUSIR

Die meisten Könige der 5. Dynastie wählten Sakkara als ihre Grabstätte, vier jedoch bauten ihre Pyramiden weiter nördlich: Sahure (ca. 2485–2472 v. Chr.), Neferirkare Kakai (ca. 2472–2462 v. Chr.), Neferefre (der um 2455 v. Chr. starb) und Niuserre (ca. 2455–2425 v. Chr.). Die Anlage des Sahure mit einem Totentempel, einem Aufweg, den Resten eines zweitorigen Taltempels und einer Nebenpyramide im Süden ist am besten erhalten.

Der Oberste Rat für Altertümer Ägyptens beschloß 1993, Abusir für Besucher zu öffnen. Der Autor war mit Kollegen im Vorfeld der Öffnung an der Freilegung des Aufwegs beteiligt und restaurierte einen Teil des Totentempels von Sahure. Seit 1907/08, als der deutsche Ägyptologe Ludwig Borchardt dort Ausgrabungen durchführte, hatten sich 30 Meter Sand über dem Aufweg angesammelt. Der Arbeitertrupp machte bei der Freilegung eine erstaunliche Entdeckung unter dem Sand: 20 Kalksteinblöcke mit herrlichen Reliefs.

Diese Reliefblöcke sind einzigartig, es gibt in keinem Pyramidenkomplex des Alten Reiches etwas Vergleichbares. Eine Szene, die sich über mehrere Blöcke erstreckt, gibt einen faszinierenden Einblick in den Pyramidenbau: Männer zie-

Pyramide des Sahure in Abusir aus der 5. Dynastie, im Vordergrund die Reste des königlichen Totentempels.

hen das Pyramidion (siehe S. 171) für Sahures Pyramide. Der Teil mit dem Pyramidion fehlt, aber die Inschrift dazu besagt: „Das Pyramidion, bedeckt mit Gold [electrum], wird zur Pyramide gebracht."

Andere Blöcke stellen den Holzschlitten dar, auf dem das Pyramidion transportiert wurde. In dieser Szene gießt ein Mann vor dem Schlitten Wasser aus, um dadurch die Reibung zu verringern und das Vorwärtskommen zu erleichtern. Im späten Altertum wurde diese Szene durch einen Besucher von Abusir verunstaltet, der einen auf das Pyramidion zielenden Bogenschützen dazumalte.

Bronzebüste des Amenemhet III. (ca. 1818–1722 v. Chr.) mit Einlegearbeit. Die 46 Jahre seiner Herrschaft waren die längste Regierungszeit der 12. Dynastie. Er wurde vermutlich in der Pyramide in Dahschur (unten) begraben. Die andere Pyramide des Königs, in Hawara, war für ihren mittlerweile verschwundenen Totentempel bekannt, der seit dem Altertum wie der Palast von König Minos auf Kreta „Labyrinth" hieß. Der griechische Geschichtsschreiber Herodot berichtete von 3 000 Zimmern und einem Irrgarten von Gängen.

PYRAMIDEN DES MITTLEREN REICHES

Nach dem Chaos der Ersten Zwischenzeit begann mit der Wiederherstellung der nationalen Einheit im Mittleren Reich (ca. 1938–1630 v. Chr.) auch der Pyramidenbau. Während weiterhin mit Kalkstein verkleidet, bestanden die Pyramiden im Kern fast ganz aus Lehmziegeln und sind heute daher meist nur noch formlose Hügel. Ihr Inneres jedoch ist einzigartig: Die Herrscher des Mittleren Reiches ließen Irrgärten aus Kammern und Gängen bauen, um Grabräuber zu verwirren. Sie legten auch Fallen aus, deren Erfolg man an kopfunter baumelnden Leichen aus dem Altertum ermessen konnte. Ab der Zeit von Sesostris II. liegen die Eingänge im Osten oder Süden statt im Norden wie früher; auch das kann der Ablenkung von Räubern gedient haben. Grabtexte findet man nun auf den Särgen (die „Sargtexte"), nicht mehr an den Wänden wie im Alten Reich.

Amenemhet I. (ca. 1938–1909 v. Chr.), Gründer der 12. Dynastie, verlegte seine Hauptstadt in die Nähe von Lischt, wo er begraben ist. Seine Pyramidenanlage mit Totentempel, Aufweg und Taltempel imitiert die des Alten Reiches. Die Pyramide ist mit Tura-Kalkstein verkleidet und enthält Blöcke, die aus Gizeh und Sakkara geholt wurden. Südlich davon liegt die Pyramide seines Sohnes Sesostris I. mit zehn Nebenpyramiden und herrlichen Statuen, darunter einer Allee von Standbildern des Königs als Osiris entlang des Aufwegs.

Amenemhet II. wurde nahe der Pyramide des Snofru in Dahschur begraben. Seine Pyramide (die „Weiße Pyramide") und ihre Anlage sind vor allem wegen des 1894 entdeckten Schmucks interessant (siehe Kasten gegenüber). Sesostris II. entschied sich für Kahun (Lahun) nahe der Oase Faijum. Seine Pyramide ist wegen des nahegelegenen Handwerkerviertels,

Die „Schwarze Pyramide" von Pharao Amenemhet III. in Dahschur. Als die weiße Kalksteinverkleidung für andere Bauten weggebracht wurde, brach der Lehmziegelkern zusammen und hinterließ einen unförmigen Stumpf als Turm in der Wüste. Die Pyramide ist so verfallen, daß man ihre Originalgröße nicht mehr genau berechnen kann. In dieser Pyramide befinden sich erstmals seit der Zeit des Djoser in der 3. Dynastie auch die Begräbnisstätten anderer Mitglieder der königlichen Familie.

der „Pyramidenstadt", bekannt (siehe S. 71). Seine beiden Nachfolger ließen sich wieder in Dahschur begraben. Der Pyramidenkomplex von Sesostris III. ahmt die Stufenpyramide des Djoser nach. Der Taltempel wurde noch nicht gefunden, bemerkenswert sind jedoch die herrlichen Reliefs am Aufweg und weitere königliche Juwelen (siehe Kasten). Amenemhet III. ließ Pyramiden in Dahschur und Hawara (siehe Abb. gegenüber) bauen, wobei jene in Hawara nur ein Kenotaph sein dürfte.

Die letzten Herrscher der 12. Dynastie, Amenemhet IV. und Königin Sebeknefru, ließen Pyramiden südlich von Dahschur und Mazghuna errichten. In Süd-Sakkara stehen zwei Pyramiden der 13. Dynastie (ca. 1759–1630 v. Chr.). Mehr als ein Jahrhundert, in der Zweiten Zwischenzeit, wurden keine Pyramiden gebaut. Ahmose (ca. 1539–1514 v. Chr.), der erste Herrscher der 18. Dynastie, baute in Abydos einen Pyramidenkenotaph und eine Scheinpyramide für seine Großmutter. Die große Zeit des Pyramidenbaus war jedoch vorbei.

NUBISCHE PYRAMIDEN

Inspiriert durch Ägypten ließen auch die nubischen Könige Pyramiden bauen. Die Sandsteinpyramiden in Dongola und Kusch sind kleiner, mit steilen, abgestuften Seiten. Pianchi, der Kuschitenkönig, der zwischen 747 und 716 v. Chr. in Ägypten herrschte, baute eine Pyramide bei Napata; Schabaka und Taharqa wurden ebenfalls in Pyramiden begraben. In den ersten Jahrhunderten nach Christus ließen auch die Herrscher des nubischen Reiches Meroe Steinpyramiden errichten. Der Fall von Meroe um 250 n. Chr. war das Ende des Pyramidenbaus im Niltal.

KÖNIGLICHE JUWELEN AUS DER 12. DYNASTIE

Nachdem Dieter Arnold vom New Yorker Metropolitan Museum of Art mehrere Jahre an der Pyramide von Sesostris III. in Dahschur gearbeitet hatte, entdeckte er 1994 darunter das Grab der Königin Weret. Die Tochter Amenemhets II., Frau Sesostris' II. und Mutter Sesostris' III. stand bereits zu Lebzeiten in hohem Ansehen. Ihr Status spiegelt sich in dem herrlichen Goldschmuck wider, der in einem Gang ihres Grabes entdeckt wurde.

Am Tag der Entdeckung wurde der Inhalt des Verstecks unter größten Sicherheitsvorkehrungen ins Ägyptische Museum in Kairo gebracht. Die Juwelen waren in vielen Stücken, darunter Kaurimuscheln, Skarabäen aus Amethyst, Löwen aus Gold, die ein Armband gebildet hatten, und etwa 7000 Perlen verschiedener Größe. Sie wurden sorgfältig restauriert und dann im Museum ausgestellt.

Durchbrochenes Pektorale und goldener Kaurimuschelgürtel aus dem Juwelenversteck der Prinzessin Sat-Hathor. Das Pektorale aus Gold mit Halbedelsteinen stellt einen monumentalen Pylonen mit zwei Horusfalken um den Thronnamen von Sesostris II. dar. Die Muscheln auf dem Gürtel wechseln mit Doppelschnüren aus Halbedelsteinperlen ab.

Diese Entdeckung ist der letzte der spektakulären Schmuckfunde aus dem Mittleren Reich in Dahschur. In der Ausgrabungssaison 1894/95 fand Jacques de Morgan wunderbare Juwelen in den Gräbern der Prinzessinnen Ita und Chnumit nahe der Pyramide von Amenemhet II. und in den Gräbern von Prinzessin Sat-Hathor und Königin Mereret nahe der Pyramide von Sesostris III.

Zum Inhalt des Verstecks der Chnumit, einer Tochter Amenemhets II., gehörten Goldarmbänder mit Cloisonnéschließen in Hieroglyphenform (siehe Abb. S 240). Sat-Hathor, eine Tochter von Sesostris II. und vielleicht Frau von Sesostris III., hinterließ Kaurihalsketten, Skarabäen, Perlen, Schnallen, Halsbänder und Pektoralien (siehe Abb. links), die im Museum von Kairo sorgfältig zerlegt, gereinigt und wieder zusammengesetzt wurden. (Siehe auch S. 227.)

Von den großen Pyramiden der 4. Dynastie zu den massiven Tempeln des Neuen Reiches und der Ptolemäer ehrten die Ägypter die Toten und ihre Götter mit den monumentalsten Bauwerken der Welt. Für König und Bürger war das Grab nicht nur eine Ruhestätte für den Körper, sondern eine Wohnung, die alle ihre Bedürfnisse im Jenseits erfüllen sollte. In den Tempeln wurden die Götter, von denen das Wohlergehen der Nation abhing, besänftigt und versorgt. Damit spielten die ägyptischen Tempel eine zentrale Rolle im Leben des Landes.

▲

OBEN: *Säulenhalle im Tempel Sethos I. (ca. 1290–1279 v. Chr.) in Abydos, Oberägypten, einem der am schönsten ausgestalteten Tempel Ägyptens. Das Gebäude war Stätte des Ahnenkultes, und unter den vielen Reliefs gibt es auch eine Liste der 70 Vorgänger des Sethos.*

KAPITEL 13

GRÄBER UND TEMPEL

DIE WOHNUNGEN DER TOTEN

Zu den wichtigsten Voraussetzungen für ein „schönes Leben" im Jenseits brauchte man als Ägypter ein Grab, das als sichere Ruhestätte und Heim für den Verstorbenen in seinen vielen Erscheinungsformen diente. In mehr als drei Jahrtausenden entwickelte sich das ägyptische Grab von der einfachsten Grube zum riesigen und aufwendigen Steinbauwerk mit einem Überfluß an Artefakten, die der Glaube für das Jenseits vorsah. Zu den Königsgräbern kamen die Totentempel, die dem Totenkult der Verstorbenen dienten (siehe S. 210–211).

Meist bauten die Ägypter ihre Gräber und Nekropolen am Westufer des Nils: Die Toten gingen wie die untergehende Sonne im Westen in die Unterwelt ein, so glaubte man. Es gibt zwei grundlegende Entwicklungen in Grabarchitektur und Grabgestaltung, die der Könige und die der Bürgerlichen (die sogenannten Privatgräber). Die Königsgräber wurden mit den teuersten Materialien und oft unter Einsatz großer Innovationen gebaut. Viele ihrer Elemente, wie die Totentexte, die die Verstorbenen in die Unterwelt führten (siehe S. 136–137), und die Gräber in Pyramidenform (siehe voriges Kapitel), wurden später auf die Gräber der bürgerlichen Schichten übertragen. Die schönsten erhaltenen Beispiele der Grabarchitektur finden sich jedoch in den höchsten Schichten der ägyptischen Gesellschaft und sind nicht für die Bevölkerung als ganzes repräsentativ.

Unabhängig vom Baustoff (Lehmziegel, Kalkstein, Sandstein) und von der Methode (frei stehende Bauten oder aus dem Fels gehauene) bestand das Bauwerk meist aus einem Oberbau, der den Lebenden zugänglich war, und einem Unterbau, in dem sich die Mumie befand und der für die Ewigkeit versiegelt wurde. Die frühesten Oberbauten waren Lehmziegelhügel oder rechteckige Umfassungen, die vielleicht unter mesopotamischem Einfluß entstanden und oft mit Nischen in einer einem Haus nachempfundenen Fassade ausgestattet waren. Zum Oberbau gehörte eine Kapelle, in der die Verwandten Lebensmittel für den Toten vor einer sogenannten

Der Handwerker Sennedjem und seine Frau bei der Anbetung der Götter.
Wandmalerei aus dem Grab des Sennedjem, Nekropole von Theben, 18. Dynastie.

Blick auf den Großen Sphinx vom Totentempel des Chephren in Gizeh, 4. Dynastie.

OBEN: *Prädynastische und protodynastische Gräber, hier eines aus der Zeit um 3500 v. Chr. in Negade (eine Ausgrabung des Autors), waren einfache ovale Gruben, manchmal mit Matten oder Holz ausgelegt. Der Körper wurde in Hockerstellung mit wenigen Gefäßen und Tiegeln bestattet. Der Großteil der Bevölkerung im Alten Ägypten wurde in einfachen Gräbern mit ein paar Artefakten beigesetzt.*

LINKS: *Die Oberschicht der dynastischen Zeit erhielt aufwendige Grabbeigaben, die ihre Bedürfnisse im Jenseits erfüllen sollten. Die Leiche lag in einem oder mehreren Sarkophagen, die ein Porträt des Toten in der Blüte des Lebens trugen. Hier der Basaltdeckel des Sarkophags von Sisobek, Wesir unter Psammetich I. (664–610 v. Chr.), aus der Spätzeit.*

Scheintür opferten, einer mit Inschriften versehenen Nische, die dem Toten als symbolischer Eingang in die Unterwelt diente (siehe S. 197). In späteren Zeiten des Alten Reiches wurden die Oberbauten immer komplizierter gestaltet. Die Oberschicht erwartete sich mehrere Räume und vielfältige Wanddekorationen, die auf magische Weise die Bedürfnisse des Toten in der Ewigkeit erfüllen sollten. Lobinschriften, Alltagsszenen, Bilder, die die reichen Güter des Grabeigners zeigten, Darstellungen der liebenden Angehörigen und zahlreiche Opferszenen sicherten dem Toten Überfluß und Wohlergehen im Jenseits.

Im Unterbau, dem eigentlichen Grab, befanden sich die Mumie, Kanopen (Krüge für die Aufbewahrung der inneren Organe) und verschiedenste Grabbeigaben. Von den Mastabas des Alten Reiches über die Felsengräber des Mittleren und Neuen Reiches bis hinauf zu den großen thebanischen „Grabpalästen" der Spätzeit blieben diese Grundelemente unverändert. Die Schändung eines Grabes, dessen Aneignung oder die böswillige Veränderung von Inschriften oder Reliefs war ein Angriff auf das Vermächtnis und das ewige Leben des Begrabenen (siehe S. 144–145).

Blick auf das Tal der Könige, Theben-West, Grabstätte der Pharaonen des Neuen Reiches seit Thutmosis I., dem dritten Herrscher der 18. Dynastie. Die Steineinfassungen der Grabeingänge stammen aus dem 20. Jahrhundert.

KÖNIGSGRÄBER

Mit dem Aufstieg und Fall der Dynastien wechselten auch die Hauptstädte und Nekropolen. Grabraub wurde häufiger, und die Gräber der königlichen Familien veränderten sich stark. Im eigentlichen Alten Reich (4. bis 6. Dynastie, ca. 2625–2170 v. Chr.) entwickelten sich die Mastabas und Stufenpyramiden zu echten Pyramiden mit Nebenpyramiden für die Königinnen oder für rituelle Zwecke, mit Pyramidentempel, langen Aufwegen vom Niltal zu den Pyramiden und mit Taltempeln (siehe S. 171–173). Im Mittleren Reich, wie man das am Beispiel von Lischt und Dahschur nachvollziehen kann, wurde diese Struktur zwar in den Grundzügen beibehalten, jedoch einfacher ausgeführt als im Alten Reich (siehe S. 190–191).

Bis zum Neuen Reich hatte sich viel verändert. Ägypten war erstmals unter ausländischer Herrschaft gewesen (siehe S. 26–27), dann hatte eine thebanische Familie das Land befreit und die Hauptstadt der 18. Dynastie wieder nach Oberägypten verlegt. In den nächsten Jahrhunderten, ab der Zeit von Thutmosis I. (ca. 1493–1482 v. Chr.), war Theben die wichtigste Grabstätte der ägyptischen Herrscher. Der oberste Architekt des Thutmosis, Ineni, fand eine geheime Stelle für das Grab seines Herrn, ein Wadi (ausgetrocknetes Flußbett) hinter den Felsen auf dem Westufer des Nils. Damit begann die Geschichte des Tals der Könige. Ohne Oberbauten (oder besser, mit dem Berg Qurn als pyramidenförmigem Oberbau für alle Gräber an seinem Fuß) wurden die Gräber aus dem Fels gehauen und mit Treppen, Gängen, Lagerräumen, Schächten und Grabkammern ausgestattet. Manche größeren Gräber haben zahllose Kammern und dringen bis 90 Meter in den Fels ein. Die Kalksteinwände wurden von den Handwerkern aus dem nahegelegenen Dorf Deir el-Medina glattgeschliffen, gemeißelt und bemalt. Szenen aus der Unterwelt, Sprüche aus dem Totenbuch (die die Sargtexte des Mittleren Reiches ersetzten wie diese die Pyramidentexte des Alten Reiches, siehe S. 136–137), Königsnamen und Titel sowie Bilder von Schutzgöttern bedecken die Wände in vielfarbiger Pracht. Viele sind gut erhalten, auch wenn plötzliche Überschwemmungen, Klimaveränderungen und der Fremdenverkehr das Tal bedrohen wie nie zuvor.

Mit dem Ausbau der Nekropole von der 15. bis zur 20. Dynastie (ca. 1539–1075 v. Chr.) müssen Wächter im Tal stationiert gewesen sein, um die königlichen Ruhestätten und die wertvollen Grabbeigaben zu schützen. Obwohl die Gräber der mächtigsten Pharaonen Ägyptens nicht mehr durch Pyramiden gekennzeichnet waren, waren sie immer noch ein leichtes Ziel und die meisten wurden im Altertum geplündert. Zur Zeit der 20. Dynastie (ca. 1075–945 v. Chr.) holten Priester die königlichen Mumien aus ihren geplünderten Gräbern und versteckten sie, um weiteren Schaden zu vermeiden. Ein Geheimgrab mit 40 Sarkophagen und den Mumien der größ-

KÖNIGLICHE GRABSTÄTTEN
IN THEBEN-WEST

THEBEN-WEST

LEGENDE

Grab mit Pharaonenname

RAMSES IV.
RAMSES II.
MERENPTAH
RAMSES XI.
RAMSES VI.
RAMSES IX.
HAMREMHAB
TUTANCHAMUN
AMENHOTEP II.
SETHOS I.
RAMSES III.
HATSCHEPSUT
SIPTAH
THUTMOSIS IV.
SETHOS II.
SETNACHT
THUTMOSIS III.

DAS TAL DER KÖNIGE

Berg Qurn
Tal der Königinnen
Deir el-Bahari
Deir el-Medina (Arbeiterdorf)
Medinet Habu
Malkata-Palast
Birket Habu
Memnonkolosse
Nil
Karnak
Theben-Ost
Luxor
Detail

LEGENDE

Fruchtbares Land
Tempel
Totentempel
Anderer Bau
Kanal

KÖNIGLICHE TOTENTEMPEL:

1 Ramses III.
2 Amenhotep III.
3 Ay/Haremhab
4 Merenptah
5 Thutmosis IV.
6 Ramses II. („Ramesseum")
7 Thutmosis III.
8 Ramses IV.
9 Mentuhotep II.
10 Hatschepsut
11 Sethos I.

0   1 km   2 km

ten Pharaonen des Neuen Reiches wurde 1881 südlich des terrassenförmigen Tempels der Hatschepsut in Deir el-Bahari gefunden: Amenhotep I., Thutmosis I., II. und III., Sethos I., Ramses II. und III. waren dort versteckt worden. Weitere Mumien wurden 1898 im Grab von Amenhotep II. gefunden, unter anderem die von Thutmosis IV., Amenhotep III., Merenptah, Sethos II., Ramses IV., V. und VI.

Die neue Geschichte des Tales ist genauso faszinierend wie seine Geschichte im Altertum. Die 70 oder mehr Königsgräber lagen über Jahrtausende in unterirdischer Stille, bis Anfang des 19. Jahrhunderts europäische „Forscher" wie Giovanni Belzoni kamen, der einige von ihnen mit dem Rammbock öffnete. Sie überstanden auch die Touristenhorden im Kielwasser der Entdeckung des Tutanchamun-Grabes durch Howard Carter in den 1920er Jahren (siehe S. 196) und erfreuten sich später der Erhaltung durch die ägyptischen Behörden. 1987 und 1995 waren sie sogar für eine spektakuläre Entdeckung gut: KV5, 1825 fälschlich als unvollendetes Grab identifiziert, stellte sich als das Grab vieler Söhne von Ramses II. heraus.

Südlich davon liegt das Gegenstück zum Tal der Könige, das sogenannte Tal der Königinnen, wo die Königinnen und Prinzen aus der Spätzeit des Neuen Reiches begraben liegen. Das berühmteste ist jenes von Königin Nefertari, Gemahlin Ramses' II. Farbenprächtige Wandmalereien zeigen

Die Karte von Theben-West und dem Tal der Könige zeigt, wo die Pharaonen ihre Totentempel (siehe S. 210–211) bauen ließen: am Rand des Schwemmlands, nicht bei den Gräbern im Tal. Kanäle und mindestens ein künstlicher Hafen bei Medinet Habu verbanden die Tempel mit dem Nil und mit den großen Tempeln von Karnak und Luxor am anderen Ufer des Flußes.

GRABRÄUBER

Mit zunehmend komplizierter Begräbniskultur stieg auch der Wert der Grabbeigaben für königliche und bürgerliche Mumien. Die Diebe des Altertums erlagen der Versuchung von vergoldeten Särgen und Edelsteinamuletten. Die Nekropolenverwaltung war vermutlich bestechlich, die Räuber drangen oft kurz nach dem Begräbnis in die Kammern vor. Als wertvolle Amulette zwischen die Bindenschichten gelegt wurden, waren nicht einmal mehr die Mumien sicher.

die Königin unter Göttern, umgeben von zahllosen Hieroglyphentexten; jedes Bild ist ein kleines Meisterwerk des Details und läßt uns erahnen, welcher Glanz Hunderte ägyptische Gräber schmückte, die uns nicht erhalten blieben oder zerstört worden sind. In den letzten Jahren wurden die empfindlichen Fresken von einem internationalen Team sorgfältig gereinigt und restauriert.

Die Königsgräber waren zwar im Tal der Könige verborgen, der Totenkult der Könige wurde jedoch in den Totentempeln vollzogen (siehe S. 210–211). Die Königsgräber des Neuen Reiches unterscheiden sich insofern wesentlich von den früheren Grabstätten, als Gräber und Totentempel (siehe Karte S. 195) räumlich voneinander getrennt wurden.

Spätere Dynastien hatten wiederum andere Begräbnisgewohnheiten. Für die Könige der 21. und 22. Dynastie (ca. 1075–712 v. Chr.) etwa wurden die Gräber im Tempelbezirk von Tanis, der Hauptstadt im Delta, gebaut. Auch in den Hauptstädten der Dritten Zwischenzeit und Spätzeit – Bubastis, Herakleopolis, Hermopolis, Lentopolis und Saïs – gab es wahrscheinlich Königsgräber, doch wenige sind so gut erhalten wie jene aus dem Neuen Reich in Theben.

DAS GRAB DES TUTANCHAMUN

D er britische Ägyptologe Howard Carter (1874–1939) verbrachte Jahre im Auftrag seines Gönners Lord Carnarvon (1866–1923) mit wenig erfolgreichen Ausgrabungen im Tal der Könige. Aber am 4. November 1922 wurde die erste Stufe einer gemeißelten, nach unten führenden Treppe ausgegraben. Nach der Entfernung von Schutt legte man einen Gang und eine versiegelte Tür frei. Durch ein Loch in der Wand sah Carter „Gold, nichts als Gold". Die Vorkammer, die er sah, war voller Prunkgegenstände, Ruhebetten in Form von Fabeltieren, Wäschetruhen, Streitwägen und lebensgroße Statuen. Die Entdeckung von drei weiteren Kammern folgte: die Grabkammer, die Schatzkammer und ein Nebenraum.

Tutanchamun (ca. 1332–1322 v. Chr.) hatte in einer faszinierenden Zeit religiöser Veränderungen am Ende der 18. Dynastie gelebt. Der Aton-Kult war gerade erst abgeschafft worden (siehe S. 128–129). Viele der Grabbeigaben müssen aus eben dieser Übergangszeit stammen.

Der Goldsarkophag, der Tutanchamuns Mumie enthielt.

PRIVATGRÄBER

MASTABA

Kapelle Scheintür Grabschacht

Grab-
kammer

Sarkophag

GRUNDRISS

Kapelle Grabschacht

Scheintür Grabkammer
und Sarkophag

AUFRISS

Scheintür

Kapelle Grab-
schacht

Grab-
kammer Sarkophag

OBEN: *Typische Mastaba mit einem Kern aus
Geröll und Schutt, verkleidet mit Kalk-
steinblöcken. Der Grabschacht wurde in den
gewachsenen Felsen darunter getrieben. Die
Bauzeit betrug bis zu 15 Monaten.*
RECHTS: *Eingang eines Grabes aus dem Alten
Reich bei der Chephren-Pyramide in Gizeh.*

Trotz aller jenseitigen Ausrichtung bieten uns die nicht-königlichen
Gräber, die für die Familien der Oberschicht errichtet wurden, gute
Einblicke in den Alltag der ägyptischen Gesellschaft. Die Wandbilder, die alles einfangen, von Fischfangszenen bis zu Handwerkerdar-
stellungen und Festen, sind Momentaufnahmen vom Leben am Nil.

Manche Merkmale der Königsgräber (etwa ihre Architektur und
die Verwendung von Grabtexten) fanden langsam in die Gestaltung der Privatgräber Eingang, grundsätzlich entwickelten sich
diese aber eigenständig. In der Anfangszeit (vom späten 4. bis zum
frühen 3. Jahrtausend v. Chr.) konzentrierten sich die Privatgräber
der Oberschicht üblicherweise räumlich um die Königsgräber in
Abydos und Hierakonpolis (siehe S. 69) im Süden bzw. Sakkara im Norden. Auf einfache Lehmziegelgruben wurden damals schmucklose Auf-
bauten gesetzt. Es gab kaum dekorative Elemente, höchstens grobe
Namensinschriften auf kleinen Stelen. Als Grabbeigaben wurden Stein-
und Keramikgefäße, Gegenstände für die Körperpflege, Schieferpaletten
und Schmuck in die Gräber gelegt.

Die Lehmziegelarchitektur wurde nie ganz aufgegeben, aber während
der 3. und 4. Dynastie ließen sich die Angehörigen der Oberschicht ihre
Gräber zunehmend aus Stein bauen. Die typischen Privatgräber des Alten
Reiches waren die Mastabas (nach dem arabischen Wort für „Bank", weil
sie wie die typischen Bänke vor den Häusern auf dem Land aussahen). Die
Mastaba ist ein rechteckiger Kalkstein- oder Lehmziegeloberbau mit abge-
schrägten Wänden. Die vielen aufwendigen Nischen („Palastfassade") der

frühen Gräber wurden auf je eine nördliche und südliche Ausnehmung in der Ostwand reduziert. Sie waren die „Scheintüren", durch die der Geist des Verstorbenen auf magische Weise trat, um sich von den Speiseopfern der Lebenden zu nähren. Die „Plattenstelen" von Gizeh – oft die einzigen Oberflächen, die auf diesen Gräbern der Frühzeit mit Inschriften versehen waren – trugen Namen, Titel und Bild des Begrabenen sowie zusätzliche Sprüche und Gebete; sie wurden in die Scheintüren eingebaut. Später verlegte man die Scheintüren und Opferszenen in den vorher massiven Kern der Mastaba und schuf so eine Opferkapelle. *Serdab* (Statuenkammer), senkrechte Grabschächte (statt Treppen) und unterirdische Grabkammern waren den Lebenden nicht zugänglich. Bald wurden nicht nur die Scheintüren, sondern auch die vier Kapellenwände geschmückt. Die Grabarchitektur der Privatgräber des Alten Reiches erreichte in den Gräbern von Sakkara (siehe Kasten unten) aus der 5. und 6. Dynastie ihren Höhepunkt. Diese Gräber waren größer als frühere Gräber und dienten auch als Ruhestätte für andere Familienmitglieder.

DIE MASTABAS VON SAKKARA

Die aufwendigsten Privatgräber des Alten Reiches findet man in Sakkara. Dies war die wichtigste Nekropole der Hauptstadt Memphis, und sie wurde von praktisch jeder Dynastie bis herauf zur Ersten Zwischenzeit benützt. Die Oberbauten bestehen hier manchmal aus 20 oder mehr Kammern, mehreren Scheintüren und Grabschächten für Familienmitglieder sowie Tausenden Hieroglypheninschriften und farbenprächtigen Wandbildern. Nicht weiter überraschend, ist Sakkara bis heute eine beliebte Touristenattraktion.

Die vielleicht größte Vielfalt an Wandbildern befindet sich wohl in den Gräbern hochrangiger Verwaltungsbeamter der 5. und 6. Dynastie, wie Ti, Ptahhotep, Mereruka, Kagemni und anderer. In der Vorstellung der Ägypter bestand kein Unterschied zwischen konkreten Dingen (etwa Personen und Opfergaben) und Abbildern oder Modellen davon. Jede dieser Opferszenen wurde daher im Jenseits mit Realität erfüllt, die abgebildeten Personen, Gegenstände und Tätigkeiten dienten als Vorsorge für das postume Leben des Geistes des Dahingeschiedenen. Große Figuren des Verstorbenen, die seine Wichtigkeit widerspiegeln, beherrschen die Wände vieler Gräber. Andere Bilder zeigen Szenen aus dem Leben

Wandrelief mit einem Viehhüter, der Stiere führt, aus der Grabkapelle in der Mastaba des Beamten Ptahhotep in Sakkara. Altes Reich, Spätzeit der 5. Dynastie, um 2380 v. Chr.

der Handwerker, Bootsfahrten in den Sümpfen und Pilgerfahrten zu heiligen Stätten wie Abydos. Besondere Darstellungen, wie eine Beschneidungsszene (zum Beispiel im Grab des Arztes Anchmahor) oder das Bild von der besorgten Kuh mit dem Kalb bei der Überfahrt über einen Kanal (im Grab des Ti) geben jedem Monument seine Vitalität und Einzigartigkeit.

Felsengräber, deren Kammern in den Stein gehauen wurden, manche von ihnen hoch oben in den Felswänden über dem Niltal, gab es im Alten Reich ebenfalls; oft ruhten dort einflußreiche Beamte. Vor allem in regionalen Nekropolen wie Deshasheh, Meir und Sheikh Said sind diese Felsengräber weit verbreitet. Nach dem Zusammenbruch des Alten Reiches und der Ersten Zwischenzeit (siehe S. 26–27) wurden sie zur beliebtesten Grabform. Im Mittleren Reich entstanden solche Felsengräber in ganz Mittel- und Unterägypten, etwa in Beni Hasan, Theben, Deir el-Bersheh und Assiut. Sie enthielten oft Kammern mit Statuennischen und Säulen, hatten Hof, Portikus und einen Aufweg, der zum Flußufer hinunterführte. Entsprechend den politischen Umständen der Zeit nahmen militärische Themen breiten Raum an den Wänden ein. Am Anfang des Mittleren Reiches wurden aus den Wandbildern mit Alltagsszenen dreidimensionale Holzmodelle, die mit dem Verstorbenen bestattet wurden.

Nach der Zweiten Zwischenzeit, im frühen Neuen Reich, wurden die Gräber wieder aufwendiger gestaltet. Mit dem Aufstieg von Theben in der Zeit der 18. bis 20. Dynastie wetteiferten die dortigen Nekropolen mit denen des Alten Reiches in Sakkara und Gizeh. Die thebanischen Felsengräber hatten meist einen T-förmigen Grundriß (eine Querhalle und einen Gang), der den Kapellen in den Oberbauten der früheren Gräber entsprach. Die Grabschächte und Grabkammern wurden tief in den Fels darunter gehauen. Wandrelief und -malerei erreichten unter den frühen Thutmosiden einen neuen Höhepunkt von Farbenpracht und Experimentierfreudigkeit mit profanen Themen (Feste, Feldarbeit, Handwerk). Später traten an ihre Stelle Themen wie Mumifizierung und Begräbnis sowie Vignetten aus Grabtexten. In dieser Zeit wurden auch die Grabkammern ausgestaltet. Ausgezeichnete Beispiele für diese Entwicklung finden wir in den schlichten Gräbern der Handwerker aus der Nekropole von Deir el-Medina. Kleine Pyramiden, bei den Königsgräbern nicht mehr in Verwendung, zierten nun manchmal Privatgräber.

Die Dritte Zwischenzeit war eine Zeit der Massengräber, die Sarggestaltung wurde wichtiger als die Grabarchitektur. In der 25. und 26. Dynastie erfuhr diese jedoch eine letzte Hochblüte. Die höchsten thebanischen Beamten dieser Zeit verbanden Elemente von königlicher und privater Grab- und Tempelarchitektur in den großen „Grabpalästen" nahe dem Tempel der Hatschepsut in Deir el-Bahari. Mit ihren Ziegelpylonen, Aufwegen, tiefliegenden Höfen und unterirdischen Kammern gehören diese Gräber der Priester und Verwaltungsbeamten, wie etwa das des Montuemhat (siehe S. 37), zu den größten Grabbauten Ägyptens überhaupt. Später gab es noch sporadisch Meisterwerke, wie etwa das Grab des Petosiris, Hohepriester des Toth in Hermopolis (um 320 v. Chr.), das im Stil eines Tempels der Spätzeit gebaut wurde, oder die klassisch inspirierten Katakomben von Kom el-Shufaka bei Alexandria (2. Jahrhundert n. Chr.), aber nie wieder wurden in Ägypten so große Mittel für Privatgräber aufgewendet.

Blick von den Felsen von Theben zum Nil über den als Asasif bezeichneten Nekropolenbereich in Theben-West, östlich des Hatschepsut-Tempels in Deir el-Bahari. Hier lagen die Monumentalgräber der Bürgerlichen aus der Zeit der 26. Dynastie, wie etwa jene von Montuemhat (siehe S. 37 und Abb. S. 200), Anch-hor, Basa, Pedamenophis und Pabasa. Nur die Lehmziegeloberbauten sind zu sehen, die Grabkammern liegen unterirdisch.

DIE NEKROPOLENVERWALTUNG IN THEBEN

Aus Theben sind interessante Papyri über die Nekropolenverwaltung erhalten. Es geht um Streitigkeiten zwischen den Verwaltern des Ost- und des Westufers des Nils, um Gerichtsverfahren von Grabräubern und Inspektionsrundgänge. Wir müssen jedoch weiter forschen, wenn wir die vielen offenen Fragen beantworten wollen: Wie wurde das Land für den Grabbau zugeteilt; wie lange wurde der Totenkult für eine Person betrieben, bevor es keine Familienmitglieder und keine finanziellen Mittel mehr gab; wer schlichtete Streit über den Zugang zu Grabkapellen; und war es legal, daß sich spätere Generationen Gräber aneigneten?

TOTENSTÄDTE

Die Gräberfelder der 1. und 2. Dynastie in Abydos im Süden und in Sakkara im Norden legten die Grundelemente fest, nach denen Nekropolen über Jahrtausende hinweg gestaltet werden sollten. Die Gräber von Angehörigen, Wesiren und hohen Beamten wurden immer in der Nähe der Königsgräber gebaut, wo immer diese auch lagen. Auch im Neuen Reich, als die Pharaonengräber im Tal der Könige verborgen und von den Totentempeln getrennt wurden, entwickelten sich private Nekropolen im Gebiet um die Felsen von Theben.

Die privaten Nekropolen in der Anfangszeit des Alten Reiches konzentrierten sich auf Memphis, wo jüngere Ausgrabungen darauf hinweisen, daß sich mehr auf Dauer angelegte Siedlungen und Grabstätten am Wüstenrand befunden hatten, als man ursprünglich dachte. In Nord-Sakkara befinden sich die frühesten privaten Monumentalmastabas. Dort gab es überhaupt eine fast ununterbrochene Tradition von Privatgräbern, die die Erste Zwischenzeit und das Mittlere Reich überdauerte und bis ins Neue Reich anhielt (siehe S. 198).

In der 4. Dynastie vollzog sich ein Bruch. Privatgräber entstanden nun nicht mehr in Sakkara, sondern eher in Meidum, wo es drei kleine Nekropolen mit Mastabagräbern bei der Pyramide des Snofru (ca. 2625–2585 v. Chr.) gibt. Auch bei der Pyramide des Snofru in Dahschur gibt es solche Mastabafelder aus dem Alten Reich. Snofrus Nachfolger wählten das Plateau von Gizeh weiter im Norden als Standort für ihre Grabanlagen, ihre

OBEN: *Der tiefliegende Hof im Grab des Montuemhat (lebte um 655 v. Chr.), Theben-West. Er war Bürgermeister von Theben, Gouverneur von Oberägypten und Vierter Prophet des Amun in Karnak (siehe S. 37).*

RECHTS: *Ausgezeichnet erhaltene Bilder im Grab des Sennedjem in Deir el-Medina, Theben-West, aus der 19. Dynastie zeigen den Toten und seine Frau im Jenseits beim Ernten und Pflügen der paradiesischen „Schilfrohrfelder" (siehe S. 116).*

Familien und Beamten folgten ihnen nach. Gizeh ist das erste Beispiel für eine in großem Stil vorausgeplante private Nekropole. Die Mastabas östlich der Cheopspyramide (für die königliche Familie) und westlich davon sind entlang von regelrechten Straßen angeordnet und aneinander ausgerichtet. Mit kleinen Ausnahmen blieb die 4. Dynastie bei den Vorgaben, die Chufu in Gizeh gemacht hatte. Im späteren Alten Reich wurden die Straßen durch die Mastabafelder jedoch durch zusätzliche Gräber verstellt, das ursprüngliche geordnete Konzept der Nekropole dürfte damit zusammengebrochen sein.

Einige Könige der 5. Dynastie bauten ihre Pyramiden in Abusir nördlich von Sakkara. Das bisher größte dort aufgefundene Privatgrab gehörte dem Ptahschepses, Wesir und Schwiegersohn von König Niuserre (ca. 2455–2425 v. Chr.). Weitere Gräber von Wesiren und anderen Beamten wurden in den letzten Jahren ausgegraben. Aber die am meisten beeindruckenden Privatgräber des Alten Reiches finden sich in Sakkara aus der 5. und 6. Dynastie. Sie zeigen die wachsende Macht der höchsten Verwaltungsbeamten im Land, denn die handwerkliche Ausgestaltung steht der am Hof von Memphis um nichts nach. Die massiven Oberbauten und Kammern übertreffen bei einigen dieser Grabstätten vergleichbare Gräber der 4. Dynastie in Gizeh. Felsgräber, die unter dem Aufweg zur Pyramide des Unas verborgen waren, zeichnen sich durch zahlreiche Kammern und ausgesprochen farbenprächtige Gestaltung aus. Es ist schwierig, in dieser gigantischen Nekropole eine geplante Entwicklung nachzuvollziehen, es harren jedoch sicherlich noch Gräber aus allen Epochen der Entdeckung.

Gegen Ende des Alten Reiches leisteten sich die Provinzgouverneure oder „Nomarchen" (siehe S. 27) keine Begräbnisse in Memphis mehr, sondern wählten für sich und ihre Familie Gräber in der Nähe ihrer Wohnsitze. So entstanden die Provinznekropolen der Ersten Zwischenzeit bis zur Wiedervereinigung des Landes unter der thebanischen 11. Dynastie.

Erst im Neuen Reich entstanden wieder riesige private Nekropolen, die denen aus dem Alten Reich in Sakkara und Gizeh vergleichbar waren. Die herrschende Oberschicht von der 18. bis zur 20. Dynastie baute ihre Grabmäler in die Felsen am Westufer des Nils bei Theben, zwischen den Königsgräbern und den Totentempeln am Rand des Schwemmlandes. Eine regelmäßige Anordnung, wie sie im Alten Reich bestanden hatte, ist jedoch nicht zu erkennen. Die einheitlichste, in sich geschlossenste private Nekropole der Zeit ist vermutlich jene von Deir el-Medina, wo die Handwerker lebten, die an den Königsgräbern arbeiteten.

Statuen von Prinz Rahotep und Prinzessin Nofret aus Meidum (siehe unten). Der Prinz trägt den kleinen Oberlippenbart des Alten Reiches. Er könnte ein Sohn von König Snofru (ca. 2625–2585 v. Chr.), dem Gründer der 4. Dynastie, gewesen sein. Anders als bei Nofret ist seine Haut von der Arbeit im Freien gebräunt.

EIN PRINZENPAAR
Zu den interessantesten Porträts des Alten Reiches gehören die bemalten Kalksteinstatuen von Rahotep und seiner Frau Nofret (siehe Abb. oben) aus der Mastaba des Paares bei der Pyramide des Snofru in Meidum. Sie sind 122 cm hoch, die Farbe ist fast völlig erhalten, und Augen aus Kristall und Amethyst verleihen der Darstellung Realismus. Als Auguste Mariette das Grab 1871 entdeckte, erschreckte der Glanz der Augen im Kerzenschein die ägyptischen Arbeiter so sehr, daß sie davonrannten.

DER TEMPEL

Der „Pavillon des Trajan": Diese Anlege-
stelle ließ der römische Kaiser Trajan beim
Isis-Tempel auf Philae, einer Nilinsel bei
Assuan, bauen. Isis wurde dort von ca. 675
v. Chr. bis in die christliche Zeit verehrt.
Weit von Ägyptens Hauptstadt Alexandria
entfernt, ignorierte man dort Ende des
4. Jahrhunderts n. Chr. das römische Dekret
zur Schließung aller heidnischen Tempel.
Als letzter der alten Religion stellte er Mitte
des 6. Jahrhunderts n. Chr. seine Funktion
ein. Wegen des Baues des Assuan-Hoch-
damms Ende der sechziger Jahre des
20. Jahrhunderts wurden die Bauten von
Philae auf höherliegendes Gelände auf der
Insel Agilkia verlegt.

König Mykerinos (ca. 2532–2510 v. Chr.)
mit der Göttin Hathor (links) und der
Göttin eines Nomos; Statue aus dem Toten-
tempel in Gizeh (siehe S. 185).

Tempel waren in der ägyptischen Gesellschaft auf lokaler und nationaler Ebene eine wichtige Kraft und spielten in geistlicher und weltlicher Hinsicht eine bedeutende Rolle. Anders als etwa die christlichen Kirchen waren sie jedoch keine Stätten, an denen sich Gläubige versammelten. Der Durchschnittsägypter bekam nie ein innerstes Heiligtum zu sehen; dort stand die Statue des Tempelgottes, der sich nur die höchsten Priester in der Tempelhierarchie nähern durften.

Es gab grundsätzlich zwei Arten von Tempeln: jene, die örtlichen oder im ganzen Land verehrten Göttern geweiht waren (siehe S. 206–209), und jene, die dem Totenkult der Pharaonen dienten (siehe S. 210–211). Außerdem gab es noch Sonnentempel für den Sonnenkult; Barkenstationen, wo das heilige Boot des Gottes bei Prozessionen einen rituellen Halt machte; „Geburtshäuser", die dem Schöpfungsmythos bestimmter Götter gewidmet waren; und kleine Tempel und Schreine für lokale Gottheiten.

Durch ihre architektonischen Formen (Pylonen, Höfe, Säulen in Pflanzenform und heilige Bezirke), ihre Gestaltung (die Darstellung von Gottheiten, Königen und Ritualen sowie Textinschriften) und die Lage an einem heiligen Ort waren die Tempel als Ganzes in gewisser Weise eine Nachschöpfung des ägyptischen Universums auf Erden. Die Tempelgebäude, die nicht dem Totenkult geweiht waren, verdeutlichten vor allem einen Grundgedanken: den Urhügel, der sich aus den chaotischen Wassern der dunklen Vorzeit erhob (siehe S. 120). Dieser Gedanke manifestierte sich auch in der Tatsache, daß das innerste Heiligtum höher als die äußeren Tempelkammern gelegen war.

Einige frühe Tempel waren nicht viel mehr als Lehmziegelwälle mit einem Schrein (einem Zelt oder einem Kasten) in der Mitte und Wimpeln auf langen Stangen (daher die flaggenartige Hieroglyphe ⸢ für *netjer*, „Gott"). Reste der ältesten Tempel, die auf das 3. Jahrtausend v. Chr. zu-

DIE TEMPEL DES KETZERKÖNIGS

Der ägyptische Tempel mit seinen Höfen und Kammern, die in die rätselhafte Dunkelheit des innersten Heiligtums führten, erfuhr in der Regierungszeit Echnatons (siehe S. 128–129) eine radikale Umkehr. In seiner neuen Hauptstadt Achet-Aton (heute el-Amarna) war im Stadtzentrum ein großes Gelände dem Haus des Aton vorbehalten. Der Tempel bestand aus zwei größeren Bauten. Zunächst gab es einen vorderen Tempel mit sechs Pylonen und sieben getrennten Abschnitten. Sie waren nicht überdacht wie die Höfe und Kammern in Theben, sondern offen und mit Hunderten Altären ausgestattet. Altäre standen auch um das Gebäude. Am Ende des Bauwerks gab es Kultkapellen, und auf einer Plattform im Hof befand sich eine oben abgerundete Stele. Der hintere Tempel war in zwei Abschnitte geteilt und diente als Kultheiligtum mit einem Hauptaltar und Statuen von Echnaton und Nofretete.

Ein zweiter, kleinerer Tempel lag weiter südlich innerhalb von Mauern. Wieder gab es zahlreiche Altäre, das Haupttheiligtum befand sich im dritten und letzten Hof. Am Südrand der Stadt standen schließlich noch zwei „Gartentempel". Diese Tempel aus der Amarnazeit waren vor allem mit Statuen von König und Königin sowie der königlichen Familie ausgestattet, die unter den lebensspendenden Strahlen der Sonnenscheibe Opfer darbringen.

Teil einer rekonstruierten Mauer aus Echnatons Aton-Tempel in Karnak. Bei seinen Tempeln wurden kleine Blöcke, arabisch telalat, *verwendet. Als seine Nachfolger die Tempel niederrissen, verwendeten sie die Blöcke als Füllmaterial ihrer eigenen Bauten, z. B. bei neuen Pylonen in Karnak. Tausende* telalat *wurden in den Ruinen späterer Gebäude gefunden und werden derzeit von Ägyptologen unter Computereinsatz miteinander abgestimmt und zusammengesetzt.*

Der Felsentempel der Nefertari in Abu Simbel, erbaut von Ramses II. (ca. 1279–1213 v. Chr.) im Grenzland zu Nubien, außerhalb des eigentlichen ägyptischen Gebiets. Wie der Tempel von Philae (siehe S. 202) und viele andere Bauwerke dieser Gegend wurde der Felsentempel der Nefertari und sein Ramses II. selbst geweihtes Gegenstück in den sechziger Jahren des 20. Jahrhunderts abgetragen und auf höherliegendem Gelände wieder aufgebaut, da das Gebiet vom Nasser-See, dem Stausee des Assuan-Hochdamms, überflutet wurde.

rückgehen, finden sich an den Ausgrabungsstätten in Hierakonpolis und Abydos in Oberägypten bzw. in Buto und Heliopolis in Unterägypten.

Der Übergang von Lehmziegeln zu Steinbauten vollzog sich im Alten Reich und läßt sich an den königlichen Totentempeln, die dem Totenkult der Pharaonen dienten und bei den Pyramiden gebaut wurden, nachvollziehen. Die Tempel der Götter wurden in dichter bevölkerten Gebieten näher am Schwemmland und aus vergänglicherem Material gebaut und sind daher zum Großteil nicht erhalten. Mit wenigen Ausnahmen war das auch im Mittleren Reich der Fall. Erst im Neuen Reich wurde für die Tempel der Götter Sandstein statt Kalkstein verwendet, so daß eine größere Zahl von Bauten aus dieser Zeit bestehen geblieben ist.

Sandstein konnte in größeren Blöcken gebrochen werden (mehr als 3 Meter lang), was die Tempel immer größer werden ließ. Um Blöcke beim Bau von Mauern und Säulen übereinandersetzen zu können, verwendete man Ziegelrampen und Gerüste; das Gebäude wurde dann von oben nach unten verkleidet, behauen und bemalt. Wurden Tempel aus dem Fels gehauen, so verwendete man dieselbe Bau- und Poliertechnik wie bei der Arbeit an den Felsengräbern. Vom Neuen Reich an flankierten Pylonen mit Fahnenstangen und Wimpeln die Tempeleingänge. Aus dieser Zeit stammen auch die ersten hohen Obelisken und Säulenhallen.

Die berühmtesten Tempel gibt es in Karnak (siehe S. 208–209), Luxor, Tanis und sogar an einigen Orten im Alten Nubien (heute Südägypten und Sudan), ja noch weiter südlich. Auch in der griechisch-römischen Zeit verschwand das architektonische Wissen keineswegs, sondern blühte an Stätten wie Dendera, Esna, Edfu, Kom Ombo und Philae (siehe S. 202).

In den 1960er und 1970er Jahren wurden die Monumente in Nubien,

DIE TEMPELVERWALTUNG

Die Verwaltung der größeren ägyptischen Tempel läßt sich durchaus an Organisationsgrad mit einer staatlichen oder konfessionellen Institution von heute vergleichen. Es wurden ja nicht nur die Tempelrituale um die Kultstatue ausgeführt, ihre Festtage gefeiert und ihr die täglichen Speiseopfer dargebracht, die Priester verwalteten auch die Güter des Tempels. Es gab regelrechte Dienstpläne für die Priestergruppen, die jeweils etwa zwei Monate pro Jahr Dienst taten.

Unser Wissen über die Totentempel stammt großteils aus Papyri, die in Abusir, einem Teil der Nekropole von Memphis, gefunden wurden. In der ersten Gruppe von Papyri, die 1893 entdeckt wurden, geht es um den Nachlaß des Pharao Neferirkare Kakai (ca. 2472–2462 v. Chr.) aus der 5. Dynastie. Sie beschäftigen sich mit der Übertragung der Einnahmen aus seinen Gütern, den Opfergaben für seine Mutter Chentkawes und anderen Aktivitäten.

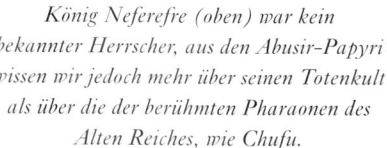

König Neferefre (oben) war kein bekannter Herrscher, aus den Abusir-Papyri wissen wir jedoch mehr über seinen Totenkult als über die der berühmten Pharaonen des Alten Reiches, wie Chufu.

Tschechische Archäologen entdeckten im Jahr 1982 bei der Arbeit im Totentempel von König Neferefre oder Reneferef (gestorben um 2455 v. Chr.), einem weniger bekannten Pharao aus der 5. Dynastie, 2 000 weitere Fragmente von Verwaltungspapyri, die die Organisation eines typischen Totentempels aus dem Alten Reich besser beleuchten. Sie beschreiben die täglichen Riten im pharaonischen Totenkult – Riten, die oft noch viele Generationen nach dem Tod des Königs vollzogen wurden.

Jeden Tag zogen dabei Priester in einer Prozession um die Pyramide des Königs, und die Kultstatue im nahegelegenen Totentempel wurde mit aromatischen Ölen gesalbt, geschminkt, angekleidet und erhielt Speiseopfer. Nachdem die Statue „sich gelabt" hatte, wurden die Opfergaben weggetragen und an die Bediensteten, die für den königlichen Kult zuständig waren, verteilt.

etwa die Tempel von Abu Simbel und Philae, in einer beispiellosen internationalen Aktion vor den steigenden Wassern des Nasser-Sees gerettet. Unter der Schirmherrschaft der Vereinten Nationen wurden sie sorgfältig abgebaut und auf höhergelegenem Gelände rekonstruiert.

An den meisten Tempeln ist heute nichts mehr von der Farbenpracht und dem Glanz ihres ursprünglichen Aussehens erhalten. Von einem weiß bemalten Hintergrund hoben sich damals Tausende bunte Hieroglyphen und Opferszenen mit Kolossaldarstellungen des Pharao und der Götter ab. Solche Texte und Bilder hatten jedoch immer vor allem kultische Bedeutung, nicht rein dekorative.

Das Heiligtum im Tempelinneren war vermutlich ein dunkler, stiller Ort, wo nur die allerhöchsten Priester Zutritt hatten. Die äußeren Tempelbereiche hallten wahrscheinlich vom Lärm der Gläubigen wider, die sich dort drängten. Zusätzlich zu ihrer komplexen Hierarchie von Priestern stellten die Tempel auch alle Arten von Teilzeit- und Vollbeschäftigten an, von Bauern und Schreinern zu Schreibern, Schmuckmachern und Viehhütern.

HÄUSER DER GÖTTER

Die ältesten Tempel der Götter sind zwar schon lange verschwunden, aus Hieroglyphendarstellungen sind uns jedoch zwei Formen bekannt: der Schrein der nördlichen Krone (Per-neser oder Per-nu) und der Schrein der südlichen Krone (Per-wer). Der nördliche (unterägyptische) Bau ist aus Buto, der Ausgrabungsstätte im Delta, bekannt, er bestand aus einem kleinen Holzhaus mit gewölbtem Dach, umgeben von einer einfachen Mauer. Der südliche (oberägyptische) Schrein sah eher wie ein mythisches Wesen aus: ein skelettartiger Rahmen mit Tierhäuten auf dem Dach, Stoßzähnen über dem Eingang und Totems oder Fahnenstangen vor dem Bau.

In Resten erhaltene Göttertempel aus dem Alten Reich gibt es kaum, aus den späteren Zeiten ist uns mehr geblieben. Memphis, das lange Zeit in der ägyptischen Geschichte der Standort des Pharaonenpalastes und der

Ansicht der Säulenhalle im Tempel der Göttin Hathor in Dendera, eines der besterhaltenen der Spätzeit. Die Gestaltung der Säulenabschlüsse wird meist als Darstellung des Kopfes der Göttin interpretiert.

Sitz der Verwaltung des Landes war, hatte einige eindrucksvolle Tempel und den Bezirk des Ptah, Schöpfergott und Schutzherr der Region. Fundamente und Ruinen sind alles, was heute von der Stadt und den Tempeln erhalten ist. Auch aus dem Mittleren Reich ist nur wenig übriggeblieben; zu den wenigen bemerkenswerten Ausnahmen gehören ein schmuckloser Tempel in Qasr e-Sagha und der Pavillon von Sesostris I. in Karnak.

Das Neue Reich liefert uns das beste Material zum Verständnis der Architektur und der inneren Organisation der ägyptischen Göttertempel. In Oberägypten waren die Tempel von Karnak und Luxor nicht nur die größten, sie sind auch am besten dokumentiert. So wurde die Oberschicht aus Priestern, Verwaltern und sogar die „Aufseher der Rinder des Amun" am anderen Flußufer begraben. Aus diesen Gräbern erfährt man auch viel über ihre Verpflichtungen sowie die Rituale und Feste, die sie beaufsichtigten. Nebengottheiten, die man in kleinen, regionalen Schreinen anbetete, waren eher auf örtliche Anliegen ausgerichtet, man betete zu ihnen um ausreichende Überschwemmung und eine gute Ernte.

Der Durchschnittsägypter kam vermutlich nur in die äußersten Höfe des Tempels, um an besonderen Festtagen den Prozessionen und Zeremonien beizuwohnen. Außerhalb der Tempelmauern gab es jedoch oft kleine Bauten, die für die Bitten und Gebete der Bevölkerung gedacht waren. Außerdem hatten die meisten Privathäuser ihre eigenen kleinen Schreine oder Kultaltäre, an denen den örtlichen Schutzgöttern geopfert wurde (siehe S. 84–85). Wohlhabende Ägypter konnten auch Statuen zur Aufstellung im Tempelinneren in Auftrag geben und sie einer Gottheit weihen, um sich auf diese Weise das Wohlwollen der Götter zu sichern.

STATUENVERSTECKE

Von Zeit zu Zeit hatten sich in den Tempeln so viele Votivstatuen angesammelt, daß die Priester die älteren Stücke vergruben. Solche „Statuenverstecke" erwiesen sich als faszinierende archäologische Fundorte. Eines wurde 1903/04 an der Nord-Süd-Achse des Tempels von Karnak entdeckt, es enthielt 800 Statuen und Stelen sowie 17 000 kleinere Objekte. Ein kleineres Versteck fand man 1989 im Tempel von Luxor, Theben; dort wurden lebensgroße Meisterwerke königlicher Standbilder aus der 18. Dynastie und danach entdeckt.

DIE GESCHICKE DER TEMPEL

Manche Götter im ägyptischen Pantheon waren über Jahrtausende von fundamentaler Bedeutung für das Weltbild, andere nur zu bestimmten Zeiten. Mit der Bedeutung des Kultes wuchsen auch die Zuwendungen, dazu gehörten auch die Errichtung von Tempeln. So nahm Osiris, der Gott der Wiederauferstehung, in Abydos die Erscheinungsformen seines göttlichen Vorgängers Chentimentiu („Erster derer im Westen", also der Toten) an und wurde ab dem Alten Reich immer beliebter. Re, der Sonnengott, erlangte von der Mitte bis zur Spätzeit des Alten Reiches einen Sonderstatus, was die Sonnentempel in Abu Ghurab und anderswo zeigen. Gleichzeitig fügten viele Könige seinen Namen an den ihren an (Sahu*re*, Niuser*re* usw.). Mit der thebanischen 18. Dynastie trat der Kult des Staatsgottes Amun in den Vordergrund, und mit ihm der Tempel von Karnak (siehe S. 208–209). König Echnatons fehlgeschlagener Versuch, Amun am Ende der 18. Dynastie ablösen zu lassen (siehe S. 128–129), führte zu einer neuen Tempelarchitektur, wie sich an den Aton-Tempeln in el-Amarna zeigt (siehe S. 203).

Viele Tempel, besonders die des Neuen Reiches, hatten große Landgüter, Bedienstete, Städte und sogar die Jurisdiktion über ausländische Gefangene; sie erlangten auf nationaler Ebene großen politischen Einfluß.

Der Tempel von Karnak

Der Tempel von Karnak, Theben-Ost, ist vermutlich das eindrucksvollste ägyptische Bauwerk nach den Pyramiden von Gizeh. Größer als der Petersdom in Rom, besteht Karnak eigentlich aus einer Reihe von Tempeln, die von aufeinander-folgenden Pharaonen gebaut wurden und in erster Linie dem Reichsgott Amun (siehe S. 126–127) geweiht sind. Man versteht die Anlage am besten von innen nach außen, von den frühesten Heiligtümern aus dem Mittleren Reich über die Erweiterungen fast jeder folgenden Regierung bis ins Neue Reich und danach. Pylonen, Sphinxalleen und heilige Seen liegen an zwei Hauptachsen: Ost-West, nach dem Sonnenlauf und den Königsmonumenten in Theben-West ausgerichtet (siehe Plan S. 195), und Nord-Süd, der natürlichen Achse des Landes, die Karnak mit der Anlage der Göttin Mut und der in Luxor im Süden verbindet. Mit zahllosen historischen Texten, Ritualen, Hymnen und Gebeten auf seinen Wänden ist Karnak eine wichtige Quelle für alle Bereiche der ägyptischen Kultur nach dem Alten Reich.

Plan der drei Hauptbezirke, die den Tempelkomplex von Karnak bilden.

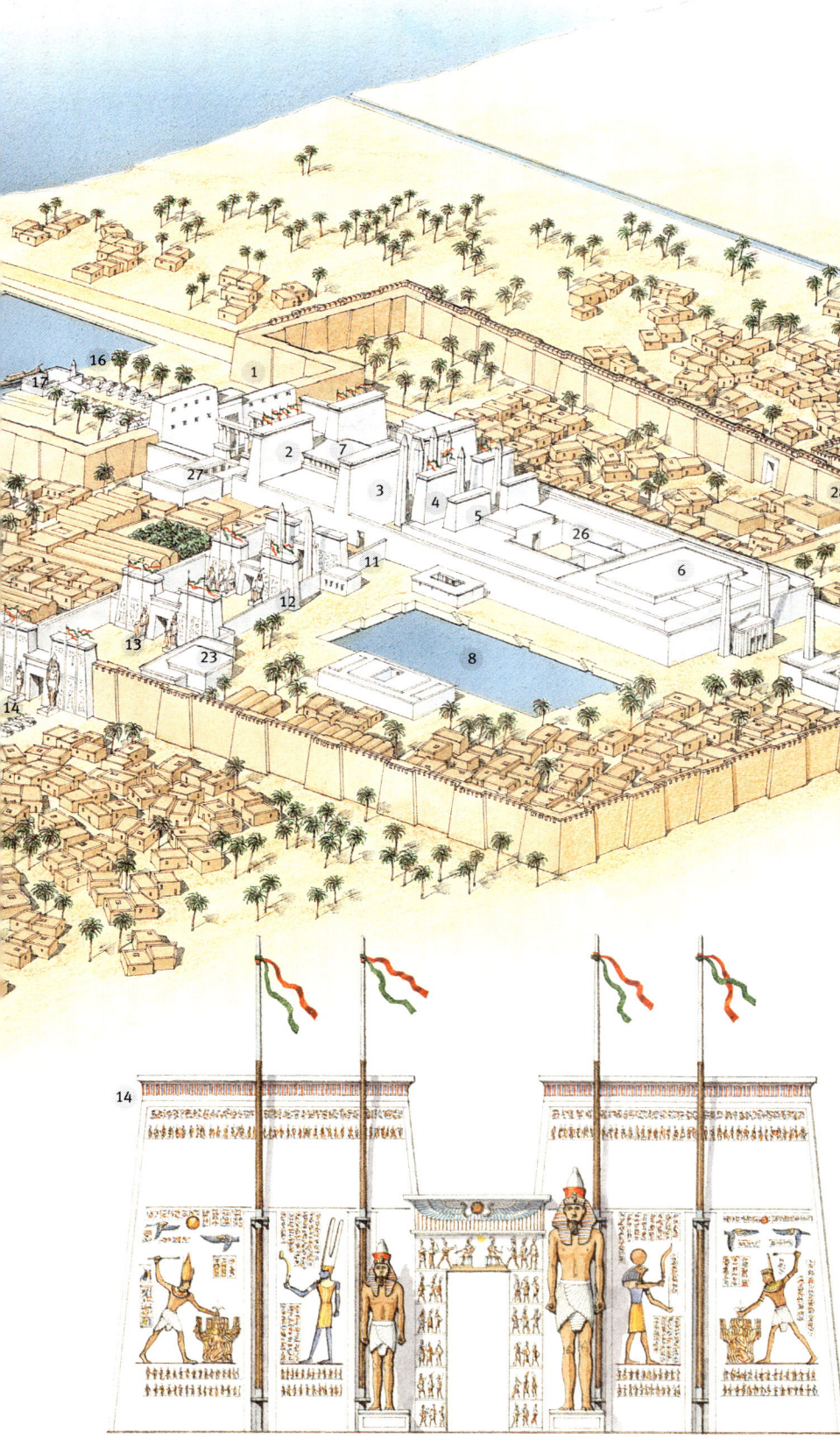

Montu-Bezirk

LEGENDE ZU REKONSTRUKTION UND GRUNDRISS

1 Erster Pylon (Nektanebos I.)

2 Zweiter Pylon (19. Dynastie)

3 Dritter Pylon (Amenhotep III.)

4 Vierter Pylon (Thutmosis I.)

5 Fünfter und Sechster Pylon (Thutmosis I. und III.)

6 Gedenktempel des Thutmosis III.

7 Große Säulenhalle

8 Heilige Seen

9 Montu-Tempel

10 Chonsu-Tempel

11 Siebenter Pylon (Thutmosis III.)

12 Achter Pylon (Hatschepsut)

13 Neunter Pylon (Haremhab)

14 Zehnter Pylon (siehe auch Rekonstruktion, links)

15 Barkenstationen

16 Sphinxalleen

17 Ablegestelle der Barke des Amun

18 Opet-Tempel

19 Mut-Tempel

20 Umfassungsmauer des Amun-Bezirks

21 Umfassungsmauer des Mut-Bezirks

22 Umfassungsmauer des Montu-Bezirks

23 Tempel für das *Sed*-Fest (Jubiläumsfest) Amenhoteps II.

24 Tempel für Chonsu Pa-Chered (Chonsu das Kind)

25 Tempel des Ramses III.

26 Hof und Heiligtum des Mittleren Reiches

27 Tempel des Ramses II.

28 Ptah-Tempel

29 Tempel des „Hörenden Ohres" von Ramses II.

30 Heiligtum des Amun Kamutef („Stier seiner Mutter")

Die Rekonstruktion des Zehnten Pylons in Karnak zeigt, wie eindrucksvoll der Außen-schmuck eines Tempels des Neuen Reiches vermutlich war. Auf beiden Flügeln zeigt die Hauptszene den Pharao beim Sieg über seine *Feinde vor dem Gott Amun. Dieser „tritt heraus" aus dem Tempel und belohnt den König mit Ordnung, Gerechtigkeit, Sieg über das Chaos und der Erneuerung von Monarchie und Land.*

KÖNIGLICHE TOTENTEMPEL

Der Obelisk am Eingang von Luxor zeigt tief eingemeißelte Zeichen aus der Ramessiden-Zeit, die eine Aneignung verhinderten. Die Ramessiden selbst waren jedoch nicht ohne Fehl: Die Statue hinter dem Obelisken trägt den Namen Ramses' II., stammt aber von einem früheren Pharao.

ANEIGNUNG
Hieroglyphentexte und figurale Darstellungen hatten für die Ägypter magische Bedeutung, und die Veränderung oder Vernichtung von Texten und Bildern hatte jeweils ihren Sinn. In der ägyptischen Geschichte gab es immer wieder bewußte Vernichtung, Ausmeißeln und andere Formen der Veränderung. In einigen Fällen wurden Namen oder Bilder mit dem Meißel von den Feinden des Dahingeschiedenen ausgelöscht, um ihn rituell zu töten. Man eignete sich Monumente an, indem man den Namen auf der Statue änderte, und lenkte damit das göttliche Wohlwollen auf den neuen „Eigentümer". In der Ramessiden-Zeit war man sich dessen bewußt und ließ Hieroglyphen 12,5 cm tief einmeißeln, so daß Inschriften nicht mehr leicht ausgelöscht oder geändert werden konnten.

Im Gegensatz zu den Göttertempeln dienten die königlichen Totentempel dem Kult eines Pharao. Der König ließ in seiner Regierungszeit meist mehrere Bauvorhaben durchführen, der Bau des Königsgrabs und des dazugehörigen Totentempels muß jedoch von größter Wichtigkeit für ihn persönlich gewesen sein, da diese Institution nach seinem Tod seinen Kult weiterführte.

Die ersten „königlichen" Totentempel liegen in Abydos und Hierakonpolis (siehe S. 69) in Oberägypten sowie in Sakkara in Unterägypten, wo dicke Umfassungsmauern aus Lehmziegeln erhalten sind. Aus dem eigentlichen Alten Reich sind umfangreichere Nachweise vorhanden, damals gehörten mehrere Tempel zu den Pyramidenkomplexen. Eines der bedeutendsten und rätselhaftesten Bauwerke ist der Stufenpyramidenkomplex des Djoser (3. Dynastie) in Sakkara (siehe S. 178–179). Er ist das erste große Steingebäude in Ägypten (und wahrscheinlich des gesamten Nahen Ostens im Altertum); der „Totentempel" ist eine ganze Anlage mit einer Mauer, deren Nischen einer Palastfassade nachempfunden sind. Sie umgibt die Pyramide, eine Reihe von Scheingebäuden, die Schreine und Paläste Ober- und Unterägyptens darstellen, und die Ritualbauten, die die Lebenskraft des Königs erneuern sollen. Unter den folgenden Pharaonen gehörte zum typischen Totentempel des Alten Reiches ein Pyramidentempel nahe der Pyramide selbst, ein Aufweg, der die Verbindung zum Niltal herstellte, und ein Taltempel, ebenso wie Nebenpyramiden, Bootsgruben und Zeremonialbauten. Kalkstein, Granit und sogar Basalt wurden als Baumaterial bevorzugt, da diese Gebäude für die Ewigkeit gedacht waren. Ländereien und Bedienstete wurden den Tempeln zur Verfügung gestellt, viele hielten den Kult des Königs noch Generationen nach seinem Tod aufrecht.

In der 11. Dynastie, unter Mentuhotep II. (ca. 2008–1957 v. Chr.), entstand eine neue Form des Totentempels. Im Herzen einer Bucht in den Felsklippen des thebanischen Westufers, Deir el-Bahari, ließ der Pharao einen niedrigen, terrassenförmigen Tempel mit Zugangsrampen, eingebundenen Säulen in Gestalt des Osiris und einem Hügel, einer Pyramide oder einer rechteckigen Form darauf bauen. Andere Pharaonen des Mittleren Reiches kehrten in der 12. Dynastie (ca. 1938–1759 v. Chr.) nach Norden zurück und errichteten in Lischt und Dahschur wieder Pyramiden nach dem Vorbild des Alten Reiches, wenn auch bescheidener.

Den Höhepunkt erreichte die Bautätigkeit für königliche Totentempel im Neuen Reich, als bei Theben eine Reihe von Sandsteinbauten den Wüstenrand am Westufer des Nils säumten. In der 18. Dynastie hatten die Pharaonen die Trennung zwischen Grabstätte und Totentempel vollzo-

KÖNIGLICHE TOTENTEMPEL · 211

OBEN: *Die „Memnonkolosse", eigentlich zwei monumentale Statuen von Amenhotep III., das einzige, was vom Totentempel des Königs in Theben-West erhalten blieb. Heute sind sie stark verwittert, früher flankierten sie das Haupttor im Tempelpylon.*

LINKS: *Der terrassenförmige Tempel der Hatschepsut in Deir el-Bahari, der in den letzten Jahrzehnten sorgfältig restauriert wurde (siehe auch Abb. S. 8).*

gen, um ihre Gräber vor Grabräubern zu schützen. In Theben gibt es mehrere bemerkenswerte Tempel aus dem Neuen Reich, darunter der terrassenförmige Tempel der Königin Hatschepsut in Deir el-Bahari am Westufer. In Theben befinden sich auch die Totentempel von Amenhotep III. (18. Dynastie) und Ramses II. (das sogenannte „Ramesseum", 19. Dynastie) sowie der große Tempel von Ramses III. in Medinet Habu (20. Dynastie). Die meisten dieser Bauten ahmen die Göttertempel nach, mit riesigen Pylonen, gefolgt von mehreren Höfen, Portikos und Säulenhallen, die in Heiligtümer und Orte der Anbetung im Inneren des Gebäudes führen.

In der Dritten Zwischenzeit und Spätzeit scheinen Königsgrab und Tempel kurze Zeit wieder vereint. In der 21. und 22. Dynastie wurden die königlichen Familien in Tanis im Norden in Familiengräbern innerhalb des Tempelbezirkes beigesetzt.

TEMPEL IN MEDINET HABU
Medinet Habu, Theben-West (siehe Plan S. 195), ist eine der am besten erhaltenen Tempelanlagen. Hatschepsut begann hier in der 18. Dynastie einen Tempelbau, der von späteren Herrschern bis in die Ptolemäer- und Römerzeit restauriert und erweitert wurde. In der 20. Dynastie ließ Ramses III. seinen Totentempel in der Nähe errichten, ebenso einen Zeremonialpalast südlich davon. Ausgrabungen förderten Thronsaal, Amtsräume und Schlafkammern zutage. In Gebäuden innerhalb der Mauern dieser „Stadt" gab es auch Lagerräume, und Häuser hoher Beamter, Gräber und Kapellen kamen in der 26. Dynastie dazu.

Nur wenige Jahrhunderte trennen die einfache Keramik des 4. Jahrtausends v. Chr. – selbst von hohem künstlerischen Wert – von den herrlichen Statuen, Reliefs und Bildern auch schon der frühen Dynastien. Mit ausgefeilter Technik bearbeiteten die ägyptischen Künstler Stein, Holz, Metalle (besonders Gold), Halbedelsteine und andere Materialien. Ihre Werke waren monumental oder winzig, abgestimmt auf die Konventionen einer formal festgelegten Ästhetik, und sie hinterließen ein weltweit erstaunliches künstlerisches Erbe.

▲

OBEN: *Die Konventionen der ägyptischen Kunst wurden bei der Darstellung von Arbeitern und Ausländern oft außer acht gelassen. Stoppelbart und Locken dieses Schreiners aus einem Grab der 18. Dynastie in Deir el-Medina wären beim Bild des Auftraggebers undenkbar gewesen.*

KAPITEL 14

DIE ÄGYPTISCHE KUNST

DIE MACHT DES BILDES

Nach modernen Maßstäben produzierten die Ägypter einige der spektakulärsten Kunstwerke der Weltgeschichte, und doch hatte ihre Kultur kein Wort für Kunst und kannte den Begriff der Kunst als Selbstzweck nicht. Für die Ägypter diente das, was uns heute als Kunst gilt, einem wichtigeren Zweck: der Verkörperung des Lebens. Die meisten Statuen waren eher idealisierte Bilder der Modelle und weniger Porträts, und doch wurden sie durch die Zeremonie des „Öffnens des Mundes" (siehe S. 141) zum Leben erweckt. Grabstatuen dienten als ewige Ruhestätte des *Ka* (Geistes) von Verstorbenen. In ähnlicher Weise wurde die Darstellung einer Gottheit zu dieser selbst und Bilder von Speisen und Tätigkeiten, die in Grab- und Tempelwände gemeißelt oder gemalt wurden, trugen alle Eigenschaften der wirklichen Gegenstände oder Aktivitäten in sich.

Der Gedanke, daß Bilder dieselben Eigenschaften hatten wie das, was sie darstellten, beeinflußte den Stil der Darstellung. Manchmal wird das auf witzige Weise offensichtlich, wenn man von einem Tier, das von der Seite gezeigt wird, mehr sieht als das Profil. In einer Malerei aus der Ersten Zwischenzeit in Gebelein bei Theben ist ein Esel mit zwei Satteltaschen abgebildet, wobei die auf der abgewandten Seite, die nicht sichtbar wäre, hochgeklappt ist, damit man auch sie sehen kann.

Bestimmte Formeln legten zwingend fest, wie ein Grabeigentümer und seine Familie gezeigt wurden. Die Posen der Hauptfiguren waren eher steif und formell, die Künstler hatten nur ein beschränktes Repertoire zur Auswahl und wenig Möglichkeit zur individuellen Gestaltung. Diese Zwänge fielen bei den weniger wichtigen Figuren weg, die kleiner waren als ihr Herr. Man findet auf Grabwänden Diener bei ihren täglichen Verrichtungen, und über die Standardelemente der Tätigkeit hinaus konnte der Künstler im Detail kreativ sein.

Bei allem Glanz ihrer Werke, ob Monument oder Miniatur, aus weichem Zypressenholz oder hartem Granit, blieben die Kunsthandwerker Ägyptens selbst im Hintergrund. Die meisten Künstler blieben anonym. Was immer wir wissen, stammt aus ihren Gräbern, Bilder, die sie bei der

Arbeit zeigen, und Textverweise auf ihre Ausbildung. Bei Großprojekten wie den mit Malerei oder Reliefs ausgestalteten Gräbern arbeiteten sie zweifellos in Gruppen. Die Kunsthandwerker von Deir el-Medina (siehe S. 73), die in den riesigen Königsgräbern des Neuen Reiches in Theben-West beschäftigt waren, waren in Gruppen aus Linienzeichnern, Reliefbildhauern und Schreibern zusammengefaßt (siehe S. 221). Oft kann man zwischen den Arbeiten des Meisters, der die Bilder des Grabeigentümers und seiner Familie gestaltete, und denen der ungeschickteren Lehrlinge unterscheiden, die die unwichtigeren Figuren machten. In Skulptur und Relief waren vermutlich jeweils Spezialisten am Werk, und unter den Bildhauern für Skulpturen gab es die Spezialisierung nach Material.

Die reichen Bodenschätze Ägyptens lieferten im Überfluß viele Arten von Rohstoffen (siehe S. 64–65), die zum Teil schon in der prädynastischen Zeit abgebaut wurden. Weiches Gestein, wie Kalk- und Sandstein, war in großen Mengen vorhanden und wurde in Bildhauerei und Architektur eingesetzt. Härteres Gestein, wie Granit, Quarzit, Diorit und Basalt, war knapper und wurde daher meist nur für Skulpturen verwendet. Kalk- und Sandsteinstatuen wurden im allgemeinen zur Gänze bemalt, bei Skulpturen aus härterem Gestein wurden meist nur Details wie Augen und Mund durch Farbe hervorgehoben.

Manche Skulpturen waren aus Holz und Metall, erhalten sind nur wenige. Das erste für Skulpturen verwendete Metall war Kupfer, massiv oder hohl gearbeitet (mit dem Hammer über Holz getrieben). Zu den schönsten Beispielen dieser Technik gehören lebensgroße und lebensechte Statuen der Könige Pepi I. und seines Sohnes Merenre (6. Dynastie). Im Mittleren Reich konnten die ägyptischen Künstler bereits mit dem Hohlguß umgehen. Im Neuen Reich wurde bei Skulpturen Kupfer durch Bronze abgelöst.

In dieser Szene aus dem Grab des Priesters Chamuas aus der 18. Dynastie überwacht die steif und formell dargestellte Gestalt des Toten (links) mit seiner Frau, die zu seinen Füßen kniet, die Bediensteten, die weniger steif, aber aufgrund ihres Standes kleiner als ihr Herr wiedergegeben sind.

Realismus und Detailreichtum sind die hervorstechenden Eigenschaften dieser seltenen Holzstatue des Dieners Ka-aper aus Sakkara. In Teilen aus Sykomorenholz geschnitzt und in Nut-und-Feder-Technik verbunden, wurde sie dann zum Teil mit Gips überzogen und bemalt. 5. Dynastie, um 2490 v. Chr.

PRÄDYNASTISCHE UND FRÜHDYNASTISCHE KUNST

Dieser prädynastische Tonkopf aus der Zeit um 5000 v. Chr. ist der älteste dreidimensionale Kunstgegenstand Ägyptens. Er soll einem rituellen Zweck gedient haben.

Die ersten namentlich zuzuordenden Königsstandbilder sind zwei sitzende Darstellungen von König Chasechemui (um 2675 v. Chr.) aus der 2. Dynastie aus Hierakonpolis. Das Gesicht ist wunderbar detailreich gestaltet. Der Hals, ein heikler Bereich, wurde durch Verlängerung der oberägyptischen Krone auf die Schultern verstärkt.

Als die Techniken des Ackerbaus und der Viehzucht dauernde Siedlungen entlang des Nils möglich machten, begannen die Ägypter, Gegenstände des täglichen Bedarfs in Kunstgegenstände zu verwandeln. Fundorte im Delta, der Oase Faijum und dem nördlichen Niltal lieferten Erkenntnisse aus der Zeit um 5000 v. Chr. Das meiste über die prädynastische Zeit wissen wir allerdings aus Oberägypten, und das vor allem aus Grabbeigaben. Die wichtigsten Perioden der prädynastischen Kultur sind nach der riesigen Grabstätte Negade in Oberägypten benannt. Die erste Periode, Negade I (auch Amratien, nach dem Gräberfeld in el-Amrah), war eine Zeit großer Kreativität. Kämme und Schieferpaletten (zum Zerreiben von Augenschminke) wurden in Tierform gestaltet, bunte Halbedelsteine aus der Wüste poliert und als Schmuck getragen. Keramik wurde in einer großen Vielfalt an Formen, Qualitäten und Oberflächen hergestellt, die oft dem praktischen Zweck nicht gerecht wurden. Kaum zwei Gefäße hatten ein gleiches Aussehen.

In der Negade-II-Zeit (Gerzeen) entwickelten sich größere Siedlungen in einem weiteren geographischen Bereich, es gab mehr Kontakte zwischen den Siedlungen, und die Gräber wurden größer und zahlreicher. Das dürfte die Massenproduktion von Artefakten gefördert haben, was weniger Kreativität zur Folge hatte. Paletten und Kämme wurden einfacher, mit eher abstrakten, weniger innovativen Formen als in der Negade-I-Zeit, dieselben Typen sind häufig zu finden. Ähnlich verhielt es sich mit der Keramikqualität: Ein Grab hatte vielleicht mehr und größere Gefäße, aber weniger davon waren verziert, und auf denjenigen, die eine Verzierung aufwiesen, fanden sich ständig wiederkehrende Muster.

In der letzten Phase der Negade-Zeit, Negade III oder Dynastie „0", wurden die Siedlungen größer und komplexer, es kam unter starken lokalen Anführern schrittweise zu Zusammenschlüssen (siehe S. 106–107). Viele gleichartige Objekte wurden hergestellt, aber ihre Verzierungen waren raffinierter als je zuvor. Die Paletten waren größer und mit historischen oder mythologischen Geschichten als Reliefs auf den weichen Oberflächen geschmückt. Auch Schrift war auf Paletten und anderen Gegenständen zu finden.

Zu Beginn der dynastischen Zeit (um 3000 v. Chr.) waren bereits viele Traditionen und Stilrichtungen der ägyptischen Kunst für die nächsten 3000 Jahre vorhanden. Ein solcher Punkt war die Wiedergabe dreidimensionaler Gestalten in zwei Dimensionen unter Berücksichtigung dessen, was die Ägypter für ihre wichtigsten Aspekte hielten, auch wenn dabei der Realismus verlorenging. Die Narmer-Palette, eine Schiefertafel, die den Sieg König Narmers über ein Volk im Delta zeigt (siehe Abb. S. 23), bietet viele Beispiele für die Manipulation der menschlichen Gestalt zugunsten des ägyptischen Ideals. Das Hauptbild auf der Palette ist eine große Darstellung von König Narmer selbst, dessen Name „Wütender Wels" in einem *Serech* aufscheint. Sein Kopf ist in echtem Profil wiedergegeben, aber das Auge von vorne, weil das leichter zu bewerkstelligen war und es als wichtigster Teil des Gesichts galt. Auch seine breiten Schulter sind von vorne zu sehen, um seine Kraft und Macht zu betonen. Die Beine und Füße wiederum sieht man von der Seite, der linke Fuß tritt vor. Kombinationen aus Profil und Vorderansicht wurden für Könige, Bürgerliche, Diener und Ausländer gleichermaßen zur Norm. Größe war gleich Bedeutung, also ist der König die größte Gestalt auf der Narmer-Palette.

Bei der Wiedergabe der menschlichen Gestalt gelang es den Künstlern, viel Information auf kleinem Raum zu vermitteln und gleichzeitig eine harmonische Komposition zu schaffen, die selten überladen wirkt. Andere Aspekte der ägyptischen Kunst des Altertums treten ebenfalls zu dieser Zeit in Erscheinung: hartes Gestein, Monumentalität und die Reduzierung des Bildes auf das Wesentliche. Königsstandbilder der frühdynastischen Zeit und die Statuen der Bürgerlichen, die sie nachahmten, sind durch eine kompakte Blockform gekennzeichnet, die sich hielt, bis es den Künstlern leichter fiel, mit harten Materialien zu arbeiten, und sie die menschliche Gestalt aus den steinernen Fesseln befreiten.

AUSLÄNDISCHER EINFLUSS

V or dem Hintergrund wachsenden Wohlstands aufgrund reicher Naturschätze begannen die Ägypter zu Anfang des 3. Jahrtausends v. Chr., ein Netz von Handelsbeziehungen aufzubauen. Die Levante, die Halbinsel Sinai, Mesopotamien und Persien im Osten, Nubien im Süden und Libyen im Westen brachten neue Ideen, Rohmaterialien und fertige Produkte in die keimenden Kulturzentren am Nil. Mesopotamische Schiffe – erkennbar an ihrem hohen Bug und Heck – sowie eine Gestalt in der langen, gegürteten Robe Mesopotamiens mit Turban finden sich in einem Grab in Hierakonpolis und auf einem Elfenbeinmesser aus Flußpferdstoßzahn in Gebel el-Arak in Mittelägypten. Zylindrische Siegel mußten von Händlern oder Reisenden nach Ägypten gebracht worden sein, denn sie stammen aus Mesopotamien und Persien. Lapislazuli, das blaue Mineral aus Afghanistan, kam über Persien, Mesopotamien und Syrien/Palästina nach Ägypten und erregte die Aufmerksamkeit der Künstler, die auch die Ikonographie des Auslands, wie geflügelte Greife und Serpoparden (Leoparden mit Schlangenhälsen), übernahmen.

Serpoparden von der prädynastischen Narmer-Palette (Rückseite siehe Abb. S. 23). Die Hälse der Tiere werden von zwei Gestalten an Seilen gehalten und bilden eine Vertiefung, in der vermutlich dem Palettenzweck entsprechend Augenschminke zerrieben wurde.

*Statue von König Mykerinos
(ca. 2532–2510 v. Chr.) und Königin
Chamerernebti II. aus dem Totentempel des
Königs in Gizeh. Nach ägyptischer Konvention perfekt proportioniert, macht der König
einen Schritt nach vorne, die Königin ist fast
gleich groß und steht an seiner Seite.*

*Eine Frau streicht sich das Haar zurück,
um es von den Flammen fernzuhalten, während sie das Feuer
schürt. Terrakottastatuette aus
einem Grab der 5. Dynastie
in Gizeh.*

KLASSISCHES ÄGYPTEN: DAS ALTE REICH

Das Alte Reich (ca. 2625–2130 v. Chr.) ist wegen seiner eleganten Formen und der meisterhaften Steinbearbeitung in großem Stil bemerkenswert und gilt mit Recht als das klassische Zeitalter der ägyptischen Bildhauerei. Mit größerem Wohlstand stieg die Nachfrage nach Skulpturen bei Königen und Bürgern. Die Künstler wurden im Umgang mit dem Stein erfahrener und hatten mehr Zutrauen zu ihren Fähigkeiten. Die in etwa zwei Drittel Lebensgröße gearbeitete Schieferstatue von König Mykerinos und seiner Königin aus der 4. Dynastie (siehe Abb. links) aus dem Totentempel des Königs in seinem Pyramidenkomplex in Gizeh gibt das Ideal des Alten Reiches wieder. Es ist kein realistisches Porträt, sondern ein idealisiertes Abbild des Menschen – der Inbegriff der Königswürde. Die Körper der Gestalten stimmen mit dem jugendlichen Ideal für Männer und Frauen überein, der König ist breitschultrig und muskulöser als seine Gemahlin. Die Königin umarmt ihn um Hüfte und Arm, der Gesichtsausdruck der beiden ist jedoch bewegungslos. Alters- und emotionslos blickt das königliche Paar in die ewige Ferne.

Manchmal erhielten Kunsthandwerker der 4. Dynastie den Auftrag, bestimmte Personen, meist Beamte des Pharao, in echten Porträts abzubilden. Ein gutes Beispiel ist der Wesir Hemiunu, dessen Statue lebensgroß und lebensecht ist. Ernstes Gesicht, entschlossener Mund, volle Backen, Doppelkinn und Hakennase lassen kaum Zweifel daran, daß hier ein Individuum, kein Typus dargestellt ist. Sein beleibter Oberkörper mit Fettwülsten, die aus seinem Schurz quellen und an seine erfolgreiche Laufbahn erinnern, bilden einen starken Gegensatz zur Spannkraft der Könige.

Eine künstlerische Herausforderung ist oft die Nagelprobe für die Originalität. In der ägyptischen Kunst gibt es kein besseres Beispiel als den Zwerg Seneb und seine Familie (siehe S. 84). Der Künstler stellte Seneb mit gekreuzten Beinen sitzend dar und plazierte seine Kinder dort, wo bei Stehenden die Beine sind, was die Behinderung des Mannes weniger kraß erscheinen läßt, ohne sie zu negieren. Die Bemalung ist vollständig erhalten, so daß man die helle Haut von Frau und Tochter gut erkennen kann. Ihrem Stand als Frauen der Oberschicht kam es zu, daß sie im Haus blieben. Die gebräunte Haut des Seneb und seines Sohnes entsprechen dem typischen Bild von Männern aus allen Schichten, die eher an die Arbeit außer Haus gewöhnt waren. Trotz der Alters- und Rollenunterschiede ist der Gesichtsausdruck aller Familienmitglieder eher neutral; dieser Stil hielt sich bis in die Zeit der 5. Dynastie.

Die Beamtenschaft der 5. und 6. Dynastie blühte und gedieh, was zu mehr Nachfrage nach Gräbern und Statuen führte, besonders in Gizeh und Sakkara. Allgemein gab es in dieser Zeit durch die Massenproduktion von Skulpturen wenig Platz für künstlerischen Individualismus. Statuetten von Dienern, die verschiedenen Haushaltsarbeiten nachgehen, sind die Ausnahme; man nahm an, diese Aufgaben würden sie auch im Jenseits für den Grabeigentümer ausführen.

Das Grab eines wichtigen Beamten bestand oft aus mehr als zwei Dutzend Kammern, die vom Boden bis zur Decke mit Szenen aus dem Leben des Verstorbenen, seiner Familie und seinen Bediensteten bemalt waren. Die kleineren Vignetten weisen mehr Vielfalt auf und können in ihrer Darstellung des Alltags in der Zeit der großen Pyramiden sogar durchaus witzig sein.

DIE GESETZE DER PROPORTION

Bereits im Alten Reich, wenn nicht früher, perfektionierten die Ägypter eine Methode, ihre Idealvorstellung vom Menschen in Skulptur und Relief zu vervielfältigen. In einem Wandbild aus der 5. Dynastie im Grab des Perneb in Sakkara kann man einige technische Hilfsmittel sehen, mit denen die Kunsthandwerker Symmetrie und Proportionen erzielten. So läuft eine senkrechte Linie durch Dienergestalten und teilt die Oberkörper in gleiche Teile. Waagrechte Linien kreuzen diese Zentralachse an Scheitel, Halsansatz, Achselhöhle, Ellbogen, Gesäß und

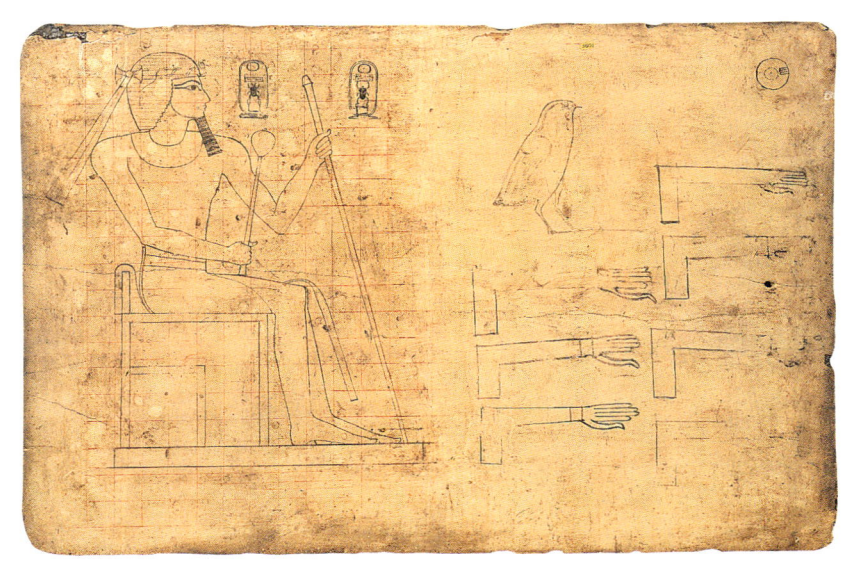

Knie. Im Mittleren Reich wurden diese Hilfslinien zu einem Raster aus waagrechten und senkrechten Linien entwickelt, der aus 18 Quadraten bestand und vom Scheitel bis zur Sohle reichte. Der Raster wurde in der Zeit der 26. Dynastie auf 21 Quadrate erweitert, was noch besseren Überblick ermöglichte. Man konnte diesen Raster auf jeder Oberfläche auflegen und identisch proportionierte Gestalten in jeder gewünschten Größe produzieren.

Die Teilung des Körpers und die Größe der Rastereinheiten basierten auf einem festgelegten Verhältnis der Körperteile zueinander. Die Grundeinheit war die Elle, die auf

Hölzernes Zeichenbrett mit Gipsoberfläche, darauf die gerasterte Gestalt Thutmosis' III. (ca. 1479–1425 v. Chr.), vielleicht Arbeit eines Künstlers in Ausbildung. Neben dem König seine Namen und Probehieroglyphen.

der Entfernung zwischen Ellbogen und Fingerspitze des Daumens beruhte. Die Elle teilte sich in sechs Handbreiten, eine Handbreit war die Breite von vier Fingern, gemessen an den Knöcheln. In der 26. Dynastie wurde die königliche Elle das Standardmaß für den menschlichen Körper. Wie der Name vermuten läßt, war sie länger als die normale Elle und bestand aus sieben, nicht sechs Handbreiten.

REGIONALSTILE UND KUNST DES MITTLEREN REICHES

Mit dem Verlust der königlichen Macht zu Ende des Alten Reiches traten Regionalhauptstädte und lokale Herrscher an die Stelle der zentralen Oberhoheit in Memphis. Mangels Förderung durch den Hof wurden in den königlichen Nekropolen von Gizeh und Sakkara weniger Gräber errichtet, die künstlerische Tätigkeit dort ging zurück. Örtliche Beamte wurden in ihren Heimatstädten begraben, wo Künstlerateliers entstanden, um den Bedarf an Grabskulpturen und Zierrat zu decken. Die Stile von Memphis wurden den örtlichen Bedingungen und Ressourcen angepaßt. Je weiter Memphis jedoch entfernt war und je mehr Zeit verging, desto weniger hielt man sich an die alten Vorbilder. In der Ersten Zwischenzeit (ca. 2130–1980 v. Chr.) entwickelte mancher Ort seinen eigenen Stil.

Eine Stele aus dem Grab des Wadj-Setji in Naga el-Deir, etwa auf halbem Weg zwischen Memphis und Theben gelegen, weist eine örtliche Variation des Stils von Memphis auf. Unter einer Hieroglyphenformel stehen Wadj-Setji und seine Frau Merirtief neben Speise- und Trankopfern. Das Thema ist typisch für das Alte Reich, aber der Stil ist ganz anders. Die

DIE TEMPELSKULPTUR DES MITTLEREN REICHES

Eine der großen Neuerungen des Mittleren Reiches waren die starke Verwendung von Skulpturen in Tempeln und die neuen Skulpturen, die zu diesem Zweck entstanden. Lebensgroße Darstellungen von König Sesostris III. zeigen ihn, die Hände flach auf seinem dreieckigen Schurz, was Verehrung für seinen Vorgänger Mentuhotep II. bedeutet, in dessen Grabtempel in Deir el-Bahari, Theben-West, sie für die Öffentlichkeit aufgestellt wurden. In diesen Skulpturen, wie auch jenen von Sesostris' Nachfolgern der 12. und 13. Dynastie, weicht die Emotionslosigkeit der Königsporträts des Alten Reiches (siehe Abb. S. 216) einem ernsteren Gesichtsausdruck. Sphingen waren im Mittleren Reich nicht neu, sie wurden weiterhin außerhalb von Tempeln aufgestellt, meist paarweise.

„Würfelhocker", kompakte Kuben, die ihr Aussehen durch die Hockstellung der Dargestellten erhielten, treten ebenfalls im Mittleren Reich erstmals in Erscheinung. Die leicht abstrahierte Form dieser Skulpturen führte zu glatten Oberflächen, die ideal für Inschriften war, und Würfelhocker wurden beliebte Möglichkeiten, seine Fähigkeiten in Tempelbezirken anzupreisen.

Dieses höchst realistische Porträt von Sesostris III. (ca. 1836–1818 v. Chr.) sollte Ehrfurcht im Betrachter auslösen.

Die Autorität des Pharao zeigt sich im ernsten Blick und den hinuntergezogenen Mundwinkeln.

Strichmännchen-Gestalten haben dünne Arme, die herunterhängen oder, ungeschickt gebeugt, einen Stock halten. Große Nasen und Augen nehmen beinahe das gesamte Gesicht ein, der Hals fehlt fast ganz, große Köpfe, hohe Taillen und lange Beine dominieren das Bild. Eine senkrechte Mittellinie und mehrere waagrechte Linien an den Seiten der Hauptgestalten deuten darauf hin, daß zwar die Proportionsregeln (siehe Kasten, S. 217), nicht aber ihre richtige Anwendung bekannt waren. Die Merkmale dieser Arbeit und anderer am selben Fundort – Behandlung der Gestalten, breite Rahmen aus abwechselnden farbigen Rechtecken und charakteristische Form der Hieroglyphen – ergeben einen lokalen Stil. Im Niltal und in den Oasen entwickelten sich damals ebenfalls regionale Eigenarten.

Nach der Wiedervereinigung Ägyptens durch Mentuhotep II. von Theben (ca. 2008–1957 v. Chr.) in der 11. Dynastie unterstand das Land wieder einer Zentralregierung, und am Beginn der neuen Ära trat der thebanische Stil in den Vordergrund. Kühne, massive Skulpturen vermittelten die Macht des Eroberers. Die Reisefreiheit machte die Monumente des Alten Reiches bei Memphis wieder zugänglich, sie dienten als Vorbilder für Skulpturen und Reliefs, besonders, nachdem Amenemhet I., der erste König der 12. Dynastie, die Hauptstadt wieder in den Norden verlegt hatte. Werke aus der Frühzeit des Mittleren Reiches unterscheiden sich nur in Details von denen des Alten Reiches. Wie damals ahmten die Formalstatuen der Bürgerlichen königliche Vorbilder in der Darstellung der Gesichtszüge nach. Viele solche Skulpturen zeigen die ernsten Gesichter der Königsstandbilder aus der Zeit ab Sesostris III. (siehe Abb. gegenüber) In der 13. Dynastie, als starke Beamte und schwache Könige herrschten, waren einige der schönsten Skulpturen jene von mächtigen Bürgerlichen. Eine große Neuerung des Mittleren Reiches war der Hohlguß für Metallskulpturen.

Der Inhalt des Grabs von Djehutinacht, eines Nomarchen in Deir el-Bersha, gibt einen Einblick in das Provinzleben des frühen Mittleren Reiches. Landwirtschaft, Weben, Backen, Brauen, Schlachten und Schreinern – die wichtigsten Tätigkeiten auf seinem Gut – werden in fast drei Dutzend Holzmodellen dargestellt, nicht in die Grabwände gemeißelt, wie das im Alten Reich geschah. Um die Särge von Djehutinacht und seiner Frau fand man rund 60 Schiffsmodelle, Begräbnisbarken, Segelboote, Ruderboote und Papyrusskiffs, die von der Bedeutung des Flusses für Religion und Alltag zeugen. Auf die Innenwände der zwei Särge des Nomarchen waren in großer Detailtreue seine persönlichen Besitztümer, auch Kleider, Schmuck und Waffen, gemalt. Holzmodelle von Dienern und Dienerinnen sowie Prozessionen von Opferbringern sicherten Djehutinachts Wohlergehen im Jenseits.

Um diese Zeit entstanden auch die Kalksteinreliefs auf dem Sarg der Kauit, einer der Frauen von König Mentuhotep II., die Einblick in das Leben einer ägyptischen Königin geben.

Holzskulptur aus Dahschur mit der Darstellung des Ka *(Geistes) von König Aujibre Hor. Die nackte Statue hat Augen aus Bronze-, Kristall- und Quarzeinlegearbeit und war ursprünglich mit Stuck und Farbe gestaltet. Auf dem Kopf des Königs zwei erhobene Hände, die Hieroglyphe für* Ka. *Mittleres Reich, 13. Dynastie, um 1340 v. Chr.*

In Gräbern des Mittleren Reiches wurden einige wunderbar gearbeitete Fayence-Tiere gefunden. Dieses Flußpferd ist mit den Wasserpflanzen verziert, in denen es badete.

Szene vom Kalksteinsarkophag der Königin Kauit, die im Grabbezirk ihres Mannes Mentuhotep II. in Deir el-Bahari, Theben-West, begraben wurde. Eine Dienerin frisiert die Königin, die einen Spiegel in einer Hand und eine Schüssel Milch in der anderen hält. Ein Diener gießt mit den folgenden Worten Milch ein: „Für deinen Ka [Geist], o Herrin!" In anderen Szenen ist Kauit ähnlich schön geschmückt, Diener fächeln ihr zu und bieten ihr Salbentiegel dar. Mittleres Reich, 11. Dynastie. Zeit des Mentuhotep II., ca. 2008–1957 v. Chr.

Masken, die den Kopf der Mumie bedeckten und schützten, waren ab dem Alten Reich wichtiger Teil der Grabausstattung. Dieses prachtvolle Beispiel gehörte Thuja, Schwiegermutter von Amenhotep III. (ca. 1390–1353 v. Chr.), und ist aus vergoldetem Stuck (gipsverstärktes Leinen) mit Einlegearbeiten aus Halbedelsteinen und Glas.

Die Vertreibung der asiatischen Hyksos-Herrscher am Ende der 17. Dynastie (siehe S. 31–32) leitete eine neue Ära in Geschichte und Kunst ein, in der man versuchte, den Geist der Vergangenheit durch das Kopieren ihrer Bildsprache einzufangen. Dieser Wunsch nach Imitation endete, als sich Königin Hatschepsut zum Pharao machte (S. 89). Egal, ob sie als Frau oder Mann gezeigt wurde, ihre Porträts haben eine eindeutig weibliche Note. Mitte der 18. Dynastie waren für Skulpturen und Reliefs der Könige und Bürgerlichen herzförmige Gesichter, Mandelaugen, geschwungene Brauen und freundliches Lächeln charakteristisch.

Während der Regierungszeit Amenhoteps III. (ca. 1390–1353 v. Chr.) gab es dramatische Veränderungen, als sich durch internationale Kontakte neue Ideen und durch den Wirtschaftsaufschwung Wohlstand bei der wachsenden Beamtenschaft einstellte. Skulptur und Kunsthandwerk waren durch Opulenz gekennzeichnet. Lockenperücken, durchscheinende Gewänder und Detailtreue, vor allem bei Schmuck, finden sich in den Darstellungen beider Geschlechter. Männer und Frauen haben Engelsgesichter, verlängerte Augen und ein nettes Lächeln, betont durch Purpurlinien.

Echnaton, der Nachfolger Amenhoteps III., nahm sich bei der Wiedergabe des Körpers Freiheiten heraus (siehe Kasten gegenüber), seine exzentrischen Ideen waren zu Anfang der 19. Dynastie aber so gut wie vergessen. Sethos I. und Ramses II. ließen den Menschen wieder konservativer, jedoch mit Eleganz darstellen. Die lange und erfolgreiche Regierungszeit Ramses II. (ca. 1279–1213 v. Chr.) förderte die Quantität in der Kunst, manchmal gepaart mit Qualität. In Ägypten und Nubien erinnerten Tempel und Skulpturen an seine militärischen Leistungen und Feste. Diese Produktivität wurde nie wieder erreicht.

DIE REVOLUTION VON AMARNA

Als Amenhotep IV. die traditionellen Götter Ägyptens zugunsten der Sonnenscheibe, Aton, aufgab und seinen Namen in Echnaton änderte, um seine Ergebenheit auszudrücken, veränderte er auch die Art, in der Künstler göttliche und menschliche Bilder schufen. Der Sonnengott wurde nicht mehr in Menschengestalt, sondern als abstrakte Scheibe dargestellt, die Strahlen aussandte und seinen Schutzbefohlenen, dem König und seiner Familie, *Anchs* (⚥ , Hieroglyphe für „Leben") darbot.

Unter dem Einfluß der neuen Religionsphilosophie stürzten sich die Künstler auf neue Themen in der Kunst. Hausstelen

Eine Tochter von Echnaton und Nofretete knabbert zart an einem Stück gebratener Ente; unvollendetes Relieffragment aus el-Amarna. Das Relief wurde skizziert, aber nur teilweise ausgeführt. Die entspannte Haltung des Mädchens und ihr verlängerter Körper sind Merkmale der Amarna-Kunst.

le Posen wichen lässigen Figuren. Eine weitere Neuerung des Amarna-Stils (benannt nach el-Amarna, dem Fundort der Hauptstadt Echnatons, Achet-Aton) war die Darstellung von Tempel- und Palastinnenräumen, die kleine Einblicke in die Vorgänge dort boten.

Einige der außergewöhnlichsten Stücke in Achet-Aton wurden in der Werkstatt des Bildhauers Thutmosis gefunden, der einzigen als solchen bekannten im Alten Ägypten. Das zweifellos berühmteste Stück hier war die Büste der Nofretete (siehe S. 88), in der die exzentrischen Ideen des Amarna-Stils klassischer Eleganz wichen. Die Büste war eine sehr ungewöhnliche Kunst-

zeigten zum Beispiel den König und seine Königin Nofretete, wie sie ihre Töchter auf natürliche und menschliche Weise küssen und streicheln. Vorher war der ägyptischen Kunst jede Form der Intimität fremd gewesen, und Königskinder wurden nicht in Gesellschaft der Eltern dargestellt. Formel-

gattung, und die Funktion der Arbeit wird vielleicht nie bekannt sein. Vielleicht diente sie dem Unterricht von Malern und Bildhauern. Das Atelier des Thutmosis produzierte auch eine einzigartige Serie von Gipsabgüssen von Männer- und Frauengesichtern aus dem Volk.

Seit der prädynastischen Zeit hatte es Grabmalerei gegeben, aber im Neuen Reich entwickelte sie sich eigenständig. Allein in Theben-West bedeckten Ritual- und Alltagsszenen die Wände von bis zu 1000 Privat- und Königsgräbern (siehe Abb. S. 88). Texte aus Deir el-Medina, wo die Handwerker wohnten, die an den Gräbern arbeiteten, zeigen die erstrebenswerte Position des Künstlers, die oft vom Vater an den Sohn gelangte. Die Künstler arbeiteten in Gruppen, oft an gegenüberliegenden Wänden. Ein Mann legte den Raster auf die glatte Kalksteinfläche und zeichnete mit schwarzer Tinte die Umrisse. Vor dem Farbauftrag prüfte ein anderer die Linien und korrigierte mit roter Tinte. Farbe wurde durch Mischung von Wasser, Gummi Arabicum und Farbpigmenten hergestellt. Am häufigsten waren Schwarz, Blau, Grün, Gelb, Rot und Weiß.

OBEN: *Schieferstatue der Taweret, der Göttin der Geburt, als Flußpferd. Der Hochglanz der Steinoberfläche ist typisch für die Spätzeit. Karnak, 26. Dynastie, Herrschaft von Psammetich I. (664-610 v. Chr.).*

UNTEN: *In der Spätzeit wurden an den Götterschreinen viele kleine Votivstatuen aus Bronze dargebracht. Diese Katze mit Gold- und Silbereinlegearbeit stellt die Göttin Bastet dar, um 575 v. Chr.*

KUNST DER SPÄTZEIT

Die Dritte Zwischenzeit und die Spätzeit sind historisch durch den Wechsel zwischen einheimischen und ausländischen Herrschern gekennzeichnet, und die Kunst dieser Zeit reflektiert die widerstreitenden Kräfte von Tradition und Veränderung. Die sanften Gesichter und das unverbindliche Lächeln der Skulpturen aus der Dritten Zwischenzeit sind der Versuch, die große Zeit der frühen 18. Dynastie durch Nachahmung ihrer Kunst wieder aufleben zu lassen. Manchmal eigneten sich die Herrscher der Dritten Zwischenzeit einfach frühere Monumente an. So findet man zum Beispiel in Tanis, der Hauptstadt der 21. Dynastie (ca. 1075–945 v. Chr.), so viele Statuen aus der Ramessiden-Zeit (19. und 20. Dynastie, ca. 1292–1190 v. Chr.), daß die Menschen in späteren Zeiten glaubten, es sei eine Ramessidenstadt gewesen. Die kuschitischen Invasoren der 25. Dynastie kopierten in ihrer Kunst frühere Perioden, mit denen sie sich identifizieren konnten, förderten aber zugleich einen ungeschminkten Realismus, der das Können der ägyptischen Künstler zeigte.

Als die Kuschiten in ihre Heimat im Süden zurückgedrängt waren, bevorzugten die einheimischen Herrscher der 26. Dynastie meist zufriedene junge Gesichter mit dem Anflug eines Lächelns. Statuen von bürgerlichen Auftraggebern zeigen Personen, die Götterstandbilder umarmen, um besondere Frömmigkeit auszudrücken, vielleicht um die Kuschiten zu übertreffen. Diese Dynastie legte auch Wert auf die genaue Ausgestaltung anatomischer Details und den Hochglanz von hartem Gestein durch Polieren. Weitere Merkmale waren große, in Hohlgußtechnik hergestellte Bronzen, mit Einlegearbeiten aus Gold und Silber verziert, und prächtiger Schmuck, manchmal unter Einarbeitung älterer Stücke. Der Wohlstand der Zeit spiegelt sich auch in kleineren Kunstgegenständen, etwa Bronzestatuetten von Göttern, Fayencegefäßen und winzigen Amuletten aus verschiedenen Materialien.

Der Beitrag der Perser während der ersten Besetzung Ägyptens (als 27. Dynastie bezeichnet, um 525–405 v. Chr.) zeigt sich im Auftreten neuer Gestik und anderer Kleidung. Da sie große Bewunderung für Ägypten und seine Kunsthandwerker hegten, gaben die Perser vermutlich bei ägyptischen Künstlern eine lebensgroße Statue ihres Königs Dareios I. (522–486 v. Chr.) zur Aufstellung in Persien in Auftrag. Das Standbild trägt ein persisches Gewand, dessen Vorderseite mit Inschriften in Persisch, Babylonisch und Ägyptisch versehen ist, den wichtigsten Diplomatensprachen des Nahen Ostens im 1. Jahrtausend v. Chr.

Die letzte Renaissance unter einheimischer Herrschaft erlebte Ägypten unter der 30. Dynastie (ca. 381–343 v. Chr.), als die letzten Pharaonen ägyptischer Abstammung die Kunst wiederbelebten. Tempelbau begann in großem Stil. So ließ König Nektanebos I. (381–362 v. Chr.) umfassende Bau- und Gestaltungsprojekte an Tempeln im ganzen Land durchführen. Zu seinen zahlreichen Vorhaben gehörten einige der frühesten Teile des Isis-Tempels auf der Insel Philae, eine massive Umfassungsmauer um den Tempelkomplex von Karnak und der Baubeginn am Ersten Pylon, der unvollendet bleiben sollte. Nektanebos II. (360–343 v. Chr.) ließ einen Isis-Tempel in Behbeit el-Hagar im Delta bauen und Arbeiten am Tempel der Katzengöttin Bastet in Bubastis und anderen Orten durchführen, wo Tierkulte beheimatet waren, da sich diese zu dieser Zeit sehr großer Beliebtheit erfreuten (siehe S. 163).

Diese rege Bautätigkeit brachte große Nachfrage nach Malern und Bildhauern. Skulpturen und Reliefs dieser Periode zeichneten sich durch eine neue Plastizität der Form aus. Diesen Stil übernahm die griechische Ptolemäer-Dynastie, die nach einer weiteren Zeit der Perserherrschaft und nach der Eroberung Ägyptens durch Alexander den Großen von Makedonien im Jahr 332 v. Chr. die Regierung übernahm. Die Skulpturen und Reliefs aus den letzten Tagen Ägyptens unter einheimischen Königen sind daher von jenen aus der Frühzeit der Ptolemäer oft nicht unterscheidbar.

DIE KUNST DER KUSCHITEN

Von allen Fremdherrschern Ägyptens in der Spätzeit hinterließen nur die Kuschiten einen bleibenden Eindruck auf die ägyptische Kunst und Kultur. Sie hatten mit den Ägyptern die Verehrung von Amun gemein und sahen sich als Erhalter und Wiederhersteller der alten Tempel. Ein Teil des Tempelrenovierungsprogramms umfaßte auch die Aufstellung von Statuen ihrer Könige, die ägyptische und kuschitische Ikonographie verbanden.

Entsprechend ihrer Verehrung für die ägyptischen Götter kopierten sie manchmal auch ägyptische Kunst früherer Zeiten in Posen, Perücken, Kleidern und Körperform. Sie waren dabei so geschickt, daß oft nur winzige Einzelheiten den Unterschied zwischen Werken aus der 25. Dynastie und ihren Vorbilder aus dem Alten, Mittleren und Neuen Reich ausmachen.

Die eindrucksvollsten Skulpturen der Kuschiten zeigen Privatpersonen. Die Künstler waren nicht an strenge Konventionen gebunden und konnten ihre Modelle realistisch abbilden.

Besonders Frauen sind in der kuschitischen Kunst charakteristisch dargestellt. Statt der überschlanken Gestalten früherer Dynastien herrschen volle Brüste und breite Hüften vor. Das neue Schönheitsideal setzte sich in der Kunst von Meroe im Sudan fort, als die Kuschiten Ägypten schon lange verlassen hatten. Es könnte auch den Boden für die fülligeren Gestalten des ptolemäischen Ägypten bereitet haben.

Dieses Sphinxporträt des Kuschitenkönigs Taharqa (690–664 v. Chr.) ist massiver als traditionelle ägyptische Beispiele. Zwei Uräusschlangen sind auch ein kuschitisches Merkmal, die Ägypter trugen nur eine.

*In der Römerzeit erreichte die Glas-
bearbeitung einen hohen Standard. Bunte
Schmuckplatten wie diese mit dem Gott
Horus stellte man her, indem man Glasstäbe
erhitzte, verschmolz und in Scheiben schnitt.*

*Antinous, Favorit des römischen Kaisers
Hadrian, in Pharaonenkleidung mit
Nemes-Kopftuch und Schurz. Statue aus
dem 2. Jahrhundert n. Chr. in der Hadri-
ansvilla in Tivoli bei Rom. Der muskulöse
Oberkörper und die naturalistische
Gewichtsverteilung zeigen, daß der Künstler
Römer, nicht Ägypter war.*

KUNST DER PTOLEMÄER-
UND DER RÖMERZEIT

Als Alexander der Große und die Makedonier Ägypten eroberten, setzten
sie einen Schlußstrich unter die Herrschaft der Pharaonen, nicht aber ihre
Kultur. Seit der 18. Dynastie hatten Griechen und Ägypter Handel miteinander getrieben, vor allem in der Spätzeit hatten sie auch zum Vorteil
beider künstlerisches Wissen ausgetauscht. Nichts zeigt das friedliche
Nebeneinander griechischer und ägyptischer Einflüße besser als das Grab
des Petosiris in Tuna el-Gebel in Mittelägypten, das in den letzten Tagen
der Pharaonenzeit oder in der Frühzeit der griechisch-römischen Periode
entstand. Die Motive sind ägyptisch, die Künstler verwendeten aber
sowohl griechischen wie auch ägyptischen Stil. Die beiden Stile wurden
allerdings nur selten vermischt, mit Ausnahme der Reliefgestalten in der
äußeren Kammer, die in Szenen aus Ackerbau, Viehzucht und Manufaktur
zu sehen sind. Die naturalistische Haltung der Figuren ist griechisch
inspiriert, sie tragen die fließenden, an der Schulter oder Taille gehaltenen
Gewänder Griechenlands, den Überwurf (*Himation*) und die Tunika (*Chi-
ton*). In der inneren Kammer des Grabes sind die Beteiligten an traditionellen Szenen aus dem ägyptischen Begräbniskult in Kleidung und Ausstattung ganz und gar ägyptisch.

In den nächsten Jahrhunderten bestanden die beiden Stile nebeneinander. Kunst für Ägypter ahmte weiterhin den pharaonischen Stil nach,
Kunst für die griechische Bevölkerung folgte zeitgenössischen hellenistischen Vorbildern, vor allem in Alexandria, dem Mittelmeerhafen, den
Alexander der Große an der Stelle der ägyptischen Stadt Raqote bauen
ließ. In Königsstandbildern konnten dieselben Ptolemäerherrscher mit
ausdrucksvollem Gesicht und Locken im hellenistischen Stil dargestellt
werden, und unbewegt, mit dem 3000 Jahre alten *Nemes*-Kopftuch der
Pharaonen, im ägyptischen Stil. Jüngste Entdeckungen im Meer vor dem
heutigen Alexandria bringen neue Erkenntnisse über die Denkmäler der
alten Hauptstadt, von denen viele durch ein Erdbeben verlorengingen. Der
Großteil der Ptolemäer- und Römerstadt liegt unter der blühenden Stadt
der Moderne und ist nach wie vor unerforscht.

Obwohl die beiden Traditionen kaum in einem Werk verschmolzen
wurden, beeinflußten die Kontakte mit der Welt des Hellenismus die ägyptischen Bildhauer. Die Körpergestaltung wurde weicher, Haar und Klei-
derdrapierungen natürlicher; diese Merkmale haben zwar Vorläufer in der
ägyptischen Kunst, sind jedoch wahrscheinlich großteils den Griechen
zuzuschreiben.

Der Tempelbau in großem Maßstab ging unter den Ptolemäern weiter,
die sich die Unterstützung der mächtigen Priesterschaft Ägyptens und der
Bevölkerung im allgemeinen sichern wollten. In Grundriß und Ausgestal-

Totenmaske – die offenen Augen stehen für die Auferstehung des Toten als Osiris.
Blattgold auf Leinen, griechisch-römische Zeit, um 50 v. Chr. Ägyptisches Museum, Berlin.

Durch den Schutz des Anubis (rechts) kann der Verstorbene (Mitte) mit Osiris (links) verschmelzen.
Malerei auf Leichentuch, Sakkara, griechisch-römische Zeit, 1. Jahrhundert n. Chr. Louvre, Paris.

tung folgten sie dem ägyptischen Vorbild. Die Reliefs zeigten Ptolemäerherrscher in traditioneller Pharaonenkleidung, die die alten ägyptischen Götter verehrten. Es gibt kein schöneres Beispiel für einen Ptolemäertempel als das Isis-Heiligtum, das ursprünglich fast die gesamte Nilinsel Philae bei Assuan einnahm. Die ersten Gebäude gehen auf die 30. Dynastie (siehe S. 223) zurück, aber die meisten noch existierenden Bauwerke stammen aus der Ptolemäer- und der Römerzeit. Entsprechend der traditionellen ägyptischen Bauweise, wie man sie auch in Luxor, das 1000 Jahre älter ist, sehen kann, führten zwei massive Pylonen zu einem Hof, einer Säulenhalle und einem inneren Heiligtum. Auf dem äußeren Pylonen ist der König zu sehen, der seine Feinde schlägt, eine Szene, die erstmals zu Anfang der dynastischen Geschichte Ägyptens erscheint (siehe S. 155). Der Komplex wurde in den siebziger Jahren des 20. Jahrhunderts auf die Nachbarinsel Agilkia verlegt, um die Gebäude, Reliefs und Standbilder vor dem steigenden Wasser nach dem Bau des Assuan-Hochdamms zu retten.

Als Augustus Ägypten 30 v. Chr. für Rom eroberte, führten er und seine Nachfolger die Tradition der Tempel im ägyptischen Stil bis Nubien weiter, was sie in den Augen der Bevölkerung zu rechtmäßigen Erben der Pharaonen machte. Im allgemeinen beuteten die Römer die Ägypter jedoch aus, der Lebensstandard sank unter der römischen Herrschaft stark. Für die Römer war Ägypten ein interessantes exotisches Land, dessen Obelisken, Monumente und harte Gesteine man nach Rom holen konnte. Mosaike stellten Nilszenen dar (siehe Abb. S. 56), ägyptische Skulpturen wurden nachgeahmt (meist mit ans Komische grenzender Bemühung um Echtheit). Kaiser Hadrian ließ im 2. Jahrhundert n. Chr. in seiner Villa in Tivoli sein Bild von Ägypten und dem Nil erstehen, indem er phantasievolle ägyptische Priester- und Priesterinnenskulpturen in Auftrag gab, die weder der ägyptischen noch der römischen Wirklichkeit entsprachen. Hadrians Favorit, Antinous, ertrank während des Besuchs des Kaisers in Ägypten 130–131 n. Chr. im Nil; er wurde in Statuen mit ägyptischer Pharaonenkleidung auf muskulösem Körper in meist römischer Pose dargestellt – eine seltsame Mischung.

In Ägypten blieb die pharaonische Tradition vor allem durch die für den Grabkult benötigten Künste erhalten. Masken oder ganze Särge aus Stuck (Leinenbinden mit Gipsversteifung) oder Holz wurden in prächtigen Farben mit uralter Ikonographie bemalt, in einem Stil, der eher an den Schwung der Reliefs aus der Ptolemäerzeit erinnerte. Diese idealisierten Darstellungen gab es gleichzeitig mit erstaunlich lebensnahen Porträts in Enkaustik (gefärbtes Bienenwachs) auf Holz. Das Medium verlieh den Porträts eine starke Textur, die an heutige Ölgemälde erinnert. Das Bild hing wahrscheinlich zu Lebzeiten der dargestellten Person in deren Heim und diente nach dem Tod als Mumienmaske. Die meisten erhaltenen Exemplare sind aus der Gegend der Oase Faijum und heißen daher „Faijum-Porträts".

Dieses herrliche Enkaustik-Porträt (mit gefärbtem Bienenwachs) einer Frau des 2. Jahrhunderts n. Chr. wurde zu Lebzeiten der Dargestellten gemalt und nach ihrem Tod in die Mumienbinden mit eingebunden. Zur Römerzeit ersetzten diese Bilder – die schönsten erhaltenen Beispiele der Porträtmalerei aus dem Römischen Reich – die Grabmasken früherer Zeiten. Form und Technik lassen spätere byzantinische Ikonen erahnen.

DIE KUNST DER VERZIERUNG

Schönheit und Funktionalität verbinden sich in diesem Spiegel, bestehend aus einer Silberscheibe und einem Obsidiangriff mit Einlegearbeiten aus Gold, Halbedelsteinen und Fayence. Das Gesicht der Fruchtbarkeitsgöttin Bat-Hathor und der Griff in Form einer offenen Papyrusstaude symbolisieren die Wiedergeburt, ebenso der Spiegel, der an die Sonne erinnert. Aus dem Grab der Prinzessin Sat-Hathor-Iunet in Kahun, 12. Dynastie, Regierungszeit von Amenemhet III. (ca. 1818–1722 v. Chr.)

Die ägyptischen Kunsthandwerker schenkten den weniger bedeutenden Kunstwerken ebenso viel Sorgfalt und Aufmerksamkeit wie Großplastiken und Reliefs. Nichts war zu klein oder unwichtig, um nicht verziert zu werden. Der Betrachter ist oft verwundert, wie klein manche Objekte sind, denn im Photo sieht alles monumental aus, was so detailreich ist.

Die Liebe zur Schönheit und der Drang, jede Oberfläche verzieren zu wollen, ist bereits im prädynastischen Ägypten offenkundig. Manchmal verändern die Dekorationen sogar den Zweck des Objekts. Dreidimensional herausgearbeitete Kühe trotten um den Rand einer Keramiktasse – exzentrische Idee oder symbolischer Ausdruck des Wunsches nach einer großen Herde, die Randdekoration machte das Trinken aus der Tasse praktisch unmöglich.

Oft bestimmte die Funktion die Materialwahl. Gegenstände für den täglichen Bedarf, normalerweise aus vergänglichem Material wie Korbgeflecht und Holz, wurden als Grabbeigaben aus dauerhafteren Stoffen gefertigt, sie waren für die Ewigkeit gedacht. Zusammengebundenes Rohr diente im Alltag als Tablett, für eine Grabbeigabe im Alten Reich wurde ein Duplikat aus Stein gemacht. Die Funktion hätte geboten, die Form nachzuempfinden, aber der Künstler ging so weit, daß er jedes Schilfrohr, jede Verbindung und das Seil, mit dem die Enden zusammengefaßt waren, in Stein wiedergab.

Was für den ungeübten Betrachter ästhetisch ansprechend wirkt, hatte vielleicht für den Ägypter seiner Zeit die Kraft der Symbolmagie. Das reizende Bildnis einer Frau, die zärtlich ein Kind hält, ist ein Gefäß für die Muttermilch einer Frau, die einen Sohn geboren hat: Milch aus einem solchen Behälter sollte kranke Kinder gesundmachen.

Die Anziehungskraft der Farbe war unbestritten, der Realismus wurde oft der Farbenpracht geopfert. Aus strahlend blauer Fayence wurden ganze Menagerien gefertigt, Enten, Affen, Igel, Hasen, Fische, Löwen und Flußpferde (siehe Abb. S. 219). Als im Mittleren Reich eine Amethystlagerstätte entdeckt wurde, wurde sie für Schmuck, Gefäße, Skarabäen, Amulette und Kleinplastiken so sehr ausgebeutet, daß sie bald erschöpft war. Amethystgegenstände aus der Zeit nach dem Mittleren Reich haben Seltenheitswert.

Manche Materialien waren knapp und daher begehrter als andere; den Künstlern war es auch nicht fremd, billige Rohstoffe durch geschickten Einsatz von Farbe oder Furnier teurer aussehen zu lassen. So konnte Keramik zu Stein werden, Kalkstein zu Granit oder Weichholz zu hartem Ebenholz. Vergoldungen wirkten nach außen wie Vollgold. Die Begleittexte gaben oft vor, daß wertvolleres Material verwendet wurde.

SCHMUCK

Wie Menschen anderer früher Hochkulturen schätzten auch die Ägypter persönlichen Zierrat. Einige der frühesten prädynastischen Gräber enthielten Perlen aus Muscheln, Steinen oder Lehm, die zu einfachen Halsketten und Armbändern gefädelt waren. Frauen und Männer trugen Schmuck, er schmückte auch Königs- und Götterstandbilder. Praktisch jede Form von Schmuck, die wir heute kennen, existierte schon im Alten Ägypten. Särge und Statuen des Neuen Reiches zeigen, daß gutgekleidete Menschen dieser Zeit des Wohlstands Diademe, Ohrringe, Kolliers aus mehreren Perlenschnüren, Pektoralien, Armbänder oder –spangen bzw. Ringe und Fußketten trugen.

Aufwendiges Pektorale mit Sonnen- und Mondsymbolik aus dem Grab des Tutanchamun (ca. 1332–1322 v. Chr.), einer der größten je entdeckten ,,Schatzkammern": Allein die Mumie des Königs trug 143 Schmuckstücke. Im Zentrum des Pektorale ein geflügelter Skarabäus aus durchscheinendem Chalzedon.

Gold war das am höchsten geschätzte Schmuckmaterial, entweder allein oder mit bunten Halbedelsteinen wie Lapislazuli, Türkis oder Karneol kombiniert. Diese wertvollen Stücke wurden oft von Generation zu Generation weitergegeben. Wer sich Edelmetalle und Edelsteine nicht leisten konnte, trug Imitate oder Fayence. Buntes Glas konnte ebenfalls verwendet werden, war aber nicht billig. Schmuck als Grabbeigabe wurde auch aus vergoldetem Gips gemacht, der wie Vollgold aussah.

Es gab nicht nur zahlreiche Schmucktypen, sondern auch unzählige Variationen. Ohrringe wurden erstmals in der Zweiten Zwischenzeit getragen, die ersten waren einfache Ringe, die man in durchstochene Ohrläppchen steckte. Zu Ende des Neuen Reiches gab es eine Auswahl an raffiniert gestalteten Ringen, Gehängen und Ohrsteckern. Ohrpflöcke hatten einen

Die komplizierte Cloisonnéarbeit in diesem Pektorale der Prinzessin Mereret nutzt jedes Fleckchen für die gespiegelte Darstellung von Amenemhet III., der einen symbolischen Feind schlägt. Über dem König die schützenden Flügel der Geiergöttin.

Durchmesser bis zu 6 cm. Mumien mit Ohrläppchen, die zumindest auf diese Größe ausgedehnt waren, beweisen, daß diese riesigen Schmuckstücke wirklich getragen wurden.

Schmuck verschönerte den, der ihn trug, diente aber auch anderem Zweck. Ein mehrreihiges Kollier aus winzigen scheibenförmigen Perlen, das sogenannte „Gold der Ehre", war ein Ausdruck der Lobpreisung. Fliegen, der Inbegriff der Hartnäckigkeit, wurden aus Gold, Elfenbein oder Halbedelsteinen gemacht und als Auszeichnung für Heldentaten verliehen (siehe Abb. S. 30). Amulette wurden ebenfalls in Schmuck eingearbeitet, um Schutz oder göttlichen Segen zu bewirken.

Zu den eindrucksvollsten und elegantesten Arbeiten der kleinen Kunstwerke aus der Pharaonenzeit gehören die Pektoralien und andere Schmuckstücke aus den Gräbern der Prinzessinnen aus der späten 12. Dynastie, darunter dem der Sat-Hathor, Tochter von König Sesostris II. (ca. 1847–1837 v. Chr., siehe S. 191). Cloisonnéarbeiten (Stücke mit dünnen Goldscheidewänden zwischen den Edelsteinen) bestehen aus Halbedelsteinen wie Türkis, Lapislazuli, Granat, Feldspat und Karneol; sie bilden wunderbare und symbolträchtige Amulette. Winzige Perlen aus denselben Materialien wurden zu Armbändern zusammengefaßt, die mit technisch ausgefeilten Verschlüssen geschlossen waren. Kein moderner Juwelier kann die Schmuckmacher des Alten Ägypten punkto Zartheit, Einfühlsamkeit der Gestaltung und Geschick in der Farbwahl dieses Zierrats übertreffen.

OBEN: *Das heilige* Wedjat *oder Horus-Auge ist das zentrale Element eines Armbands aus Gold, Fayence, Karneol und Lapislazuli, eines von sieben, die die Mumie des Scheschonk II. aus der 22. Dynastie trug, dessen Name auf der Innenseite eingraviert ist. Das Horus-Auge sollte den König im Jenseits schützen.*

GEGENÜBER: *Zwei Kartuschen bestimmen die Form des goldenen Salbentiegels mit Einlegearbeiten aus Halbedelsteinen aus dem Grab des Tutanchamun. In Kartuschen stand nach der Tradition der Königsname, hier sind es Bilder des sitzenden Königs im Amarna-Stil (siehe S. 221). Über dem Gefäß zwei Federn mit Sonnenscheiben.*

1500 Jahre lang wahrten die Hieroglyphen ihr Geheimnis und damit auch das der Sprache der Alten Ägypter. Nach ihrer Entschlüsselung eröffnete sich deren Reichtum in zahllosen Schriften, Wandmalereien und Inschriften. Die Schrift diente jedoch nicht nur der Kommunikation, sondern auch als dekoratives Mittel im großen Repertoire ägyptischer Künstler.

▲

OBEN: *Hieroglyphen hatten eine ästhetische und sprachliche Funktion. Das Relief in der Grabkapelle des Ihy aus dem Mittleren Reich (um 1920 v. Chr.) zeigt, daß die Zeichen ebenso sorgfältig in erhabenem Relief herausgearbeitet wurden wie die Figuren.*

● KAPITEL 15

ZEICHEN, SYMBOLE UND SPRACHE

DIE ENTDECKUNG DES SCHLÜSSELS

Die mehr als 3 000 Jahre in Gebrauch stehende Sprache der Alten Ägypter ist in Form der Hieroglyphenschrift bewahrt, die um 3000 v. Chr. das erste Mal auftauchte und aus Bildern der damaligen Lebenswelt der Ägypter bestand. Das ungebildete Volk verstand die in Tempelwänden eingemeißelten oder gemalten Texte wahrscheinlich nicht zur Gänze. Viel mehr noch blieben die rätselhaften Zeichen und Symbole jedoch den fremden Eroberern und Besuchern nach ihnen verschlossen. Als geschriebenes Kommunikationsmittel verloren die Hieroglyphen in den ersten Jahrhunderten n. Chr., nach dem Ende des ägyptischen Reiches durch Eroberungen, Hellenisierung und Ausbreitung des Christentums, endgültig ihre Bedeutung. Die letzten mit Sicherheit zu datierenden Hieroglyphen wurden 394 n. Chr. grob in die Wände des Isis-Tempels in Philae eingeritzt.

Die Alten Ägypter nannten ihre piktographische Schrift *medou netjer*: „Worte der Götter". Die Griechen bezeichneten sie als „heilige Zeichen" oder „heilige Gravierungen", woher sich auch der Terminus „Hieroglyphen" ableitet. Griechische Historiker und Philosophen der ersten Jahrhunderte n. Chr. nahmen fälschlicherweise an, die Hieroglyphen stellten Ideen dar, worauf sich auch die Annahme späterer europäischer Historiker gründen mag, die Schrift sei symbolisch. *Hieroglyphica*, ein Text aus dem 3. oder 4. Jahrhundert n. Chr. – angeblich von einem Ägypter namens Horapollon geschrieben und von einem gewissen Philippus ins Griechische übertragen –, erklärt die Zeichen als Symbole für ägyptisches Wissen. Ein Beispiel für die erfinderischen, oft umständlichen Erklärungen: „Für den kosmischen Gott oder das Schicksal … zeichnen sie einen Stern, weil die Voraussicht Gottes den Sieg vorherbestimmt, wodurch die Bewegung der Sterne und des ganzen Universums sich erfüllen" (Horapollon 1:13).

Horapollons Text beeinflußte die europäischen Gelehrten des 15. Jahrhunderts, der Renaissance, und die Theorie vom Symbolcharakter der Hieroglyphen blieb bis in das 18. Jahrhundert aufrecht. Die Entdeckung

In der großen Säulenhalle von Karnak (um 1250 v. Chr.) sind die Hieroglyphen tief in den Stein eingegraben, damit sie nicht von späteren Königen ausgelöscht werden können (siehe S. 210).

DER STEIN VON ROSETTE

In der Nähe der Stadt Rashid im Nildelta, früher Rosette genannt, entdeckten Napoleons Soldaten 1799 den Schlüssel zur Entzifferung der Hieroglyphen: Der Stein von Rosette (unten), 118 Zentimeter hoch und aus schwarzem Basalt, enthält eine Gedenkschrift in drei Versionen – Hieroglyphen im oberen Teil, Demotisch im mittleren und Griechisch im unteren. Der mit dem 9. Regierungsjahr von Ptolemäus V. Epiphanes (196 v. Chr.) datierte Text ist die Kopie eines Dekrets der Priester von Memphis zu Ehren des Königs. Durch den Vergleich des Ägyptischen mit dem Griechischen gelang es den Linguisten, die alte ägyptische Sprache zu entziffern. 1802 wurde der Stein aufgrund des englisch-französischen Vertrags von Alexandria den Briten übergeben und ist heute im British Museum in London zu sehen.

des „Steins von Rosette" im Jahr 1799 lieferte jedoch den Schlüssel zur Entzifferung der Zeichen. Auf dem Stein findet sich der gleiche Text in zwei Sprachen, Ägyptisch und Griechisch, und in drei Schriften: Hieroglyphen, Demotisch (eine „volkstümliche" Kursivform des Ägyptischen) und Griechisch. Zum ersten Mal konnte ein ägyptischer Text mit dem gleichen Text in einer bekannten Sprache verglichen werden. Die Gelehrten kamen zu dem Schluß, daß die Hieroglyphen nicht symbolische, sondern phonetische Zeichen sind.

Erste Entzifferungen gelangen dem Engländer Thomas Young (1773–1829). Der endgültige Durchbruch wird jedoch dem Franzosen Jean-François Champollion (1790–1832) zugeschrieben, der mit der Identifizierung von Königsnamen wie Ptolemäus und Kleopatra begann. Schließlich wies er aufgrund seiner Kenntnis des Koptischen (der letzten ägyptischen Sprache, in griechischen Zeichen geschrieben, von den Christen verwendet) den anderen Zeichen einen phonetischen Wert zu. Nach der Veröffentlichung seiner Theorien im Jahr 1822 erschloß sich den Forschern der Reichtum einer Sprache, die ihr Geheimnis mehr als 1400 Jahre gehütet hatte.

SCHRIFTEN UND SCHREIBER

Die Alten Ägypter verwendeten vier Schriften: Hieroglyphisch, Hieratisch, Demotisch und Koptisch. Die älteste unter ihnen (um 3100 v. Chr. bis Ende des 4. Jahrhunderts n. Chr.), die Hieroglyphenschrift, wurde ursprünglich für verschiedenste Zwecke verwendet, im frühen Alten Reich fand sie sich jedoch vor allem in religiösen Texten sowie auf Denkmälern und in Inschriften – auf Tempel-, Grab- und Palastmauern, auf Stelen, Statuen, Utensilien (wie Schieferpaletten), Särgen, Sarkophagen, Schmuckstücken und Amuletten. Bis zur griechisch-römischen Zeit waren 600 bis 700 Zeichen in Gebrauch, danach rund 6 000. Anders als die anderen Schriften sind die meist Hieroglyphen als Bilder aus der Lebenswelt der Ägypter erkenntlich. Sie können von links nach rechts oder umgekehrt gelesen (und ausgerichtet) und waagrecht oder senkrecht geschrieben werden, wobei ein Text auch in beide Richtungen laufen kann. Die Ausrichtung zeigt sich an Hieroglyphen in Menschen- und Tierform, die dem Zeilenbeginn zugewendet sind, z. B. 𓀀 oder 𓀁.

Während Hieroglyphen für formelle Texte, vor allem heilige Inschriften, verwendet werden, ist das etwa zeitgleich entstandene Hieratisch eine simplifizierte, verkürzte, „handschriftliche" Form. Es läuft von rechts nach links und wird meist waagrecht geschrieben. Ab dem Alten Reich wurden die Tempelprotokolle in dieser Schrift abgefaßt, ebenso wie private und

SCHRIFTARTEN

Die Abbildung unten zeigt die vier verschiedenen ägyptischen Schriftarten. Links zwei Spalten HIEROGLYPHEN, daneben der gleiche Text in HIERATISCH. (Die hieratischen Texte stammen aus einem wahrscheinlich privaten Brief, der Hieroglyphentext ist eine Transliteration derselben). Rechts oben ein demotischer Text, Teil eines Weinrezepts aus dem Jahr 145 n. Chr., und darunter zwei Fragmente in KOPTISCH (um 700 n. Chr.). Alle Buchstaben sind griechisch bis auf die zwei blau markierten, die aus dem Demotischen stammen.

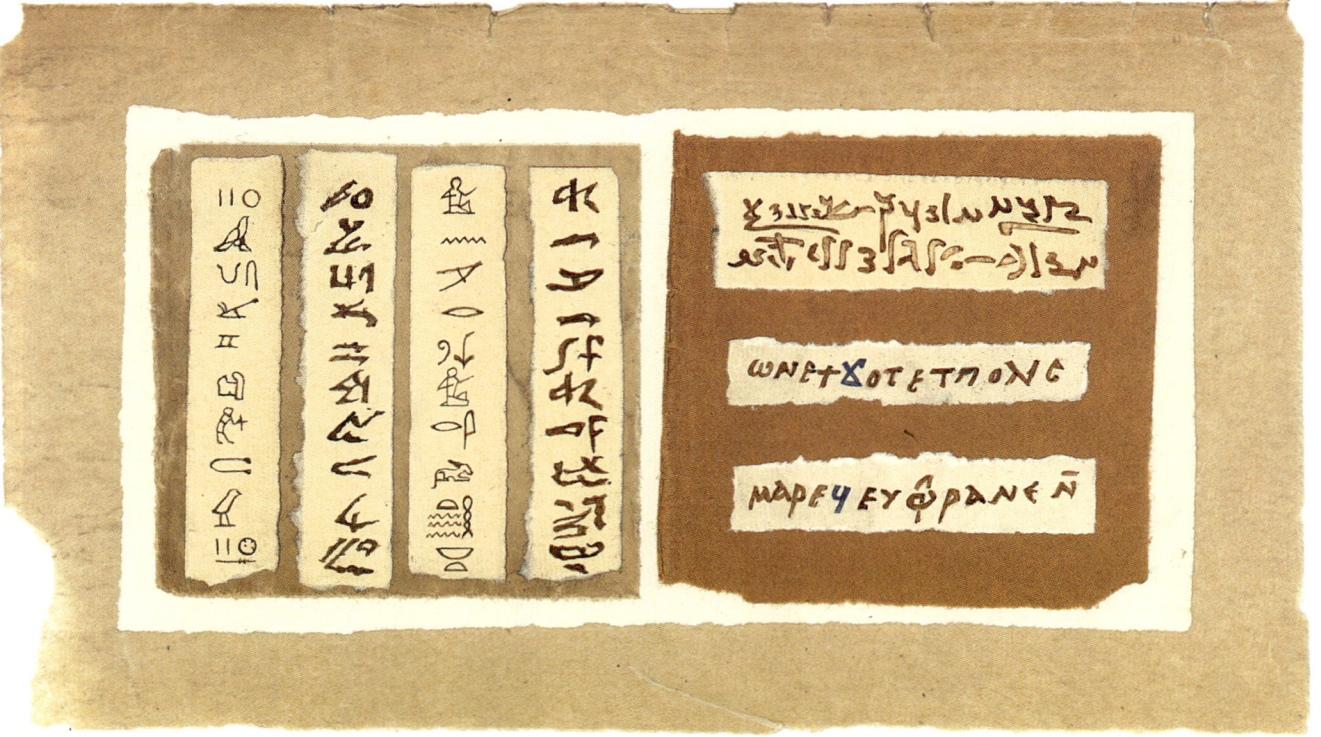

administrative Schriftstücke. Auch religiöse Dokumente wie das Totenbuch und andere Grabes- und Mythologietexte entstanden in hieratischer Schrift. Der Einsatz im religiösen Zusammenhang herrschte bald vor, weshalb die Griechen sie als „priesterlich" (*hieratica*) bezeichneten.

Das Demotische (vom Griechischen *demotica* – „volkstümlich"), von den Ägyptern „Schreiben von Dokumenten" genannt, tauchte um 600 v. Chr. auf und verdrängte schließlich das Hieratische. Seine extreme Kursivform verschleiert zum Teil den Ursprung in den Hieroglyphen und im Hieratischen. Anfänglich für rechtliche und administrative Schriftstücke reserviert, wurde es später auch in literarischen und religiösen Texten verwendet.

Das Koptische (vom Griechischen *Aiguptia* – „ägyptisch") war die letzte Schriftform des Ägyptischen und als einzige voll phonetisch. Das koptische Alphabet besteht aus 24 griechischen Buchstaben mit sechs zusätzlichen Zeichen. Vor allem von Frühchristen verwendet, taucht diese Schrift bereits im 1. Jahrhundert n. Chr. auch in magischen ägyptischen Texten auf, wo sie für die richtige Aussprache wichtiger Wörter und Textteile sorgen sollte. Die Schrift wurde für religiöse und weltliche Texte verwendet.

Die bemalte Kalksteinstatue eines sitzenden Schreibers aus einem Grab der 5. Dynastie in Sakkara, um 2475 v. Chr. Der Beruf war so angesehen, daß sich auch andere hochrangige ägyptische Männer in dieser charakteristischen Haltung abbilden ließen.

DAS WERKZEUG DER SCHREIBER

Die altägyptische Hieroglyphe für Schreiber, (*sesh*), zeigte drei wichtige Werkzeuge: eine rechteckige Palette mit zwei Kreisen für die rote und die schwarze Tinte, ein Wassertöpfchen (Mitte) und eine Feder mit Federhalter (rechts). Dieses Zeichen taucht zwar unverändert auf Reliefs und Statuen auf, es gibt jedoch archäologische Hinweise, daß diese Palettenform schon im Alten Reich durch eine andere, *gesti* genannt, abgelöst wurde. Diese – aus Holz (seltener aus Elfenbein) gefertigt – war rechteckig, mit zwei Tintenfäßern und einer Vertiefung für die Binsenfeder (*ar*).

Daneben hatten die Schreiber noch Steinschalen und Stößel zum Zerreiben des Pigments, Wassertöpfe zum Anrühren der Farbe und Messer und Polierer zum Vorbereiten des Papyrus. Sie schrieben aber auch auf *Ostraka* (Ton- oder Kalksteinscherben) und Schreibtafeln. Da sie oft im Freien arbeiteten, führten sie ihr Werkzeug in ziemlich großen, bemalten Holzkisten mit sich.

Der Beruf des Schreibers war eng mit jenem des Künstlers verbunden. Der *sesh kedut* („Schreiber der Zeichnungen") genannte Linienzeichner übertrug die Hieroglyphen auf die Wand, diese wurden dann von einem Meister gemalt und/oder eingemeißelt. Die Maler benutzten eigene Paletten mit mehreren Näpfen für verschiedene Farben.

Verschiedene altägyptische Schreib- und Malwerkzeuge, darunter zwei rechteckige Paletten, dünne Binsenfedern, ein Tintenfaß, zwei Pinsel (der obere aus Seil, der untere aus zusammengebundenen Ästen mit aufgerauhten Enden). Oben ein kleiner Stößel mit Reibestein und drei Klumpen Pigment.

WÖRTER UND HIEROGLYPHEN

DIE WORTBILDUNG

Ein Wort in Hieroglyphenschrift wird aus einem oder mehreren verschiedenen Zeichen gebildet, Phonogrammen, Logogrammen und Determinativen (siehe Haupttext). Ein Wort kann ein Logogramm mit oder ohne Determinative sein. Das Logogramm ⬚ (*sesh*) steht für „schreiben", mit der Determinative „Mann" (⬚) wird daraus „Schreiber". Einige Wörter bestehen aus einem einzigen Phonogramm: Die Uniliterale ⬚ (*m*) bedeutet „in", und ⬚, „Mund", besteht aus der Uniliteralen ⬚ (*r*) mit einem determinativen Strich.

Andere Wörter sind komplizierter. ⬚ (*mr*), „Liebe", wird aus mehreren Zeichen gebildet: der Biliteralen ⬚ (*mr*), der Uniliteralen *r* als „phonetischem Komplement" (wiederholtem Laut) und einer Determinativen. Das Wort für „gut" oder „schön", *nefer*, kann ⬚ geschrieben werden und besteht aus einer Triliteralen (*nfr*), gefolgt von zwei Uniliteralen (*f* und *r*) als phonetischem Komplement. Eine Determinative ist also nicht immer notwendig. Das eigentlich unnötige phonetische Komplement wie in ⬚ und ⬚ übernimmt die Funktion der Determinative und zeigt an, daß das Zeichen ⬚ ein Phonogramm ist und kein Ideogramm. Manchmal sollen phonetische Komplemente nur aus ästhetischen Gründen Leerräume in einem Text füllen.

Mit der Entschlüsselung der Hieroglyphen gewannen die Gelehrten des 19. Jahrhunderts Zugang zu einer der ältesten schriftlich niedergelegten Sprachen der Welt. Sie teilten die Zeichen in „Phonogramme" (die wie die Buchstaben des Alphabets Laute repräsentieren), „Logogramme" oder „Ideogramme" (die für ganze Wörter stehen) und „Determinativen" (welche die Bedeutung eines Wortes in einem bestimmten Zusammenhang definieren).

Phonogramme sind von Logogrammen abgeleitet und stehen für die Konsonanten im Alten Ägyptisch. Vokale wurden nicht aufgezeichnet, vielleicht weil sie sich in verschiedenen grammatikalischen Konstellationen änderten (vgl. Englisch sit und sat). So waren auch Arabisch und Hebräisch – beide dem Alten Ägyptisch verwandt – anfänglich Konsonantensprachen. Es gibt drei Arten von Phonogrammen: „Uniliterale" (24 an der Zahl, plus zwei Variationen), „Biliterale" und „Triliterale" (von denen es viele hundert gibt). Jede Uniliterale steht für einen Konsonanten: zum Beispiel ⬚ für den Laut *b*. Eine Biliterale steht für zwei Konsonanten, wie ⬚ (*mr*), während Triliterale drei darstellen, wie ⬚ (*nfr*).

Logogramme (Ideogramme) bedeuten im Grunde, was sie darstellen, zum Beispiel ⬚ („Auge"), ⬚ („Sonne") und ⬚ („Boot"). Die Bedeutung dieser Piktogramme erweiterte sich jedoch, so daß ⬚ auch „Tag" und ⬚ „segeln" heißen konnte. Letzendlich wurden diese Zei-

Die fein gezeichneten und bemalten Hieroglyphen auf dieser Stele des Sesennacht aus der Ersten Zwischenzeit erzielen in dieser ansonsten einfachen Komposition einen höchst dekorativen Effekt. Determinativen (siehe Haupttext) finden sich z. B. in der fünften Zeile, an deren Ende (von rechts nach links gelesen) ein sitzender Mann und eine sitzende Frau nach dem Wort für „Brüder und Schwestern" abgebildet sind.

chen auch mit den Lauten der bezeichneten Wörter identifiziert und entwickelten sich zu bzw. ergänzten Phonogramme.

Logogramme fungierten als Determinative, also als Zeichen, die keinen phonetischen Wert hatten; von diesen gab es in der Sprache des Alten Ägypten gleich mehrere hundert. Vor allem im Falle von Homographen, gleichkonsonantigen und daher gleichaussehenden, aber in ihrer Bedeutung verschiedenen Wörtern, bestimmten sie den Wortsinn. ☟ (*mr*), gefolgt von der Determinative ⚌ (Wasser), bedeutete „Kanal", während ☟, gefolgt von der Determinative 𓀠 (menschliche Emotion), „Liebe" hieß (siehe auch Randtext gegenüber).

Die Schreiber ließen zwischen den Wörtern keine Zwischenräume, eine Determinative konnte also auch ein Wortende markieren, etwa ein einfacher Schlußstrich, ❘. Vor allem nach Logogrammen sind solche Striche sehr verbreitet, sie dienen dabei als Unterscheidung zu ihren jeweiligen Phonogrammableitungen. Ein Dreifachstrich (⦀) bezeichnete eine Mehrzahl.

ÄGYPTISCHE NAMEN

Die Ägypter verstanden Namen als wichtigen Teil der Persönlichkeit und wählten sie sehr sorgfältig aus. Der Name besteht aus einem einzigen Wort oder aus einer Gruppe von Wörtern. Er drückt eine Idee, einen Gedanken, einen Wunsch oder eine Emotion aus, charakterisiert den Namensträger und sorgt dafür, daß er in Erinnerung bleibt. Manchmal wurde ein Name, der mit dem Wort 𓄤 (*nfr*, „gut" oder „schön", meist geschrieben als *nefer* wie in Nefertari) beginnt, in der Hoffnung gewählt, daß das Kind gut oder hübsch würde. Wollten die Eltern mit dem Namen ihre Verehrung eines Gottes zum Ausdruck bringen, wählten sie etwa Amenhotep (𓇋𓏠𓈖𓊵𓏏𓊪), „Amun ist in Frieden".

Da Namen meist aus Wörtern oder Phrasen aus dem Alltagsvokabular bestanden, konnte es bei Inschriften zu Verwirrungen kommen. Deshalb wurden sie graphisch unterschieden. Am Namensende wurde das Geschlecht der Person durch die Determinative eines sitzenden Mannes (𓀀)

oder einer sitzenden Frau (𓁐) gekennzeichnet. Variationen bestanden, die Figur konnte auf einem Stuhl sitzen oder knien: 𓀴 .

Königsnamen (siehe S. 112–113) wurden auf die gleiche Art und Weise, jedoch ohne die Determinative der sitzenden männlichen und weiblichen Figur, gebildet. Statt dessen wurde gelegentlich das Zeichen der Standarte 𓊾 angefügt. Die Namen der Könige wurden in ein Oval, eine „Kartusche", geschrieben (⬭ siehe Abb. unten).

Der Name des Königs Chufu besteht aus den Zeichen ch, w, f *und* w *in einer Kartusche, darüber befindet sich der Königstitel „Herr der beiden Länder". Auf der Inschrift rechts fehlt unter dem Namen des Prinzen Rahotep aus der 4. Dynastie am unteren Ende der linken Spalte die Determinative für Mann, da die Statue selbst auf diesen Umstand hinweist (siehe S. 201).*

DIE ENTWICKLUNG DER SPRACHE

Das Alte Ägyptisch kann in fünf Entwicklungsstufen unterteilt werden, die sich grob an die gewohnten klassischen Abschnitte anlehnen: Alt-, Mittel- und Neuägyptisch, Demotisch und Koptisch. In diesen Abschnitten war die angeführte Sprache jeweils dominant, es gab jedoch beträchtliche Überlappungen der späten Phasen der einen Sprache mit dem Frühstadium der nächsten. Daneben gab es in jedem Abschnitt noch mehrere Stile und Gattungen.

Am längsten hielt sich das von der Ersten Zwischenzeit an verwendete „klassische" Mittelägyptische, und zwar bis in das griechisch-römische Zeitalter (5. Jahrhundert n. Chr.) hinein. Im Mittleren Reich wurde diese Sprache formalisiert und zur Standardsprache für religiöse, rechtliche und Denkmaltexte sowie einige literarische Werke. Das Mittelägyptische entwickelte sich aus dem Altägyptischen des Alten Reiches. Das Altägyptische findet sich nicht nur auf Grab- und Tempelwänden, sondern auch in Verwaltungs- und Rechtstexten sowie persönlichen Dokumenten.

DIE STRUKTUR DER SPRACHE

Das Ägyptische verfügt wie moderne Sprachen über linguistische Komponenten wie Grammatik und Syntax, mit Substantiven, Pronomina, Adjektiven, Adverbien, Verben, Präpositionen, Partizipien usw. Personalpronomina änderten sich je nach Funktion im Satz, um etwa Kasus auszudrücken (wie im Deutschen etwa „ich" und „mir"). Durch ein kompliziertes Verbalsystem wurden Zeit, „Aspekt" und „Modus" definiert. Substantive, Pronomina, Adjektive und andere Wortarten wurden nach Geschlecht und Zahl unterschieden (Einzahl, Mehrzahl und eine dritte Form, „Dualzahl").

Sätze oder Satzteile in ihrer einfachsten Form stehen mit oder ohne Verb. Im ersteren Fall wurde mit gelegentlichen Abweichungen eine bestimmte Reihenfolge eingehalten: (1) Verb, (2) Subjekt, (3) direktes Objekt, (4) indirektes Objekt, (5) Adverb (oder adverbiale Wendung). Der Satz „Der Mann sagt den Namen zu der Frau im Haus" wird zum Beispiel folgendermaßen angeordnet: „sagt [der] Mann [den] Name[n] zu [der] Frau in [dem] Haus". In verblosen Sätzen fehlt im allgemeinen das Verb „sein",

wird aber mitverstanden. „Die Frau ist im Tempel" wird einfach durch das Subjekt, „Frau", und die Präpositionalphrase „in [dem] Tempel" ausgedrückt.

Aus diesen Grundbausteinen setzten die Ägypter im Altertum eine voll ausgereifte Sprache zusammen, die sich im Laufe der Jahrhunderte – wie jede Sprache – ständig veränderte. Alte Konventionen verschwanden, neuer Sprachgebrauch entstand. Anfänglich wurden etwa der bestimmte oder unbestimmte Artikel (also die Entsprechungen zum deutschen „der, die, das" oder „ein, eine") nicht angezeigt, ab dem Neuägyptischen geschah dies jedoch konsequent.

Eine Zeichensetzung in unserem Sinne gab es nicht. Gewisse Elemente, sogenannte Partikel, ebenso wie manche anderen Wörter im Satz und der Satzzusammenhang ermöglichten eine Definition von Satzbeginn und -ende. Der Partikel am Satzanfang wies im Alt- und Mittelägyptischen darauf hin, daß ein einfacher Aussagesatz folgt (siehe Beispiel „Die Frau ist im Tempel"). Nach dem Partikel hingegen folgte ein Fragesatz.

Neuägyptisch, die Hauptsprache des Neuen Reiches, basierte auf der Volkssprache und diente ursprünglich zur Aufzeichnung weltlichen Materials. Während das Altägyptische in seinen ersten zwei Phasen eher „synthetisch" ist, hat das Neuägptische einen komplexeren, mehr „analytischen" Charakter, Bedeutung manifestiert sich also in mehreren Komponenten (zu vergleichen dem [synthetischen] Latein und dem [analytischen] Englisch; ein einzelnes lateinisches Wort wie *poetae* kann im Englischen nur durch zwei oder mehr [„of the poet", „the poet's"] wiedergegeben werden). Demotisch war in vielerlei Hinsicht Nachfolger von Neuägyptisch. Es wurde vorrangig in nichtreligiösen Texten geschrieben und hielt sich bis in das christliche Zeitalter.

Das Koptische, die letzte Entwicklungsstufe der Sprache, verwendete eine Schrift aus griechischen Buchstaben mit sechs demotischen Zeichen (siehe S. 232), einen Gutteil der Konstruktionen und des Vokabulars seiner Vorgänger und enthielt erstmals Vokale, was die Rekonstruktion ungeschriebener Vokale des früheren Ägyptisch erleichterte. Es ermöglichte auch die Identifizierung von Dialekten, die schon früher bestanden, sich in der geschriebenen Sprache jedoch nicht niedergeschlagen hatten.

Dieses Relief vom Grab des Ti in Sakkara (6. Dynastie) zeigt Hieroglyphen, die wie die Sprechblasen in Comics die Alltagsgespräche der Figuren aufzeichnen. In der oberen Bildhälfte etwa weist ein Aufseher einen Hirten an, die Geburt eines Kalbes voranzutreiben. Die genaue Übersetzung ist unbekannt, aber manche Versionen sprechen von „O Hirte, da ist das Problem!" oder „O Hirte, zieh' kräftig die Mutterkuh!".

DIE ZEICHEN SPRECHEN

Die ägyptischen Texte wurden wissenschaftlich nach verschiedenen Kriterien klassifiziert – Gattung, Stil, Grammatik und manchmal auch Schrift. Die Grenzen lassen sich jedoch nicht so eindeutig ziehen: Ein Text, der einer Kategorie zugeordnet wird, kann oft auch in eine andere gehören. So kann man zwar erwarten, daß die heilige und konservative Totenliteratur in klassischer Sprache und in Hieroglyphen geschrieben ist, trotzdem liegen gewisse Zitate, die offensichtlich aus anderen Werken eingefügt wurden, grammatikalisch viel näher an der Volkssprache. Auch wurden einige Grabtexte, wie etwa die Sargtexte, das Totenbuch und spätere mythologische Papyri, gelegentlich in hieratischer Schrift geschrieben.

Thematisch gehören die meisten Texte in den religiösen Bereich, von den Pyramiden- und Sargtexten und späteren Texten dieser Art (wie Amduat, Totenbuch, Buch des Atems) bis hin zu den Hymnen und Ritualen, die die Ägypter auf Papyri und Stelen, in Tempeln und Gräbern aufzeichneten. Zu Hause sagten sie Zaubersprüche und Rituale für Fruchtbarkeit, Kindersegen oder Schutz vor Krankheit, Dämonen, Feinden oder anderen Arten des Bösen her, die ebenfalls auf den verschiedensten Materialien niedergeschrieben wurden. Abhandlungen über Medizin, Mathematik und Astronomie (siehe S. 92–96) dokumentierten „wissenschaftliche" Inhalte, hauptsächlich zu Lehrzwecken. Daneben gab es noch andere didaktische oder belehrende Texte – die „Weisheitstexte", Sammlungen von weisen Worten des Vaters an seinen Sohn. Diese waren noch Jahrhunderte später populär, einige scheinen auch Elemente politischer Propaganda zu beinhalten.

Literatur war im Alten Ägypten immer populär, wobei wohl nur ein

Ramses II. (ca. 1279–1213 v. Chr.) in seinem Streitwagen, Relief im Tempel von Abu Simbel. An anderer Stelle im Tempel ließ der Pharao die Schlacht bei Kadesch in Syrien gegen die Hethiter in Form von Gedichten, Prosa und diversen anderen literarischen Formen verewigen. Erzählungen von der Schlacht waren während seiner Herrschaft und auch danach populär, obwohl diese kein so eindeutiger Erfolg gewesen war, wie Ramses II. es darstellen ließ (siehe S. 108).

Bruchteil des Geschriebenen auf uns gekommen ist. *Die Geschichte des Sin-uhe* ist eine der ersten epischen Erzählungen der Weltgeschichte. Sie handelt von den Wanderungen eines Vertriebenen, hat politische Untertöne und endet schließlich glücklich. Noch Jahrhunderte nach ihrer Entstehung waren aufgrund ihrer großen Beliebtheit Abschriften davon im Umlauf. *Der Widerstreit von Horus und Seth* gibt für ein Publikum aus dem Neuen Reich in einem rauhen, volkstümlichen und teilweise durchaus humoristischen Stil ein religiöses Thema aus den Pyramiden- und Sargtexten (siehe S. 134–135) wieder. *Der todgeweihte Prinz* aus dem Neuen Reich, vielleicht das erste Märchen der Welt, das jemals aufgezeichnet wurde, handelt von der Menschheit und vom Schicksal.

In Inschriften auf Monumenten priesen die ägyptischen Dichter in einer Mischung von Fakten und Glorifizierung die Errungenschaften ihrer Herrscher. Dies geschah sowohl in Prosa als auch in lyrischer Form, wie im Falle der Inschriften zu den Darstellungen der Schlacht bei Kadesch von Ramses II. (siehe Abb. gegenüber).

LIEBESGEDICHTE

Nirgends zeigt sich die literarische Kraft der Alten Ägypter eindrucksvoller als in ihren Liebesgedichten, die auf Tonscherben und drei verschiedenen Papyri, alle aus der 19. und 20. Dynastie, erhalten sind. Wie persönliche Briefe zwischen Privatleuten waren diese Gedichte in hieratisch und in der Volkssprache geschrieben und spiegeln die Anliegen der Lebenden wider. Der Stil ist rhythmisch und lyrisch. Am auffallendsten sind jedoch die Lebendigkeit, die Frische und das Zeitgenössische der Verse, hinter denen die raffinierte Grundstruktur zurücktritt.

Die Gedichte jeder Sammlung sind entweder mit „Sprüche" oder „Gesänge" überschrieben, was auf ihren Anteil an der mündlichen und der schriftlichen Überlieferung verweist. Sie sind in der ersten Person verfaßt, aus der Perspektive des männlichen oder weiblichen Liebenden. In einer Sammlung

Bei gesellschaftlichen Anlässen traten Sängerinnen und Tänzerinnen auf. Die Dekoration auf dieser blauen Fayenceschüssel (heute in Leiden, Holland) zeigt eine Frau in einer Laube mit einem lauteähnlichen Instrument und neben ihr einen spielenden Affen. Neues Reich, 18. oder 19. Dynastie.

sprechen die Liebenden abwechselnd in Strophen. Liebende werden „Bruder" und „Schwester" genannt, mit der üblichen Bezeichnung für einander nahestehende Personen verschiedenen Geschlechts. Die Verse sind eindeutig rhythmisch strukturiert, aufgrund der fehlenden Vokale läßt sich jedoch nicht sagen, ob es Reime oder Assonanzen gab. Ein Beispiel für ein Liebesgedicht, das sich mit mehreren anderen auf den Resten einer Vase (heute in Kairo) fand:

„Meine Schwester ist gekommen, mein Herz jubelt,
Meine Arme öffnen sich, sie zu umfangen;
Mein Herz hüpft auf seinem Platz,
Wie der rote Fisch in seinem Teich.
O Nacht, sei für immer mein,
Jetzt, da meine Königin gekommen ist!"
(Nach der englischen Fassung von Miriam Lichtheim, *Ancient Egyptian Literature*, Band II, The New Kingdom, S. 193).

Diese exquisiten Anhänger aus der Schmuck-
sammlung der Prinzessin Chnumit aus der
12. Dynastie (siehe S. 191) stellen folgende
Hieroglyphen dar (von links nach rechts):
„Freude“, „Geburt“ und „Alles Leben und
Schutz“.

Ein Parfumbehälter aus Tutanchamuns
Grab mit zwei Nilgöttern und der Hiero-
glyphe für „Vereinigung“ – einer Anspielung
auf die vereinten „beiden Länder“ –, die
das Zeichen für die Lotos- und die Papyrus-
pflanze, die Symbole von Ober- und
Unterägypten, enthält.

SYMBOL UND BILD

Durch den piktographischen Charakter der ägyptischen Schrift (welcher wahrscheinlich mit dem gleichzeitigen Aufkommen der charakteristischen zweidimensionalen Darstellungsweise um 3100 v. Chr. zusammenhängt) sind die Hieroglyphen auf verschiedenen Ebenen Bedeutungsträger. Auch ohne sie zu verstehen, konnte sie die Masse der ungebildeten Ägypter im Altertum zweifellos visuell schätzen.

Angesichts dieser Vielfalt wurden Hieroglyphen häufig als dekoratives Element in Architektur, Möbelbau und Kunsthandwerk verwendet. So schmückt die Hieroglyphe die Kopfbretter und Fußbretter von Betten und ist bei Fenstern, Kästchen und Schmuckstücken zu finden, wobei die Bedeutung, „Ausdauer“, immer bestehen bleibt. Auch andere Hierogly-phen haben eine Doppelfunktion, wie, was „Schutz“ bedeutet, aber auch die Form eines Rettungsgürtels ist, oder wie, das für „Leben“ steht. Beide Hieroglyphen sind immer wieder auf Schmuckstücken und Amuletten abgebildet. Letztere kann auch „Spiegel“ bedeuten, was wohl einen Künstler dazu verleitete, den Rahmen für einen von Tutanchamuns Spiegeln in der Form des Zeichens anzufertigen.

Mehrere Hieroglyphen zusammen drücken oftmals einen guten Wunsch aus. So tauchen „Freude“ und „Alles Leben und Schutz“ auf Amu-letten und besonders häufig auf Schmuckstücken aus dem Mittleren Reich auf (siehe Abb. links). Königsnamen stellen manchmal das wichtigste Ele-ment von Armreifen dar. Ein kunstvoller Salbentiegel aus Kalkspat, der im Grab Tutanchamuns (ca. 1332–1322 v. Chr.) gefunden wurde, besteht aus Hieroglyphen als Mittelstück und Stützen, wobei die gesamte Komposition die Herrschaft des Königs über die „beiden Länder“ Ägyptens ausdrückt.

Manchmal ist es nicht so offensichtlich, daß Bilder auch als Text fun-gieren. Die Statue eines Verstorbenen, eine Darstellung in Reliefform auf einer Stele oder einer Grabwand kann als überdimensionale Determinative wirken und das Zeichen für die menschliche Gestalt am Ende eines Namens ersetzen (siehe S. 237). Hieroglyphen in Architektur und Stadt-planung zeigen eine weitere, größere Dimension an. Die Hieroglyphe, „Horizont“, sie zeigt die zwischen zwei Hügeln aufgehende Sonne, mag die Form des Pylons eines ägyptischen Tempels inspiriert haben. Tauchte die Sonne über dem Pylon auf, erinnerte das an die Hieroglyphe. An eben diese Hieroglyphe hat vielleicht auch Echnaton (ca. 1353–1336 v. Chr., siehe S. 128–129) bei der Wahl seiner neuen Hauptstadt Achet-Aton – „Horizont des Aton [der Sonnenscheibe]“ – in Mittelägypten gedacht. Die über den Klippen aufgehende Sonne wirkte auf den Pharao vielleicht wie die gigantische Version der „Horizont“-Hieroglyphe.

Bei manchen Grabszenen mit eng miteinander verbundenen Texten

Nachbildung eines Goldhalsbandes aus der Nekropole von Theben,
Regierungszeit von Thutmosis III., 18. Dynastie.
Die zentralen Elemente bilden die Hieroglyphe nefer, ,,*schön*''.
Metropolitan Museum of Art, New York.

Fayencefliese mit der Kartusche des Pharao Sethos I., 19. Dynastie,
vielleicht aus seinem Palast in Piramesse. Louvre, Paris.

und Bildern läßt sich kaum sagen, ob das Bild als Determinative für den Text oder der Text als literarische Ergänzung des Bildes wirkt. In einigen Gräbern des Alten Reiches werden in dort aufgezeichneten kurzen Dialogen die Determinative (siehe S. 234–235) oft weggelassen, da die Gestalten, auf die sie sich beziehen, in der Szene ohnedies abgebildet sind.

Diese Einheit von Bild und Schrift zeigt sich auch in der anthropomorphisierenden Behandlung von Hieroglyphen. Aus Zeichen wie ☥, 𓊽 und 𓀭 wachsen Arme und Beine, sie werden zum Teil eines Zierfrieses oder sogar aktive Teilnehmer in Szenen auf den Tempel- und Grabwänden, auf einem Schmuckstück oder einem Fächer. So findet sich auf einer Lampe aus dem Grab Tutanchamuns als zentrales Element die Hieroglyphe ☥, die in den ausgestreckten Händen eine Fackel hält.

Das sind nur einige wenige Beispiele, die zeigen, wie eng die Beziehung der hieroglyphischen Symbole und der bildlichen Darstellung in der ägyptischen Kunst war. Die Künstler konnten eine verbale Botschaft mit einem dekorativen oder symbolischen Bild zu einer harmonischen Komposition verschmelzen.

KRYPTOGRAPHIE

Verschlüsseltes Schreiben – das Verschleiern der offensichtlichen Interpretation einer Hieroglyphen-Inschrift – war vor allem im Neuen Reich sehr populär, obwohl sich Beispiele dafür bereits im Alten Reich und sogar in den früheren Perioden finden. Manchmal wurden zu diesem Zweck neue Hieroglyphen erfunden, manchmal gab der Schreiber bestehenden Hieroglyphen neue Formen. So blieb die Bedeutung heiliger Texte nur einigen Auserwählten zugänglich. Wurde ein Name kryptographisch geschrieben, konnten ihn sich andere nicht aneignen oder zerstören.

Eine Statue der Hatschepsut, 18. Dynastie, zeigt die drei Elemente ihres Geburtsnamens Ma'at-ka-Re („Wahrheit ist die Seele von Re") als dreidimensionale Skulptur mit einer großen Schlange im Zentrum. Eine Statue von Ramses II. aus der 19. Dynastie (siehe Abb. rechts) „buchstabiert" mit drei Elementen (Sonnengott in Form des Falken, Pharao als Kind und eine heraldische Pflanze) den Thronnamen des Königs, Ra-mes-su (Ramses). Auf solchen Statuen fehlte der Name des Pharao, war er doch in der Komposition selbst versteckt. Diese Absicht könnte auch hinter der Skulptur des Sonnengottes Re über dem Eingang zum Tempel Ramses' II. in Abu Simbel stecken. Auf der einen Seite des Gottes ist ein Stab in Form der dreikonsonantigen Hieroglyphe *wsr*, auf der anderen die Göttin Ma'at. Gemeinsam ergibt dies Ramses' Geburtsnamen, User-ma'at-Re („Groß ist die Gerechtigkeit des Re"). Hätte man den Namen des Königs im Inneren des Tempels vernichtet, wäre die Identifizierung noch immer möglich gewesen.

*Die Bestandteile dieser monumentalen Skulptur – der Sonnengott (*Re*), der König als Kind (*mes*), ein heraldisches Symbol in der Linken des Kindes – ergeben den Namen von Ramses II. (ca.1279–1213 v. Chr.).*

GLOSSAR

Ach Seliger Geist eines Toten, kann sich auch als Geistererscheinung manifestieren.

Anch „Leben", dargestellt durch die Hieroglyphe ☥, heiliges Emblem und häufig auch Schmuckelement.

Ba Geflügelter Geist eines seligen Toten. Dargestellt mit Vogelkörper und Kopf des Toten, konnte der *Ba* aus der Unterwelt fliegen und ungesehen die Welt der Lebenden besuchen.

Horus-König Alle Könige der ägyptischen Frühzeit, deren Namen in einem *Serech* (siehe dort) stehen, über dem ein Falke als Darstellung von Horus schwebt. Der so geschriebene Name ist der „Horus-Name" des Königs.

Hyksos Bezeichnung für asiatische Herrscher, die Ende des 17. Jahrhunderts v. Chr. Könige Ägyptens wurden und als 15. Dynastie über 100 Jahre lang regierten (ca. 1630–1523 v. Chr.) Das Wort ist die griechische Form des ägyptischen *Heka Khaswt*, „Herrscher fremder Länder".

Ka Die „Lebenskraft" oder „kreative Energie" eines Menschen oder Gottes. Das *Ka* eines Sterblichen entstand bei der Geburt und blieb als „spiritueller Zwilling" das ganze Leben im Körper; in der Kunst wird es manchmal als kleinere Version der Person dargestellt. Beim Tod des Körpers existierte das *Ka* weiter und (so hoffte man) trat ins Jenseits ein, wo es von Grabgöttern und den Votivgaben der Lebenden erhalten wurde.

Kanopen Vom Hafen Canopus im Delta abgeleiteter Begriff, der Keramik- oder Steingefäße, oft mit einem Verschluß in Form des Kopfes des Toten, bezeichnet, in denen die Eingeweide aufbewahrt wurden. Sie wurden aufgrund der Ähnlichkeit mit Gefäßen aus der Stadt Canopus so genannt, die mit einem Osiriskopf geschmückt waren und als Manifestationen des Gottes galten.

Kusch Königreich in **Nubien** (siehe dort), dessen Herrscher mehrere Jahrzehnte im 8. Jahrhundert v. Chr. als 25. oder kuschitische Dynastie regierten (760–656 v. Chr.).

Ma'at „Wahrheit" oder „Recht", ein kosmisches Prinzip, das alle menschlichen und göttlichen Handlungen bestimmen sollte. Personifiziert und verehrt wurde es in Ma'at, Tochter des Sonnengottes Re und Wächterin von Wahrheit, Gerechtigkeit und Harmonie.

Mastaba (Arabisch: „Bank") Ein rechteckiges Grab für wohlhabende Privatpersonen ab dem Alten Reich. Die Bezeichnung stammt von der Ähnlichkeit der Form mit den gedrungenen Stein- oder Lehmbänken vor den ländlichen Häusern.

Natron Natürliche Verbindung aus Natriumkarbonat und Natriumbikarbonat, zur Mumifizierung (als Trockenmittel) und für viele alltägliche Dinge wie Waschen und Zähneputzen verwendet. Die Hauptfundstätte war das Wadi Natrûn im Nordwesten des Deltas.

Nomarch Gouverneur eines **Nomos** (siehe dort).

Nomos Eine der 42 traditionellen Provinzen des Alten Ägypten, ägyptischer Ausdruck *Sepat*.

Nubien Die Region südlich des Alten Ägypten, über Elephantine (Assuan) hinaus. Von den Ägyptern auch als Jam bezeichnet, teilte es sich geographisch in Unternubien (der nördliche Teil, ungefähr entsprechend dem Süden des heutigen Ägypten) und Obernubien (der südliche Teil, in etwa der heutige Sudan). In Nubien gab es zu verschiedenen Zeiten einflußreiche Staaten wie **Kusch** (siehe dort), Kerma und Meroe.

Ostrakon, Ostraka Griechisch für Tonscherben oder Kalksteinplatten, auf denen kurze Notizen geschrieben oder Skizzen gezeichnet wurden.

Pharaonisch Zu den Pharaonen (Königen) Ägyptens gehörig. Der Begriff bezieht sich üblicherweise nur auf die Zeit vom Alten Reich bis zur Spätzeit, als Ägypten meist von einheimischen Königen regiert wurde, nicht auf die folgende Ptolemäer- und Römerzeit, als das Land unter ständiger Fremdherrschaft war.

Pharao König von Ägypten, griechischer Ausdruck, der vom ägyptischen *per-aa* oder *per-ao* („Großes Haus") abgeleitet wurde. Dieser Begriff bezog sich eigentlich auf den Palast, wurde aber ab dem Neuen Reich für den Herrscher verwendet.

Ptolemäisch Zur griechischen Dynastie gehörig, die Ptolemäus I. 310 v. Chr. gründete und die 30 n. Chr. mit dem von den Römern angeordneten Mord an Ptolemäus XV., Sohn von Kleopatra VII. und Julius Cäsar, endete.

Pylon Monumentaltor eines ägyptischen Tempels oder Palastes.

Pyramidentexte In der Ägyptologie verwendeter Begriff für die ersten bekannten Grabtexte der Ägypter, die ab der Zeit von König Unas (ca. 2371–2350 v. Chr.) auf den Innenwänden der königlichen Pyramiden aufschienen und aus rund 800 Sprüchen bestanden.

Ramessiden(-) (1) In Verbindungen mit anderen Worten der Zeit der Ramessiden zugehörig, also der 19. und 20. Dynastie (ca. 1292–1075 v. Chr.), von Ramses I. bis Ramses XI. (2) Pharaonen der Ramessiden-Zeit.

Sargtexte In der Ägyptologie verwendeter Begriff für einen Grabtext, der im Mittleren Reich beliebt war. Diese Texte wurden auf Särge geschrieben oder gemalt und bestanden aus mehr als 1 100 Sprüchen, die aus den früheren **Pyramidentexten** (siehe dort) hergeleitet wurden.

Serdab (Arabisch: „Keller") Eine Kammer in einer **Mastaba** (siehe dort), in der die *Ka*-Statue der verstorbenen Person stand (*Ka*, siehe dort).

Serech Hieroglyphenzeichen mit der Darstellung der Fassade eines Königspalastes (▥), in das üblicherweise der Name eines frühen **Horus-Königs** (siehe dort) geschrieben wurde.

Schawabti („Figur aus Acabateholz") Zauberstatuette als Grabbeigabe, die für den Toten im Jenseits als Diener fungieren sollte, später vermutlich durch sprachliche Verwechslung als *Uschebti* („Anworter") bezeichnet.

Totenbuch In der Ägyptologie verwendeter Begriff für einen Grabtext, der mit etwa 200 Sprüchen den Toten sicher ins Jenseits geleitet. Meist auf Papyrus geschrieben, folgte es im Zweiten Zwischenreich auf die **Pyramidentexte** und **Sargtexte** (siehe dort).

Uschebti Siehe *Schawabti*.

Wadi Ausgetrocknetes Flußbett oder vorübergehend versiegter Flußlauf.

BIBLIOGRAPHIE

ALLGEMEINE BIBLIOGRAPHIE
Baines, John and Jaromír Málek. *Atlas of Ancient Egypt*. New York: Facts On File, 1993.
Faulkner, Raymond O. *The Ancient Egyptian Coffin Texts*. 3 vols. Warminster: Aris & Phillips, 1973–1978.
Faulkner, Raymond O. *The Ancient Egyptian Pyramid Texts, translated into English*. Oxford: Oxford University Press, 1969.
Faulkner, Raymond O., Ogden Goelet, Carol Andrews and James Wasserman. *The Egyptian Book of the Dead*. San Francisco: Chronicle Books, 1994.
Gardiner, Sir Alan. *Egypt of the Pharaohs*. Oxford: Oxford University Press, 1961.
Hoffman, M. A. *Egypt Before the Pharaohs: The Prehistoric Foundations of Egyptian Civilization*. New York: Alfred Knopf, 1979.
Hornung, Erik. *Idea into Image: Essays on Ancient Egyptian Thought*. Translated by Elizabeth Bredeck. New York: Timken Publishers, 1992.
Lichtheim, Miriam. *Ancient Egyptian Literature, a Book of Readings*. 3 vols. Berkeley: University of California Press, 1980.
Shaw, Ian and Paul Nicholson. *The British Museum Dictionary of Ancient Egypt*. London: British Museum Press, 1995.
Strouhal, Eugen. *Life in Ancient Egypt*. Cambridge: Cambridge University Press and Norman: University of Oklahoma Press, 1992.
Wente, Edward F. *Letters from Ancient Egypt*. Society of Biblical Literature Writings from the Ancient World 1. Atlanta: Scholars Press, 1990.

KAPITEL 1 DAS GESCHENK DES NILS
und
KAPITEL 4 DER REICHTUM DES LANDES
Fekri Hassan
Butzer, K. W. *Early Hydraulic Civilization in Egypt: A Study in Cultural Ecology*. Chicago and London: University of Chicago Press, 1984.
Clark, J. D., and S. A. Brandt, eds. *From Hunters to Farmers: The Causes and Consequences of Food Production in Africa*. Berkeley: University of California Press, 1984.
Hassan, F. A. "Population, Ecology and Civilization in Ancient Egypt" in Carole L. Crumley, ed. *Historical Ecology*. School of American Research: Santa Fe, New Mexico, 1993.
James, T. G. H. *Ancient Egypt: The Land and its Legacy*. Austin: University of Texas Press, 1988.
Shaw, T., P. Sinclair, B. Andah and A. Okpoko, eds. *Food, Metals and Towns in Africa's Past*. London: Routledge and Unwin Hyman, 1995.

Wendorf, F., and F. A. Hassan. "Environment and Subsistence in Predynastic Egypt" in J. D. Clark and S. A. Brandt, eds. *Causes and Consequences of Food Production in Africa*. Berkeley: University of California Press, 1984.

KAPITEL 2 DREI REICHE UND VIERUNDDREISSIG DYNASTIEN
William J. Murnane
Aldred, Cyril. *Akhenaten, King of Egypt*. London: Thames & Hudson, 1988.
Bagnall, Roger S. *Egypt in Late Antiquity*. Princeton: Princeton University Press, 1993.
Bowman, Alan K. *Egypt after the Pharaohs, 332BC–AD642, from Alexander to the Arab Conquest*. Berkeley: University of California Press, 1986.
Breasted, James H. *Ancient Records of Egypt*. 5 vols. Chicago: The Oriental Institute, 1906.
Clayton, Peter A. *Chronicle of the Pharaohs*. London: Thames & Hudson, 1994.
Gardiner, Sir Alan. *Egypt of the Pharaohs*. Oxford: Oxford University Press, 1961.
Grimal, Nicolas. *A History of Ancient Egypt*. Translated by Ian Shaw. Oxford: B. H. Blackwell, 1992.
James, T. G. H. *Pharaoh's People: Scenes from Life in Imperial Egypt*. Oxford: Oxford University Press, 1985.
Kemp, Barry J. *Ancient Egypt: Anatomy of a Civilization*. London and New York: Routledge, 1989.
Kitchen, K. A. *The Third Intermediate Period*. 2nd ed. Warminster: Aris & Phillips, 1986.
Murnane, William J. *Texts from the Amarna Period in Egypt*. Society of Biblical Literature Writings from the Ancient World 5. Atlanta: Scholars Press, 1995.
Quirke, Stephen. *The Administration of Egypt in the Late Middle Kingdom*. New Malden: SIA Publishing, 1990.
Redford, Donald B. *Egypt, Canaan and Israel in Ancient Times*. Princeton: Princeton University Press, 1992.
Spencer, A. J. *Early Egypt: The Rise of Civilization in the Nile Valley*. London: British Museum Press, 1993.
Strudwick, Nigel. *The Administration of Egypt in the Old Kingdom*. London: Kegan Paul International, 1985.
Trigger, B. G., B. J. Kemp, D. B. O'Connor and A. B. Lloyd. *Ancient Egypt: A Social History*. Cambridge: Cambridge University Press, 1983.

KAPITEL 3 ÄGYPTEN UND DIE ÜBRIGE WELT
Donald B. Redford
Adams, W. Y. *Nubia, Corridor to Africa*. London: Allen Lane, 1977.
Boardman, J. *The Greeks Overseas*. New York: Thames & Hudson, 1980.

Davies, W. V., ed. *Egypt and Africa: Nubia from Prehistory to Islam*. London: British Museum Press, 1991.
——. *Egypt, the Aegean and the Levant*. London: British Museum Press, 1995.
Dothan, T. and M. *People of the Sea: The Search for the Philistines*. New York: Macmillan, 1992.
Drewes, R. *The End of the Bronze Age*. Princeton: Princeton University Press, 1993.
Emery, W. B. *Egypt in Nubia*. London: Hutchinson, 1965.
Giveon, R. *The Impact of Egypt on Canaan*. Göttingen: Vandenhoeck and Ruprecht, 1978.
Groll, S., ed. *Pharaonic Egypt: The Bible and Christianity*. Jerusalem: Magnes Press, 1985.
Harris, J. R. *The Legacy of Egypt*. 2nd ed. Oxford: Clarendon Press, 1971.
Leahy, A., ed. *Libya and Egypt c.1300–750*. London: School of Oriental and African Studies, 1990.
O'Connor, D. B. *Ancient Nubia: Egypt's Rival in Africa*. Philadelphia: University Museum Press, 1993.
Redford, D. B. *Egypt, Canaan, and Israel in Ancient Times*. Princeton: Princeton University Press, 1992.
Sanders, N. K. *The Sea Peoples*. New York: Thames & Hudson, 1985.
Smith, W. S. *Interconnections in the Ancient Near East*. New Haven: Yale University Press, 1965.
Trigger, B. *Nubia Under the Pharaohs*. New York: Thames & Hudson, 1976.
Ward, W. *Egypt and the East Mediterranean World*. Beirut: American University of Beirut, 1971.

KAPITEL 4 DER REICHTUM DES LANDES
Fekri Hassan
Siehe Kapitel 1

KAPITEL 5 DIE SIEDLUNGEN ÄGYPTENS
Ian Shaw
Bietak, M. *Avaris: the Capital of the Hyksos*. London: British Museum Press, 1996.
Dunham, Dows and J. M. A. Janssen. *Second Cataract Forts*. 2 vols. Boston: Museum of Fine Art, 1963.
Emery W. B. et al. *The Fortress of Buhen*. 2 vols. London: Egypt Exploration Society, 1977–1979.
Frankfort, H. et al. *The City of Akhenaten II*. London: Egypt Exploration Society, 1933.
Jeffreys, D. G. *The Survey of Memphis I*. London: Egypt Exploration Society, 1933.
Peet, T. E. and C. L. Woolley, *The City of Akhenaten I*. London: Egypt Exploration Society, 1923.
Pendlebury, J. D. S. et al. *The City of Akhenaten III*. 2 vols. London: Egypt Exploration Society, 1951.

Petrie, W. M. F. *Kahun, Gurob, Hawara*. London: Egypt Exploration Society, 1890.

Petrie, W. M. F. *Illahun, Kahun, Gurob*. London: Egypt Exploration Society, 1891.

Smith, W. Stevenson. *The Art and Architecture of Ancient Egypt*. Harmondsworth: Pelican, 1981.

Trigger, B. G. et al. *Ancient Egypt: A Social History*. Cambridge: Cambridge University Press, 1983.

Uphill, E. *Egyptian Towns and Cities*. Princes Risborough: Shire Publications, 1988.

KAPITEL 6 FRAUEN IN ÄGYPTEN
Gay Robins

Cerny, J. "The will of Naunakhte and the related documents" in *Journal of Egyptian Archaeology*: 31, 29–53, 1945.

Eyre, C. J. "Crime and adultery in ancient Egypt" in *Journal of Egyptian Archaeology*: 70, 92–105, 1984.

Fischer, H. G. *Egyptian Women of the Old Kingdom and of the Heracleopolitan Period*. New York: Metropolitan Museum of Art, 1989.

Friedman, F. "Aspects of domestic life and religion" in L. H. Lesko, ed. *Pharaoh's Workers, the Villagers of Deir el Medina*. Ithaca: Cornell University Press, 1994.

Janssen, R. M. and J. J. Janssen, *Growing Up in Ancient Egypt*. London: Rubicon Press, 1990.

Pestman, P. W. *Marriage and Matrimonial Property in Ancient Egypt*. Leiden: E. J. Brill, 1961.

Robins, G. "The god's wife of Amun in the 18th Dynasty in Egypt" in A. Cameron and A. Kuhrt, eds. *Images of Women in Antiquity*. Rev. ed. London: Routledge, 1993.

Robins, G. *Reflections of Women in the New Kingdom: Ancient Egyptian Art from the British Museum*. San Antonio, Texas: Van Siclen Books, 1995.

Robins, G. "While the woman looks on: gender inequality in the New Kingdom" in *KMT* 1 no.3: 18–21, 64–65, 1990.

Robins, G. *Women in Ancient Egypt*. London: British Museum Press, 1993.

Troy, L. "Good and bad women" in *Göttinger Miszellen* 80: 77–82, 1984.

Troy, L. *Patterns of Queenship in Ancient Egyptian Myth and History*. Uppsala: University of Uppsala, 1986.

Tyldesley, J. *Daughters of Isis: Women of Ancient Egypt*. Harmondsworth: Penguin, 1994.

Ward, W. *Essays on Feminine Titles of the Middle Kingdom and Related Subjects*. Beirut: American University, 1986.

KAPITEL 7 DIE GRENZEN DES WISSENS
Christopher Eyre

Andrews, Carol. *Amulets of Ancient Egypt*. London: British Museum Press, 1994.

Borghouts, J. F. *Ancient Egyptian Magical Texts*. Leiden: E. J. Brill, 1978.

Killen, Geoffrey. *Egyptian Woodworking and Furniture*. Princes Risborough: Shire Publications, 1994.

Nunn, John F. *Ancient Egyptian Medicine*. London: British Museum Press, 1996.

Parkinson R. B. *Voices from Ancient Egypt: An Anthology of Middle Kingdom Writings*. London: British Museum Press, 1991.

Parkinson, R. B. and Stephen Quirke. *Papyrus*. London: British Museum Press, 1995.

Pinch, Geraldine. *Magic in Ancient Egypt*. London: British Museum Press, 1994.

Robins, G. and Charles Shute. *The Rhind Mathematical Papyrus: An Ancient Egyptian Text*. London: British Museum Press, 1987.

Sasson, Jack M. et al., eds. *Civilizations of the Ancient Near East*. 4 vols. London: Macmillan and New York: Simon & Schuster, 1995.

Scheel, Bernd. *Egyptian Metalworking and Tools*. Princes Risborough: Shire Publications, 1989.

KAPITEL 8 DER HERRSCHER DER BEIDEN LÄNDER
David P. Silverman

Emery, Walter B. *Archaic Egypt*. Harmondsworth: Penguin, 1961.

Hayes, William C. *Most Ancient Egypt*. Chicago and London: University of Chicago Press, 1965.

Hoffman, Michael A. *Egypt Before the Pharaohs: The Prehistoric Foundations of Egyptian Civilization*. New York: Alfred A. Knopf, 1979.

Morenz, Siegfried. *Egyptian Religion*. Translated by Ann. E. Keep. London: Methuen, 1973.

Murnane, William. "Ancient Egyptian Co-regencies". *SAOC*. Vol. 40. Chicago: The Oriental Institute, 1977.

O'Connor, David B. and David P. Silverman, eds. "Ancient Egyptian Kingship" in *Problèmes d'Egyptologie*. Vol. 9. Leiden: E. J. Brill, 1995.

Redford, Donald B. *History and Chronology of the Egyptian Eighteenth Dynasty: Seven Studies*. Toronto: University of Toronto Press, 1967.

Rizkana, Ibrahim and Jürgen Seeher. Maadi. 4 vols. "Excavations at the Predynastic Site of Maadi and Its Cemeteries Conducted by Mustapha Amer and Ibrahim Rizkana on Behalf of the Department of Geography, Faculty of Arts of Cairo University, 1930–1953". *AV*. Vols. 64, 65, 80, 81. Mainz: Philip von Zabern, 1987–1990.

Robins, G. "A critical examination of the theory that the right to the throne of ancient Egypt passed through the female line in the 18th dynasty" in *Göttinger Miszellen*: 62, 66–77, 1983.

Silverman, David P. "Deities and Divinity in Ancient Egypt" in Byron E. Shafer, ed. *Religion in Ancient Egypt: Gods, Myths and Personal Practice*. Ithaca: Cornell University Press 1991.

Spencer, A. Jeffrey. *Early Egypt: The Rise of Civilisation in the Nile Valley*. London: British Museum Press, 1993.

Trigger, Bruce G., et al. *Ancient Egypt: A Social History*. Cambridge: Cambridge University Press, 1983.

Troy, Lana. "Patterns of Queenship in Ancient Egyptian Myth and History" *Boreas*. Vol. 14. Uppsala: University of Uppsala, 1986.

Wildung, Dietrich. *Egyptian Saints: Deification in Pharaonic Egypt*. Hagop Kevorkian Series on Near Eastern Art and Civilization. New York: New York University Press, 1977.

KAPITEL 9 DAS REICH DES HIMMELS
James P. Allen

Allen, James P. *Genesis in Egypt: The Philosophy of Ancient Egyptian Creation Accounts*. Yale Egyptological Studies 2. New Haven: Yale Egyptological Seminar, 1988.

Forman, Werner, and Stephen Quirke. *Hieroglyphs and the Afterlife in Ancient Egypt*. Norman: University of Oklahoma Press, 1996.

Hornung, Erik. *Conceptions of God in Ancient Egypt: The One and the Many*. Translated by John Baines. Ithaca: Cornell University Press, 1982.

Quirke, Stephen. *Ancient Egyptian Religion*. London: British Museum Press, 1992.

Simpson, William K., ed. *Religion and Philosophy in Ancient Egypt*. Yale Egyptological Studies 3. New Haven: Yale Egyptological Seminar, 1989.

KAPITEL 10 DER TOTENKULT
Robert K. Ritner

D'Auria, Sue, Peter Lacovara and Catherine H. Roehrig, eds. *Mummies and Magic, the Funerary Arts of Ancient Egypt*. Boston: Museum of Fine Arts, 1988.

Griffiths, J. Gwyn. *Plutarch's "De Iside et Osiride"*. Swansea: University of Wales Press, 1970.

Lesko, Leonard H. "Death and the Afterlife in Ancient Egypt" in Jack M. Sasson, ed. *Civilizations of the Ancient Near East III*. New York: Charles Scribners Sons, 1995.

Ritner, Robert K. *The Mechanics of Ancient Egyptian Magical Practice*. Chicago: The Oriental Institute, 1993.

Silverman, David P. "The Curse of the Curse of the Pharaohs" in *Expedition*. Vol. 29/2, 1987.

Simpson, William K., ed. *The Literature of Ancient Egypt*. New Haven and London: Yale University Press, 1973.

Spencer, A. J. *Death in Ancient Egypt*. New York: Penguin Books, 1982.

KAPITEL 11 DAS RITUELLE LEBEN
Emily Teeter

Bierbrier, Morris. *The Tomb Builders of the Pharaohs*. London: British Museum Press, 1982.

Bleeker, C. *Egyptian Festivals*. Leiden: E. J. Brill, 1967.

Bleeker. C. *Hathor and Thoth*. Leiden: E. J. Brill, 1973.

Cauville, S. *Edfou*. Cairo: IFAO, 1984.

David, Rosalie. *Religious Ritual at Abydos*. Warminster: Aris & Phillips, 1981.

Decker, Manfred. *Sports and Games in Ancient Egypt*. New Haven: Yale University Press, 1992.

Epigraphic Survey. *The Festival Procession of Opet in the Colonnade Hall. Reliefs and Inscriptions at Luxor*. Vol. 1. Chicago, 1994.

Martin, G. T. *The Sacred Animal Necropolis at North Saqqara*. London: Egypt Exploration Society, 1981.

Piccioni, Peter. "Sportive Fencing as a Ritual for Destroying the Enemies of Horus" in *Gold of Praise: Studies on Ancient Egypt in Honor of E. F. Wente*. Chicago: University of Chicago Press, 1997.

Ritner, Robert. *The Mechanics of Ancient Egyptian Magical Practice*. Chicago: The Oriental Institute, 1993.

Sauneron, Serge. *The Priests of Ancient Egypt*. New York: Grove Press, 1980.

Touny, A. and S. Wild. *Sport in Ancient Egypt*. Leipzig, 1969.

Wente, E. F. and J. Harris. eds. *An X-Ray Atlas of the Pharaohs*. Chicago: University of Chicago Press, 1980.

KAPITEL 12 DIE PYRAMIDEN
Zahi Hawass

Badawi, A. *A History of Egyptian Architecture*. Vols 1.-3. Berkeley: University of California Press, 1954–68.

Edwards, I. E. S. *The Pyramids of Egypt*. Harmondsworth: Penguin, 1995.

Fakry, A. *The Pyramids*. Chicago: University of Chicago Press, 1960.

Hawass, Zahi A. *The Pyramids of Ancient Egypt*. Pittsburgh: Carnegie Museum of Natural History, 1990.

Lauer, J.-P. *The Royal Cemetery of Memphis: Excavation and Discoveries since 1850*. London: Thames & Hudson, 1976.

Maragioglio., V. and C. A. Rinaldi, *The Architecture of the Memphite Pyramids*. Vols. 2–8. Turin and Rapallo, 1963–77.

Reisner, G. A. *A History of the Giza Necropolis I*. Cambridge, Mass.: Harvard University Press, 1942.

Reisner, G. A. Mycerinus: *The Temples of the Third Pyramid at Giza*. Cambridge, Mass.: Harvard University Press, 1942.

Verner, M. *Forgotten Pharaohs, Lost Pyramids at Abusir*. Prague: Academia Skodaexport, 1994.

Watson, Philip J. *Egyptian Pyramids and Mastaba Tombs of the Old and Middle Kingdoms*. Princes Risborough: Shire Publications, 1987.

KAPITEL 13 GRÄBER UND TEMPEL
Peter Der Manuelian

Arnold, Dieter. *Building in Egypt: Pharaonic Stone Masonry*. Oxford: Oxford University Press, 1991.

Baines, John. "Palaces and Temples of Ancient Egypt" in Jack M. Sasson, ed. *Civilizations of the Ancient Near East I*. New York: Charles Scribners Sons, 1995.

Clarke, Somers and R. Engelbach. *Ancient Egyptian Construction and Architecture*. New York: Dover Publications, 1990 (reprint of 1930 Oxford University Press ed: *Ancient Egyptian Masonry*).

Dodson, Aidan. *Egyptian Rock-cut Tombs*. Princes Risborough: Shire Publications, 1991.

Emery, Walter B. *Archaic Egypt*. Baltimore: Penguin Books, 1961.

Hornung, Erik. *The Valley of the Kings*. Translated by David Warburton. New York: Timken Publications, 1990.

Reisner, George A. *The Development of the Egyptian Tomb Down to the Accession of Cheops*. Cambridge, Mass.: Harvard University Press, 1936, reprint Brockton, Mass.: John William Pye Rare Books, 1996.

Robins, G. *Egyptian Painting and Relief*. Princes Risborough: Shire Publications, 1986.

Romano, James F. *Death, Burial and Afterlife in Ancient Egypt*. Pittsburgh: The Carnegie Museum of Natural History, 1990.

Stadelmann, Rainer "Builders of the Pyramids" in Jack M. Sasson, ed. *Civilizations of the Ancient Near East II*. New York: Charles Scribners Sons, 1995.

Thomas, Angela P. *Egyptian Gods and Myths*. Princes Risborough: Shire Publications, 1986.

KAPITEL 14 DIE ÄGYPTISCHE KUNST
Rita M. Freed

Aldred, Cyril. *Middle Kingdom Art in Ancient Egypt*. London: Academy Editions, 1956.

Aldred, Cyril. *New Kingdom Art in Ancient Egypt During the Eighteenth Dynasty, 1570 to 1320 BC*. London: A. Tiranti, 1961.

Aldred, Cyril. *Egypt to the End of the Old Kingdom*. London: Thames & Hudson, 1965.

Aldred, Cyril. *Jewels of the Pharaohs*. London: Thames & Hudson, 1971.

Aldred, Cyril. *Egyptian Art*. London: Thames & Hudson, 1980.

Badaway, A. *A History of Egyptian Architecture*. Berkeley: University of California Press, 1968.

Brooklyn Museum. *Cleopatra's Egypt: Age of the Ptolemies*. Brooklyn: Brooklyn Museum, 1988.

——. *Egyptian Sculpture of the Late Period*. Brooklyn: Brooklyn Museum, 1960.

Fazzini, R. *Images for Eternity: Egyptian Art from Berkeley and Brooklyn*. San Francisco: Fine Arts Museums of San Francisco, 1975.

James, T. G. H. *Egyptian Painting and Drawing in the British Museum*. London: British Museum Press, 1985.

James, T. G. H. and W. V. Davies *Egyptian Sculpture*. Cambridge, Mass.: Harvard University Press, 1983.

Mekhitarian, A. *Egyptian Painting*. New York: Rizzoli, 1979.

Michalowski, K. *Art of Ancient Egypt*. New York: N. H. Abrams.

Museum of Fine Arts Boston, 1969. *Egypt's Golden Age: The Art of Living in the New Kingdom, 1558–1085 BC*. Boston, 1981.

Peck, W. H. *Egyptian Drawings*. New York: Dutton, 1978.

Robins, G. *Egyptian Painting and Relief*. Aylesbury: Shire Publications, 1986.

Russman, E. *Egyptian Sculpture*. Austin: University of Texas Press, 1989.

Schafer, H. *Principles of Egyptian Art*. Oxford: Clarendon Press, 1978.

Sauneron, Serge. *The Art and Architecture of Ancient Egypt*. 2nd ed. New York: Penguin Books, 1981.

Spanel, D. *Through Ancient Eyes: Egyptian Portraiture*. Birmingham, Alabama: Birmingham Museum of Art, 1988.

KAPITEL 15 ZEICHEN, SYMBOLE UND SPRACHE
David P. Silverman

Andrews, C. *The Rosetta Stone*. London: British Museum Press, 1981.

Davies, W. V. *Reading the Past: Egyptian Hieroglyphs*. London: British Museum Press, 1987.

Davis, N. *Picture Writing in Ancient Egypt*. Oxford: Oxford University Press, 1958.

Fischer, H. G. *Ancient Egyptian Calligraphy*. New York: Metropolitan Museum of Art, 1979.

Gardiner, A. *Egyptian Grammar*. Oxford: Oxford University Press, 1973.

Harris, J. R., ed. *The Legacy of Egypt*. Oxford: Oxford University Press, 1971.

Quirke, S. *Hieroglyphs and the Afterlife in Ancient Egypt*. London: British Museum Press, 1996.

Ray, J. D. "The Emergence of Writing in Egypt" in *World Archaeology* 17 no. 3: 307–16, 1986.

Silverman, David P. "Writing" in *Egypt's Golden Age: The Art of Living in the New Kingdom*. Boston: Museum of Fine Arts. Boston, 1982.

Silverman, David P. *Language and Writing in Ancient Egypt*. Pittsburgh: Carnegie Museum of Natural History, 1990.

Zausich, K. T. *Hieroglyphs Without Mystery*. Austin: Texas University Press, 1992.

DEUTSCHE TITEL:

Arnold, Dieter. *Die Tempel Ägyptens*, Artemis Verlag, Zürich 1992 (Neuauflage 1996).

Ceram, C. W. *Götter, Gräber und Gelehrte*, Rowohlt Verlag, Hamburg 1949 (Ergänzte Neuauflage 1972).

Daniel, Glyn. *Enzyklopädie der Archäologie*, Gustav Lübbe Verlag, Bergisch Gladbach 1980 (Neuauflage 1996).

Nack, Emil. *Ägypten und der Vordere Orient im Altertum*, Verlag Carl Ueberreuter, Wien 1962 (Neuauflage 1996).

REGISTER

Seitenzahlen in Normalschrift beziehen sich
auf Haupttext, Kästen und Randtexte,
Kursivschrift auf Bildlegenden.

BILDNACHWEIS

Der Verlag dankt den Photographen sowie den Institutionen für ihre freundliche Erlaubnis, die folgenden Photos in diesem Buch abzudrucken:

Abkürzungen
o oben; u unten; M Mitte; l links; r rechts
BAL: Bridgeman Art Library
BM: The British Museum
CM: Ägyptisches Museum, Kairo
ICL: Images Colour Library
JL: Jürgen Liepe / Ägyptisches Museum, Kairo
RHPL: Robert Harding Picture Library
TSI: Tony Stone Images
WFA: Werner Forman Archives

1 AKG; 2 RHPL; 3 ICL; 4 JL (JE46725); 5 WFA/Christie's; 6 James Davis Travel Photography; 8 Zefa; 9 BM (EA 37982); 10 Hutchison Library; 11 Science Photo Library; 12 Graham Harrison; 14–15 Britstock-IFA; 16 Graham Harrison/BM; 17 Akademie der bildenden Künste, Wien/AKG; 18 Staatliche Museen zu Berlin/AKG; 19 M WFA/Christie's; 19 u John G. Ross; 20 WFA/BM; 21 Graham Harrison; 23 JL (JE32169 = CG14716); 24 JL (JE10062 = CG14); 25 JL (JE36143); 26 JL (JE36195); 28 JL (JE20001 = CG395); 29 JL (JE46694 = CG52702); 30 JL (JE4694 = CG52671); 31 JL (JE15210 = CG394); 32 Graham Harrison/BM; 33 o Graham Harrison/BM; 33 u JL (JE44861); 34 CM/AKG; 36 JL(CG560); 37 JL (JE36933 = CG42236); 38 WFA/BM; 39 JL (JE54313); 40 JL (JE36457); 41 o BM (EA 921); 41 u WFA/CM; 42 Akademie der bildenden Künste, Wien/AKG; 43 JL (JE4673 = CG52645); 44 WFA; 47 Graham Harrison; 48 JL (JE14276, JE89661); 51 JL (JE30986 = CG258); 52 BM (EA 191); 53 BM (EA 3799); 54 JL (JE62949); 55 o Scala, Italien; 55 u e.t. archive/BM; 56 Museo Archeologico, Palestrina/Scala, Italien; 57 Museum of London (CL96/822); 58 BAL/Louvre; 59 o e.t. archive/CM; 59 u RHPL; 60 Dr. Paul T. Nicholson; 61 Graham Harrison; 62 BLA/British and Foreign Bible Society; 63 BAL/BM; 64 Museo Egiziano, Turin/AKG; 66 o Graham Harrison/BM (EA 41573); 66 u Graham Harrison/BM (EA 37978); 67 Graham Harrison/BM (EA 9999); 68 BM (EA 32610); 69 u JL (JE27434 = CG14238); 70 BM; 71 BAL/Louvre; 72 BAL/BM; 73 JL (JE46724); 75 TSI; 76 Ashmolean Museum, Oxford; 78 BM (EA 1972); 80 o ICL; 80 u BM (EA 37984); 81 Graham Harrison; 82 o Graham Harrison; 82 u JL (JE66624); 84 JL (JE51280); 85 o Staatliche Museen zu Berlin/Bildarchiv Preußischer Kulturbesitz; 85 u BM (EA 59418); 86 BM (EA 104.70/6); 87 BM (EA 7876); 88 o Staatliche Museen zu Berlin/WFA; 88 u AKG; 89 JL (JE56259A und 56262); 90 John G. Ross/Louvre; 91 ICL; 92 John G. Ross; 93 ul BM (EA 11143); 93 u e.t. archive/ CM; 94 e.t. archive/BM; 95 Graham Harrison; 96 BM (EA 43215); 97 JL (JE60686); 98 o JL (JE46723); 98 u e.t. archive/BM; 99 JL (JE32158 = CG14717 und CG52701); 100 JL (RT 15.1.25.44); 101 o John G. Ross/Berlin Museum; 101 u WFA; 102 JL (JE28504 = CG1533); 103 JL (JE4872); 104 ICL; 105 TSI; 106 ICL; 107 o TSI; 107 u BM (EA 720); 108 o Graham Harrison; 108 u BM (EA 9999/24); 110 o BM; 110 u ICL; 111 Zefa; 112 o WFA/CM; 112 u TSI; 113 AKG; 114 AKG; 115 BAL/Louvre; 116 AKG/BM; 117 BM (EA 6705); 118 ICL; 119 BAL/CM; 121 Akademie der bildenden Künste, Wien (AKG; 122 BM (EA 10554/81); 124 BM (EA 498); 125 Spectrum; 126 RHPL; 127 Hirmer Fotoarchiv, München; 128 BAL/Louvre; 129 Staatliche Museen zu Berlin/AKG; 130 Graham Harrison; 131 BM (EA 10470); 132 AKG/BM; 133 o JL (RT 23.11.16.12); 133 u JL (CG48406); 134 BAL; 135 BAL; 136 JL (SR 11488); 137 BM (EA 9901/3); 138 Graham Harrison; 139 Frank Spooner Agency; 140 BM (EA 22332); 141 WFA/E. Strouhal; 143 BM (EA 10470/17); 144 James Davis Travel Photography; 145 o Peter Clayton; 145 u Peter Clayton; 146 Griffith Institute, Ashmolean Museum, Oxford; 147 JL (JE27303); 148 ICL; 149 o S. Purdy Matthews/TSI; 149 u BAL/Louvre; 150 Oriental Institute, University of Chicago (pl. 40); 151 JL (JE32018 = CG70018); 152 BM (EA 21810); 153 BM (EA 1198); 154 JL (JE61467); 155 o Graham Harrison/BM; 155 u WFA; 156 o WFA/CM; 156 u AKG; 157 JL (JE62028); 158 o WFA/Cheops Barque Museum, Gizeh; 158 u Zefa; 159 Staatliche Museen zu Berlin/Bildarchiv Preußischer Kulturbesitz; 160 BM (EA 8056); 161 RHPL; 162 JL (JE43566); 163 o Ancient Art & Architecture; 163 u JL (CG29712); 164 o WFA/BM; 164 u Oriental Institute, University of Chicago (OIMN 18510); 165 BM (EA 994); 166 e.t. archive/CM; 167 TSI; 168 P. Der Manuelian; 169 u Spectrum; 170 o RHPL; 170 u BAL/Louvre; 174 e.t. archive/Egiziano Museo, Turin, Italien; 178 Graham Harrison/BM; 179 l RHPL; 181 l P. Der Manuelian; 181 r RHPL; 183 RHPL; 184 RHPL; 186 RHPL; 188 o WFA; 188 u WFA; 189 WFA; 190 o AKG/Collection of George Ortiz; 190 u Peter Clayton; 191 JL (JE30857 = CG52001 (Pektorale) und JE30858 = CG53123 (Gürtel)); 192 Zefa; 193 l Graham Harrison; 193 r P. Der Manuelian; 194 Zefa; 196 JL (JE60671); 197 P. Der Manuelian; 198 Graham Harrison; 199 P. Der Manuelian; 200 l P. Der Manuelian; 200 r Graham Harrison; 201 JL (CG3 und CG4); 202 l JL (JE40679); 202 r ICL; 203 Fred J. Maroon; 204 TSI; 205 JL (JE98171); 206 Graham Harrison; 210 Gavin Hellier/RHPL; 211 l TSI; 211 r Eye Ubiquitous; 212 Staatliche Museen zu Berlin/WFA; 213 o BM; 213 u WFA/CM; 214 o JL (JE97472); 214 u John G. Ross; 215 BAL/CM; 216 o Museum of Fine Arts, Boston (E7426); 216 u Museum of Fine Arts, Harvard Expedition 1920 (21.2600); 217 BM (EA 5601); 218 BM; 219 o JL (JE30948 = CG259); 219 u JL (JE21365); 220 o BAL/CM; 220 u JL (JE95254 = CG51009); 221 JL (JE48035); 222 o JL (CG39194); 222 u BM (EA 64391); 223 BM (EA 1770); 224 o WFA; 224 u G. Dagli Orti; 225 BM (EA 65316); 226 JL (JE44920 = CG52663); 227 o JL (JE61884); 227 u JL (JE30875 = CG52002 und 52003); 228 Henri Stierlin; 229 Henri Stierlin; 230 David P. Silverman; 231 o Graham Harrison; 231 u BM (EA 24); 233 o JL (JE30272 = CG36); 233 u BM (EA 5547); 234 Toledo Museum of Art, Ohio (3/93.2); 237 Graham Harrison; 238 Graham Harrison; 239 Rijksmuseum van Oudheden, Leiden; 240 o JL (JE31113-6 = CG52920-21/26-27/29-30, 35-36/5556/58/59-74 und 53018); 240 u JL (JE62114); 241 JL (JE64735).

Bildseiten: I © B. Hatala/RMN; II, III Dagli Orti © Archives Photeb; IV © Dagli Orti; V © Erich Lessing/Magnum; VI, VII © AKG Paris; VIII Dagli Orti © Archives Photeb; IX © P. Bernard/RMN; X © AKG Paris; XI © Dagli Orti; XII © RMN; XIII © Charles Lénars; XIV–XV © Dagli Orti; XVI, XVII, XVIII, XIX © Charles Lénars; XX © Dagli Orti; XXI © Erich Lessing/Magnum; XXII © Dagli Orti; XXIII © Archives L'Hopitault; XXIV © Gérard Blot/RMN.

Es wurde keine Mühe gescheut, Copyright-Inhaber ausfindig zu machen. Sollte dennoch ein Versehen unterlaufen sein, werden wir es gerne in folgenden Auflagen richtigstellen.

Legenden zu den Abbildungen auf den Seiten 1–4:
1 *Wandmalerei vom Grabmal des Sennefer; Regierungszeit von Amenhotep II. (ca. 1426–1400 v. Chr.).* 2 *Kolossalstatue Ramses' II. (ca. 1279–1213 v. Chr.) in Abu Simbel.* 3 *Die Mumie des Verstorbenen und des Gott Horus, aus dem Totenbuch des Hunefer (um 1285 v. Chr.).* 4 *Holzmodell einer Frau mit Weinkrügen und einer Ente als Opfergaben, aus dem Grabmal des Meketre (um 2000 v. Chr.).*

256